AF222577

Lernverhalten, Lernanforderungen

und Lernbedürfnisse

im Bachelorstudiengang Maschinenbau

Entwicklung eines heterogenitätssensitiven, hybriden Lernarrangements im Fachbereich Maschinenbau der DHBW und Untersuchung des Lernverhaltens der Studierenden

Dissertation zur Erlangung des akademischen Grades

Doktor der Philosophie (Dr. phil.)

vorgelegt am 24.03.2024 von Stefan Kaiser

Betreuung durch   Prof. Dr. phil. habil. Ulf-Daniel Ehlers, Professor für Bildungs-
management und Lebenslanges Lernen, DHBW Karlsruhe

und   Prof. Dr. phil. habil. Martin D. Hartmann, Professor für Berufliche
Didaktik, TU Dresden

Impressum

Die Deutsche Nationalbibliothek verzeichnet diese Publikation in der Deutschen Nationalbibliografie; detaillierte bibliografische Daten sind im Internet über dnb.dnb.de abrufbar.

© 2024 Stefan Kaiser

Verlag: BoD • Books on Demand GmbH, In de Tarpen 42, 22848 Norderstedt
Druck: Libri Plureos GmbH, Friedensallee 273, 22763 Hamburg

ISBN: 978-3-7597-7820-8

Danksagung

Ich möchte mich sehr herzlich bei meinem betreuenden Professor, Herrn Professor Dr. phil. habil. Ulf-Daniel Ehlers, bedanken, der meine Arbeit von Beginn an begleitete, zunächst, für seine große Offenheit gegenüber meiner anfangs noch sehr vagen Idee, mit der ich im Sommer 2018 bei ihm vorstellig wurde. Ich danke ihm insbesondere für seinen immerzu sehr wertschätzenden Umgang, für seinen klaren Blick für das große Ganze und für seinen Pragmatismus.

Ich möchte mich ebenso herzlich bei meinem weiteren betreuenden Professor, Herrn Professor Dr. phil. habil. Martin Hartmann, bedanken, der die Betreuung meiner Arbeit im Sommer 2022 von Herrn Prof. Dr. phil. Thomas Köhler übernahm. Ich danke ihm insbesondere für seine kritischen Anmerkungen, die meine Perspektive und somit auch die vorliegende Arbeit um wesentliche Aspekte bereicherten, für die Akribie seiner Betreuungsarbeit und für den ebenfalls immerzu sehr wertschätzenden Umgang.

Gegenüber beiden bin ich sehr dankbar für ihr jeweils großes Engagement besonders in der Endphase der Anfertigung der Dissertation.

Des Weiteren danke Frau Professorin Dr. Fritzsche und Herrn Dr. Klaiber, an deren Seminar ich jeweils an der Pädagogischen Hochschule Freiburg als Gasthörer teilnehmen durfte, die mich mit großer Offenheit und mit Interesse an meinem Vorhaben in den Kreis ihrer Studierenden aufnahmen.

Ich danke meiner Frau, die mir mit ihrem Wissen und ihren Erfahrungen im Bereich der Montessori-Pädagogik wichtige Impulse für die Grundidee dieser Arbeit gab, für ihre Unterstützung und für ihr Verständnis dafür, dass ich diese Arbeit unbedingt anfertigen wollte.

Bei meinen beiden Jungs möchte ich mich aufrichtig für die vielen kleineren und größeren Entbehrungen entschuldigen, die sie v.a. in den letzten beiden Jahren der Arbeit auf sich nehmen mussten und die sie immer wieder tapfer akzeptierten. Ich freue mich sehr auf die nun wieder freiwerdende Zeit mit ihnen und darauf, unsere lange Liste der geplanten, gemeinsamen Unternehmungen in die Tat umzusetzen!

Inhaltliche Übersicht

Abkürzungsverzeichnis

1,0er	Studierende, die angaben, sich die Note 1,0 als Zielnote vorgenommen zu haben
2,5er	Studierende, die angaben, sich die Note 2,5 als Zielnote vorgenommen zu haben
AG	Allgemeines Gymnasium
BBB	Big Blue Button, Konferenzsoftware innerhalb der Lernplattform moodle
BK	Berufskolleg
BS	Berufsschule
DHBW	Duale Hochschule Baden-Württemberg
DBR	Design-Based Research
LMS	Learning Management System
LU	Lernumgebung
mV	mit Vorkenntnissen
Mw	(arithmetischer) Mittelwert
N_M	Note im Fach Mathematik
oV	ohne Vorkenntnisse
SoTL	Scholarship of Teaching and Learning
TG	Technisches Gymnasium
VE	Vorlesungseinheit(en), hier: 90 Minuten

Abstract (Deutsch)

Das Lernverhalten der untersuchten Studierenden kann wie folgt charakterisiert werden:

Die Studierenden zeigen bei der Vorbereitung ihrer Prüfungen eine individuelle, jedoch jeweils nachvollziehbare Vorgehensweise. Dies betrifft bspw. die Entscheidung, wann allein oder in Gruppen gelernt wird, wann welche Aufgaben gerechnet oder wiederholt werden, auf welche Modulfächer fokussiert wird. Trotz dieser individuellen Vorgehensweise lassen sich die folgenden Aussagen treffen:

Die Absolvent*Innen des BK empfinden die Komplexität der Inhalte und das Tempo der Vermittlung als sehr herausfordernd. Im Verlauf ihrer Prüfungsvorbereitung stoßen sie vermehrt an Grenzen bezüglich der Fähigkeit, bestimmte Inhalte zu durchdringen, vor allem, wenn die Komplexitätssprünge innerhalb oder zwischen den Lernmaterialien (Skript, Aufgaben, Altklausuren etc.) als groß empfunden werden. Werden eher schematisch abzuarbeitende Lösungsalgorithmen angeboten, werden diese früh adaptiert. Diese Gruppe der Studierenden erscheint bereits früh im Studium gefordert und zeitlich stark ausgelastet.

Insbesondere das Lernverhalten der stark belasteten Studierenden ist geprägt von punktuellen oder multiplen Lernblockaden, die auch unter Aufwendung aller zur Verfügung stehenden Lernstrategien nicht überwunden werden können. In diesen Fällen wird in der subjektiven Wahrnehmung dieser Studierenden viel Lernzeit „verschwendet", ohne dass ein Lernfortschritt empfunden wird, wohingegen andere Studierende die gleichen Komplexitätssprünge ohne größere Zeitverzug „lernend" überwinden können. Der von dieser Gruppe betriebene Aufwand ist vergleichsweise hoch.

Rückschlüsse auf eine an den schwierigkeitserzeugenden Merkmalen orientierte Didaktik

Die Fokussierung auf die schwierigkeitserzeugenden Merkmale der fachlichen Inhalte, die Orientierung an dem (erwarteten) Niveau der jeweils eher leistungsschwachen Studierenden (respektive derer mit geringem Vorwissen) sowie die graduelle Steigerung der Komplexität zur Vermeidung individuell als zu groß empfundener Komplexitätssprünge erscheinen als wichtige Maßgaben zur Gestaltung hybrider Lernarrangements im betrachteten Bereich.

Studierende äußern zudem deutlich das Bedürfnis nach einer engen Passung zwischen möglichst allen zur Verfügung gestellten Lernmaterialien, nach innerer und äußerer Struktur der Lerninhalte und nach Transparenz bezüglich des in den jeweiligen Prüfungen zu erwartenden Niveaus.

Abstract (English)

The learning behaviour of the students studied can be characterised as follows:

The students' approach to exam preparation appears to be individual but logically comprehensible. This refers to the question of whether to study in a group vs. to study alone, which tasks to work on or repeat, which module subject to focus on. Despite this individual approach, the following conclusion can be drawn:

Graduates of the BK generally find the complexity of the content and the pace of teaching very challenging. In the course of their exam preparation, BK graduates seem to have a limited ability to cope with perceived gaps in explanations as the complexity of the script content, tasks, old exams etc. increases. When schematic solution algorithms are offered to them, the BK-graduates tend to try to adapt these algorithms rather early as opposed to finding their own approach. Considering the workload and content, this group of students appears to be challenged even in an early phase of their study.

The learning behaviour of highly stressed students is characterised by particular or even multiple learning blockades that cannot be overcome even by using available learning strategies. In those cases, a large amount of study time is (in their subjective perception) wasted without any learning progress, whereas other students are able to overcome the same leaps of complexity by understanding without major delays. The effort taken by these students was comparably high.

Conclusions on didactics focussing on difficulty-generating features:

Focussing on the difficulty-generating features of the content, orientation towards the (expected) level of rather low-achieving students (or those with little prior knowledge), and the rather moderate increase in complexity to avoid individually perceived leaps in complexity, appear to be important guidelines for designing hybrid learning arrangements in the area under consideration.

Students also clearly express the need for a tight fit among all learning materials being provided, for internal and external structure of the learning content, and for transparency with regard to the expected level of the final exams.

Inhaltsverzeichnis

1 Einleitung

Diese Arbeit beschäftigt sich mit dem Lernverhalten der Studierenden im Bachelor-Studiengang Maschinenbau an einem Standort der Dualen Hochschule Baden-Württemberg.

Im Studienbereich Technik der Dualen Hochschule Baden-Württemberg (DHBW) beträgt der Anteil der ihr Studium abbrechenden Studierenden 17%[1]. Von 60% dieser befragten Studienabbrecher*Innen[2] wird als Grund die hohen Studienanforderungen genannt, die in der genannten Untersuchung vor allem inhaltliche Aspekte subsumieren. Der hohe Anteil inhaltlicher Aspekte als Begründung für Studienabbrüche deckt sich auch mit den Erkenntnissen von Derboven und Winkler (2014), die in den ingenieurwissenschaftlichen Studiengängen an den Fachhochschulen eine Abbrecherquote von 40% und an den Universitäten sogar einen Anteil von 50% eines Studienjahrgangs ermittelt haben.

Bei den meisten z.B. im Rahmen des „Studienverlaufspanels" der DHBW [3] erfolgten Veröffentlichungen wird jedoch (so auch bei der o.g. Untersuchung der Studienabbrecher*Innen) lediglich nach der Art der Hochschulzugangsberechtigung unterscheiden: Nach Rahn et al. (2018) haben 86% der n = 15779 insgesamt befragten DHBW-Studierenden eine Allgemeine Hochschulreife, 10% eine Fachhochschulreife und 4% sind ausschließlich über ihre berufliche Qualifizierung oder eine Begabtenprüfung zum Studium zugelassen worden[4]. Dieser vergleichsweise hohe Anteil von 86% der Studierenden mit allgemeiner oder fachgebundener Hochschulreife suggeriert eine scheinbare Homogenität der Gruppe bezüglich des Merkmals ihrer (schulischen) Vorerfahrungen, er lässt jedoch die Schularten außer Acht, an denen dieser Abschluss erlangt wurde: Zwar kann die Fachhochschulreife überwiegend dem Berufskolleg (BK) zugeordnet werden, die Allgemeine Hochschulreife kann aber sowohl am Beruflichen (z.B.: Technischen) Gymnasium (BG/TG) oder am Allgemeinen Gymnasium (AG) erworben werden.

Die Bildungspläne dieser drei Schularten unterscheiden sich zum einen jedoch bezüglich bestimmter Fächer und Lerninhalte deutlich, sodass erwartet werden kann, dass sich auch die

---

[1] vgl. Meyer et al. (2018, S. 13 ff.), die Daten wurden in den Studienjahrgängen 2015 und 2016 durch Befragung der „StudienabbrecherInnen" dieser Jahrgänge erhoben.
[2] Ein genauerer Wert war aus der Abbildung 10, S. 26, a.a.O. nicht zu entnehmen (Angabe für die Studierenden des Bereichs Technik), Mehrfachnennungen waren möglich.
[3] Die einzelnen Veröffentlichungen sind über die Webweite https://www.dhbw.de/studie abrufbar.
[4] Rahn et al. (2018, S. 6).

laut Bildungsplan zu erwartenden (nominellen) Eingangskompetenzen der Studierenden unterscheiden. Zum anderen liegen auch Unterschiede bezüglich der jeweiligen schulischen Sozialisation vor: Wie zwei schulintern erfolgte Abfragen ergaben, besuchten die Absolvent*Innen eines Beruflichen Gymnasiums zu einem Anteil von 80% zuvor Realschulen, die Absolvent*Innen des Berufskollegs waren zu über 68% zuvor an Realschulen oder gar Werkrealschulen angemeldet, wohingegen die Absolvent*Innen des Allgemeinen Gymnasiums ihre gesamte Sekundarstufe zu über 98% ausschließlich am AG verbrachten[5]. Insofern ist auch von einer deutlichen Heterogenität der Studierenden bezüglich der schulischen Vorerfahrungen auszugehen.

Ein weiterer Aspekt, der die Heterogenität der Gruppe bezüglich des Merkmals der Vorerfahrungen erhöht, ist die Tatsache, dass ein Anteil von 25% der DHBW-Studierenden, vor ihrem Studium eine Berufsausbildung absolviert haben (vgl. Rahn et al., 2018, S. 6). Abhängig von dem jeweils gewählten Ausbildungsberuf unterscheiden sich auch hier die Lehrplaninhalte teilweise deutlich. Zusammenfassend kann konstatiert werden, dass in der betrachteten Gruppe potenziell von einer hohen Heterogenität bezüglich des Merkmals der (fach-)theoretischen und fachpraktischen Vorerfahrung ausgegangen werden kann, was in Abschnitt 2.1.3 weiter ausgeführt wird.

Bezüglich einer generell „zunehmend heterogen werdenden Studierendenschaft" konstatiert Hanft (2015), dass die von ihr beschriebene Heterogenität von Seiten der Hochschulen „vielfach mit mangelnder Studierfähigkeit gleichgesetzt, also als Defizit der Studierenden angesehen (wird), dem mit verschiedenen Maßnahmen wie […] Brückenkursen oder Tutorien begegnet werden soll". Sie führt aus, dass „dahinter […] die Erwartung [der Hochschulen steht], Studierende an die Anforderungen eines Studiums anpassen zu können, ohne dieses selbst verändern zu müssen" (a.a.O., S. 13). Die Vermittlung der Lerninhalte in den Grundlagenfächern erfolgt meist in Vorlesungen, die Tenberg in Zinn et al. (2018, S. 284 ff.) als „tradierte" und immer noch „prominenteste Form" der Lehrveranstaltung im Bereich der Hochschullehre bezeichnet und die nach Kerres und Schmidt (2010, S. 174 ff.)[6] mit einem Anteil von über 50% die verbreitetste Organisationsform an Hochschulen seien.

Unter dem Schlagwort „Integration statt Selektion" fordert Hanft jedoch „hochschuldidaktische Konsequenzen" und eine „Differenzierung" im Umgang mit den „heterogenen Eingangsvoraussetzungen von Studienanfängern" (a.a.O., S. 14 f., auf

---

[5] Die Daten sind vom Verfasser dieser Arbeit schulintern an einer Beruflichen Schule resp. an einem Allgemeinen Gymnasium erhoben worden, die sich jeweils im Einzugsbereich der hier untersuchten Hochschule befindet. Sie sollen dieser Stelle lediglich einen Eindruck über die Größenordnung vermitteln, eine Prüfung auf Repräsentativität wurde nicht durchgeführt. Es wurden die Schülerdaten der Schuljahre 2021/22 und 2022/23 ausgewertet.
[6] Die Hochschule 2 / 2011, Zur Anatomie von Bologna-Studiengängen, Eine empirische Analyse von Modulhandbüchern, https://www.hof.uni-halle.de/journal/texte/11_2/KerresSchmidt.pdf, heruntergeladen am 29.07.2019

Schulmeister, 1985 verweisend). „Gute Lehre" beinhalte den gezielten Einsatz von fremd- und selbstgesteuerten Methoden „in ‚orchestrierter' und wechselnder Form [...], um möglichst viele Lerner mit fachlichen Anforderungen zu konfrontieren, die ‚in der Zone der proximalen Entwicklung' [...] liegen", (vgl. Wild & Esdar, 2014, S. 84, Wygotsky zitierend). Wild und Esdar erklären damit die kognitive Aktivierung „möglichst vieler" Studierender als Ziel didaktischen Handelns, wobei Tenberg in Zinn et al. (2018, S. 288) feststellt, dass der Einsatz digitaler Medien bspw. im Rahmen von „Blended-Learning" Formaten oft durch das Argument einer erhöhten kognitiven Aktivierung der Studierenden begründet würden.

In der von Bosse und Trautwein (2014) vorgelegten Arbeit explorieren die Autorinnen die am die Studierenden unterschiedlicher Fachrichtungen und Bildungsinstitutionen gestellten individuellen und institutionellen Herausforderungen während der Studieneingangsphase. Die Sichtweisen und Bedürfnisse der Studierenden reflektierend, plädieren sie dafür, die Unterstützung der Studierenden nicht nur „auf propädeutische Crashkurse zur Bewältigung inhaltlicher Anforderungen zu beschränken, sondern auch längerfristig angelegte" Maßnahmen anzubieten. Es mangele „an einem umfassenden wissenschaftlichen Fundament, das die Studieneingangsphase theoretisch beleuchtet und ihre Gestaltung an empirisch gesicherten Erkenntnissen ausrichtet" (a.a.O., S. 57 f.). Die oben bereits erwähnten Studienabbruchquoten in diesem Bereich der Bildung reflektierend, kommen auch Derboven und Winkler (2010) zu dem Schluss, dass bei den Studierenden eine große Diskrepanz bestehe zwischen deren Lernbedürfnissen einerseits und den Angeboten der Hochschulen andererseits (a.a.O., S. 58). Ähnlich wie Hanft et al. (2015, S. 13) und Holzkamp (2004) plädieren sie für einen ganzheitlichen Ansatz, der die Gestaltung der Veranstaltungsform ‚Vorlesung' an sich und damit die Art und Weise der Aneignung der Lerninhalte in den Blick nimmt.

Angesichts der einleitend angedeuteten potenziellen Vielfalt der bildungsbiographisch bedingten Vorerfahrungen der Studierenden stellt sich die Frage, ob und wenn ja, in welcher Weise die Studierenden auch ein unterschiedliches Lernverhalten zeigen. Wenn, wie oben dargestellt, 60% der Studienabbrüche an der DHBW inhaltlich bedingt sind und man ferner davon ausgeht, dass die ihr Studium abbrechenden Studierenden möglicherweise nur die ‚sichtbare Spitze des Eisbergs' der inhaltlich ggf. stark geforderten Studierenden repräsentieren, stellt sich zudem die Frage, wie groß dieser Anteil der stark geforderten Studierenden tatsächlich ist, welche Aspekte im Detail hierfür ursächlich sind und zudem, ob und ggf. wie dem didaktisch entgegengewirkt werden kann.

Beschreibung der Vorgehensweise:

Zur Untersuchung des Lernverhaltens wurde zunächst auf der „Gestaltungsebene der Mesodidaktik" (nach Baumgartner 2014, S. 66, die Gestaltungsebene eines curricularen Moduls, hier: eines Modulfachs) ein nach Kerres (2014, S. 22) bezeichnetes „hybriden

Lernarrangement" als Grundlage für weitere empirische Analysen entwickelt. Dieses hybride Lernarrangement beinhaltet, wie in Kerres (2014) beschrieben, eine enge „Verzahnung" von „Elementen des mediengestützten Lernens" mit „face-to-face-Elementen". Dabei sind alle Elemente des mediengestützten Lernens in einer „virtuellen Lernumgebung" vereint, die „hypertextbasiert" als Website mit mehreren Unterwebsites konzipiert wurde (a.a.O., S. 23 und S. 419) und in Kapitel 4.4 beschrieben ist. Dem von Kerres genannten face-to-face-Element entspricht die Vorlesung, die vom Verfasser dieser Arbeit im Studiengang an der untersuchten Hochschule u.a. im ersten Semester gehalten wird.

Bei der Entwicklung der virtuellen Lernumgebung wurde der Forschungsansatz des Design-Based Research (DBR) verfolgt, der nach Reinmann (2018, S. 103 f., auf McKenney und Reeves (2012) verweisend) eine iterative Vorgehensweise bei der Entwicklung dieser „Intervention", eine erste „Implementation" dieser Intervention und anschließend „deren allmähliche Verbreitung" vorsieht. Eine Besonderheit der hier verfolgten Vorgehensweise besteht darin, dass die Phase der Entwicklung und der Implementation der Intervention zusammen mit (verschiedenen Gruppen von) Lernenden anhand deren Lernbedürfnissen erfolgte. Die im DBR-Ansatz geforderte Verbreitung der Intervention bestand in der Übertragung des Designs auf den hier untersuchten Bereich der Hochschule, vgl. Kapitel 4.4. Diese Vorgehensweise geht somit zwar ebenfalls von der in Ehlers (2011, S. 141) für den Bereich der Hochschullehre formulierten These des „subjektorientiert[en] Qualitätsbegriffs" aus, die dem/der Lernende(n) zum einen eine Mitverantwortung für die Qualität von Lernprozessen zuschreibt und die nach empirischer Untersuchung Ehlers' zur Extraktion subjektiver Qualitätspräferenzen der Lernenden führte (vgl. a.a.O., S. 145 ff.). Allerdings wird im Rahmen dieser Arbeit die Vorgehensweise gewählt, die von den Lernenden gestellten „Anforderungen und die Beschaffenheit von Lernsituationen zur Realisierung [ihrer] Handlungspräferenzen" (vgl. a.a.O., S. 145) in die Genese dieser Lernsituationen zu integrieren, indem verschiedene Gruppen von „Handelnden" aktiv einbezogen werden. Über diese Involvierung der Handelnden hinaus wurde als Grundlage für die Entwicklung der Intervention aus bestehenden Theorien ein für die beteiligten Bereiche anwendbares didaktisches Konzept deduziert und somit ein theoretischer Rahmen beschrieben, der in Kapitel 3 dargestellt und diskutiert wird, an dem sich die Grundzüge des Design der Intervention ebenfalls orientiert.

Wie bereits erwähnt, richtet sich das Interesse dieser Arbeit auf das Lernverhalten der hinsichtlich des Merkmals der bildungsbiographisch bedingten Vorerfahrungen heterogenen Gruppe von Studierenden. Zu diesem Zweck werden die Studierenden unter Setzung dreier Foki in verschiedenen Phasen innerhalb der ersten drei Semester ihres Studiums untersucht. Entsprechend dieser drei Foki ist die Arbeit in drei Untersuchungsteile gegliedert. Dabei soll nicht nur das Lernverhalten der Studierenden im Umgang mit dem „hybriden Lernarrangement" (1) und der „virtuellen Lernumgebung" (2) beleuchtet werden, sondern auch deren Lernverhalten an der Hochschule unter Berücksichtigung aller von den

Studierenden besuchten Lehrveranstaltungen innerhalb ihrer ersten drei Studiensemester (3). Die Ergebnisse dieser drei Untersuchungsteile sind in den Kapiteln 5.1 bis 5.3 dargestellt, die Zusammenführung der Ergebnisse aller drei Untersuchungsteile und die Diskussion des hier verfolgten Ansatzes erfolgt in Kapitel 6.

Entsprechend dieser Dreiteilung und der jeweils formulierten Forschungsfragen, wird, wie in Kuckartz (2014) postuliert, die Wahl der Forschungsmethoden und -ansätze an der Forschungsfrage orientiert. Diesem „Postulat der Angemessenheit" folgend, werden bezüglich der drei Untersuchungsteile unterschiedliche Forschungsmethoden und -ansätze angewandt, die insgesamt einem „Mixed-Methods"-Design entsprechen (a.a.O., S. 50). Die Forschungsfragen werden in Kapitel 2 ausgeführt, die Darstellung der Methodologie und der verwendeten Forschungsansätze erfolgt in Kapitel 4.

2 Problembeschreibung, Forschungsstand und Forschungsfragen

Als Prämisse dieser Untersuchung wurden in Kapitel 1 die potenziell hohe Heterogenität der DHBW-Studierenden bezüglich des Merkmals der Bildungsbiographie beschrieben. Diese Heterogenität soll, den Forschungsstand diesbezüglich aufgreifend, im Abschnitt 2.1 thematisiert werden. Als weiterer Aspekt wurden im vorigen Kapitel die (hohen) Studienanforderungen im hier betrachteten Bereich angedeutet, die sich auch in den Zahlen der ihr Studium abbrechenden Studierenden äußern. Dieser Zusammenhang soll in Abschnitt 2.2 weiter ausgeführt werden, ebenfalls unter Einbezug des diesbezüglichen Forschungsstandes. Das in der Einleitung beschriebene Interessenfeld wird in Kapitel 2.3 weiter differenziert und in der Formulierung der Forschungsfrage münden, die in Abschnitt 2.4 dargestellt sind.

2.1 Heterogenität innerhalb der Gruppe der Studierenden

Begriffsbestimmung

Im Gegensatz zu dem Begriff der Diversität beschreibt die Heterogenität nach Wild und Esdar[7] (2014, S. 10) „rein deskriptiv die Unterschiedlichkeit bestimmter Merkmale unter den Individuen" einer Gruppe von Lernenden, ohne jedoch diese Unterschiedlichkeit zu bewerten. Im Gegensatz hierzu werde der Begriff der Diversität hingegen über die Beschreibung einer Unterschiedlichkeit hinaus eng mit dem Begriff der Chancengleichheit bzw. -ungleichheit zwischen den Merkmalsträger*Innen der jeweiligen Gruppe verknüpft, was nicht Thema dieser Arbeit ist.

---

[7] Eine heterogenitätsorientierte Lehr-/Lernkultur für eine Hochschule der Zukunft, Fachgutachten im Auftrag des Projekts nexus - Konzepte und gute Praxis für Studium und Lehre" (ein vom Bundesministerium für Bildung und Forschung (BMBF) gefördertes Projekt der Hochschulrektorenkonferenz), Juni 2014, Quelle: https://www.hrk-nexus.de/fileadmin/redaktion/hrk-nexus/07-Downloads/07-02-Publikationen/Fachgutachten_ Heterogenitaet.pdf, heruntergeladen am 20.08.2019

2.1.1   Die typischerweise erhobenen („äußeren') Unterscheidungsmerkmale

Nach Analyse der vorliegenden Veröffentlichungen zu den beiden Begriffen Heterogenität im deutschsprachigen Raum kommen Wild und Esdar (2014) zu dem Schluss, dass die Heterogenität der Studierenden seit den 1950er Jahren seit der Jahrtausendwende stark zunimmt (a.a.O., S. 16 f). Hanft et. al. (2015) konstatieren in diesem Zusammenhang, dass sich die Zahl der Studierenden seit den 1980er Jahren nahezu verdoppelt habe und, Stand 2014, bei ca. 50 Prozent eines Altersjahrgangs liege. Hanft folgert daraus (in diesem Sinne äußern sich allerdings auch Wild und Esdar), dass „Studierende [...] damit, was ihre Eingangsvoraussetzungen und Studienmotivationen angeht, gegenüber den achtziger und neunziger Jahren noch heterogener geworden sein" dürften (a.a.O., S. 18). Auch laut der vom Wissenschaftsministerium des Landes Baden-Württemberg herausgegeben Broschüre „E-Learning"[8] sei die „Heterogenität der Studierenden [...] in den letzten Jahren gestiegen". Es sei zudem „damit zu rechnen, dass sich diese Entwicklung weiter fortsetzen" werde (a.a.O., S. 10).

Wild und Esdar (2014) führen anhand der Daten des Studentenwerks (20. Sozialerhebung) typische, (singuläre) Unterscheidungsmerkmale auf, anhand derer die Heterogenität der Studierenden üblicherweise erfasst wird. Diese Unterscheidungsmerkmale sind bspw. die Unterscheidung nach dem biologischen Geschlecht der Studierenden, nach dem sozio-ökonomischen Status der Eltern, die Unterscheidung bezüglich des Migrationshintergrunds, des Kriteriums international studierend, beruflich qualifiziert, mit oder ohne (Fach-)Abitur, im Konflikt zwischen privaten, beruflichen und studiumsbezogenen Anforderungen etc. (a.a.O., S. 28 ff). Diese Differenzierung nach den genannten Merkmalen aufgreifend, wurde in den letzten Jahren in einigen Veröffentlichungen der Begriff des „nicht traditionell Studierenden" (NTS) geschaffen, der, wie Hanft und Esdar betonen, zwar nicht einheitlich definiert sei, meist jedoch alle Studierenden beschreiben würde, die *nicht* dem traditionellen Bild der Studierenden entsprächen: dem der jungen, erwachsenen Person, die nach Bestehen des Abiturs am Gymnasium an die Hochschule/Universität wechselt und aus akademischem Elternhaus kommt. Bei der Interpretation dieser oftmals singulären Unterscheidungsmerkmale sei nach Wild und Esdar allerdings Vorsicht geboten, da die Gruppe der Studierenden, die einem dieser singulären Merkmale entspricht, bezüglich eines anderen Kriterien ggf. wiederum heterogen sei (Wild und Esdar (a.a.O., S. 18) weisen diesbezüglich auf das Phänomen der Intersektionalität und die Kovarianz vieler Differenzkategorien hin).

---

[8] https://mwk.baden-wuerttemberg.de/fileadmin/redaktion/m-mwk/intern/dateien/publikationen/Broschuere_ E-Learning.pdf, heruntergeladen am 18.07.2019

Assoziierte Rückschlüsse aus den erhobenen Unterscheidungsmerkmalen

Nach Wild und Esdar (2014) werde die Heterogenität der Studierenden meist anhand von distinkten und äußerlichen (z.B. schulbiographischen) Merkmalen ermittelt (a.a.O., S. 17). Wie in Kapitel 1 erwähnt, führen sie aus, dass die so ermittelte Heterogenität dieser *äußeren* Merkmale von den Lehrenden jedoch auch mit der Zunahme von „tendenziell problematischen Lernhaltungen und Eingangskompetenzen" der Lernenden „assoziiert" und aus Sicht der Lehrenden „entsprechend unter der Perspektive reflektiert [wird], wieviel Heterogenität in der Lehre verkraftbar" sei (a.a.O., S. 17). Sie konstatieren weiter, dass diese soweit lediglich *assoziierte* Heterogenität der Lernhaltungen und Eingangskompetenzen allerdings nie gemessen worden sei und führen aus: Es „lässt sich aufgrund des Mangels an zuverlässigen Instrumenten der Kompetenzerfassung [...] und der Tatsache, dass selbst in psychologischen Studiengängen im Rahmen der Auswahlverfahren nur selten Tests eingesetzt werden, [...] derzeit nicht seriös beurteilen, wie stark die Eingangskompetenzen von Studienanfängern an unterschiedlichen Standorten und zwischen Universitäten und Fachhochschulen faktisch divergieren" (a.a.O., S. 37). Auf Ebene der Bundesländer, bundesweit oder gar international durchgeführte Vergleichsmessungen der Kompetenzen der Studierenden im Hochschulbereich, wie sie bspw. im Schulsystem mit PISA oder VERA durchgeführt werden, oder gar Studien, die über mehrere Jahre einen zeitlichen Verlauf dieser Eingangskompetenzen ‚gemessen' haben, konnten trotz intensiver Recherchen nicht ermittelt werden.

2.1.2   Heterogenität und Konstruktivismus

Roth formuliert in Herrmann (2009, S. 59) aus Sicht der „Neurodidaktik" am Beispiel zweier eine Kommunikation anstrebender Angehöriger fremder Volksgruppen, dass sich das Gehirn eines jeden Empfängers stets anhand der durch den Sender „ausgestoßenen Laute [...] Bedeutung unbewusst konstruiert", wofür beim Empfänger bestimmte „Bedeutungskontexte [...] vorhanden" sein müssten. Roth konstatiert weiter, dass Bedeutungskontexte in den Gehirnen der Individuen einer Gruppe niemals identisch sein könnten und diesbezüglich per se Individualität vorliegen würde (a.a.O., S. 157). Auch Anderson (2007), den Bereich der Psychologie vertretend, führt bezüglich der „Abstraktion von Information zu Gedächtnisinhalten" aus, dass „stets individuelle *Interpretation* von Bedeutung" von verbaler oder visueller Information (a.a.O., S. 160 ff) vorliegen würden. Meyer und Jank (2006) formulieren aus Sicht der Didaktik in ähnlicher Weise (a.a.O., S. 48 f.): „Das Gehirn arbeitet autopoietisch. Wir konstruieren uns unsere Welt [...]. Eine Eins-zu-eins-Abbildung des Gelehrten im Gelernten ist grundsätzlich unmöglich." Aus konstruktivistischer Sicht sind demnach Lerngruppen per se heterogen. Auch Holzkamp (2004, S. 36) schließt die Existenz einer in Bezug auf das Lernen homogenen Gruppe in dem von ihm entwickelten subjektwissenschaftlichen Ansatz einer Lerntheorie kategorisch aus. Holzkamp zufolge bestehe weitestgehende Heterogenität (tlw. gar Individualität) in Bezug auf das jeweilige Lernverhalten, insbesondere auf die hier so bezeichneten „Lernparameter" der Lernanlässe, der Lernziele, des jeweiligen Lerntempos, der Größe der jeweils möglichen Lernschritte und zudem in Bezug auf die jeweils angewandten kognitiven und metakognitiven Lernstrategien der Lernenden.

2.1.3 Heterogenität im hier betrachteten Bereich der Bildung

Dreyfus & Dreyfus (1986) argumentieren anhand mehrerer Beispiele (ein Fahranfänger in einem Auto während der Rush-Hour in Wien, eine Krankenschwester in ihrer Ausbildung beim Erfassen des Gesundheitszustands eines Patienten, ein erfahrener Pilot in einer gefährlichen Situation im Cockpit), dass situations- bzw. handlungsrelevante Vorerfahrungen beim Wahrnehmen von Situationen oder beim Erlernen oder Ausführen von Handlungen ein entscheidender Parameter seien (a.a.O., S. 10 ff.). Knoll (2005) überträgt diesen Grundgedanken der Relevanz situations-bzw. handlungsrelevanter Vorerfahrungen auf den Bereich des Lernens als Folge kognitiver Prozesse und beschreibt unter Bezugnahme auf Piagets Ausführungen zu Assimilations- und Akkommodationsprozessen Aspekte der Entwicklung der Lernenden vom Novizen zum Experten (vgl. Kapitel 3.3).

Kognitive Prozesse, wie sie von Knoll beschrieben werden, finden auch beim Erlernen und Anwenden der physikalisch-technischen Konzepte in dem hier betrachteten Bereich der Bildung statt. Insofern wird im Rahmen dieser Arbeit davon ausgegangen, dass beim Lernen im betrachteten Studiengang die fachlichen Vorkenntnisse bezüglich der physikalisch-technischen Konzepte als relevant erachtet werden, zudem die mathematischen Vorkenntnisse, die zum Umformen und Lösen der Gleichungen benötigt werden, und auch Vorerfahrungen bezüglich der jeweiligen Lernstrategien. Vorerfahrungen als Resultat einer ggf. erfolgten beruflichen Ausbildung können ebenfalls als potenziell relevant erachtet werden.

Aus dem Blickwinkel des Konstrukts der Qualität argumentierend, sieht auch Ehlers insbesondere im Bereich der Erwachsenenbildung die „Heterogenität […] als de[n] Normalfall" an. Er formuliert in Bos (2004, S. 79 f.), dass bei der Heterogenität solcher Lerngruppen verschiedenen Bereichen zuordnen ließe und nennt ähnlich wie Knoll, u.a. eine inhaltliche Komponente (Vorwissen, Kenntnisse) wie auch die Komponente der jeweiligen Lernerfahrungen. Den Qualitätsbegriff im Bereich des E-Learnings aus Sicht der Lernenden betrachtend, fordert auch Ehlers a.a.O., „Differenz, Heterogenität oder Vielfalt nicht nur ‚in Kauf'" zu nehmen, sondern „als Ausgangspunkt […] anzusehen", „heterogene Anforderungen […] als übergreifende Konzeption für die Konstruktion von Lernarrangements zu begreifen" und sich dabei „an den Bedürfnissen und Präferenzmustern der Lerner ausrichten". Ehlers (2011) gelingt es in seiner qualitativen empirischen Studie, 143 solcher subjektiver „Qualitätsfaktoren" zu extrahieren und zu untersuchen. Obwohl durch die Auswertung und Clusterung der Daten einer darauffolgenden quantitativ angelegten Studie die Reduktion auf vier Typologien subjektiver „Qualitätspräferenzen" möglich wird (a.a.O., S. 212 ff.), zeigen seine Untersuchung jedoch insbesondere auch die Vielfalt der von ihm ermittelten Qualitätsfaktoren und deren unterschiedliche Gewichtung durch die Probanden. Wenn angenommen wird, dass Qualitätspräferenzen und Lernpräferenzen korrelieren und erstere in dieser Vielfalt identifizierbar sind, liegt es nahe, die Lernpräferenzen der Studierenden in diesem Teilgebiet näher zu untersuchen.

Den Blick wieder auf die o.g. Heterogenität der Vorerfahrungen richtend, kann wie von Wild und Esdar auf dem Stand des Jahres 2014 dargestellt jedoch festgestellt werden, dass die *realen* Eingangskompetenzen der Studierenden in Deutschland bis dato nie valide gemessen wurden. Der Versuch einer validen Messung von Kompetenzen wird allerdings mittlerweile in verschiedenen Fachrichtungen unternommen, bspw. von Wyriwal und Zinn (2017). Für die Gestaltung von Lernsituationen könnte sich daraus der Denkansatz ergeben, dass sich, bei genauer Kenntnis der Eingangskompetenzen eines jeden / einer jeden einzelnen Lernenden, jeweils individuelle und zu diesen Vorkenntnissen passende Lernarrangements zuweisen ließen. In ähnlicher Weise formuliert Hartmann (2005, S. 15), der konstatiert, dass in „der Didaktik unterschiedlicher Couleur" es zwar eines der „geflügelten Worte sei, dass der Lehrende die Lernenden „dort abholen" soll, „wo sie sind". Eines der Probleme sei jedoch herauszufinden, wo diese sich befänden. Hierzu würden dann, Hartmann zufolge, u.a. Prüfungen und Tests stattfinden, mit deren Hilfe das systematische Wissen (z.B. die Kenntnisse von physikalischen Gesetzen) und das methodische Wissen (z.B. Handhabung des Dreisatzes) abgefragt werden könnten. Er führt jedoch weiter aus, dass solche Prüfungen aber noch recht wenig darüber aussagen würden, „welchen Zugang" die Lernenden „zu dieser Art von Wissen" hätten. Dieser Zugang entscheide allerdings darüber, ob die Lernenden im angebotenen Lehrprozess oder Lernarrangement auch wirklich weiterlernen könnten (a.a.O., S. 15).

Neben der Frage, ob diese Eingangskompetenzen für die Erstellung passgenauer Lernunterlagen valide gemessen werden können, ergeben sich daraus jedoch weitere Konsequenzen: Es müssten dann, für sämtliche verschiedene Kombinationen von verschiedenen Eingangskompetenzen passgenaue Lernmaterialien formuliert werden, die dem Lernenden in begründeter Weise zuzuweisen wären. Diese Lernaufgaben müssten dann aber auch die dem Lernenden individuell möglichen Lernschritte pro Lerneinheit (in Wygotskis Worten: die Zone der proximalen Entwicklung der/des Lernenden) bzw. dessen individuelle kognitive Kapazität mitberücksichtigen, die dann ebenfalls valide „gemessen" werden müsste. Demnach müssten eine enorme Vielfalt an aufeinander abgestimmten Lernmaterialien erstellt werden, welche die schwierigkeitserzeugenden Elemente der einzelnen Lernaufgaben und die Lernkapazität des/der Lernenden in all ihren möglichen

Kombinationen reflektieren müssten. Neben dem damit verbundenen Aufwand und der gestiegenen Komplexität der Erstellung somit gänzlich individualisierter Lernmaterialien wären damit jedoch die Möglichkeiten (und die damit ggf. verbundenen Chancen) des miteinander Lernens reduziert. Abgesehen davon bliebe dann immer noch die Frage, ob die oben erwähnten, individuellen „Zugänge" berücksichtigt wurden. Es stellt sich somit grundsätzlich Frage, ob die Kompetenzen eines/einer jeden Lernenden der Lehrperson denn überhaupt in diesem Maße bekannt sein müssen, oder ob ggf. eine pragmatischere Herangehensweise für die Gestaltung von Lernprozessen gewählt werden kann.

2.1.3.1 Mögliche Bildungswege im Schulsystem Baden-Württembergs

In Kapitel 1 wurden bereits verschiedene mögliche Zugänge zu der Dualen Hochschule Baden-Württemberg (an der diese Untersuchung durchgeführt wurde) dargestellt. Um die potenzielle Heterogenität bezüglich der schulischen Vorbildung im Bundesland Baden-Württemberg (in dem die DHBW ansässig ist) darzustellen, sind in Abbildung 1 die dort möglichen Bildungswege aufgeführt, um die Zugangsberechtigung zur Dualen Hochschule zu erlangen. Anhand der Anzahl der durch Pfeile dargestellten möglichen Bildungswege ist die Vielzahl der Kombinationen ersichtlich, mit denen die allgemeine bzw. fachgebundene Hochschulreife oder auch die Fachhochschulreife erlangt werden kann.

Versuch einer Quantifizierung

Nach Analyse schulinterner Daten an einer Beruflichen Schule aus dem Einzugsbereich des hier betrachteten DHBW-Standorts wird an der betrachteten Schule die Fachhochschulreife überwiegend am Berufskolleg erlangt, gefolgt von der Fachhochschulreife, die parallel zur dreijährigen Ausbildung angeboten wird. Die Berufsoberschulen zur Erlangung der (fachgebundenen) Hochschulreife sind in dem genannten Bundesland nur in sehr geringer Zahl vertreten[9], im größeren Umkreis des betrachteten DHBW-Standorts sind keine Fachschulen ansässig. Der Zugang zum Berufskolleg (Profil Technik) erfolgt an der betrachteten Berufsschule[10] wie in Kapitel 1 bereits dargestellt zu einem Anteil von 68% über die Werkrealschulen oder Realschulen (die Abschlussnoten der abgebenden Schule lagen zwischen 1,3 (Werkrealschule) und 2,4), die restlichen 32% der Schüler*Innen sind über die

---

[9]https://www.statistik-bw.de/Service/Veroeff/Statistische_Berichte/323321001.pdf, abgerufen am 12.112023, es gibt lediglich 29 Oberschulen im Vergleich zu 385 Berufskollegs und 229 Fachschulen.
[10] Die Daten sind vom Verfasser dieser Arbeit schulintern an einer Beruflichen Schule resp. an einem Allgemeinen Gymnasium erhoben worden, die sich jeweils im Einzugsbereich der hier untersuchten Hochschule befindet. Sie sollen dieser Stelle lediglich einen Eindruck über die Größenordnung vermitteln, eine Prüfung auf Repräsentativität wurde nicht durchgeführt. Es wurden die Schülerdaten der Schuljahre 2021/22 und 2022/23 ausgewertet.

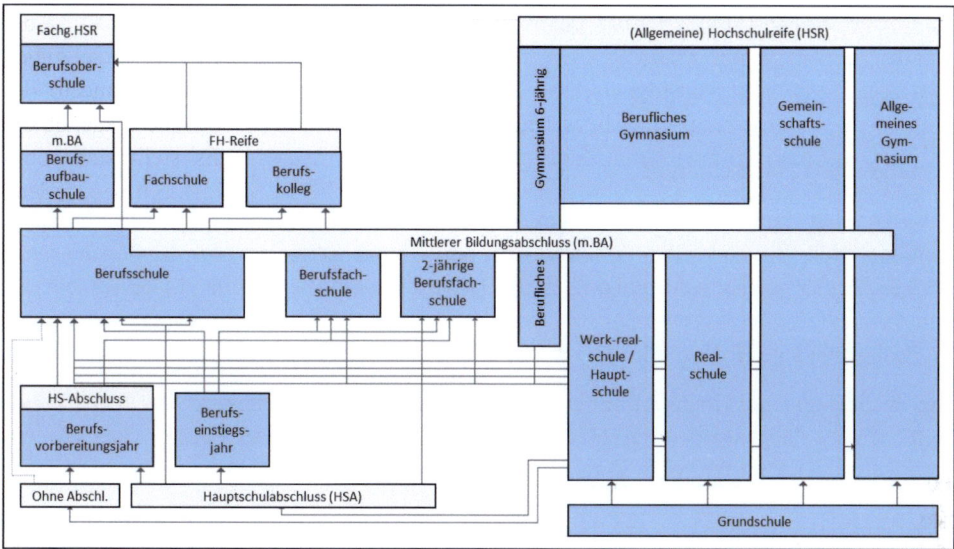

Abbildung 1.   Bildungswege in Baden-Württemberg, veränderte Darstellung [11]

Zweijährige Berufsfachschule an das Berufskolleg (mit Abschlussnoten zwischen 2,1 und 2,8 im Profil Metall- oder Elektrotechnik) gelangt. Wie ebenfalls bereits einführend dargestellt, sind die Absolvent*Innen des Technischen Gymnasiums zu einem Anteil von 71% zuvor an der Realschule gewesen (die Abschlussnoten lagen an der betrachteten Schule zwischen 1,0 und 1,9), 25% haben zuvor die zweijährige Berufsfachschule (mit Abschlussnoten zwischen 1,2 und 2,3 im Profil Metall- oder Elektrotechnik) besucht, 4% waren zuvor am Allgemeinen Gymnasium und sind angesichts drohender Nicht-Versetzung an das Berufliche Gymnasium gewechselt.

Aus den hier erhobenen Daten der betrachteten Berufsschule ergibt sich folgender vereinfachender Eindruck: Realschüler*Innen und Schüler*Innen der zweijährigen Berufsfachschule mit guten bis sehr guten Noten wechseln nach der 10. Klasse an das Berufliche Gymnasium, Realschüler*Innen oder Schüler*Innen der zweijährigen Berufsfachschule mit guten bis mittleren Noten wechseln auf das Berufskolleg.

---

[11] https://rp.baden-wuerttemberg.de, Suchbegriff „Bildungswege", abgerufen am 11.11.2023

Unterscheidung der Hochschulzugangsberechtigung

Die Hochschulzugangsberechtigung kann nach Rux (2015, S. 434 f.) grundsätzlich wie folgt erlangt werden:

a) Allgemeine Hochschulreife

Die allgemeine Hochschulreife kann am Allgemeinen oder Beruflichen Gymnasium erlangt werden durch Bestehen der Abiturprüfung und durch Erreichen des Versetzungsziels bezüglich einer gewissen Anzahl an Schuljahren des Erwerbs der zweiten Fremdsprache.

b) Fachgebundene Hochschulreife

Die fachgebundene Hochschulreife kann ebenfalls am Allgemeinen oder Beruflichen Gymnasium erlangt werden durch Bestehen der Abiturprüfung. Der Erwerb einer zweiten Fremdsprache ist hierfür keine Voraussetzung.

c) Fachhochschulreife

Die Fachhochschulreife kann auf verschiedene Art erlangt werden. Am Allgemeinbildenden Gymnasium kann diese (ohne Prüfung) durch Versetzung in die letzte Klassenstufe (Bestehen der Jahrgangsstufe 1, entsprechend der ‚Klassenstufe 11' bei G8 bzw. ‚Klassenstufe 12' bei G9) erlangt werden. An den beruflich bildenden Gymnasien kann dies ebenfalls durch ‚Bestehen' der Jahrgangsstufe 1 erfolgen. Demnach ‚fehlt' diesen Studierenden die im letzten Schuljahr vermittelten Kompetenzen. Die Erfolgreiche Prüfung nach zwei Jahren am Berufskolleg oder der Fachschule oder der parallel zur Berufsausbildung zu absolvierende Lehrgang zur FH-Reife sind ebenfalls Wege zum genannten Abschluss.

2.1.3.2 Die Annahme ‚nomineller' Eingangskenntnisse der Studierenden

Wie einführend in Abschnitt 2.1.3 dargestellt, ist die valide Messung der Eingangskompetenzen der Studierenden und auch die Anwendung der auf diese Weise erlangten Erkenntnisse in Bezug auf die Gestaltung von dahingehend passgenauen Lernmaterialien mit gewissen Schwierigkeiten verbunden. Unabhängig von einer solchen individuellen Messung der real vorliegenden Eingangskompetenzen zur möglichst genauen Bestimmung der fachlichen Heterogenität (sofern dies überhaupt möglich ist) können aber zumindest die Bandbreite der hier so bezeichneten „nominellen" Eingangskenntnisse berücksichtigt werden, indem die Bildungspläne der einzelnen abgebenden und qualifizierenden Schularten und Bildungsgänge analysiert werden.

Zur Häufigkeit der qualifizierenden Abschlüsse

Wie in Wild und Esdar (2014) anhand der Zahlen des Deutschen Studentenwerks aus dem Jahr 2012 dargestellt, haben in allen Disziplinen über 90% der die Studierenden an den Universitäten die allgemeine Hochschulreife absolviert (a.a.O., S. 35 f). Ähnlich wie in Kapitel 1 für die DHBW dargestellt, suggeriert auch diese Zahl auf den ersten Blick auch an den Universitäten eine eher geringe Heterogenität der fachliche Eingangskenntnisse. An den ehemaligen Fachhochschulen / „Universities of Applied Sciences" bzw. jetzigen Hochschulen für bspw. Technik stellt sich die Verteilung der Anteile anders dar: Wild und Esdar (2014, S. 35 f.) zufolge haben an diesen ehemaligen Fachhochschulen 57% der Studierenden die allgemeine Hochschulreife, 9% die fachgebundene Hochschulreife und 32% die Fachhochschulreife (a.a.O., S. 35 f). Über die verbleibenden 2% werden bezüglich der ehemaligen Fachhochschulen von Wild und Esdar keine Angaben gemacht. Wie in Kapitel 1 auf der Basis der Daten des Studienverlaufspanels der DHBW bereits dargestellt, haben von den n = 15779 im Rahmen dieser Studie befragten DHBW-Studierenden hingegen 86% eine Allgemeine oder fachgebundene Hochschulreife und nur 10% eine Fachhochschulreife, 4% sind anderweitig qualifiziert.

Die Verschiedenheit der Zugangsberechtigungen der hier betrachteten Gruppe der Studierenden

Wie in Kapitel 1 bereits erwähnt, werden jedoch die besuchten Schularten im Studienverlaufspanel der DHBW nicht veröffentlicht. Aufgrund der Regelungen zum Datenschutz konnten an der untersuchten Dualen Hochschule vom Verfasser der Arbeit keine Studierendendaten eingesehen werden, weshalb bei allen Befragungen, die im Rahmen dieser Arbeit stattfanden, die Art der Hochschulzugangsberechtigung als Teil eines (bezüglich dieses Aspekts standardisierten) Fragebogen abgefragt wurde. Den Ergebnissen dieser Befragungen zufolge wurden in den sechs untersuchten Studienjahrgangsgruppen TMB17A bis TMB22A die Hochschulzugangsberechtigungen vorwiegend an drei unterschiedlichen Schularten erlangt: am Allgemeinen Gymnasium, am Technischen Gymnasium und am Berufskolleg. Von den 176 im Rahmen dieser Untersuchung befragten Studierenden (die Rücklaufquote lag bei 93%) hat ein Anteil von 37% die Hochschulzugangsberechtigung am Allgemeinen Gymnasium absolviert, 35% der Studierenden am Technischen Gymnasium und ein Anteil von 22% am Berufskolleg, wobei die Anteile zwischen den einzelnen betrachteten Studienjahrgängen um bis zu + 15 /- 10 Prozentpunkte schwanken. Die hier erfassten Werte unterscheiden sich von den von Rahn et al. (2018) aus dem Panelstudie dargestellten Werten, siehe Kapitel 1. Das Absolvent*Innen des Berufskollegs sind am untersuchten Standort im betrachteten Studiengang im Vergleich zu den Durchschnittswerten des Studienverlaufspanels deutlich stärker vertreten, vor allem, wenn die genannten Schwankungen um bis zu 15 Prozentpunkte mitberücksichtigt werden. Bezüglich des

Merkmals der zuletzt besuchten Schulart ist die Gruppe der Studierenden demnach nicht homogen.

Abgesehen von diesen drei im Rahmen dieser Arbeit vorwiegend erfassten Zugänge am hier untersuchten DHBW-Standort (37% AG + 35% BG + 22 % BK = 94%) wurden für die verbleibenden 6% weitere, etwas exotischere Zugänge beobachtet: Als eine dieser Möglichkeiten der Zulassung wurde das Erlangen der Fachhochschulreife zeitlich parallel zur beruflichen Ausbildung (in einem Fall bspw. in Form eines Unterrichts wöchentlich Freitag nachmittags, verteilt über die drei Lehrjahre). Ebenfalls in geringer Anzahl und mit dem hier niedrigsten Niveau an theoretischer Schulbildung sind Studierende an der DHBW, die nach Abschluss der Werkrealschule durch anschließendes Absolvieren einer dreijährigen Berufsausbildung und (nach entsprechender Berufserfahrung) weiterem Bestehen einer Meisterprüfung die Studienberechtigung an der DHBW erlangen konnten. Die dritte Variante innerhalb dieser 6% war ein(e) Studierende(r) der Walldorfschule und zwei Studierende mit der schweizerischen Matura (die dem deutschen Abitur gleichgestellt ist).

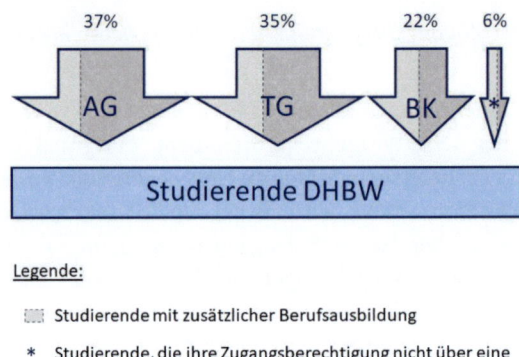

Abbildung 2.   Schularten, an denen die Studierenden der untersuchten Gruppe ihre Hochschulzugangsberechtigung erlangt haben

Bei 28% der im Rahmen dieser Arbeit befragten Studierenden liegt zusätzlich zum Schulabschluss eine abgeschlossene Berufsausbildung vor, die hier überwiegend in einem Ausbildungsberuf des Berufsfelds Metall/Maschinenbau absolvierte wurde. Im Studienjahrgang TMB18A hatten die Studierenden bspw. Ausbildungen zum/zur Industriemechaniker*In, Werkzeugmechaniker*In, Zerspanungsmechaniker*In, Mechatroniker*In, Technischen Zeichner*In und Produktdesigner*In, zudem war der schweizerische Ausbildungsberuf des Polymechanikers vertreten. Obwohl die Ausbildungsberufe dem gleichen Berufsfeld angehören, sind auch in den jeweiligen Bildungsplänen[12] unterschiedliche inhaltliche Schwerpunkte gesetzt. Da in der untersuchten Gruppe der Studierenden teilweise auch Abiturient*Innen Ausbildungsberufe ergreifen, bevor sie sich an der DHBW einschreiben, besteht hier die in Kapitel 2.1.1 von Wild und Esdar (2014, S. 18) beschriebene Kovarianz dieser beiden Differenzkategorien. Die Schularten, an denen die Studierenden der untersuchten Gruppe ihre Hochschulzugangs-berechtigung erlangt haben, sind in Abbildung 2 dargestellt. Die Breite der dunkelgrau dargestellten Pfeile ist maßstäblich, die Anteile der Absolvent*Innen mit zusätzlicher Berufsausbildung (hellgrau eingefärbte Bereiche) sind nicht maßstäblich dargestellt.

2.1.3.3 Die Annahme ‚nomineller' Eingangskenntnisse nach Analyse der Bildungspläne

Eine Analyse der Bildungspläne[13] des Allgemeinen Gymnasiums, des Technischen Gymnasiums und des Berufskollegs ergibt, dass sich die den einzelnen (fach-) theoretischen Inhalten zugeordneten „Zeitrichtwerte" und folglich auch die diesbezüglichen Vorerfahrungen der Studierenden teilweise stark unterscheiden. Da das hier zur Untersuchung des Lernverhaltens dienende hybride Lernarrangement im Fach Technische Mechanik bzw. Festigkeitslehre erstellt wurde, seien zunächst die Lerninhalte dieses Modulfach im Folgenden kurz beschrieben.

Beschreibung der Lerninhalte im Modulfach ‚Technische Mechanik 1 bis 3' an der DHBW

Die Technische Mechanik wird an den Fachhochschulen und Dualen Hochschulen im Maschinenbau üblicherweise in drei Semestern à sechs Semesterwochenstunden gelehrt, die Aufteilung der Lerninhalte erfolgt sachlogisch in die Bereiche Statik ggf. mit Festigkeitslehre (erstes Semester), Elastostatik ggf. mit Festigkeitslehre (zweites Semester) und Kinetik (drittes Semester). Die Lerninhalte entspricht weitgehend denen bspw. aus Gross et al. (1999), Band 1 bis 3[14]. Der Bereich der Technischen Mechanik entspricht hierbei einem Teilbereich der Physik, die ‚Sprache' der Technischen Mechanik, in der Problemstellungen formuliert und gelöst werden und in der die physikalischen Herleitungen bewiesen werden, ist die der Mathematik. Kenntnisse im Bereich der Mathematik sind somit relevant sowohl für das Verständnis wie auch für die Anwendung der physikalischen Konzepte. Ab Band 2 der o.g. Fachliteratur sind Kenntnisse der sog. ‚höheren Mathematik' für das Verständnis der

---

[12] Die Bildungspläne für die Berufsschulen sind ebenfalls über die Startseite des ZSL (s.o.) abrufbar.
[13] Die einzelnen Bildungspläne sind beim Zentrum für Schulqualität und Lehrerbildung, ZSL, über die Startseite der Website abrufbar, für das Technische Gymnasium bspw. unter dem Link https://www.bildungsplaene-bw.de/,Lde/technische+richtung, abgerufen am 16.06.2021.
[14] Die Bände 1 bis 3, wie auch in Teilen Band 4 können in der Technischen Mechanik an den (Dualen) Hochschulen als ein Standardwerk des Faches angesehen werden.

Herleitungen unabdingbar. Die nominellen Eingangskenntnisse der Studierenden bezüglich der Technischen Mechanik und der Mathematik stellen sich wie folgt dar.

Die Verschiedenheit der Eingangskenntnisse

a) Eingangskenntnisse im Bereich der Technischen Mechanik

Absolvent*Innen des Technischen Gymnasiums im Profil Mechatronik verfügen laut Bildungsplan[15] bereits vor Beginn der Vorlesung über einen deutlichen Anteil der üblicherweise im ersten Semester im Fach TM (TM 1) zu vermittelnden Kenntnisse. Die Themenbereiche der Berechnung der Auflagerkräfte (Summe aller Kräfte / Momente), der Spannungsbegriff als ‚Kraft pro Flächeneinheit‘, die verschiedenen Spannungsarten (Zug/Druck/Flächenpressung, Abscherung, Biegung, Torsion), die vereinfachte Kenntnisse über das axiale Flächenträgheitsmoment (ohne ‚Steinersatz‘) werden in den beiden Jahrgangsstufen in insgesamt ca. 80 Schulstunden vermittelt. Auch verfügen die Schüler*innen, beispielsweise im Gegensatz zu den Absolventen der allgemeinbildenden Gymnasien über Kenntnisse bezüglich des physikalischen Konzepts des ‚Freimachens‘ oder des physikalisch-technischen Konzepts der zulässigen Spannung, Fachbegriffen wie Festigkeit, Wirklinie, Flansch etc. sind ebenfalls vorhanden. Im Bereich des Berufskollegs im Profil Technik sind für die Behandlung der genannten mechanischen Spannungsarten, der Berechnung der Auflagerkräfte und der Flächenträgheitsmoment laut Bildungsplan [16] des Fachs „Angewandte Technik" nur 30 Schulstunden vorgesehen, die zu erwartenden Kenntnisse sind dem entsprechend geringer: es fehlen Kenntnisse über die Biegung, bezüglich des Flächenträgheitsmoments oder der Torsion.

b) Eingangskenntnisse im Bereich der Mathematik und Physik

Die ‚nominellen‘ Kenntnisse der Absolventen der genannten, zum Studium qualifizierenden Bildungseinrichtungen können anhand des Bildungsplans der Abgangsklassen für den Bereich der Mathematik und Physik in gleicher Weise ermittelt werden[17]. So sieht der Bildungsplan der Abschlussklasse des Berufskollegs in Baden-Württemberg lediglich 50 Schulstunden Differenzial- und Integralrechnung vor, wobei sogar der Differenzenquotient

---

[15] Bildungsplan Berufliches Gymnasium, Profil Mechatronik: https://www.ls-bw.de/site/pbs-bw-new/get/ documents/KULTUS.Dachmandant/KULTUS/Dienststellen/ls-bw/Bildungspl%C3%A4ne/Berufliche% 20Schulen/ bg/bg_neu2016/TG/BG2-TG-MT_Mechatronik_16_3951_01.pdf, heruntergeladen am 18.07.2019

[16] https://www.ls-bw.de/site/pbs-bw-new/get/documents/KULTUS.Dachmandant/KULTUS/ Dienststellen/ls-bw/Bildungspl%C3%A4ne/Berufliche%20Schulen/bk/bk_I-II/bkt2/BKTBKII _AngewTechnikSPKonstruktionMasch_08_3665_03_6.pdf, heruntergeladen am 18.07.2019

[17] Bildungsplan Berufskolleg: https://ls-bw.de/,Lde/Startseite/Bildungsplaene/technisches+ berufskolleg+ii, heruntergeladen am 17.07.2019

in der Abschlussklasse zunächst noch eingeführt werden muss. Es werden zudem noch weitere, vergleichsweise wenig komplexe Themen wie Trigonometrische Funktionen und Polynomfunktionen behandelt, Themen wie Vektor- und Matrixrechnung sowie Stochastik sind laut Bildungsplan lediglich optionale Themen, die vektorielle Darstellung von Geraden und Ebenen im Raum ist nicht vorgesehen. Es besteht demnach bei den Absolvent*Innen des Berufskollegs eine gewisse Lücke zu den Inhalten der ‚höheren Mathematik' (insbesondere zur Differenzial- und Integralrechnung). In den Bildungsplänen der allgemeinbildenden Gymnasien sind die genannten Themen teilweise bereits in deutlich früheren Klassenstufen verortet, zudem werden in den Abschlussklassen bezüglich aller der oben genannten Themen fachliche Vertiefungen vorgenommen[18].

In der Physik werden in den Klassen des technischen Berufskollegs (BK) 1 und auch in der Abschlussklasse BK2 Themen behandelt, die im Bereich des Allgemeinbildenden Gymnasiums noch in der Mittelstufe anzusiedeln sind: Weg- / Geschwindigkeit- / Beschleunigungs- Zeit- Diagramme einfacher Bewegungen, Impulserhaltung etc. Auch hier sind die Kenntnisse der Absolventen des BK demnach deutlich geringer. Bezüglich der Anwendung mathematischer Kenntnisse in der Physik am Berufskolleg steht z.B. das Lösen eines linearen Gleichungssystems mit 2 Variablen, Extremwert- und Nullpunktsuche bei quadratischen Gleichungen etc. im Vordergrund.

Zusammenfassung zur Heterogenität bezüglich des Merkmals der Vorerfahrungen

Zusammenfassend und erfahrungsgemäß lassen sich die unterschiedlichen Vorerfahrungen der Studierenden auf den folgenden Sachverhalt verkürzen: Studierende, die ihren Abschluss am Allgemeinbildenden Gymnasium erlangt haben, verfügen laut Bildungsplan über versiertere Kenntnisse im Bereich der Mathematik und Physik, sind allerdings meist Novizen im Bereich der Technik. Sie haben, sofern sie keine Ausbildung absolviert haben, meist keinerlei Kenntnis über technische Begriffe (wie z.B. „Baustahl") oder über physikalisch-technische Konzepte (wie z.B. die „Streckgrenze").

Absolvent*Innen des Beruflichen Gymnasiums z.B. des Profils Mechatronik oder Technik und Management sind bezüglich der Lerninhalte des ersten Semesters in TM bereits relativ weit vorangeschritten, verfügen aber im Vergleich zu den Absolvent*innen des Allgemeinen Gymnasiums über geringere Fähigkeiten im Bereich der Mathematik: Integrations- oder Differenzierungsregeln (bspw. die Produktregel), das Verfahren der allgemeinen Integration werden im Vergleich zu den Absolvent*innen des Allgemeinbildenden Gymnasiums nur mit einstelligen Zeitrichtwerten im Bildungsplan berücksichtigt.

---

[18] Bildungsplan Klasse 11/12 Gymnasium: http://www.bildungsplaene-bw.de/site/bildungsplan/get/ documents/lsbw/export-pdf/depot-pdf/ALLG/BP2016BW_ALLG_GYM_M.pdf, heruntergeladen am 18.07.2019

Absolvent*innen des Berufskollegs haben teilweise zwar in oben beschriebenem (eher geringen) Umfang Kenntnisse im Bereich der Technischen Mechanik (ihr anfänglicher Vorsprung im Vergleich zu den Absolvent*Innen des AG ist allerdings meist innerhalb der ersten Vorlesungsstunden aufgebraucht), vor allem verfügen die Absolvent*innen des Berufskolleg aber über deutlich geringere Kenntnisse bezüglich vieler mathematischen Lösungsroutinen. Das mathematische Konzept der Integration ist bspw. (als eines der letztgenannten Themen im Bildungsplan) oft wenig bekannt, die Zeitrichtwerte der Bildungspläne befinden sich (abhängig vom gewählten Profil des BK leicht schwankend) im untersten zweistelligen Bereich.

Die Erfassung der Abschlussnote der jeweiligen Bildungsgänge/Schularten

Die Auswertung der Abfrage der Abschlussnoten, die die Studierenden an den qualifizierenden Bildungseinrichtungen erzielten, ergab, dass diese für die Absolvent*Innen des BK in den hier betrachteten Studienjahrgängen im Mittel bei 1,54 lag. Das Mittel der Abschlussnoten bei den beiden anderen Schularten war 2,32 für die Absolvierenden des TG und 2,36 für die Absolvent*Innen des AG (bei einer Signifikanz >99%). Es ist folglich davon auszugehen, dass lediglich die leistungsstärksten Schüler*Innen des Berufskollegs an die DHBW wechseln, wobei von den anderen Schularten auch Schüler*Innen mit Abschlussnoten im mittleren Bereich an der DHBW beginnen.

2.1.3.4 Die Niveau-Frage und die Berücksichtigung der Heterogenität mit didaktischen Mitteln

Wild und Esdar (2014) stellen heraus, dass gemäß der in Kooperation mit der Hochschulrektoren-konferenz durchgeführten LESSI-Studie die „Hochschullehrenden" die „Ziele und Maßnahmen zur Erhöhung der Durchlässigkeit im Bildungswesen zwar mehrheitlich" befürworten, diese aber „überwiegend nicht verwirklicht" wurden und von den „Universitätsprofessorinnen" zudem auch nur „relativ selten als sinnvoll angesehen" würden (a.a.O., S. 17 f.). Wild und Esdar führen weiter aus, dass „das Thema Heterogenität (vor allem im universitären) Hochschulkontext [...] eng mit Fragen der Aufrechterhaltung des durchschnittlichen Leistungsniveaus [...] verknüpft wird". Eine extremere Position zitiert Apel (1999, S. 10) bei seiner Darstellung der Gegner der Forderung nach einer hochschulpädagogischen Qualifikation der Lehrenden. Er verweist auf Wolf (1998), der in seiner Veröffentlichung mit dem Titel „Selbstverpflichtung zum Denken" konstatiert, dass diese „durch hochschuldidaktisches Vorgehen keinesfalls aufgehoben werden dürfe: Es könne nicht darum gehen, eine langweilige Vorlesung interessant zu machen, oder eine schwierige Vorlesung zu vereinfachen".

Abgesehen davon, dass diese in dieser Weise konnotierte „Selbstverpflichtung zum Denken" der Studierenden in letzter Konsequenz die Frage aufwerfen würde, warum an Universitäten und Hochschulen dann überhaupt Explikation stattfindet, weist auch der Umkehrschluss der von Apel a.a.O. zitierten Aussage aus Sicht des Autors dieser Arbeit auf ihre Kurzschlüssigkeit hin: Es kann, in gleicher Weise formulierend, ebenso wenig darum gehen, einen Zusammenhang langweiliger oder komplizierter als unbedingt nötig darzustellen.

Wenn, wie von Wild und Esdar (2014) ausgeführt, in Deutschland der Bedarf an hochqualifizierten Personen steigt, besteht eine Möglichkeit, diesen Bedarf in einer schrumpfenden Gesellschaft zu decken darin, die Bildungsreserven stärker auszuschöpfen (vgl. Wild, Esdar, 2014, S. 9). Wenn dies, wie ebenfalls von Wild und Esdar an gleicher Stelle formuliert, volkswirtschaftlich zu begrüßen sei, kommt den Hochschulen die ggf. veränderte Verantwortung zu, dass sich „möglichst viele Studierende [...] optimal entfalten und einen erfolgreichen Studienabschluss erzielen können" (a.a.O., S. 3).

Es sei an dieser Stelle jedoch hervorgehoben, dass es nicht das Ziel der im Rahmen dieser Arbeit angewandten Didaktik ist, das Niveau der Lerninhalte zu senken, sondern vielmehr, wie weiter unten ausgeführt, Überwindung individueller Lernbarrieren zu ermöglichen, indem bspw. die „Diskrepanz zwischen der neuen Information und den etablierten Schemata [...] dosiert" und vor allem variabel für die lernende Person gehalten wird (vgl. Heckhausen, 1989, vgl. Kapitel 3). In Anlehnung an Meyer und Jank (2006, S. 41 ff.) geht es demnach um eine „zeitgemäße Berücksichtigung der Heterogenität" der Studierenden mit didaktischen Mitteln, darum, den Studierenden Möglichkeiten der Hilfe zur Selbsthilfe an die Hand zu geben, um den Lernprozess während der Selbstlernphasen (des „Eigenstudiums", für das laut Modulbeschreibung der DHBW im Studiengang Maschinenbau im Vergleich zur Lehrveranstaltung der 1,0- bis 1,5-fache Zeitrichtwert anberaumt wird) zu individualisieren, zu strukturieren und effizienter zu gestalten. Das in den Prüfverfahren (Klausuren, Testate etc.) abgefragte Niveau der Lerninhalte sowie die Notenbildung an sich bleiben von diesen didaktischen Maßnahmen unberührt.

2.2 Studienabbrüche im MINT-Bereich und kritische Studienanforderungen

2.2.1 Forschungsstand zu Studienabbrüchen im MINT-Bereich

Die Forschung zu den Studienabbrüchen beschäftigt sich, wie bereits einführend erwähnt, mit den verschiedenen Begründungszusammenhängen als Ursache für eine freiwillige oder erzwungene Beendigung des Studiums. Meist ist ein Teil dieser Untersuchungen die Bildung von sog. Abbruch-Typen, die beispielsweise durch eine Clusteranalyse aus empirischen Daten ermittelt werden. Besonders die bei der Ermittlung dieser Cluster verwendeten latenten Konstrukte oder Items bieten Anknüpfungspunkte für diese Arbeit. Es sollen exemplarisch Untersuchungen vorgestellt werden, die jede für sich eine gewisse Relevanz für den hier betrachteten Bereich haben, an denen jedoch auch Lücken und offene Fragen aufgezeigt werden können.

2.2.1.1 „Eine Typologie von Abbrecher*Innen an der Dualen Hochschule Baden-Württemberg"

Die mit der in diesem Unterkapitel verwendeten Überschrift betitelte Studie von Meyer, Walkmann und Rahn (2018b) beschäftigt sich explizit mit den Studierenden der Dualen Hochschule Baden-Württemberg. Es wird demnach im Vergleich zu der hier dargestellten Arbeit ein sehr ähnliches empirisches Feld betrachtet, wodurch diese Untersuchung potenziell relevant wird. Die drei Autoren der genannten Studie nehmen zunächst Bezug auf eine Typologie nach Blüthmann, Lepa und Thiel, die sie für ihre Arbeit als Anknüpfungspunkt wählten, die von Blüthmann et al. nach Befragung von 439 vorzeitig ihren jeweiligen Bachelorstudiengang beendenden Studierenden der Freien Universität Berlin erarbeitet wurde (a.a.O., S. 5f.). Die dort vorgenommene Typisierung ist hier in leicht verkürzter Form in Tabelle 1 dargestellt, sie sieht vier Typen vor und weist diesen Typen von Studienabbrecher*Innen die Attribute verwählt, überfordert, enttäuscht und strategisch wechselnd zu.

Meyer, Walkmann und Rahn (2018b) halten diese Typologie für grundsätzlich auf den Bereich der Dualen Hochschule übertragbar. Um diese Übertragung zu vollziehen, stellten sie jedoch zunächst eigene Voruntersuchungen an. Das methodisches Vorgehen dieser Untersuchung sah vor, in einem qualitativen Ansatz zunächst mit elf Studierenden der DHBW Leitfadeninterviews zu den vier Themenbereichen ‚Beweggründe Abbruch', ‚Präventionsmaßnahmen', ‚Gründe für die Wahl des Duales Studiums' und ‚Zukunftspläne' durchzuführen. Es wurden anschließend aus diesen elf Interviews mit dem Verfahren der „kriteriengesteuerten Fallauswahl und Fallkontrastierung" nach Kelle und Kluge Ideal-

Abbruchtypen bestimmt, vgl. a.a.O., S. 5 ff. Im darauffolgenden quantitativen Teil wurden 633 Teilnehmer*Innen aus den drei Bereichen Technik, Wirtschaft und Sozialwesen der DHBW befragt, zum ersten mit dem Ziel, durch eine hierarchische Clusteranalyse die erstellten Ideal-Abbruchtypen zu bestätigen resp. zu widerlegen, zum zweiten mit dem Ziel, durch eine explorative Clusteranalyse weitere, bisher noch nicht vermutete Zusammenhänge zu finden (vgl. a.a.O., S. 10).

Tabelle 1. Typisierung nach Blüthmann, Lepa und Thiel, entnommen aus Meyer et al. (2018b)

Bezeichnung	Beschreibung
Verwählt	Keine berufliche Perspektive / Fachinteresse verloren
Überfordert	Fehlen von Lernkompetenzen und fachbezogenen Fähigkeiten sowie zu hohe Studienanforderungen
Enttäuscht	Mangelhafte Studienorganisation und zu starke Verschulung des Studiums
Strategisch wechselnd	Personen, die ihren ‚Wunschstudienplatz' anderswo erhalten haben: sog. „Parkstudierende".

Ergebnis dieser hierarchischen Clusteranalyse war die Bestätigung der von ihnen in ihrer qualitativen Studie ermittelten (im Gegensatz zu Blüthmann et al. nur noch) drei „Abbruchtypen". Die Darstellung dieser Abbruchtypen, die der angegebenen Quelle (S. 20) entnommen wurde, ist in Abbildung 3 in unveränderter Form dargestellt. Demnach lassen sich mit einem Anteil von 60% der ihr Studium Abbrechenden den „Überforderten" zuweisen und ein Anteil von jeweils ca. 20% den „Enttäuschten" und (persönlich) „Belasteten".

Die Zuweisung zur Note der Hochschulzugangsberechtigung sowie der aktuellen Leistung im Studium der untersuchten Studierenden erfolgte über die beiden dargestellten Achsen: „Überforderte" haben demnach aktuell Noten im unteren Leistungsbereich, sie sind aber bezüglich der Note ihrer Hochschulzugangsberechtigung auch im mittleren bis oberen Bereich zuzuordnen. Die Tatsache, dass Studierende mit z.T. guten Noten in ihren jeweiligen Zugangsberechtigungen (rechter Bereich der grünen Box in Abbildung 3) dennoch eher mittlere oder schlechte Leistungen im Studium erzielen, wirft jedoch Fragen auf. Zumindest in der Darstellung ihrer Ergebnisse unterschieden Meyer et al. an dieser Stelle bspw. nicht zwischen den verschiedenen Schulabschlussarten, dem Vorwissen der Studierenden (vgl. jeweils Kapitel 2.1.3.3 dieser Arbeit) oder etwaigen Lernschwierigkeiten, die als möglicher Grund für die dargestellte Überforderung naheliegend erscheinen. Die Ergebnisse der im zweiten Schritt ihrer Untersuchung durchgeführten explorativen Clusteranalyse brachte insgesamt fünf Abbruch-Typen zum Vorschein, die, entsprechend der von Meyer, Walkmann und Rahn vorgenommenen Nummerierung und in verkürzter Weise in Tabelle 2 aufgeführt sind (vgl. a.a.O., S. 22ff).

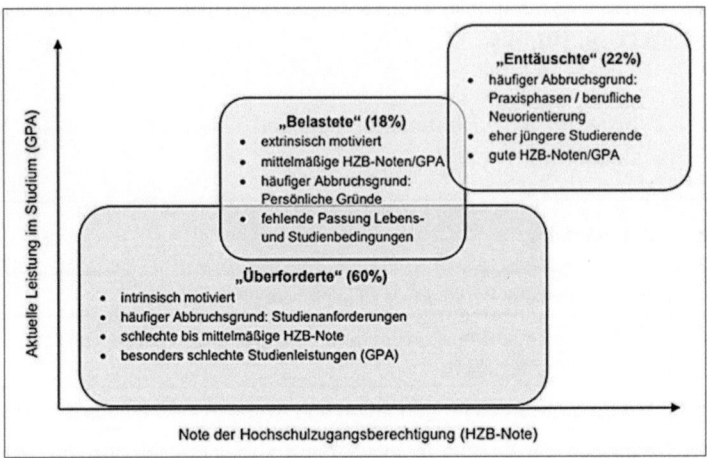

Abbildung 3.   Abbrecher-Typen nach Meyer et al. (2018b, S. 20), unveränderte
                Darstellung

Diskussion der Typologie von Meyer et al. (2018b)

Für den hier betrachteten Bereich ergeben sich aus den Untersuchungen von Mayer et al. nur in Ansätzen nennenswerten Erkenntnisse. Das Ergebnis der hierarchischen Clusteranalyse unterscheidet lediglich fachliche und persönliche Belastungen der Studierenden sowie als dritten Aspekt die nachlassende Motivation. Die vorwiegende Erkenntnis ist, dass demnach potenziell 60% der ihr Studium abbrechenden Studierenden (den Überforderten) möglicherweise mit gezielten didaktischen Maßnahmen „geholfen" werden kann, idealerweise, bevor es zu dieser Überforderung kommt. Die von Mayer et al. im zweiten Schritt durgeführte explorative Analyse differenziert in ihrem Ergebnis lediglich ein hohes, mittleres und durchschnittliches Interesse am Fach (Praxis oder Theorie) und weist zudem lediglich den Aspekt der vorhandenen oder nicht vorhandenen fachlichen Überforderung bzw. den Aspekt der vorhandenen oder nicht vorhandenen persönlichen Begründungszusammenhänge eines Studienabbruchs zu. Ursachen dieser Überforderung werden auch hier nicht erörtert. Auch die in der Diskussion der Ergebnisse dargestellten Empfehlungen Meyers, Walkmanns und Rahns lässt für das hier verfolgte Anliegen Fragen offen. Die Autoren empfehlen für die Gruppe der aus fachlicher Überforderung abbrechenden

Studierenden bspw. lediglich die Einrichtung eines Frühwarnsystems, das eben diese Studierenden auf Basis ihrer aktuellen Studienleistungen (ihres GPAs) erkennen soll, um ihnen gezielt (fachliche) „Hilfe" anbieten zu können. An welchen Punkten bspw. diese Hilfe ansetzen soll, wie sie im Detail ausgestaltet werden könnte oder in welchen Bereichen die jeweiligen fachlichen Überforderungen zu verorten sind, werden im Rahmen der genannten Arbeit nicht diskutiert. Didaktische Maßnahmen, die ergriffen werden könnten, um eine Überforderung der Studierenden zu vermeiden, werden a.a.O. ebenfalls nicht reflektiert.

Tabelle 2.   Typisierung nach explorativer Clusteranalyse, entnommen aus Meyer et al. (2018b, S. 22), Darstellung verändert

Nr.	Beschreibung
1	Fachlich interessierte mit unterschiedlichen Abbruchmotiven aber hohem Fachinteresse und hoher Praxisorientierung
2	„Überforderte" mit hohem Fachinteresse und hoher Praxisorientierung, die jedoch den als hoch empfundenen Studienanforderungen nicht gerecht werden konnten
3	Studierende mit durchschnittlichem Fachinteresse und durchschnittlicher Praxisorientierung aber mit persönlichen Abbruchgründen
4	Studierende mit geringem Praxisinteresse
5	Studierende mit geringem Fachinteresse

2.2.1.2   Im Rahmen des „Studienverlaufspanels" der DHBW untersuchte Studienabbrüche

Im Zuge des „Studienverlaufspanels" der DHBW wurden bezüglich der Studienabbrüchen[19] weitere Daten erhoben und dargestellt. Für das Anliegen dieser Arbeit sind jedoch die dort veröffentlichten Daten in zu grober Granularität dargestellt oder derart subsumiert, dass sie nur sehr eingeschränkt verwendet werden können. So stellen Meyer et al. (2018) zwar dar, dass für die Fakultät Technik die Studienanforderungen bei 60% der n = 158 befragten Studienabbrecher*Innen ein Abbruchgrund waren (a.a.O., S. 27, Abbildung 10), jedoch ist dieser Grund lediglich bei ca. 30% der ihr Studium abbrechenden Studierenden der beiden anderen Fakultäten der DHBW (Wirtschaft und Sozialwesen) relevant, sodass die leider nur als Gesamtbetrachtung aller Fakultäten aufgeführte Grafik, die bspw. „(zu große) Wissenslücken zu Beginn des Studiums […]" (a.a.O., S. 29, Abbildung 12) mit lediglich (15,2% + 26,8% =) 42% als „wichtigen Grund" nennt, möglicherweise relativiert wird. Des

---

[19] Veröffentlicht unter der URL https://www.dhbw.de/studie

Weiteren wird in der genannten Veröffentlichung das Item der „Lernschwierigkeiten" (a.a.O., S. 31, Abbildung 15) neben zahlreicher anderer Items wie „psychische Erkrankung" oder „familiäre Gründe" dem Konstrukt der „persönliche[n] Gründe" zugeordnet, das insgesamt von den Studierenden der Fakultät Technik im Vergleich zu den anderen Fakultäten jedoch als am wenigsten häufig als „Grund für den Studienabbruch" angegeben wurde (a.a.O., S 30, Abbildung 13). Eben diese „Lernschwierigkeiten" können aber insbesondere im Bereich der Technik der ‚Komplexität der Inhalte' geschuldet sein, die in der Studie jedoch nicht als Item definiert wurde, der jedoch in anderen Studien (vgl. Derboven/Winkler, 2010, siehe Abschnitt 2.2.1.3) im Bereich der MINT-Fächer ein hoher Einfluss attestiert wird.

2.2.1.3   Studie zum Studienabbruch in den Ingenieurwissenschaften

Die von Derboven und Winkler veröffentlichte Untersuchung zum Studienabbruch in den Ingenieurwissenschaften (2010, S. 62 ff) ist im Vergleich zu der im vorherigen Abschnitt diskutierten Studie von Meyer, Walkmann und Rahn etwas älter, sie wurde zudem nicht mit Studierenden der Dualen Hochschule durchgeführt, sondern fokussiert nahezu ausschließlich auf Studienabbrecher*Innen aus dem MINT-Bereichs an Universitäten, deren Studierende mutmaßlich gewisse Unterschiede zu der hier untersuchten Personengruppe vorweist. Im Gegensatz zu Meyer, Walkmann und Rahn thematisieren Derboven und Winkler jedoch deutlich stärker den Aspekt der didaktischen Einflussnahme durch die Lehrenden.

Die beiden Autorinnen gingen bei ihrer Untersuchung wie folgt vor: In einem qualitativen Ansatz wurden per Leitfadeninterview 40 Studierende zu den subjektiven Begründungszusammenhängen ihres Studienabbruchs befragt. Ziel der Auswertung war die Erlangung eines Pools von so genannten Konflikt-Items, die für Studienabbrüche relevant sein können. Diese Items wurden anschließend zu latenten Konstrukten zusammengefasst. Anschließend wurden in einem quantitativen Ansatz insgesamt 680 Studierende zur subjektiven Relevanz dieser Items sowie zu weiteren Items (Studienvoraussetzungen (z.B. Abschlussnoten, Leistungskurse, etc.), Lernhaltung oder Technikhaltung etc.) befragt. Die einzelnen Ausprägungen der erfassten Items (es wurde eine 5-stufige Likert-Skala verwendet) wurde mit Hilfe einer Clusteranalyse zu sechs Abbruch-Typen zusammengefasst, Ziel war somit die Konstruktion von: „auf Studienkonflikte fokussierende Abbruchtypen".

Im Verlauf dieser Untersuchung kommen Derboven und Winkler nach qualitativer Auswertung der Interviews auf 45 dieser „Konflikt-Items", aus denen sie neun latente Konstrukte (sog. „Faktoren") bilden, von denen sich wiederum vier als besonders „wirkmächtig" für die Entscheidung zum Studienabbruch herausstellten. Diese vier wirkmächtigsten Faktoren sind in Tabelle 3 dargestellt und wurden aus der angegebenen Quelle entnommen (a.a.O., S. 64), ebenso wie die sie konstituierenden Konflikt-Items (die

Formulierungen wurden in dieser Darstellung vom Verfasser dieser Arbeit paraphrasiert). Auf die Spalte „Aspekte" wird weiter unten eingegangen. Als Ergebnis der Clusteranalyse ermittelten Derboven und Winkler sechs Abbruchtypen, die hier in Tabelle 4 dargestellt sind. Neben der Bezeichnung, die a.a.O., S. 67ff übernommen wurde, ist in dieser Tabelle die Kurzbeschreibung des jeweiligen Typs dargestellt sowie ein von den Autorinnen unterbreiteter Vorschlag, wie diese Abbruchtypen vorwiegend präventiv unterstützt werden könnten. Die in der Tabelle angegebenen Prozentzahlen entsprechen dem Anteil dieser Typzuweisung aus der Gesamtzahl der 680 befragten Studierenden der quantitativen Analyse.

Die Zuschreibung der fachlichen Überforderung bezüglich der Menge und/oder der Komplexität der Lerninhalte findet sich vorwiegend bei den Abbruchtypen 1 und 4, denen nach Tabelle 4 ein Anteil von (32% + 16% =) 48% der befragten Studienabbrecher zugeordnet werden können. Im ersten Fall wird eine andere didaktische Herangehensweise empfohlen (die als Kombination einer horizontalen und vertikalen didaktischen Reduktion beschrieben werden können) sowie eine stärkere Ausrichtung der Lerninhalte an Beispielen. Für Typ 4 geben Derboven und Winkler keine didaktische Empfehlung, obwohl das Ziel „Stoff verstehen" nahezu ausschließlich über didaktische Interventionen zu erreichen wäre. Einen die Didaktik betreffenden Vorschlag erfolgt wiederum für Typ 2, er zielt auf das Aufzeigen von Zusammenhängen, zur Adressierung der Vertreter des Typs 3, den Studierenden mit Schwierigkeiten bezüglich ihres Lernverhaltens, werden eher didaktisch-organisatorische Empfehlungen gegeben, hier die von der Hochschule unterstützte Organisation von Lerngruppen.

Den in Tabelle 4 genannten Vorschlägen ist gemein, dass sie zum ersten wenig konkret sind und zum zweiten a.a.O. nicht weiter begründet oder theoretisch untermauert werden (die Untersuchung von Derboven und Winkler wurde vorwiegend an technischen Universitäten durchgeführt.). Für die Zwecke dieser Arbeit ergiebiger ist die Durchsicht der in der Untersuchung von Derboven und Winkler erhobenen Konflikt-Items, die bereits in Tabelle 3 dargestellt wurde. Die dort gelisteten Konflikt-Items lassen sich ebenso (auf der Ebene eines Items oder latenten Konstrukts) anderen Oberbegriffen zuordnen, die in der erwähnten Tabelle in der dritten Spalte unter dem Begriff „Aspekte" geführt sind.

Das Konflikt-Item in Zeile 2 der genannten Tabelle entspricht beispielsweise dem Konflikt mit einer als zu groß empfundenen Stoffmenge (demnach kann der Aspekt „Menge" zugewiesen werden), Zeile 3, Zeile 5 und Zeile 6 entsprechen einem Konflikt bezüglich der Komplexität der zu vermittelnden Lerninhalte (Aspekt Komplexität), Zeile 4, das Tempo der Stoffvermittlung und Zeile 8, die nicht ausreichende Lernzeit, resultieren entweder aus einer zu großen Menge und/oder zu hohen Komplexität der Zusammenhänge, die in der noch verbleibenden Zeit bis zur Prüfung bewältigt werden müssen, diese Zeilen können demnach

Tabelle 3. Wirkmächtige Faktoren eines Studienabbruchs und die sie konstituierenden Konflikt-Items nach Derboven und Winkler (2010, S. 64), Zuweisung bestimmter „Aspekte" durch den Verfasser

Nr.	Einteilung nach Derboven/Winkler, 2010	Aspekte
1	**Konflikt-Faktor: Leistungsdruck (n.s.)**	
2	Umfangreicher Prüfungsstoff (n.s.*)	Menge (M)
3	Druck durch Leistungsanforderungen	Komplexität (K)
4	Tempo der Stoffvermittlung (n.s.)	M oder K**
5	Gestellte Ansprüche insgesamt	Komplexität
6	Mathematische Ansprüche (n.s.)	Komplexität
7	Entmutigung „Hier werden es nur 50% schaffen". (n.s.)	-
8	Nicht ausreichende Zeit zum Lernen (n.s.)	M oder K**
9	**Konflikt-Faktor: Formellastigkeit und berufsirrelevante Studieninhalte (n.s.)**	
10	Isolierte Fakten ohne Zusammenhang (n.s.)	Explikation
11	Monotone und langweilige Vorlesungen (n.s.)	Explikation
12	Kaum Beispiele zur Erleichterung des Verständnisses (n.s.)	Explikation
13	Für den späteren Beruf irrelevante Inhalte (n.s.)	Explikation***
14	Es war oft schwer zu verstehen, um was es geht. (n.s.)	Explikation
15	Nur Formeln anzuwenden, ohne sie zu verstehen. (n.s.)	Explikation***
16	**Konflikt-Faktor: Mangelnde Betreuung (n.s.)**	
17	Wenig Betreuung durch Lehrende (n.s.)	Explikation
18	Anonymität der Masse (n.s.)	
19	Nicht getraut, dumme Fragen zu stellen	
20	Kein Lob (n.s.)	
21	**Konflikt-Faktor: Mangelnde Studienerfolge**	
22	Kaum Erfolgserlebnisse (n.s.)	
23	Schlechte Klausurergebnisse (n.s.)	
24	Versagensangst bezüglich des späteren Berufs	

S1 * n.s.: in der Studie von Derboven/Winkler als nicht signifikant gekennzeichnet,

S2 ** M bzw. K: Menge bzw. Komplexität

S3 *** Die Auswahl der Inhalte bzw. deren didaktische Reduktion können ebenfalls als Teil des Aspekts Explikation aufgefasst werden.

ebenfalls einem der Aspekte Menge oder Komplexität zugeordnet werden. Zeile 10, 11 und weitere Zeilen lassen die Zuordnung zu dem Aspekt Qualität der Explikation oder der didaktischen Stoffauswahl bzw. Reduktion zu. Der Gedanke einer solchen Umbenennung wird in Kapitel 5.3.2 erneut aufgegriffen.

Weitere didaktische Ableitungen

Derboven und Winkler gehen in ihrer Arbeit (a.a.O., S. 72 f.) auf die genannten Konflikt-Items ein und leiten aus den Ergebnissen ihrer Befragungen didaktische Maßnahmen ab. Ihre Empfehlungen lassen sich wie folgt zusammenfassen: In der Vorlesung solle der Stoff nachvollziehbar erklärt werden, unpersönliches Ablesen sei zu vermeiden, Maßnahmen des gegenseitigen Respekts seien von beiden Seiten erwünscht (z.B. der Wunsch der Studierenden, „dumme" Fragen stellen zu dürfen und im Gegenzug der Wunsch der Lehrenden, dass die Vorlesung nicht gestört wird, zur Umsetzung des letztgenannten wurden „Kontrakte" zwischen Lehrenden und Lernenden vorgeschlagen).

Derboven und Winkler fordern zudem, die Rolle der Lehrenden eher zu der eines „Wissenschafts-Entertainer[s]" zu entwickeln, die/der die Inhalte „fesselnd und verständlich" explizieren könne und „Lernsituationen, in denen wirklich was verstanden wird" zu konzipieren. Wie letzteres bewerkstelligt werden kann, wird (ggf. in Anbetracht der sehr großen Bandbreite der untersuchten Studienfächer) a.a.O. nicht thematisiert. (Die Studie wurde an den technischen Universitäten RWTH Aachen, TU Berlin, TU Braunschweig, TU Darmstadt, TU Dresden, Universität Hannover, Universität Karlsruhe, TU München, Universität Stuttgart und TU Hamburg durchgeführt. Die befragten Studierenden waren aus den Studiengängen Maschinenbau (22%), Elektrotechnik (14%), Informatik (12%), Bauwesen (8%), Bio-/Umwelttechnologie (6%), Verfahrenstechnik (4%), Schiffbau (1%) und sonstige Ingenieurstudiengänge (33%), a.a.O., S. 60).

2.2.1.4   Das „Modell des Studienabbruchprozesses" nach Heublein et al. (2017)

Es soll an dieser Stelle auch auf das Modell des Studienabbruchprozesses" nach Heublein et al. (2017) verwiesen werden, welches für das Deutsche Zentrum für Hochschul- und Wissenschaftsforschung veröffentlicht wurde. Aus dieser Quelle ist unverändert die dort als Abb. 3.1 dargestellte Illustration bestimmter Einflussfaktoren auf den „Prozess des Studienabbruchs" (a.a.O., S. 12) übernommen, die hier als Abbildung 4 aufgeführt ist. Diese Darstellung vereint einige Aspekte, die im Rahmen dieser Arbeit ebenfalls als potenziell relevant erachtet werden, was insbesondere jene, die unter den Begriffen Bildungssozialisation, Studienbedingungen, Studierverhalten, Studienleistungen oder Studienmotivation aufgeführt sind, betrifft.

Tabelle 4.   Sechs Studienabbruchtypen nach Derboven & Winkler, (2010, S. 60 ff.)

Typ*	Bezeichnung	Beschreibung	Vorschlag
1	Von der Stoffmenge überforderte Technik-zentrierte	32% Problem: Menge an abstraktem Stoff trotz teilweise umfangreicher Vorerfahrung und Interesse am Fach	Unterteilung des Stoffs in Überblickwissen und Vertiefungswissen. Didaktische Reduktion der Stoffmenge ohne Qualitätsverlust, Wissen exemplarisch vermitteln
2	Studien-kompetente Technik-engagierte	24% Vermissen zusammen-hängendes Wissen und berufsrelevante Inhalte	Zusammenhänge zwischen Wissensinseln herstellen, mehr „studienspezifische Wissenslandkarten" Wissen als Mindmap darstellen
3	Studien-unerfahrene Orientierungs-lose	18% Problem: selbständiges Lernen / Lernverhalten	Strukturelle Anonymität der Massenuniversität Anschluss an (idealerweise) effektive Lerngruppen schaffen, Möglichkeiten der sozialen Integration
4	Fachlich und sozial Über-forderte	16% Weder Stoff verstehen noch sozial integrieren	?
5	Technik-interessierte Außen-stehende	6% Verlieren sozial den Anschluss, fühlen sich anders als die Anderen	Empfundene (negative oder positive) Hervorhebung von z.B. Frauen
6	Abstraktions-kompetente Technik-distanzierte	4% Abstraktionsbegabt, aber wenig Affinität zur Technik	?

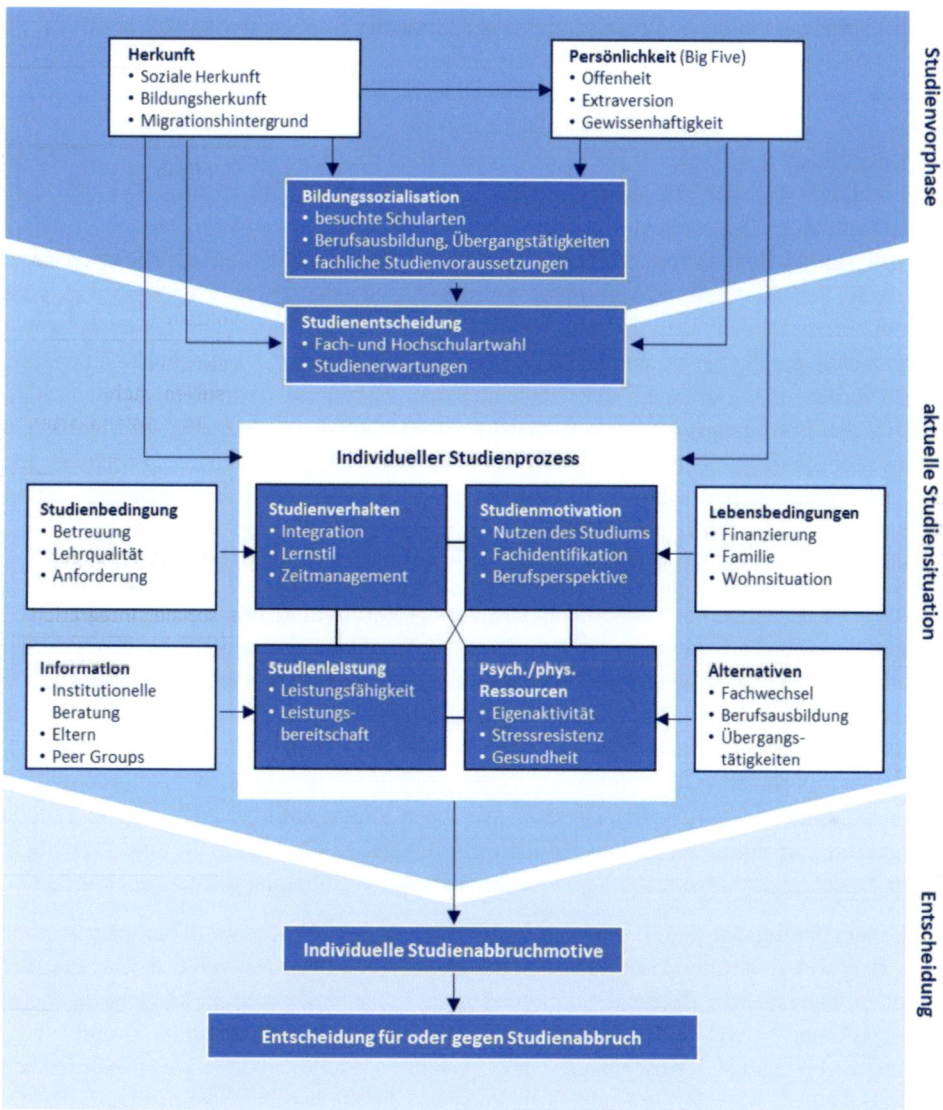

Abbildung 4.   Modell des Studienabbruchprozesses nach Heublein (2017, S. 12)

2.2.2 „Kritische Studienanforderungen" in der Phase des Studieneintritts

Neben der Betrachtung der oben dargestellten Untersuchungen zu den (von den Studierenden bereits vollzogenen) Studienabbrüchen erscheint insbesondere die Analyse der „kritischen Studienanforderungen" interessant, wie sie von Bosse und Trautwein (2014) für die Phase des Übergangs von der Sekundarstufe zur Hochschule untersucht wurden. Die genannte Studie hatte zum Ziel, subjektiv empfundene Schwierigkeiten der Studierenden in dieser Übergangsphase des Ankommens an der Hochschule explorativ zu ergründen. Hierzu wurden 50 Personen befragt, zum einen Studierende in ihrer Studieneingangsphase, zum anderen ältere Studierende, die als Tutoren*Innen fungierten, zudem Lehrende sowie Mitarbeitende der Studienberatung. Die Untersuchung fand an der Universität Hamburg statt, dabei wurden die Befragten aus verschiedenen Fakultäten (Erziehungswissenschaft, Psychologie, Bewegungswissenschaft, Geisteswissenschaften, Mathematik, Informatik und Naturwissenschaften, Wirtschafts- und Sozialwissenschaften, Rechtswissenschaft und Medizin) zu den subjektiv empfundenen Schwierigkeiten während ihrer Studieneingangsphase (die so genannte „first-year-experience", a.a.O. S. 45) befragt, die angesichts der dortigen Studienorganisation den ersten beiden Studiensemestern entspricht.

Die Autorinnen konnten bis zum Datum der Vorab- Veröffentlichung ihrer zum damaligen Zeitpunkt noch andauernden Studie, auf die sich dieses Kapitel bezieht, 38 der geplanten 50 Personen in Form eines Leitfadeninterviews befragen und qualitativ auswerten. Aus diesen 38 Interviews konnten Bosse und Trautwein 32 (demnach vorläufige) „kritische Studienanforderungen" identifizieren, die sie thematisch in „einer inhaltlichen (A), personalen (B), soziale (C) und organisatorischen (D) Dimension kritischer Anforderungen" zuordnen konnten (a.a.O., S. 48). Diese 32 kritischen Studienanforderungen sind in Tabelle 5 aufgeführt. Die dort dargestellten Zahlenwerte (N) stellen die Anzahl der Interviewbögen dar, in denen die jeweilige kritische Anforderung von den Befragten thematisiert wurden.

Auch unter Bezugnahme auf weitere Veröffentlichungen (Bosse und Trautwein nennen bspw. Bargel et al. 2013 und Bargel 2014), stellen die Autorinnen generell fest, dass auch die von ihnen untersuchten Bachelor-Studierenden an erster Stelle von „leistungsbezogene[n] Schwierigkeiten" wie z.B. Schwierigkeiten der „Stoffbewältigung und […] Prüfungsvorbereitung" berichteten, an zweiter Stelle von „organisatorischen Schwierigkeiten", wie z.B. die Studiengestaltung und die Studienfinanzierung (a.a.O., S. 46). Das fachliche Niveau und die inhaltliche Progression zu bewältigen (erste Zeile bei Spalte A) Inhalt in Tabelle 5) wurde demnach in 36 von 38 (95%) der ausgewerteten Interviewbögen thematisiert. Als zweit- und dritthäufigste Nennung wird das sich Arrangieren mit den Lehr- und Beratungsqualität sowie die Vereinbarung der Lebensbereiche genannt (jeweils 31 von 38 Nennungen, 82%) sowie das Finden des jeweils passenden Lernmodus' (30 von 38 Nennungen, 79%). Eine deutliche Anzahl der thematisierten Aspekte bezieht sich auch auf die von Bosse und Trautwein als „personal" bezeichnete Dimension, die Probleme der

Tabelle 5. „Spektrum kritischer Studienanforderungen", entnommen aus Bosse/Trautwein 2014, S. 49, veränderte Darstellung

	A Inhaltlich	N	B Personal	N	C Sozial	N	D Organisatorisch	N
1	Fachliches Niveau und Progression bewältigen	36	Lernpensum bewältigen	22	Peer-Beziehungen aufbauen	24	Orientierung verschaffen	26
2	Auf Wissenschafts-modus einstellen	19	Lernen zeitlich strukturieren	26	Im Team zusammen-arbeiten	16	Mit Informations-/Beratungs-angeboten umgehen	20
3	Wissenschafts-sprachliche Ausdrucksfähig-keit entwickeln	18	Lernmodus finden	30	Mit Lehrenden kommunizieren	24	Mit formalen Vorgaben zurecht kommen	30
4	Wissenschaft-liche Arbeits-weisen aneignen	21	Veranstaltungs-inhalten folgen	19	Mit sozialem Klima zurecht-kommen	18	Veranstaltungs-wahl treffen	19
5	Inhaltliche Leistungs-anforderungen erkennen	19	Leistungsstand und -vermögen einschätzen	11	Studium / Studienfach rechtfertigen	7	Mit Lehrangebot zurechtkommen	9
6	Fachbezogene Berufsvor-stellungen entwickeln	21	Mit Prüfungs-/Leistungsdruck umgehen	24			Fächer / Ver-anstaltungen vereinbaren	15
7	Studien-erwartungen anpassen	21	Misserfolg bewältigen	17			Prüfungs-bedingungen bewältigen	27
8	Studienwahl / inhaltliche Interessen klären	24	Lebensbereiche miteinander vereinbaren	31			Sich mit Lehr-/Beratungsqualität arrangieren	31
9			Persönliche und finanzielle Proble-me meistern	24			Mit Rahmen-bedingungen umgehen	28
10			Wohnsituation organisieren	26				

Selbststeuerung umfasst (z.B. die zeitliche Strukturierung des Lernens, 68%, das Finden des „Lernmodus", 79%). Es sei angemerkt, dass bestimmte, v.a. die Organisation betreffenden Items, an dem hier untersuchten Standort der Dualen Hochschule weniger relevant sein mögen, vgl. Kapitel 2.2.3.

Diskussion der „kritischen Studienanforderungen" nach Bosse und Trautwein

Obwohl in der Studie von Bosse und Trautwein keine Studierenden aus dem Bereich der Ingenieurwissenschaften untersucht wurden und sich die Inhalte und Arbeitsweisen bspw. der ebenda untersuchten Studierenden der Rechtswissenschaften, der Bewegungswissenschaften oder der Sozialwissenschaften mutmaßlich deutlich von denen der Maschinenbau-Studierenden unterscheiden, zeigen sich gewisse Ähnlichkeiten bezüglich der empfundenen Schwierigkeiten. Auch in der Studie von Bosse und Trautwein werden von den Studierenden die Aspekte der Menge der Lerninhalte als „problematisch" identifiziert (Zelle B1 in Tabelle 5: „Lernpensum bewältigen", Aspekte der Komplexität (Zelle A1: „Fachliches Niveau und Progression bewältigen"), wobei aus Sicht des Autors dieser Arbeit die ‚Progression' sowohl dem Aspekt der Menge als auch dem Aspekt der Komplexität zugeschrieben werden kann. Auch der Aspekt der Explikation der Lerninhalte wird von den Studierenden genannt (Zelle B4: „Veranstaltungsinhalten folgen"), vgl. jeweils Tabelle 5. Eben diesen Aspekten der Menge, der Komplexität und der Explikation können auch verschiedene Konflikt-Items der Untersuchung von Derboven und Winkler zugewiesen werden, siehe letzte Spalte in Tabelle 3.

Teilweise im Gegensatz zu den oben dargestellten Studien lenken die Erhebungen von Bosse und Trautwein jedoch zudem den Blick auf Aspekte der Selbstorganisation bzw. des Zeitmanagements (bspw. B3: Lernmodus finden oder B2: Lernen zeitlich strukturieren). Somit werden hier auch metakognitive Lernstrategien thematisiert, auf die weiter unten im Kapitel 3.4.2 eingegangen wird. Mit weiteren als „kritisch" empfundenen Anforderungen, wie dem in Zelle A5 resp. B5 genannten ‚Einschätzen der Leistungsanforderungen' bzw. dem ‚Einschätzen des Leistungsstands' werden bei Bosse und Trautwein zudem Kriterien der (Selbst-)Einschätzung berücksichtigt.

2.2.3 Übertragbarkeit auf den hier betrachteten Bereich

Die Untersuchung von Bosse und Trautwein wie auch die von Derboven und Winkler wurden jeweils an Universitäten erhoben, die sich jedoch von dem hier betrachteten Umfeld der DHBW unterscheiden, sodass die dort ermittelten Ergebnisse angepasst werden mussten, vgl. Tabelle 6.

Tabelle 6. Die aus Bosse und Trautwein abgeleiteten und auf die Gruppe der
Maschinenbaustudierenden der DHBW angepassten „Kritischen
Lernanforderungen"

A Inhalt	B Lernen	C Interaktion	D Organisation
Menge der Lerninhalte bewältigen	Lernen zeitlich strukturieren	„Freunde" / Anschluss finden	Mich an der Hochschule orientieren
Den Erklärungen der Vorlesung inhaltlich folgen	Lebensbereiche miteinander vereinbaren	Im Team zusammen-arbeiten	Mit den Rahmen-bedingungen der DHBW klar kommen
Fachliches Niveau der Inhalte bewältigen	Lernmodus finden / einen Anfang finden	Mit Lehrenden kommunizieren	Mich mit der Lehrqualität zurecht finden
Inhaltliche Anforderungen erkennen	Eigenen Leistungsstand einschätzen		Persönliche / finanzielle Probleme meistern
Meine inhaltlichen Erwartungen anpassen	Mit Leistungs-/ Prüfungsdruck umgehen		
	Eigenes Leistungs-vermögen einschätzen		
	Mit Misserfolg umgehen		

Ein Konflikt-Item wie die Anonymität der Masse (Zeile 18 aus Tabelle 3, Derboven/Winkler) oder die ‚Auf Wissenschaftsmodus einstellen' (Zelle A2 aus Tabelle 5, Bosse/Trautwein) werden vom Verfasser für die Studierenden der DHBW als wenig relevant erwartet (die Anzahl der Studierenden pro Studienjahrgangsgruppe beträgt bspw. zwischen 20 und 30 Studierenden), manche Anforderungen wie bspw. ‚Veranstaltungsauswahl treffen' (Zelle D4 aus Tabelle 5 entfallen in der Studieneingangsphase an der DHBW. Die von Bosse und Trautwein ermittelten 32 ‚kritischen Studienanforderungen' und die 20 ‚Konflikt-Items' von Derboven und Winkler wurden im Zuge dieser Übertragung auf den hier betrachteten Bereich teilweise zusammengefasst, umbenannt oder umgruppiert und auf die vom Verfasser an der DHBW erwarteten Gegebenheiten angepasst. Die von Bosse und Trautwein ermittelte Anforderung ‚Lernpensum bewältigen' wurde bspw. dem Oberbegriff Inhalt zugeordnet, das

Wort Peers wurde, um die Verständlichkeit bei einer Verwendung im Rahmen einer Befragung der Studierenden zu gewährleisten, ersetzt, die Spalte B wurde in „Lernen" umbenannt etc. Das Resultat dieser Reduktion und Umgruppierung ist in Tabelle 6 dargestellt. Um die einzelnen dort aufgeführten Felder sprachlich zu unterscheiden, werden diese im Folgenden nun als ‚kritische Lernanforderungen' bezeichnet. Die bereits erwähnte Verwendung zur Befragung der Studierenden erfolgte im Rahmen des Untersuchungsteils 3, siehe Kapitel 2.4.

2.3 Organisationsformen der Hochschullehre: One-Size-Fits-It-All?

2.3.1 Mögliche Reaktionen der Hochschulen auf die Heterogenität der Studierenden

Sowohl Hanft/Zawaki-Richter (2015), Wild/Esdar (2014) als auch Euler (2005) schlagen in ihren jeweiligen Veröffentlichungen Reaktionen der Hochschulen auf die zunehmende Heterogenität der Studierenden vor. Alle genannten Autor*Innen skizzieren diese für den gesamten Bereich der Hochschule und schließen damit z.B. die Hochschulleitung und weitere Supportstrukturen mit ein. So definiert Euler a.a.O. einen „Bezugsrahmen einer pädagogischen Hochschulentwicklung", Wild und Esdar (2014) entwickeln, basierend auf den im Qualitätspakt Lehre [20] genannten Maßnahmen unter dem Titel „Charakteristika einer ‚heterogenitätsorientierten Hochschule der Zukunft'" ein Mehreben- Modell, in dessen Zentrum die Lehr-Lernprozesse stehen, deren konkrete Ausgestaltung allerdings mit dem Verweis auf ein Vermeiden einer „one-size-fits-it-all"-Lösung vage bleibt (a.a.O., S. 75 f.). Sie konstatieren lediglich: „Inhaltlich wird dabei die aktuell drängende Frage fokussiert, wie Studierende mit heterogenen Eingangskompetenzen so abgeholt und unterstützt werden können, dass die anfängliche Leistungsstreuung verringert wird und möglichst viele zu einem erfolgreichen Studienabschluss geführt werden können" (Wild, Esdar, 2014, S. 26).

Hanft (2015) kritisiert, wie in Kapitel 1 bereits kurz erwähnt, dass als Reaktion auf die gestiegene Heterogenität zwar eine Reihe von Maßnahmen (wie Beratungsangebote, Brückenkurse oder Tutorien) entwickelt worden sind, diese allerdings im Wesentlichen auf die Gestaltung der *Studieneingangsphase* konzentriert seien. Sie kritisiert zudem, dass sie lediglich punktuell auf den Ausgleich unzulänglicher Studienvoraussetzungen zielen würden

---

[20] http://www.qualitaetspakt-lehre.de/_media/Programm-Lehrqualitaet-BMBF-Richtlinien.pdf, heruntergeladen am 20.08.2019

und plädiert für einen „ganzheitlichen Ansatz", [...] „der die Studierenden in den Fokus nehmen" soll (a.a.O., S. 13). Sie verweist dabei auf Schulmeister, der auf die Bedeutung motivationaler Faktoren bei der Beeinflussung des Lernverhaltens hinweist und hochschuldidaktische Konsequenzen für den gesamten Verlauf des Studiums ableitet, beispielsweise die Ermöglichung von Selbstlernprozessen, das Angebot problemorientiert und induktiv aufgebauter Lerninhalte oder andere Maßnahmen der inneren Differenzierung (Hanft, 2015, S. 13, Schulmeister im Jahr 1985 zitierend).

2.3.2 Klassische Organisationsformen

Zum Ende des letzten Jahrhunderts konstatiert Apel (1999, S. 29), dass die Organisationsform der Vorlesung und der darin angewandte Lehrvortrag „immer noch" eine „bewährte Grundform der Wissensvermittlung" sei. Auch im Jahr 2010 bestätigt Kerres und Schmidt (2010, S. 173 ff.), dass von insgesamt rund 10000 Lehrveranstaltungen (die Hälfte davon waren den Ingenieurswissenschaften zuzuordnen) knapp über 50% aus Vorlesungen bestehen (die Standard- Vorlesung dauert dabei 90 Minuten), weitere ca. 30% bestehen aus Übungen (im Maschinenbau sind dies bspw. Laborübungen, die oftmals mit der Abgabe eines Laborbericht abgeschlossen werden, Anmerkung des Verfassers) und ca. 10% entsprächen Tutorien. Apel (1999) definiert die Organisationsform der Vorlesung als „eine Folge inhaltlich verbundener Lehrvorträge", in denen „Grundfragen der Disziplin mit Worten, mit dem Einsatz optischer Hilfen, in bestimmten Fächern auch an Fällen dargestellt werden", um den Studierenden „wissenschaftliche Kenntnisse und Methoden des Forschens zu vermitteln" und „Problembewusstsein und kritisches Denken, Interesse und zusammenhängendes Wissen […] zu fördern" (a.a.O., S. 9 f.). Baumgartner unterscheidet den Lehrvortrag und die Lehrdarstellung, verortet aber beide in der von ihm definierten „didaktischen Modell-Familie des Frontalunterrichts" (2014, auf Flechsig aufbauend). Im Lehrvortrag würden einer Gruppe von Lernenden „Positionen und Erfahrungen der Lehrperson authentisch übermittelt". „Einer Gruppe […] Zusammenhänge […] dar[zu]stell[en], [zu] erklär[en] und [zu] vermittel[n]" definiert Baumgartner hingegen als „Lehrdarstellung" (a.a.O., S. 291). Letztgenannte Unterscheidung wird an dieser Stelle als weniger relevant erachtet.

Das Für und Wider des Lehrvortrags als vorherrschende Sozialform der Vorlesung

Unabhängig von der oben erwähnten Unterscheidung stünden Herbst (2016, S. 1)[21] zufolge „die Vorlesungen" in der hochschuldidaktischen Diskussion in der Kritik, eine vergleichsweise ineffiziente Form der Lehre zu sein. Als Gründe werden vor allem die

---

[21] Herbst, Kommunikation und Wissenskonstruktion, http://www.hochschullehre.org/wp-content/ files/diehochschullehre_2016_herbst.pdf, Download am 12.06.2019

passive und rezeptive Rolle der Studierenden angeführt, Apel (1999) zufolge zählen bspw. Mandl, Gruber und Renkl zu diesen die Vorlesung kritisierenden Vertretern konstruktivistischer Modelle (a.a.O., S. 35 f). Zudem führe die einseitige Kommunikation zu einer geringen kognitiven Beteiligung und somit zu wenig aktivem Lernen (a.a.O., Dubs 2012 und Voss 2012 anführend, S. 36). Auch Apel erwähnt „Klagen Studierender über mangelnde Qualität akademischer Lehrvorträge" (a.a.O., S. 12) und räumt ein: „Gelegentlich überschwemmen Mengen von Informationen die Anwesenden wie eine Sturzflut" […]. „Unerträglich wird diese Form des Lehrens, wenn die Zuhörenden im Vorgetragenen keine relevanten Strukturen und Zusammengänge erkennen, wenn es zu einem ermüdenden Monolog entartet" (a.a.O., S. 31).

Apel geht a.a.O., S. 14 ausführlicher, zunächst unter Bezugnahme auf die Kernbereiche einzelner Disziplinen, auf die Vorzüge der Vorlesung ein: „Wirtschaftswissenschaftler erklären […] Vorgänge an Modellen, […] kombinieren den Lehrvortrag mit Berechnungen und Erläuterungen. […] Mathematiker und Informatiker arbeiten mit Formeln und Symbolen, die sie in der Regel auf Folien oder an der Tafel entwickeln." Dabei verwenden sie verschiedene Medien, je nach Bedarf zur Veranschaulichung oder Erklärung von Zusammenhängen, aber auch zur Anregung der Vorstellungen" (a.a.O., S. 14). Als weitere Vorteile der „Vorlesung" hebt Apel hervor, dass die/der Vortragende „aktuelle Bezüge herausstellen", „kürzliche Ereignisse einbeziehen", „rhetorische Mittel wie ironische Darstellungen, Überspitzungen, Metaphern" verwenden, oder „durch rhetorische Fragen Probleme herausstellen und deren Lösung schrittweise entwickeln" sowie „durch überlegte Provokation […] zum Nachdenken […] anregen" könne. Die Vortragenden könnten „einen Überblick in der Flut von Meinungen und Fakten" schaffen, sie „produzieren Kontexte und Bezugsrahmen, in welchen Bedeutung generiert werden können. Sie stellen dar, erläutern, erklären, systematisieren. Damit bieten sie Studierenden sichere Plätze". „Gemeinsames Zuhören" sei aus Sicht von Apel zudem zumindest „anregender und verpflichtender als die einsame Studie [...] aufbereiteter Materialien" (a.a.O., S. 38 ff.). Apel führt a.a.O., S. 15 zudem aus, dass der Lehrvortrag sich insbesondere als angemessen erweisen könne, wenn es um die Einführung in ein für die Studierenden unübersichtliches Gebiet gehe. Die Vorlesung bedeute „eine Entlastung von der Aufgabe, sich die Sachverhalte aus der wenig übersichtlichen Fachdiskussion mühsam selbst erarbeiten zu müssen (a.a.O., S. 16). In Bezug auf die Hochschuldidaktik im Bereich Technik hebt Tenberg hervor, dass die didaktische Intention des Vortrags die „Systematisierung, Relativierung und Vertiefung von komplexen (technischen) Themenstellungen" sei und führt aus: „Vorträge finden dort Anwendung, wo ‚Individualisierungen nicht sinnvoll oder nicht möglich sind, nur Einblicke […] bezüglich der einer Thematik gegeben werden sollen, eine hohe Effektivität bzw. Effizienz in der Darstellung erforderlich ist, schwierige Terminologien vorliegen oder ein wichtiger Zusammenhang zwischen der vortraggebenden Person und den Inhalten besteht", a.a.O., S. 286)

2.3.3 Alternative Organisationsformen der Lehre: Brauchen Lerner unterschiedliches?

Apel (1999) führt, wie oben dargestellt, die Vertreter konstruktivistischer Modelle an, die den Lehrvortrag (oder auch die Lehrdarbietung in der Baumgartner'schen Definition, s.o.) aufgrund der mangelnden kognitiven Beteiligung bzw. des geringen Ausmaßes an kognitiver Aktivität beim Lernen kritisieren. Auch Tenberg (in Zinn, 2014, S. 285 ff.) führt in seiner „Bilanzierung aktueller Lehrformate und Methoden des technischen Lehrens an der Hochschule" an, dass oftmals die „Aktivierung und Motivation der Studierenden als Ausgangspunkt für Entwicklung von Lehrangeboten" seien. „Übergeordnete Zielperspektive" sei die „lernerzentrierten und anwendungsbezogenen Vermittlung technischer Zusammenhänge" (a.a.O., S. 288). Er stellt, sich auf Wachler (2016) berufend, weiter fest, dass „quer zu diesen tradierten Lehrformen" eine „zunehmende Verbreitung digital geschützter Lehrformate" feststellbar sei und führt das Konzept des Blended Learning als „Kombination von Präsenz- und Onlinelernen" an, das in den letzten Jahren vermehrt Anwendung gefunden habe (a.a.O., S. 288).

Bezüglich des Konzepts des Blended Learnings differenziert Kerres (2018, S. 418): „Der Begriff des Blended Learning […] hebt ab auf die Kombination von Präsenzelementen und medianbasierten Lernangeboten. Er lässt jedoch offen, wie eine solche Kombination aussehen soll." Kerres betont a.a.O., dass es nicht darum ginge, Elemente lediglich zu ersetzen, ohne dadurch einen didaktischen Mehrwert zu erhalten. Die Qualität dieser Kombination der genannten Elemente präzisierend, definiert Kerres das hybride Lernarrangement, bei der in dieser Kombination der einzelnen Elemente ein neues und qualitativ anderes Lernangebot entstehen würde (a.a.O., S. 420), wobei er bspw. auch die Integration von Elementen wie dem des flipped classrooms einschließt, a.a.O., S. 424). Das hybride Lernarrangement ist nach Kerres (2018, S. 423) gekennzeichnet von einer engen „Verzahnung von Präsenz und Online-Phasen, […] rezeptiven und aktiven Lernphasen".

Alternativen zum frontal geführten Lehrvortrag sind nicht neu: Klauer und Leutner (2012, S. 51) führen zu der Frage, ob Lerner unterschiedliches bräuchten, aus: „Die in den 1960er und 1970er Jahren stark verfolgte ATI-Forschung (aptitude treatment interaction) hat deutlich gemacht, dass leistungsschwächere Lerner in besonderem Maße von einer hochgradig strukturierten Lernumgebung und einer engmaschigen Instruktion profitieren (vgl. Klauer & Leutner, 2007). Dieser Interaktionseffekt wird durch neuere Arbeiten zur „cognitive load theory" und zur fokussierten Informationsverarbeitung (zusf. Renkl, 2009) dahingehend präzisiert, dass „Novizen" generell einen größeren Lernfortschritt zeigen, wenn sie kleinschrittig, anhand das Arbeitsgedächtnis entlastender Materialien (z.B. ausgearbeiteten Lösungsbeispielen) angeleitet werden." Ob die API-Forschung wieder „(a)ufleben" würden, wenn „Lernen mit neuen Medien" erfolgen würde, bliebe jedoch abzuwarten (a.a.O.).

2.3.3.1   Stand der Lehr-Lernforschung im MINT-Bereich an Schulen und Hochschulen

Bezüglich der Technikdidaktik für den Bereich der Schulen stellt Tenberg (in Zinn et al., 2018, S. 258 ff.) fest, dass Technikunterricht „im deutschen Bildungssystem überwiegend in der beruflichen Bildung" stattfinden würde und an den allgemeinbildenden Schulen „weitgehend ausgespart" werde (a.a.O., S. 258). Für diesen Bereich der beruflichen Bildung stellt Pittich (in Zinn et al., 2018, S. 108 ff.) fest, dass darin der überwiegende Teil der didaktischen Forschung im Bereich der Berufsschule stattfinden würde, wobei das „didaktische Verständnis [...] in den technischen Ausbildungsberufen" insbesondere die Entwicklung der „beruflichen Handlungskompetenz" als „zentrales Ziel" der Berufsschule sieht. Diese berufliche Handlungskompetenz orientiert sich an konkreten, beruflichen, „vollständigen Handlung(en)" (Tenberg in Zinn et al., 2018, S. 262 ff.) und sei „seit Einführung der lernfeldorientierten Lehrpläne [...] zentrale Bildungsperspektive" (Pittich in Zinn et al., 2018, S. 102), an der sich die Forschung hauptsächlich ausrichtet. Es seien lediglich „vereinzelt [...] Adaptionen" dieser beruflichen Kompetenzorientierung auf die Bereiche der hochschulischen Technikdidaktik oder der Didaktik des beruflichen Gymnasiums erfolgt (Pittich verweist a.a.O., S. 109, auf die Umsetzung von „Lernfabriken" im Bereich der Hochschule sowie auf die Entwicklung kompetenzorientierter Curricula für das Technische Gymnasium in Hessen). Im aktuellen Bildungsplan[22] für die Kursstufe des Technische Gymnasium im Bundesland Baden-Württemberg (in dem die betrachtete Duale Hochschule angesiedelt ist) findet sich keine Nennung des Kompetenzbegriffs, hingegen wird als Ziel die Erschließung der „systemischen Denkweise der Ingenieurwissenschaften" und die Sicherstellung eines „wissenschaftspropädeutischen Ansatzes" formuliert (siehe Vorwort des in der Fußnote genannten Bildungsplans).

Für den Bereich der Schulen und Hochschulen unterscheidet Kerres (2018, S. 76) nach Klauer (1985) drei Zugänge zur Bildungsforschung. Er nennt zunächst den empirisch-analytischen Zugang, den Klauer dem Bereich der Pädagogischen Psychologie zuschreibt, den präskriptiv-pragmatischen Zugang, den dem Bereich des Didaktischen Designs zuordnet und den normativ-reflexiven, der dem Bereich der (geisteswissenschaftlich geprägten) Bildungstheorie zugehörig sei. Der empirisch-analytische Zugang stelle „Merkmale des Lehr-Lernprozesses in Beziehung zu Lernergebnissen" und sieht, ähnlich den Naturwissenschaften, die „Distanz (des Forschers) zu seinem Forschungsgegenstand" vor (a.a.O., S. 77). Oft verwendetes Schema seien Vergleiche von Kontrollgruppen und Experimentalgruppen bspw. bezüglich des Vergleichs des Lernerfolgs oder der Effizienz mediengestützter versus nicht-mediengestützter Lernmethoden (a.a.O., S. 88 ff.). Reinmann (2018, S. 10) kritisiert diesen Ansatz für den Bereich Lehr-Lernforschung. Sie formuliert

---

[22] Die Bildungspläne (bspw. für die Eingangsklasse und die Kursstufen des Technischen Gymnasiums in Baden-Württemberg, letzte Neuerung: 30. Juni 2016) kann über die Homepage des ZSL oder über den Link https://www.bildungsplaene-bw.de bezogen werden.

hierzu, dass in realen Unterrichtssituationen die „Ökologie des Lernens […] wesentlich komplexer ist, als dass man sie durch die Herstellung eines für Experimente tauglichen Variablen-Sets nachbilden könnte" und spielt damit auf in Kapitel 2.1 bereits genannte Kovarianz zahlreicher Differenzkategorien (vgl. Wild/Esdar) und die Existenz versteckter Einflüsse auf die untersuchten Variablen an. Auch Kerres verweist auf die Schwierigkeit der Interpretation von quantitativen Daten (a.a.O., S. 90) und die Kontextabhängigkeit der Studien (a.a.O., S. 90). „Die Frage nach den Vorteilen des Lernens mit Medien gegenüber anderen, traditionellen Verfahren ist sicherlich die am häufigsten untersuchte Frage der mediendidaktischen Forschung". Auf „schlichte Vergleichsstudien" könne nach Kerres (a.a.O., S. 90 f.), Dubs (2001) zitierend, „verzichtet werden, weil die Ergebnisse beim heutigen Erkenntnisstand eigentlich im Voraus bekannt sind". Wie im Abschnitt der Forschungsfragen und der Methoden (Kapitel 2.4 und 3.6) weiter ausgeführt, soll es an dieser Stelle nicht um den Vergleich mediengestützter versus nicht-mediengestützter Lernmethoden gehen, sondern in explorativer Weise um den Umgang der hier untersuchten Lernenden im Kontext des von ihnen begonnenen Maschinenbaustudiums.

Wie bereits erwähnt, hebt Kerres insbesondere die Kontextspezifität von Lernangeboten hervor und führt diesbezüglich Heimanns (aus den 1960er Jahren stammende) „Modell zur Planung und Analyse von Unterricht" an (a.a.O., S. 91), das als dort so bezeichnete „didaktische Analyse" vor der „Planung von Lernangeboten" eine Analyse des Dreiklangs aus Bedingungsfaktoren (bspw. anthropologische und soziokulturelle Bedingungen der Lerngruppe), Lerninhalten und Lernzielen vorsieht (a.a.O., S. 226 ff.). Erst auf diese Analyse folgend und in Passung zu den genannten Bedingungsfaktoren der jeweils vorliegenden Gruppe der Lernenden könnten nach Heimann die didaktischen Entscheidungen bezüglich der Methode, Medien und Lernorganisation getroffen werden, siehe Abbildung 5, die (lediglich graphisch editiert) aus Kerres (a.a.O.) übernommen wurde. „Das Lernangebot muss sich auf die Voraussetzung der Lernenden beziehen und die soziokulturellen Rahmenbedingungen berücksichtigen", so Kerres (a.a.O., S. 226).

Bezüglich der oben genannten drei Zugänge der Bildungsforschung führt Kerres (a.a.O., S. 77) weiter aus, dass beim gestaltungorientierten Zugang „Modelle für pädagogisches Handeln im Feld" entwickelt würden. Dabei ginge es um „Modelle und Vorgehensweisen, wie mediale Umwelt als Lernangebot konzipiert und entwickelt werden (kann), um individuelle, organisationale und gesellschaftliche Anforderungen einzulösen. […] Hierzu werden Gestaltungsaussagen, Modelle oder Empfehlungen formuliert und im Feld exemplarisch erprobt und ausgewertet, um die dabei gemachten Erkenntnisse für andere Vorhaben zugänglich zu machen", so Kerres (2018, S. 77 f.). Ein solcher per se selbstreferenzieller Ansatz wird auch von Reinmann (2018) proklamiert, die die Anwendung des Design-Based Research (DBR) Ansatzes in den Bildungswissenschaften diskutiert, siehe Kapitel 4.4.

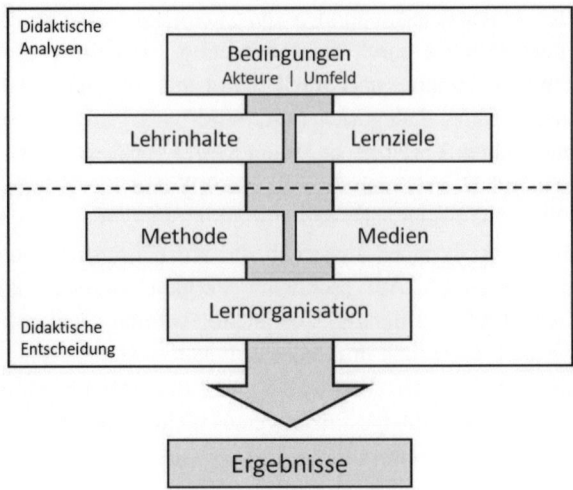

Abbildung 5.   Modell zur Planung und Analyse von Unterricht, nach Heimann,
              entnommen aus Kerres (2018, S. 227)

Trotz der von Kerres genannten Vielfalt von Vergleichsstudien für den Bereich der Schulen und Hochschulen kommt Pittich für den letztgenannten Bereich der Hochschulen in Zinn et al. (2018, S. 285 ff.) bezüglich des aktuellen Forschungsstands in der „Ingenieurdidaktik der Hochschulen" zu dem Schluss, dass es an „Ansätzen und Konzepten" mangele, „die theoriehinterlegt und empirisch abgestützt den Forschungsstand aus psychologischen und pädagogischen Teilsegmenten sowie der Hochschulforschung aufgreifen und im Sinne einer fachbezogenen […] Hochschuldidaktik weiterführen" würden. Ein Ziel dieser Arbeit ist es, durch die Erstellung eines sowohl für die Sekundarstufe II als auch für die Hochschule gültigen theoretischen Rahmens und in der Durchführung eines DBR-Ansatzes in beiden Bereichen einen Beitrag zur Schließung dieser Lücke zu leisten (vgl. Kapitel 3.4).

2.3.3.2   Blended Learning und hybride Lernarrangements in Forschungsprojekten

Es gibt in den letzten Jahren vermehrt Ansätze, in denen das Lernen unter Anwendung eines Blended Learning Konzepts oder mit hybriden Lernarrangements erforscht wird. Schulmeister[23] et al. evaluiert im Bereich der Vorlesung Statistik ein nach dem Baukasten-

---

[23] Schulmeister, Rolf, Burkhard Vollmers, Robert Gücker, und Klaus Nuyken. 2017. «Konzeption und Durchführung der Evaluation einer virtuellen Lernumgebung: Das Projekt Methodenlehre-Baukasten».

Prinzip erstelltes modulares Lernarrangement und setzen ihren Fokus, indem die Interaktion „hinsichtlich der Variablen Statistikangst, Motivation, Lernvoraussetzungen sowie Lernstil" untersuchen (a.a.O., S. 45 ff.). Schulmeister et al. verfolgen dabei einen „Evaluationsansatz" und untersuchen den Zusammenhang zwischen Lernangebot und Lernerfolg, indem „anhand von Voruntersuchung" (Pretests) 364 Studierenden (einer Lerner*Innen-Typologie von Kolb folgend) einer der vier „Lerntypen" Divergierer, Assimilierer, Konvergierer und Akkommodierer zugeordnet werden und anschließend die Zufriedenheit der Lernenden anhand einer Usability-Befragung ermittelt wird.

Im Rahmen eines Design-Based Research Ansatzes werden von Haak und Reinhold (in Szczyrba und Schaper, 2018) auf Basis der Analyse des „Ist-Zustandes" der Lernschwierigkeiten der Studierenden im Fach Physik der Universität Paderborn unter dem Namen „Physiktreff" eine „Lernbegleitung, Peer-Tutorien, Workshops, Klausur-vorbereitungen und Selbstlernmaterial designt" und deren Nutzung durch die Studierenden evaluiert. Im Rahmen des Projekts „optes"[24] wurden zur „Studienvorbereitung und [zum] begleitete[n] Selbststudium im Bereich Mathematik [...] verschiedene Angebote, Inhalte und Konzepte für das begleitete Selbststudium der Mathematik entwickelt und im Pilotbetrieb erprobt, wie beispielsweise ein webbasierter Mathematik-Vorkurs oder diagnostische Testverfahren". Unter Verwendung der Lernplattform ILIAS soll „optes [...] die Fähigkeit der Studierenden zum erfolgreichen Selbststudium in allen Fächern stärken, die profundes mathematisches Grundlagenwissen erfordern". Einen integrativen Ansatz verfolgt Falk (2019), der Blended Learning unter Verwendung eines Inverted Classroom Models im Fachbereich Bauingenieurwesen betrachtet. Dabei werden die Lerninhalte auf der Plattform ILIAS linear untereinander dargeboten, wobei die einzelnen Themen einer Ordner- und Unterordnerstruktur folgend aufgebaut sind. In diesen Ordnern sind neben Skripten und Aufgaben bspw. auch Videos der Vorlesung abrufbar.

Im Unterschied zu den oben genannten digitalen Lernumgebungen wird hier ein Ansatz verfolgt, dass die virtuelle Lernumgebung unter Mithilfe der Lernenden im Zuge eines DBR-Prozesses entwickelt wurde. Dabei wurde diese virtuelle Lernumgebung (angesichts der Heterogenität der hier betrachteten Studierenden) auch durch das Angebot von Lernmaterialien aus externen Quellen ergänzt, sodass durch die Verwendung von Skripten, Aufgaben, Videos und Simulationen im Montessori'schen Sinne eine Vielfalt von Lernmaterialien dargeboten wird. Dabei sind insbesondere die verwendeten Lernaufgaben in sich und im Verhältnis zueinander differenzierend aufgebaut, wobei die graphische Gestaltung und Anordnung der Lernmaterialien den Lernenden eine Struktur bieten soll, sodass (ohne die Verwendung von Learning Analytics) selbstgesteuertes Lernen ermöglicht

---

MedienPädagogik, MedienPäd.Retro: Jahrbuch Medienpädagogik 5 (2005), 37–52. doi:10.21240/mpaed/retro/2017.09.03.X

[24] Abgerufen am 18.11.2023 unter https://www.karlsruhe.dhbw.de/forschung-transfer/ schwerpunkte -aktivitaeten/optes.html

und dennoch eine Flexibilität der Vorgehensweise (z.B. die Verwendung der Lernumgebung als Inverted Classroom) gewährleistet ist.

In Abgrenzung zur Evaluationsforschung geht es im hier verfolgten Design-Based Research-Ansatz „um mehr als die Überprüfung und Perfektionierung eines ‚Produkts'", wie Reinmann (2018, S. 11) es formuliert, sondern „auch um ein größeres theoretisches Verständnis von Lernen und Lehren und um die Entwicklung von Theorien, die über den Einzelfall hinausgehen". Zudem ist „das Design nicht nur Gegenstand der Bewertung, sondern auch ein Ausgangspunkt" für weitere, theoretische Betrachtungen. Diesen Gedanken aufgreifend, liegen nach dem Kenntnisstand des Verfassers bis dato keine Untersuchungen vor, die das Lernverhalten der bezüglich des Vorwissens heterogenen Gruppe der Studierenden an der Dualen Hochschule Baden-Württemberg oder allgemein den ehemaligen Fachhochschulen im Bereich der berechnungsintensiven Grundlagenfächer der Ingenieurstudiengänge im Umgang mit einer solchen virtuellen Lernumgebung adressieren. Ein weiteres Ziel dieser Arbeit ist es demnach, ein Beitrag zur Schließung dieser Lücke zu leisten.

2.3.4 Status Quo: Organisationsform an der betrachteten Hochschule

In den hier betrachteten physikalisch-technisch orientierten, theoretischen Grundlagenfächern (damit sind bspw. die Fächer Technische Mechanik, Thermodynamik, Elektrotechnik, Konstruktionslehre und Maschinenelemente gemeint) werden den Lernenden die Lerninhalte meist in Form der oben definierten, tradierten Lehrformen per frontalem Lehrvortrag dargestellt und erklärt. Die Leistungsnachweise am Semesterende erfolgen durch Berechnungen einiger Prüfungsaufgaben, die Dauer der Prüfung beträgt in den genannten Modulfächern meist 90 oder 120 Minuten. Die theoretischen Ausführungen der Vorlesung werden von Übungsaufgaben flankiert, mit Hilfe derer die Studierenden die vermittelten Konzepte anwenden können. Diese Übungsaufgaben sind für die Selbstlernphasen gedacht, Tutorien werden nicht organisiert. Oft werden zur Explikation per Lehrvortrag verschiedene unterstützenden und veranschaulichende Hilfsmittel und Medien verwendet: es werden ggf. reale, realistische, vereinfachte oder abstrahierte Problemstellungen dargestellt, ggf. von der Lehrperson als interessant oder wissenswert empfundene Details angefügt, Grafiken, Schaubilder, Videos etc. gezeigt, Strukturierungen des Themenbereichs vorgestellt, bei der Herleitung ggf. die von den die Theorie konstituierenden Persönlichkeiten verwendet verwendeten ‚Tricks', Vereinfachungen und Annahmen erläutert und Fallbeispiele oder Vorrechenaufgaben verwendet. Parallel dazu werden zusammenfassende Skripte angeboten, manche Dozierende bieten zudem die Videoaufzeichnungen zum Stream an, die in der Corona-Zeit aufgenommen wurden.

Die Aufgaben sind, wie oben angedeutet, für die Selbstlernphase bestimmt und können nach Bedarf der Lernenden bearbeitet werden, manchmal sind sie als Testat vorgesehen und werden ggf. bewertet, ansonsten ist deren Bearbeitung freiwillig. Die zur Bearbeitung ausgegebenen Aufgaben sind meist am Niveau der Prüfung orientiert, demnach werden sie von den Lernenden oft als Mittel zur Prüfungsvorbereitung gesehen. Weiteres Mittel bei der Prüfungsvorbereitung der Studierenden ist die Bearbeitung „alter" Prüfungsaufgaben, die von den Lehrenden ausgegeben wurden oder den Studierenden auf anderen Wegen erhältlich sind. Die Lernunterlagen werden den Lernenden mit dem Learning Management System (LMS) moodle zur Verfügung gestellt. Diese LMS bestehen auf dem heutigen Stand der Technik meist aus einer Nutzeroberfläche, auf der die einzelnen Themen in Ordnern (erreichbar über „Kacheln") untereinander oder nebeneinander angeordnet sind, allerdings ohne die Anordnung dieser Kacheln in relevantem Umfang weiter beeinflussen zu können. Innerhalb dieser Ordner besteht eine lediglich lineare Anordnung, die einzelnen Lernmaterialien können per Nummer oder alphabetisch sortiert werden. Quizzes, Tests, Filmbearbeitung per h5p und andere features können hinzugefügt werden.

2.3.5 Das Prinzip der Selbststeuerung und der hier verfolgte didaktische Ansatz

Die in der Überschrift des Kapitels 2.3 aufgeworfene Frage nach einer One-Fits-It-All-Lösung angesichts heterogener Lerngruppen aufgreifend, kann unter Bezugnahme auf Kerres (2018, S. 35) auf die Montessori'sche Pädagogik verwiesen werden, die bereits zu Beginn des 20. Jahrhunderts entwickelt wurde: „Ihr Ansatz beruhte auf der Idee einer vorbereiteten Umgebung, in der die Lernenden mit einer pädagogisch aufbereiteten Lernumwelt konfrontiert sind", die eine „Abwendung vom lehrerzentrierten Unterricht" darstellt. In der Montessori-Pädagogik erfolgt in Kerres genannte Gestaltung der Umgebung u.a. über die „Darbietung" der in besonderer Weise gestalteten Lernmaterialien, die bei Kindern bspw. selbsterklärend konzipiert sind, sodass sie ohne oder nur mit geringer Anweisung durch die Lehrperson intuitiv verwendet werden können. Kerres nimmt (a.a.O.) Bezug auf die räumliche Gestaltung der Lernumgebung in der Montessori-Pädagogik, in der die Lernmaterialien in Regalen im (physischen) Lernraum (dem Klassenzimmer) angeordnet sind und von den Lernenden in Phasen der „Freiarbeit" je nach individuellem Kenntnisstand verwendet werden. Zwar erfolgt dies je nach Entwicklungsstand der lernenden Person unter mehr oder weniger stark ausgeprägte Aufsicht oder Ermutigung der Lehrperson, jedoch geht Montessori nach Kerres (a.a.O., S. 35) grundsätzlich davon aus, dass „alle Menschen (selbst) wissen, was für sie als Nächstes zu lernen ansteht". Da der Wissensstand und die kognitiven Kapazitäten der Lernenden nach der oben dargestellten konstruktivistischen Auffassung individuell sind, wird in einem solchen vielfältigen Lernangebot der Lernweg eines Jeden ebenfalls individuell sein.

In der genannten Montessori-Pädagogik findet somit in dem von der Lehrperson konzipierten und dargebotenen Lernangebot eine Differenzierung innerhalb des (bei Montessori physischen) Lernraums statt, innerhalb dessen sich die Lernenden (unter Aufsicht und teilweise auch unter Hinweisgebung durch die Lehrperson) nach ihrem Lernbedürfnis bestimmten Lernangeboten zuwenden, wobei nicht jedes Angebot von allen benutzt wird (bzw. werden muss). Der gesamte Lernraum entspricht somit einer One-Fits-It-All-Lösung, in der differenzierende Lernmaterialien angeboten werden, in dem die Lernenden demnach idealerweise ‚dort abgeholt werden, wo sie sind‘, in der sie die Lernenden, sofern diese Selbststeuerung ermöglicht wird, aber auch von den Lernenden geleistet werden kann, „das jeweils Nächste" eigenständig aussuchen.

Dieses Prinzip des reichhaltigen Lernangebots als One-Fits-It-All-Lösung in Kombination mit der Ermöglichung zur Selbststeuerung der Lernenden bezüglich der Auswahl des jeweils Nächsten anhand ihres subjektiven Empfindens sollte Grundprinzip des hier verfolgten didaktischen Ansatzes sein. Die Umsetzung soll als hybride Lernumgebung erfolgen, die aus dem face-to-face Element der Organisationsform ‚Vorlesung‘ besteht und einer virtuellen Lernumgebung, innerhalb deren die Lernmaterialien dargeboten werden. Die Erstellung der virtuellen Lernumgebung erfolgte wie bereits erwähnt und in Kapitel 0 beschrieben, unter Anwendung eines Design-Based Research-Ansatzes, was den wesentlichen Unterschied zu den oben dargestellten Ansätzen ausmacht. Das nach Hartmann (2005, S. 15) oben zitierte „Problem […] herauszufinden, wo (die Lernenden) sich befinden" ist im Rahmen dieser Arbeit Teil des hier verfolgten DBR-Ansatzes, bei dem sowohl die Weiterentwicklung der Lernaufgaben wie auch die Anreicherung der Lernunterlagen durch von den Lernenden verwendete Lernmaterialien (die Definition dieser Begriffe erfolgt in Kapitel 3.4) im Designprozess integriert sind. Somit wird in diesem Design-Prozess auch der von Hartmann zitierte „Zugang […] [der Lernenden] zu dieser Art von Wissen" berücksichtigt, der „[darüber] entscheidet […], ob die Lernenden im angebotenen Lehrprozess oder Lernarrangement auch wirklich weiterlernen können". Es geht also „um die Ausgangspunkte, und um den Zugang der Lernenden zum Lerngegenstand" (Hartmann, a.a.O.).

Ohne auf die detaillierten fachdidaktischen Ausführungen in Kapitel 3 vorzugreifen, sei an dieser Stelle auf eine Charakterisierung des „Montessori-Materials" durch Kerres (2018, S. 35) hingewiesen, die als Designprinzipien im Rahmen des DBR-Prozesses verwendet wurden. „Montessori-Material…

o   soll gegebenenfalls nach einer Einführung selbständig genutzt werden.

o   soll einzelne Schwierigkeitsstufen isolieren und nach zunehmender Schwierigkeit organisiert sein. […]

o   soll altersgerecht sein. […]

- o   soll eine immanente Fehlerkontrolle beinhalten.

- o   soll ästhetisch ansprechend […] ausgeführt sein.",

zitiert nach Kerres (2018, S. 35). Es sei an dieser Stelle ein weiterer Aspekt genannt, mit dem Kerres die Vorgehensweise von Lernenden bei Selbststeuerung des Lernprozesses charakterisiert: unter Bezugnahme auf das Spiralcurriculum (dessen wesentliche Entwicklung Kerres a.a.O. Ausubel zuschreibt) erfolge selbstgesteuertes Lernen meist „nicht linear" und zudem „nicht strikt sequenziell, sondern eher spiralförmig" (a.a.O., S. 348). Kerres beschreibt es a.a.O. als „lineare Vorgehensweise", wenn Lernunterlagen vom ersten bis zum letzten Lernelement in der vorgesehenen Reihenfolge verfolgt werden, und als „nicht lineare Vorgehensweise", wenn die lernende Person gezielt einzelne Lernelementen auswählt. Der Aspekt des „[S]piralförmigen" umschreibe dabei nach Ausubel die Art des schrittweisen Begreifens von Inhalten. Bei diesem „didaktischen Prinzip" des Spiralcurriculums wird der „Stoff nicht linear an[geordnet], sondern in Form einer Spirale, so dass einzelne Themen […] auf jeweils höherem Niveau und in differenzierterer Form wiederkehren."[25].

2.4   Forschungsfragen

Wie in Kapitel 1 bereits kurz eingeführt ist es das Ziel dieser Untersuchung, das Lernverhalten der Studierenden im hier betrachteten Bereich der Bildung unter Setzung dreier Foki zu untersuchen. Die Untersuchung wurde folglich in die drei Untersuchungsteile UT 1 bis UT 3 gegliedert. Diese drei Untersuchungsteile und die darin gestellten Forschungsfragen sind im Folgenden dargestellt.

Untersuchungsteil 1

Wie in Kapitel 2.1.3 angedeutet und in Kapitel 3.3 weiter ausgeführt, sind nach Dreyfus & Dreyfus (1986) sowie nach Knoll (2005) bspw. das Wahrnehmen von Situationen und das Erlernen oder Ausführen von Handlungen resp. die Verhaltensweisen beim kognitiven Lernen stark von den Vorerfahrungen bzw. dem Vorwissen der jeweils Handelnden resp.

---

[25] Zitiert nach Wikipedia, abgerufen am 18.11.2023, wobei für dieses Zitat die Quelle Wolfgang Schnotz: Pädagogische Psychologie kompakt: Mit Online-Materialien. Beltz 2011, ISBN 978-3-621-27773-0, S. 142 angegeben wird. Link: https://de.wikipedia.org/wiki/Spiralcurriculum#cite_note-2

Lernenden abhängig. In Kapitel 2.1.3 wurde zudem dargestellt, dass auf Basis der analysierten Bildungspläne der zuführenden Schulen eine nominelle Heterogenität bezüglich der Merkmale der mathematischen und fachlichen Vorerfahrungen vorliegt. Die Analyse der Bildungsbiographien der Studierenden offenbart eine Vierteilung der betrachteten Gruppe bezüglich der besuchten Schularten: 37% der Studierenden waren zuvor auf dem AG, 35% haben das TG absolviert, 22% haben das BK abgeschlossen und bei 6% erfolgt der Zugang über andere Wege. Es wird erwartet, dass auch und gerade in einem (in diesem Fall hybriden) Lernarrangement (vgl. Kapitel 2.3.5), in dem das Ziel die didaktische Berücksichtigung dieser Heterogenitätsmerkmale der Vorerfahrung ist, bezüglich der jeweiligen drei Gruppen der Absolvent*Innen des AG, TG und BK sich signifikant unterscheidende Verhaltensweisen erkennbar sind.

Der Zusammenhang zwischen der nominellen Heterogenität bezüglich der schulischen Vorerfahrung und dem Lernverhalten in einer heterogenitätssensitiven, virtuellen Lernumgebung wird in Untersuchungsteil 1 dieser Arbeit exploriert. Da die genannten nominellen Vorerfahrungen nicht unbedingt den empfundenen Vorerfahrungen der Studierenden entsprechen, wird die empfundene Vorerfahrung als Kriterium abgefragt und als weitere, unabhängige Variable mitberücksichtigt. Die beiden im Untersuchungsteil 1 behandelten Forschungsfragen lauten:

F1 Welches Lernverhalten zeigen die Studierenden in ihrem Umgang mit den in der virtuellen Lernumgebung dargebotenen Lernmaterialien unter besonderer Berücksichtigung ihrer nominellen und empfundenen Vorerfahrung?

F2 In welcher Weise sind nach den unten genannten Kriterien konzipierte, virtuelle Lernumgebungen geeignet, den heterogenen Voraussetzungen der Lernenden gerecht zu werden?

Beide Fragen korrespondieren mit einer explorativen Vorgehensweise und werden in einer retrospektiven Befragung untersucht. Die Untersuchung erfolgt im ersten Studiensemester durch Befragung der Studienjahrgänge TMB18A und TMB19A nach Durchführung der Semesterabschlussprüfung, weitere Details zur methodischen Vorgehensweise sind in Kapitel 4 dargestellt.

Untersuchungsteil 2

Im Untersuchungsteil 1 wurde nach den nominellen und empfundenen Vorerfahrungen differenziert im Umgang mit dem gesamten hybriden Lernarrangement. Im Untersuchungsteil 2 soll die Bestimmung des Vorwissens anhand eines Tests erfolgen, der zu Beginn des ersten Semesters, noch vor der Explikation jeglicher Lerninhalte des betrachteten Modulfachs durchgeführt wurde und die Lerninhalte aus den Bildungsplänen der vorherigen Schulen adressiert. Auf der Basis des so bestimmten performierten Vorwissens sollen, die Attribute Novize/Novizin bzw. Fortgeschrittene(r) verwendend exploriert werden, wie die Studierenden mit den Lernaufgaben sowie den Testat-/ Prüfungsaufgaben umgingen, ob bspw. eine lineare oder nicht-lineare (wie oben beschriebene springende) Vorgehensweise gewählt wurde oder ob die Vorgehensweise bei der Lösung der Testat-/ Prüfungsaufgaben auf unterschiedliche Weise erfolgt. Die beiden im Untersuchungsteil 2 behandelten Forschungsfragen lauten:

F3 In welcher Weise unterscheidet sich Vorgehensweise der Studierenden bei der Lösung der an sie gestellten Testat- und Prüfungsaufgaben unter besonderer Berücksichtigung ihres jeweiligen Vorwissens?

F4 In welcher Weise unterscheidet sich Vorgehensweise der Studierenden im Umgang mit den in der virtuellen Lernumgebung zur Verfügung gestellten Lernaufgaben in der Phase der Vorbereitung auf einen Leistungstest?

Auch in diesem Untersuchungsteil 2 korrespondieren beide Fragen mit einer explorativen Vorgehensweise. Die Untersuchung erfolgt anhand eines Lern-Logbuchs, das die Studierenden beim Lernen geführt haben und anhand der Auswertung der im Testat bzw. in der Semesterabschluss-prüfung bearbeiteten Aufgaben. Die Untersuchung erfolgt im Verlauf des ersten Studiensemesters durch Befragung des Studienjahrgangs TMB22A, weitere Details zur methodischen Vorgehensweise sind in Kapitel 4 dargestellt.

Untersuchungsteil 3

Im Untersuchungsteil 3 soll das Lernverhalten der Studierenden in den gesamten ersten drei Studiensemester und bezüglich aller Modulfächer untersucht werden. Dieser Zeitraum entspricht am betrachteten Standort einem Kalenderjahr (bevor die Studierenden in eine längere Praxisphase wechseln), in dem demnach, ähnlich zu der von Bosse & Trautwein (2014) Zeitspanne, der Übergang von der Schule an die Hochschule vollzogen wird (in diesem Zeitraum finden im Studienbereich Technik an der DHBW zudem auch der Großteil der Studienabbrüche statt[26]).

Zwar wird, wie in Kapitel 2.2 ausgeführt, in manchen Publikationen ebendieses Phänomen der auf verschiedene Weise belasteten Studierenden beschrieben (vgl. bspw. Derboven/Winkler, 2010, Wild/Esdar, 2014 oder Bosse und Trautwein, 2014), auch wird das Phänomen des Studienabbruchs im Bereich der DHBW untersucht und dabei bspw. Typologien von Studienabbrecher*Innen definiert (vgl. Meyer/Walkmann/Rahn 2018) oder

---

[26] Laut Studienverlaufspanel (Meyer et al., 2018, S. 14), fanden im Studienbereich Technik der gesamten DHBW 11,8% der Studienabbrüche des Studienjahrgangs 2016 im ersten Studienjahr statt und nur noch 3,9% von insgesamt 15,7% im zweiten Studienjahr.

die Studienabbruchneigung erklärt (vgl. Deuer/Wild 2018). Insbesondere die oben bereits erwähnte qualitative Studie von Bosse und Trautwein (2014) deckt zwar zahlreiche Faktoren auf, die die Studierenden verschiedenster Studiengänge als für sich belastend oder sogar als insofern „kritisch" empfinden, dass der jeweilige Studienerfolg gefährdet wird (entweder indem von den Studierenden ein Abbruch ihres Studiums in Erwägung gezogen oder dieser durch die Prüfungsordnungen der jeweiligen Institutionen erzwungen wird). Allerdings liegen keine Erkenntnisse vor, die in solcher Weise „kritische Studienanforderungen" für den hier betrachteten Bereich der Bildung studiengangspezifisch ermitteln und auf die Ebene der Fachinhalte und Fachdidaktiken herunterbrechen, die zudem das Lernverhalten der Studierenden in den Blick nehmen und konkrete Schlussfolgerungen zulassen zur hochschuldidaktischen Konzeption von Lehrveranstaltungen und die explorieren, ob mit diesen empfundenen Belastungen bestimmte Lernverhaltensweisen der Studierenden (ggf. ursächlich) in Verbindung stehen. Einen Beitrag zur Schließung dieser Lücke soll im Rahmen dieser Arbeit geleistet werden. Die im Untersuchungsteil 3 behandelte Forschungsfrage lautet:

F5   Welches Lernverhalten zeigen stark belastete Studierende in dem hier
       untersuchten Bachelorstudiengang während ihrer ersten drei Studiensemester?

Auch die Forschungsfrage des Untersuchungsteils 3 ist explorativ angelegt. Die Untersuchung erfolgt, indem zunächst für den betrachteten Studiengang relevante, kritische Studienanforderungen unter Anwendung quantitativer Methoden hergeleitet werden. Auf der Basis eines Verfahrens zur Bestimmung der empfundenen Belastung der Studierenden und anhand der Differenzierung nach dieser Belastung erfolgt eine Befragung der Studierenden, die qualitativ ausgewertet wird. Die Untersuchung erfolgt am Ende des dritten Studiensemesters durch Befragung der Studienjahrgänge TMB18A bis TMB21A, auch hier sind weitere Details zur methodischen Vorgehensweise in Kapitel 4 ausgeführt.

3 Darstellung der Bezugstheorien und der zentralen Begriffe

In den folgenden Kapiteln wird zunächst das Lernen thematisiert, anschließend wird auf bestimmte Aspekte der Didaktik eingegangen. Zum erstgenannten Bereich erfolgt eine Definition des Lernens in Kapitel 3.1, eine Darstellung des hier angewandten Verständnis zur Kompetenz in Kapitel 3.2, anschießend eine kurze Ausführung zur Komplexität, Kapitel 3.3. Vor allem letztes Kapitel dient als Basis für die erfolgte Differenzierung nach Novizen und Fortgeschrittenen. Mit der Didaktik beschäftigen sich die beiden Kapitel 3.4 und 3.5, zunächst wird auf die allgemeine Didaktik eingegangen, anschließend auf die Fachdidaktik verschiedener Bereiche. Insbesondere die didaktischen Betrachtungen dienen als Grundlage für die Erstellung des hybriden Lernarrangements.

3.1 Lerntheorien, Lernen und Problemlösen

In diesem einleitenden Kapitel werden grundlegende und für diese Arbeiten relevante theoretische Ansätze zum Begriff ‚Lernen' dargestellt. Dabei wird auf eine detaillierte Darstellung insbesondere der historischen Genese verzichtet. Der Lernbegriff wird erneut im Abschnitt zu den Kompetenzen aufgegriffen.

3.1.1 Lerntheorien

Unter Verweis auf die Pluralität des Ausdruckes führen Plaßmann und Schmitt[27] (2007) auf der von ihnen verfassten Internetseite, Lefrancois (1994, S. 8) zitierend aus, dass Lerntheorien grundsätzlich „Versuche" seien, „die Kenntnisse über das Lernen zu systematisieren und zusammenzufassen". Für den im Rahmen dieser Arbeit untersuchten

---

[27] Die von den genannten Autor*Innen verantwortete Internetseite ist unter dem Link http://www.lern-psychologie.de/common/lernen.htm abrufbar, zuletzt aufgerufen am 18.02.2021.

Bereich der Bildung scheint insbesondere der Kognitivismus und der Konstruktivismus relevant, die im Folgenden thematisiert werden.

Kognitivismus und Konstruktivismus

Im Unterschied zum Lernen als Reiz-Reaktions-Muster weist Edelmann (2010, S. 30) dem Kognitivismus „Einsicht in Sinnzusammenhänge und Strukturen" zu, was aus Sicht des Verfassers einer Beschreibung des hier betrachteten Lernens entspricht. Bereits in der zweiten der beiden oben aufgeführten Definitionen des Begriffes ‚Lernen' wurde betont, dass menschliches Lernen überwiegend durch Einsicht bedingt ist. Plaßmann und Schmidt (2007) grenzen den Kognitivismus vom Behaviorismus ab und führen aus, dass der „wesentliche Unterschied zwischen dem kognitiven und dem behavioristischen Ansatz [...] darin" bestünde, „daß die kognitiven Psychologen den Reizen und Reaktionen keinerlei Bedeutung beimessen, sondern sich vielmehr mit Organisationsprozessen, Informationsverarbeitung und Entscheidungsvorgängen befassen" würden (a.a.O., zitiert nach Lefrancois, 1994, S. 15). Die Forschungsgegenstände des Kognitivismus seien demnach das „Wahrnehmen, Denken, Verstehen und Erinnern", somit beziehe sich der Begriff *Kognition* „auf alle Prozesse des Erwerbs, der Organisation, der Speicherung und der Anwendung von Wissen. Mayer (2000, 27, in Anlehnung an Neisser, 1974)", entnommen aus Plaßmann und Schmitt (2007).

An gleicher Stelle werden zahlreiche Zitate zum Kognitivismus aufgeführt, wobei eines von Mietzel den für diese Arbeit relevanten Aspekt der Fähigkeit des Problemlösens aufgreift (a.a.O., mit Verweis auf Mietzel, 1998b, S. 223). Demnach untersucht der „Kognitivismus [...] diese Fähigkeiten der Problemlösung, die in der Verarbeitung von Informationen besteht". „[D]urch kognitive Prozesse [würden] kognitive Strukturen (Wissensstrukturen) aufgebaut", (Edelmann, 2010, S. 114), wobei Edelmann betont, dass beim Wissenserwerb „kein völliges Neulernen, sondern ein Umlernen bereits aufgebauter Strukturen" stattfinde, was die Relevanz des Vorwissens in den Fokus der Betrachtung rückt, die im Rahmen dieser Arbeit beleuchtet wird.

Nach der Definition von Plaßmann und Schmitt seien Konstruktivismus und Kognitivismus dabei eng miteinander verbunden. Der Konstruktivismus betone dabei jedoch insbesondere, dass „Individuen [...] nicht auf die [eine] objektive Welt" reagieren, sondern jeweils „eine subjektive Realität" abbilden, „die auf individuellen Konstruktionen und Interpretation von Welt" basieren, a.a.O. Auch Gräsel (1997, S. 5f.) hebt bezüglich des Konstruktivismus' den Prozess der „aktiven und individuellen Konstruktion von Sinnzusammenhängen" hervor. Somit rückt der/die Lernende als Individuum in den Mittelpunkt, die/der das „Lerngeschehen relativ selbständig steuert" (a.a.O.).

Holzkamp (1993 und 2004) reinterpretiert Lernen unter subjektwissenschaftlichen Gesichtspunkten und postuliert, sich sowohl auf kognitive Prozesse als auch auf real vollzogene Handlungen beziehend, dass dem Lernen jeweils Lernanlässe (auf Handlungen bezogen „Handlungsproblematiken") zugrunde liegen müssten. Holzkamp hebt insbesondere hervor, dass sowohl die Lernziele wie auch die Lernstrategien jeweils individuell seien. Diese Lernanlässe sind in Edelmann (2000, S. 247) weiter beschrieben: nach Joergers (1975) entspricht ein solcher Lernanlass einem „kognitive[n] Konflikt mittlerer Stärke". A.a.O. wird zudem auf Heckhausen (1989) Bezug genommen, der für didaktisch gestaltete Lernsituationen fordert, dass eine „dosierte Diskrepanz zwischen der neuen Information und den etablierten Schemata" erzeugt werden müsse, wobei aus Sicht des Verfassers das Attribut ‚dosiert' die potenzielle Einflussnahme z.B. durch eine Lehrperson impliziert. Auf Piaget und dessen Konzepte der Assimilation und Akkommodation, die ebenfalls diesen Bereich „zwischen den neuen Informationen und den etablierten Schemata" (s.o.) adressieren, bezieht sich Knoll (2005) bei seiner Definition der Komplexität und Kompliziertheit, auf die in Kapitel 3.3 weiter eingegangen wird.

Bezüglich der Definition geistiger Handlungen, die im Rahmen dieser Arbeit vorwiegend betrachtet werden, formuliert Aebli (2011, S. 22 ff.) in seiner Definition der "Zwölf Grundformen des Lehrens" u.a. den Lerninhalt der ‚Operation', die er, in Anlehnung an Piaget, als abstrakte, geistige Handlung und insbesondere als mathematisch-logische Verknüpfung definiert (a.a.O., S. 203 ff.). Er konstatiert, dass das Lernen ebendieser mathematisch-logischen Zusammenhänge mit Hilfe von Aufgaben erfolgen könne, ein Konzept, das demnach auf das hier thematisierte Lernen physikalisch-technischer Zusammenhänge grundsätzlich übertragbar ist. Mit der „Dimension" des Lernprozesses als ein Zyklus aus vier grundsätzlichen „Funktionen" unternimmt Aebli zudem eine Beschreibung der zeitlichen Abfolge (a.a.O., S. 356) solcher Lernprozesse. Beides wird, ohne dass explizit auf Aebli Bezug genommen würde, in den jeweiligen Fachdidaktiken konkretisiert, die in Kapitel 3.5 ausgeführt sind.

Das oben dargestellte Konzept der selbständigen Steuerung, die erwähnte (durch Aebli begründete) Verwendung von Lernaufgaben beim Erlernen physikalisch-technischer, mathematisch-logischer Lerninhalte sowie die Möglichkeit der Erzeugung „dosierter Diskrepanzen" an der Schwelle zwischen der Piaget'schen Assimilation und Akkommodation innerhalb dieser Lernaufgaben sind wichtige Aspekte dieser Arbeit und Basis der hier konzipierten virtuellen Lernumgebung.

3.1.2 Lernen

Wie von Plaßmann und Schmitt (2007) auf ihrem bereits erwähnten Internetauftritt www.lern-psychologie.de einführend dargestellt, deutet „die Herkunft des Worts "Lernen" bereits darauf hin, dass „Lernen […] ein Prozess [ist], bei dem man einen Weg zurücklegt und dabei zu Wissen gelangt" (nach Mielke, 2001, S. 11, zitiert nach Plaßmann und Schmitt,

2007). Es sei an dieser Stelle angemerkt, dass im genannten Zitat das Wort „Wissen" angesichts der seither erfolgten Entwicklung ggf. durch das Wort „Kompetenz" ersetzt werden könnte. In der Literatur existiert eine Vielzahl verschiedener Definitionen des Begriffs „Lernen", die jeweils unterschiedliche Aspekte des Begriffs hervorheben. Beispielhaft seien an dieser Stelle aus oben genannter Quelle zwei Definitionen erwähnt:

1. „Unter Lernen verstehen wir alle nicht direkt zu beobachtenden Vorgänge in einem Organismus, vor allem in seinem zentralen Nervensystem (Gehirn), die durch Erfahrung (aber nicht durch Reifung, Ermüdung, [...] o.ä.) bedingt sind und eine relativ dauerhafte Veränderung bzw. Erweiterung des Verhaltensrepertoires zur Folge haben" zitiert nach Krüger & Helsper (2002, S. 97), aus Plaßmann und Schmitt (2007).

2. „Lernen: ‚durch Erfahrung entstandene Verhaltensänderungen und -möglichkeiten, die Organismen befähigen, aufgrund früherer und weiterer Erfahrungen situationsangemessen zu reagieren. [...] Menschliches Lernen ist eine überwiegend einsichtige, aktive, sozial vermittelte Aneignung von Kenntnissen.' Meyers Lexikonverlag (1997, S. 529)," nach Plaßmann und Schmitt (2007).

Nach den oben genannten Quellen ist Lernen somit ein „nicht direkt beobachtbarer Vorgang", der einer „überwiegend einsichtigen [...] Aneignung" entspricht, der mit einer „Erweiterung des Verhaltensrepertoires" einhergeht, auf die jedoch lediglich dann Rückschlüsse erfolgen können, wenn, z.B. im Falle der Performanz, ein solches verändertes Verhalten beobachtet werden kann.

3.1.3 Denken als Problemlösen

Nach Hobmair (2005, S. 135ff.) sind beim „Denken als Problemlösen" (auf Opwis, 2006, S. 207 verweisend) drei Merkmale kennzeichnend für ein Problem: 1. die Ausgangssituation, die in eine angestrebte Zielsituation überführt werden soll, wobei diese Überführung 2. nicht unmittelbar möglich ist, da eine Barriere vorhanden ist die zur Lösung des Problems überwunden werden muss, was 3. die Durchführung von Problemlösehandlungen erfordert. Hobmair führt a.a.O. aus, dass dabei die bisherigen subjektiven Erfahrungen eine große Rolle spielen, indem er formuliert: „Zunächst versucht man das Problem mit solchen Möglichkeiten zu lösen, die man gelernt hat und die schon in früheren Situationen erfolgreich waren. Erst wenn man erkennt, dass keine von diesen Möglichkeiten zum Erfolg führt, produziert der Mensch meist in seiner Vorstellung eine Reihe von Einfällen und Lösungsvorschlägen und probiert diese in Gedanken durch". Hobmair bezeichnet dies als inneres Problemhandeln und führt weiter aus, dass die als weniger erfolgversprechend erscheinenden Einfälle sodann nach dem Prinzip Versuch und Irrtum aussortiert würden, bis schließlich ein zielführender Einfall gefunden sei. Begleitend zum Prinzip ‚Versuch und Irrtum' führt Hobmair den Prozess der Umstrukturierung an, mit dem er einen Vorgang meint, in dem zunächst ggf. zusammenhanglose Elemente einer Situation zueinander in Beziehung gesetzt werden, der idealerweise darin endet, dass diese einzelnen Elemente durch ‚Einsicht' in Beziehung gebracht werden können und so die Zielsituation erreicht wird.

Franke (2005, S. 113f.) definiert „Probleme" unter Bezugnahme auf Dörner (1976) als „Aufgaben, für die die Person keinen Lösungsweg kennt" und charakterisiert in ähnlicher Weise (die folgende Aufzählung ist vollständig aus Franke (a.a.O.) entnommen und wurde lediglich grafisch editiert):

„(1) Es existiert ein unbefriedigender Ausgangszustand α.

(2) Es wird ein Zielzustand ω angestrebt, wobei dieser

    (a) entweder von vorneherein gegeben ist oder

    (b) im Verlauf des Problemlösungsprozesses erst noch konstruiert werden muss.

(3) Es gibt eine „Barriere", die die Transformation des Ausgangszustandes in den Zielzustand verhindert, diese Barriere kann darin bestehen, dass

    (a) das technische Wissen für die Problemlösung (= die „Transformations-regeln", Algorithmen) nicht vollständig bekannt sind oder

    (b) die Transformationsregeln zwar bekannt, ihre richtige Kombination aber unbekannt ist."

Franke beschreibt den Vorgang des Problemlösens weiter und führt, auf Dunker (1935) Bezug nehmend aus, dass bei den vollzogenen „Denkabläufen […] verschiedene Operationen (z.B. „Abstrahieren", „Vergleichen", „Folgern")" ablaufen, deren Organisation als Heurismen bezeichnet werden, als „Verfahren zum Auffinden von Lösungswegen" (Franke, 2005, S. 114). Dabei unterscheidet Franke zum einen Heurismen, die „das Spektrum (den ‚Suchraum') möglicher Lösungsansätze […] beschränken", und Algorithmen, die er als eine Art Rezept oder feststehendes Programm beschreiben, die „100prozentig eine optimale Lösung" garantieren.

An dieser Stelle vorweggreifend, die Relevanz der Definition aber hervorhebend, sei vor allem auf den von Franke wörtlich verwendeten Begriff der „Barriere" hingewiesen. Wie sich im empirischen Teil der Arbeit im Untersuchungsteil 3 zeigt, beschreiben bestimmte Studierende eine ebensolche Barriere und empfinden diese teilweise als unüberwindbar, unabhängig davon, welche Mittel (Heurismen oder Strategien) sie zur Überwindung dieser Barriere anwenden.

3.2 Kompetenzen, Kompetenzentwicklung und Kompetenzmodelle

Der Kompetenzbegriff soll im Rahmen dieser Arbeit ausführlicher dargestellt werden. Da aus Sicht des Verfassers für den Bereich einer Grundlagenvorlesung in einem ingenieurwissenschaftlichen Studiengang keine zufriedenstellende Definition gefunden werden konnte und sich zudem die Definition der Kompetenz wie auch die der meisten zu ihrer Beschreibung verwendeter Begriffe tlw. deutlich unterscheiden, wurde für die Zwecke dieser Arbeit, wie im Folgenden dargestellt, aus grundlegenden Betrachtungen ein als geeignet empfundener Kompetenzbegriff abgeleitet.

3.2.1 Eine Annäherung an eine Definition des Begriffs der Kompetenz

Der Kompetenzbegriff hat seit einigen Jahren in den Bereichen der Schulbildung, der Hochschulbildung, der Erwachsenenbildung aber auch in bestimmten Bereichen der Wirtschaft Einzug gehalten und stellt eine Abgrenzung zu dem von Renkl seit Mitte der 1990er Jahren geprägten Begriff des „trägen Wissens" dar (Renkl, 1996). Weinert zufolge habe die OECD seit den frühen 2000er Jahren vorgeschlagen, den damals vorherrschenden, „vieldeutigen Leistungsbegriff" generell durch das Konzept der Kompetenz zu ersetzen (Weinert, 2014, S. 27).

Die Definition des oben erwähnten trägen Wissens ist einem von Renkl verfassten Essay[28] entnommen und entspricht der „Bezeichnung für Wissen, das bei entsprechender Aufforderung zwar wiedergegeben werden kann, das aber, obwohl relevant, bei Problemstellungen nicht spontan genutzt wird (oder auch nicht genutzt werden kann)". Renkl fügt umschreibend hinzu: „Dieser Begriff wird vor allem gebraucht, wenn in schulanalogen Lernarrangements, wie etwa im Schulunterricht, in Universitätsseminaren oder in Weiterbildungskursen, Kenntnisse erworben werden, auf die nicht zurückgegriffen wird, wenn es darum geht, komplexe Probleme des Schul- oder Alltagslebens zu lösen". Bezüglich einer Erklärung der Ursache dieses Phänomens einer geringen Fähigkeit zur Anwendung des gelernten Wissens präzisiert Renkl drei Arten der Erklärung: die Metaprozesserklärungen, die Strukturdefiziterklärungen und die Situiertheitserklärungen.

„Metaprozeßerklärungen gehen davon aus, dass das notwendige Wissen vorhanden ist, aber nicht genutzt wird, da über dem Wissen laufende Zugriffsprozesse, also Metaprozesse, defizitär sind. Es wird beispielsweise auf fehlendes metakognitives Wissen um die Anwendungsbedingungen von Wissen verwiesen. Strukturdefiziterklärungen sehen die

---

[28] Dieses Essay wurde auf Basis von Renkl, 1996, S. 78ff. erstellt und ist in Wenninger (2000) unter dem Schlagwort ‚Wissen' veröffentlicht.

Defizite im Wissen selbst angesiedelt, d.h. das Wissen ist nicht in einer Form vorhanden, die eine Anwendung desselben erlauben würde (z.B. Wissenskompartmentalisierung: nicht vernetztes, in unterschiedlichen "Schubladen" abgespeichertes Wissen). In Situiertheitserklärungen wird der traditionelle Wissens- und Transferbegriff der kognitiven Psychologie in Frage gestellt (Kognition)" (nach Renkl, 1996, aus Wenninger, 2000, siehe Fußnote) und dieses Verständnis von „Wissen als [einer] Entität" kritisiert. Es wird vielmehr davon ausgegangen, dass Wissen, das „in einem Kontext (z.B. Weiterbildungskurs) erworben" wurde, nicht ohne weiteres „in einem anderen Kontext (z.B. am Arbeitsplatz) wieder abgerufen werden kann", Wissen sei demnach prinzipiell kontextgebunden. Renkl zieht daraus den Schluss, der, wie weiter unten expliziert, einer der Grundgedanken des Kompetenzverständnisses ist: „Gleich welche der drei Arten von Erklärung [für die wenig erfolgreiche Anwendung des erworbenen Wissens, Einschub SK] bevorzugt wird, scheint es sinnvoll zu sein, Lernende vermehrt mit komplexen, realitätsnahen Problemen zu konfrontieren, um so den Erwerb anwendbaren, nicht-trägen Wissens zu fördern."

Nach Gnahs habe in den letzten Jahren der Kompetenzbegriff eine gewisse Entwicklung vollzogen und sei in verschiedenste Bereiche übertragen worden, sodass auch der Begriff der Kompetenz „nicht einheitlich definiert und trennscharf" verwendet werde. Die Begriffsdefinitionen seien „vielfältig, unterschiedlich akzentuiert" und würden sich „teilweise widersprechen" (Gnahs, 2010, S. 19). Beispiele dieser unterschiedlichen Akzentuierung sind den von Gnahs aufgeführten Definitionen zu entnehmen: Während Erpenbeck (Gnahs gibt als Quelle Erpenbeck 2003, S. 365 an) Kompetenzen als „Dispositionen zur Selbstorganisation menschlichen Handelns, das kreative Denkhandeln eingeschlossen [...]" definiert (Gnahs, 2010, S. 19), betont beispielsweise die Definition der OECD (im Rahmen des Projekts DeSeCo, „Defining and Selecting Key Competencies") auch den physischen Aspekt der Handlung: Demzufolge ist eine Kompetenz „die Fähigkeit zur Bewältigung komplexer Anforderungen in spezifischen Situationen. Kompetentes Handeln schließt den Einsatz von Wissen, von kognitiven und praktischen Fähigkeiten genauso ein wie soziale Verhaltenskomponenten (Haltungen, Gefühle, Werte und Motivationen). Eine Kompetenz ist also zum Beispiel nicht reduzierbar auf ihre kognitive Dimension, sie beinhaltet mehr als das." (nach Gnahs, 2010, S. 21).

Eine auf die Leistungsmessung in Schulen abzielende Definition des Kompetenzbegriffs formuliert Weinert (2014, S. 27), wonach „man unter Kompetenzen die bei Individuen verfügbaren oder durch sie erlernbaren kognitiven Fähigkeiten und Fertigkeiten (versteht), um bestimmte Probleme zu lösen, sowie die damit verbundenen motivationalen, volitionalen und sozialen Bereitschaften und Fähigkeiten, um die Problemlösung in variablen Situationen erfolgreich und verantwortungsvoll nutzen zu können". In dieser Definition sind mehrere Aspekte enthalten, die von weiteren Autoren ebenfalls explizit oder implizit geteilt werden: der Aspekt der Lösungsorientierung, des Handelns auf der Basis von Wissen, Fertigkeiten und/oder Fähigkeiten, der Aspekt der situationsoffenen Anwendung in komplexen und sich ändernden Problemstellungen wie auch der motivationale Aspekt und der des gesellschaftlich verantwortlichen Tuns. Weinert unterscheidet hierbei nicht explizit zwischen einer geistigen und physischen Handlung, bezieht jedoch den Begriff der Fähigkeit mit ein (verzichtet aber an dieser Stelle auf eine Definition dieses Begriffes. Der Begriff der Fähigkeit wiederum wird bei einigen Autoren ebenfalls uneinheitlich verwendet, siehe weiter unten in diesem Abschnitt).

3.2.1.1 Gemeinsamkeiten und Unterschiede der verschiedenen Kompetenzverständnisse

Erpenbeck und Arnold (2015, S. 30) betonen, dass es neben den Debatten unter den Kompetenzforschern zunächst viel Gemeinsames in den unterschiedlichen Richtungen gebe und stellen fest, dass „alle ernstzunehmenden Kompetenzforscher" davon ausgingen, „dass es sich bei Kompetenzen um - geistige und/oder physische - Handlungsfähigkeiten handelt" (a.a.O. S. 30). Sie führen auf dem Stand des Jahres 2015 rückblickend zusammenfassend vier Richtungen aus, die aus ihrer Sicht „das gegenwärtige Feld der Kompetenzverständnisse weitgehend" abdecken würden (a.a.O., S. 15 und S. 19, ebenso in Erpenbeck at al. 2017a, S. XXIV).

Erpenbeck und Arnold benennen in hierarchisierender Darstellung:

o   Kompetenz als allgemeinster Handlungsrahmen,

o   Kompetenz als ökonomisierende Variante von Bildung,

o   Kompetenz als kreative Selbstorganisationsfähigkeit und

o   Kompetenz als kognitive Leistungsdefinition.

Wie die Handlung jedoch im Detail definiert werde, sei indes strittig. Erpenbeck grenzt die oben genannten vier Richtungen wie folgt voneinander ab (in Arnold, 2015, S. 30f.): Das hier erstgenannte „allgemeinste" Handlungsverständnis sehe nach Erpenbeck jedwede Handlung als relevant an, die den Menschen „geistig oder physisch formt", auch „nutzlose", aber die „allseitige Persönlichkeit fördernde" Handlungen. Den Deutschen und Europäischen Qualifikationsrahmen (DQR bzw. EQR) zitierend, bezeichne der „Kompetenzbegriff [...] ,die Fähigkeit und Bereitschaft, Kenntnisse, Fertigkeiten sowie persönliche, soziale und methodische Fähigkeiten in Arbeits- oder Lernsituationen [...] zu nutzen'", wobei der Begriff der Lernsituation hierbei sehr weit gefasst werde.

Diese o.g. Hierarchisierung fortführend, konstatiert Erpenbeck, dass der Handlungsbegriff von der zweitgenannten, „ökonomisierten Variante" etwas enger gefasst würde, die sich an der berufsökonomisch verwertbaren Handlungsfähigkeit orientiere, ohne sie aber auf den selbstorganisierten und kreativen Aspekt der Handlung einzuengen. Demnach werden in dieser Sichtweise auch wiederholt auftretende oder gar automatisierte Tätigkeiten, bspw. die Tätigkeit am Fließband im Rahmen einer industriellen Produktion als Handlung begriffen.

Eine Verengung des Handlungsverständnisses auf ebenjenen selbstorganisierten und kreativen Aspekt sehen jedoch Erpenbeck und Arnold als wesentlich an und sind insofern Vertreter der hier drittgenannten Richtung der „Kompetenz als kreative Selbstorganisationsfähigkeit". Kompetenzen seien demnach „Fähigkeiten, selbstorganisiert und kreativ zu handeln". Der von ihnen vertretene Ansatz sei eng genug, nicht jede Handlungsfähigkeit (ökonomisch verwertbar oder ‚lediglich' menschlich bildend) den Handlungen und damit den Kompetenzen zuzurechnen, er ist aber weit genug, das Handeln in seiner „psychophysischen Komplexität" voll zu erfassen und nicht die aus ihrer Sicht „entscheidenden emotional-motivationalen wertenden Prozesse auszuschließen" (a.a.O., S. 30f.).

Erpenbeck und Arnold kritisieren die oben an vierter Stelle genannte Sichtweise, die Grundlage sämtlicher Schulleistungsbefragungen wie PISA, TIMSS etc. sei, welche die Emotionen und Motivationen explizit ausschlösse und die Kompetenz auf ein „rein kognitives Problemlösungshandeln" reduziere, obwohl es „viele Ansätze der kognitiven Psychologie" gebe, „die Motivation und Emotion als Bestandteile des Kognitiven" einzubeziehen (a.a.O., S. 30f.). Als Vertreter dieser aus der Sicht von Erpenbeck und Arnold verkürzten Sichtweise werden a.a.O. Klieme genannt (es wird a.a.O. auf Klieme 2007, S. 17 verwiesen).

3.2.1.2 Kompetenz und ihre Komponenten, einleitende Definition nach Gnahs

Das Konstrukt der Kompetenz definiert Gnahs, indem er insgesamt fünf Bausteine der Kompetenz beschreibt: „Jedes Individuum besitzt spezifische Kenntnisse (Gnahs verwendet dabei die Begriffe Kenntnis und (Einzel-)Wissen nahezu synonym, Anmerkung des Verfassers), Fertigkeiten, Werte und Haltungen sowie Dispositionen und Motivationen, die im Bedarfsfall eingesetzt werden können" (die Ausführungen Gnahs sind in Arnold, 2015, S. 23ff. beschrieben). Gnahs präzisiert diese von ihm genannten fünf Additive: Diese fünf Komponenten der Kompetenz sind das Wissen, die Fertigkeit, die Motivation, die Werte und die Disposition.

Die erste Komponente, die Komponente des Wissens (in seinem Sinne auch der spezifischen Kenntnisse) definiert Gnahs als „Kenntnisse von Fakten und Regeln, die dem Individuum abrufbar zur Verfügung stehen". Faktenwissen sei Einzelwissen wie historische Daten, Bedeutungen von Begriffen, Regelkenntnisse wie die Kenntnis der binomischen Formel etc. Er merkt an, dass dieses Wissen ggf. „sehr komplex" sein könne, erweitert den Begriff somit und hebt ihn vom einfachen Auswendiglernen von Fakten ab. Die zweite Komponente, die der Fertigkeiten, betonen nach Gnahs im Gegensatz zur Kenntnis bzw. zum Wissen eher die sensumotorischen Aspekte wie bspw. handwerkliches Geschick, Fingerfertigkeit oder physische Sprachvermögen, das/die durch Üben und Trainieren „eingeschliffen" werden könne und durch einen routinierten oder autonomen, manchmal auch bewussten und gezielten Ablauf gekennzeichnet sei. An dieser Stelle liegt aus Sicht des Verfassers jedoch ein Verständnis vor, das bei der Übertragung des Kompetenzbegriffes auf den hier betrachteten Bereich zu gewissen Problemen führt, was weiter unten in diesem Abschnitt präzisiert wird.

Die dritte von Gnahs genannte Komponente der Werte und Haltungen beschreibt er als „Haltungen und Einstellungen, die Personen gegenüber Dingen, Personen oder Personengruppen sowie gegenüber Ideen und Verhaltensweisen entwickeln/entwickelt haben". Sie seien z.B. religiös, politisch oder kulturell bedingt und würden einer jeweiligen Wertebasis, einem Menschenbild oder bspw. persönlichen Maximen entspringen.

Die von Gnahs viertgenannte Komponente der Disposition sei im Gegensatz zu den vorher genannten Komponenten „vergleichsweise stabil" (ihre Ausbildung sei nach der Pubertät bereits nahezu abgeschlossen) und beinhalte wiederum weitere fünf Merkmalskomplexe (Gnahs bezeichnet sie auch als fünf Dimensionen der Disposition): den Neurotizismus, die Extraversion, die Verträglichkeit, die Gewissenhaftigkeit sowie die Offenheit für neue Erfahrungen. Die erstgenannte Dimension des Neurotizismus beschreibt Gnahs als emotionale Stabilität. Ein hoher Grad an Neurotizismus könne durch Attribute wie ängstlich, nervös oder gestresst beschrieben werden, ein niedriger Grad durch Attribute wie selbstsicher, zufrieden oder entspannt. Die Dimension der Extraversion umschreibt Gnahs als Offenheit/Entgegenkommen in Bezug auf andere Personen. Auch hier nennt er Attribute wie unbekümmert, zugewandt, entscheidungsfreudig als Merkmale extrovertierten Verhaltens bzw. Attribute wie zögernd, abgewandt, zurückgezogen als Merkmale introvertierten Verhaltens. Die Dimension der Verträglichkeit umschreibt Gnahs mit Attributen wie mitfühlend, hilfsbereit, vertrauensvoll (hohe Verträglichkeit), eine geringe Verträglichkeit werden die gegensätzlichen Attribute misstrauisch, reizbar, manipulativ zugeordnet. In gleicher Weise definiert Gnahs die weiteren beiden Dimensionen: Die Vierte Dimension der Disposition sei die Gewissenhaftigkeit mit Attributen wie sorgfältig, wohlorganisiert oder pflichtbewusst vs. nachlässig, planlos oder lustbetont, die fünfte Dimension der Disposition sei die Offenheit für neue Erfahrungen und damit der Grad an intellektueller Neugier und der Bereitschaft, neue Wege zu gehen.

Als fünftgenannten Baustein der Kompetenz erachtet Gnahs die Komponente der Motivation. Es seien emotionale Antriebskräfte und Interessen, die das individuelle Handeln anregen, auslösen und in seiner Intensität bestimmen würden, wobei auch die „Aufwands- und Ertragsdimension" mit eingeschlossen sei (auf Heckhausen 1988 verweisend, wohl auf die Unterscheidung zwischen intrinsischer und extrinsischer Motivation anspielend) und demnach „Geld, Angst vor Strafe, der Wunsch zu helfen" o.ä. handlungsauslösend sein könne. Die Definition Gnahs' kann somit wie in Abbildung 6 illustriert zusammengefasst werden.

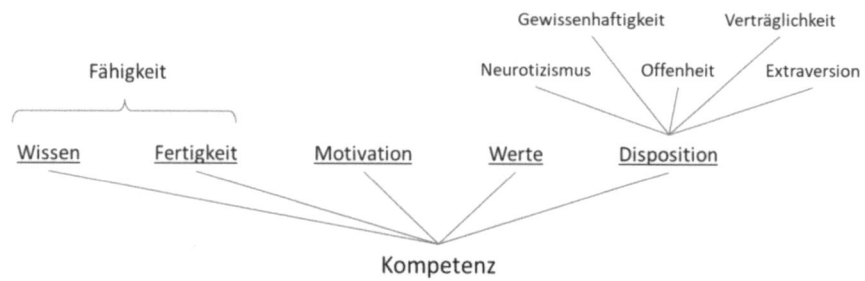

Abbildung 6.　Kompetenz als Summe von fünf Komponenten, nach Gnahs 2010, S. 19 ff., eigene Darstellung

Der oben verwendete Begriff der Disposition – weitere Begriffsdefinitionen

Bei Erpenbeck (in Heyse et al., 2010, S. 14 ff.) ist eine Zuordnung dieser fünf von Gnahs so bezeichneten Dimensionen der Disposition zu finden, die Erpenbeck a.a.O. als „big five" der Persönlichkeitseigenschaften bezeichnet. Im Rahmen der eigenschaftsorientierten Persönlichkeitsmodelle hat sich dieses Fünf-Faktoren-Modell (OCEAN-Modell) der Persönlichkeit auf der Basis des Drei-Faktoren-Modells nach Eysenck entwickelt, das die fünf Dimensionen Openness, Concientiousness, Extraversion, Agreeableness (was in der angegebenen Quelle im Unterschied zu Gnahs mit Liebenswürdigkeit übersetzt wird) und Neuroticism verwendet (vgl. Hobmaier, 2008, S. 419 ff.). Diese fünf Haupt-Persönlichkeitseigenschaften werden jedoch nicht als feststehender Wesenszug einer Person gesehen, sondern als Disposition. Das Konstrukt der Disposition beschreibt dabei eine gewisse Bereitschaft, ein Verhalten in einer bestimmten Situation zu zeigen (nach Hobmair, a.a.O.) bzw. „interindividuell unterschiedliche Wahrscheinlichkeiten für das Auftreten bestimmter Verhaltensweisen" in bestimmten Situationen (nach Wenninger[29]).

---

[29] Gerd Wenninger (Hrsg.), (2000), Lexikon der Psychologie, Spektrum Akademischer Verlag, Heidelberg, https://www.spektrum.de/lexikon/psychologie, aufgerufen am 13.07.2022

Der Begriff der Fähigkeit im Rahmen des Gnahs'schen Kompetenzbegriffes

Gnahs verweist auf die uneinheitliche Verwendung des Begriffs der Fähigkeit und kritisiert diesbezüglich bspw. Erpenbeck/Rosenstiel (dabei Erpenbeck/Rosenstiel, 2003, S. XXIX, anführend), die die Fähigkeit „nahezu synonym zum Begriff der Kompetenz" verwenden und damit sehr weit fassen würden. Gnahs hingegen plädiert dafür, den Begriff der Fähigkeiten zu reduzieren und lediglich für die Verbindung aus Wissen und Fertigkeit zu verwenden (Gnahs 2010, S. 26). Gnahs definiert somit sowohl den Begriff des Wissens, der Fertigkeit als auch der Fähigkeit sehr eng, was aus Sicht des Verfassers, zumindest für den hier betrachteten Bereich, als nicht ausreichend erscheint.

Beispiel für das Kompetenzverständnis nach Gnahs

Gnahs illustriert, auf Chomsky Bezug nehmend, den Begriff der Kompetenz am Beispiel der Sprachkompetenz: Diese setze sich unter anderem zusammen aus Vokabel- und Grammatikkenntnissen (demnach: Wissen), der physischen Fertigkeit des korrekten Aussprechens ((Sprach-)Fertigkeit), und z.B. dem Willen und Mut, das Wort zu ergreifen (Motivation sowie Extraversion als eine Dimension der Disposition, Gnahs 2010., S. 21). (Aus Sicht des Verfassers ist hierbei zu beachten, dass Gnahs den bisher von ihm allgemein formulierten Begriff der Kompetenz an einem Beispiel einer Fachkompetenz illustriert.)

3.2.1.3 Weitere Verständnisse elementarer Begriffe

Der Begriff der Fertigkeit – weitere Verständnisse

In der von Gnahs gewählten Definition der Kompetenz wird der Begriff der Fertigkeit stark auf den sensomotorischen Bereich verengt. Wenninger[30] definiert den Begriff der Fertigkeit (der im Englischen üblicherweise gleichbedeutend mit dem Begriff skill gesehen wird) als „Geschicklichkeit" bzw. „aufgabenbezogene individuelle Aktivität". Indem er ebenfalls des Aspekt des einübbar und automatisiert Ablaufenden, souverän Beherrschten betont, unterscheidet er sechs dieser Aktivitäten: Fertigkeiten würden üblicherweise unterteilt in „a) mehr oder weniger elementare (senso-) motorische Fertigkeiten (z.B. Tischtennisspielen […]), b) kognitive Fertigkeiten (z.B. im Kopf addieren, Gegenstände zählen), c) kognitive motorische Fertigkeiten (z.B. Schreiben […]), d) soziale Fertigkeiten (z.B. geschickter Umgang mit Kunden […]), e) sprachliche Fertigkeiten (z.B. pronounciertes Sprechen), e) perzeptive Fertigkeiten […]". Insbesondere die hier unter b), c) und d) (letzteres im Sinne der Interaktion bspw. mit ‚Peers') genannten Fertigkeiten sind bei der Verwendung des

---

[30] https://www.spektrum.de/lexikon/psychologie, aufgerufen am 13.07.2022

Kompetenzbegriffs in dem hier betrachteten Bereich relevant, wie weiter unten ausgeführt wird.

Der Begriff der Fähigkeit – weitere Verständnisse

Auch der Begriff der Fähigkeit wird uneinheitlich verwendet: Gnahs reduziert, wie einleitend in diesem Kapitel beschrieben, den Begriff der Fähigkeiten auf die Verbindung von Wissen und Fertigkeit, wobei er, wie oben dargestellt, diese beiden Sub-Komponenten ebenfalls sehr eng definiert. Erpenbeck hingegen zeigen ein deutlich weiteres Verständnis des Begriffs der Fähigkeit (der im Englischen üblicherweise gleichbedeutend mit dem Begriff ability gesehen wird). Er bezieht sich auf Fröhlich (2003, S. 178) und konstatiert: „Fähigkeiten werden als erlernte oder auf Anlagen zurückzuführende Voraussetzungen für das Vollbringen einer bestimmten geistigen oder physischen Handlung oder Leistung beschrieben" (in Heyse et al., 2010, S. XVIII). Ein ähnlicher Beitrag findet sich auf wikipedia[31], wo die Fähigkeit als ein bestimmtes Vermögen einer Person definiert wird, eine Handlung auszuführen. Eine auf eine Fähigkeit begründete Handlung beinhaltet dieser Definition zufolge die Aspekte der Absichtlichkeit und der prinzipiellen Wiederholbarkeit.

Erpenbeck bemerkt in Heyse et al. (2010), auf Lompscher (1991, S. 305) Bezug nehmend, dass Fähigkeiten sich auf Personen und Handlungen bezeichnen würden (im Gegensatz zum Begriff der Disposition, der auch auf das Verhalten einer Person gerichtet ist, Anmerkung des Verfassers) und führt aus, dass Fähigkeiten sich „erst im Handeln manifestieren" würden und „außerhalb der Handlung […] keine Wirklichkeit" hätten (in Heyse, 2010, S. 16).

Der Begriff des Wissens – weitere Verständnisse

Reinmann-Rothmeier und Mandl[32] zufolge (in Wenninger, 2000) gibt es „bis dato keine einheitliche Definition dessen, was Wissen ist". Sie betonen, dass es sinnvoller sei, von verschiedenen Formen oder Typen des Wissens auszugehen. Sie unterscheiden deklaratives Wissen (Faktenwissen, Wissen was) und prozedurales Wissen (Handlungswissen, Wissen wie). Vorwiegend in der Praxis weit verbreitet seien nach Reinmann-Rothmeier und Mandl die beiden Typen (a) explizites Wissen (sprachlich artikulierbar, im weitesten Sinne verstandesabhängig und damit (wie Erpenbeck diesbezüglich in Arnold, 2015, S. 40, bemerkt) „vom Handlungsträger trennbar" und (b) implizites Wissen (sprachlich nicht direkt artikulierbar, in hohem Maße von individuellen Erfahrungen abhängig und damit (wie Erpenbeck a.a.O. bemerkt) nicht vom Handlungsträger trennbar). Erpenbeck bemerkt

---

[31] Der Begriff Vermögens ist am 12.07.2022 der Quelle https://de.wikipedia.org/wiki/Fähigkeit entnommen, die wiederum den Text von John Maier (2012) zum Eintrag „abilities" der Stanford Encyclopedia of Philosophy referenziert.

[32] https://www.spektrum.de/lexikon/psychologie, aufgerufen am 13.07.2022, nachgeschlagen unter dem Begriff „Wissen"

bezüglich des Begriffs des Wissens, dass es wohl „hunderte von Wissensauffassungen" gebe, „die sich kaum zusammenfassen oder vergleichend abwägen" ließen (in Arnold, 2015, S. 37), er unternimmt jedoch in Form einer grafischen Darstellung eine Einteilung des Wissens „im engeren und weiteren Sinne", die a.a.O., S. 43 entnommen und hier graphisch leicht editiert dargestellt wurde, siehe Abbildung 7.

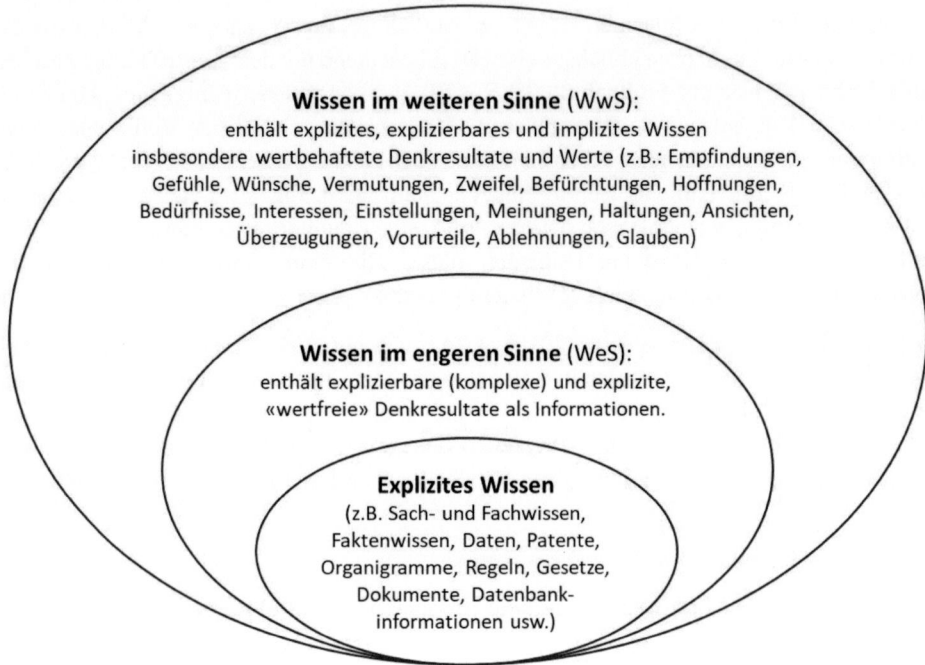

Abbildung 7.   Wissen im weiteren, engeren und engsten Sinn, nach Erpenbeck, entnommen aus Arnold (2015), S. 43, hier graphisch verändert

Das engste Verständnis von Wissen bezieht sich dieser Abbildung zufolge auf reines Fakten- und Regelwissen, das weiteste Verständnis von Wissen schließt (Lebens-) Erfahrungen, Werte, Emotionen mit ein. Wenn gemäß dieser Darstellung jedoch bspw. Werte und Emotionen ebenfalls als Wissen aufgefasst werden können, ist auch die oben unternommene Beschreibung der Komponenten der Kompetenz stark vom jeweils verwendeten Verständnis des Begriffs Wissen abhängig. In Anlehnung an ein vereinfachendes (Münchner) Wissensmodell von Mandl und Reinmann-Rothmeier (Erpenbeck nimmt Bezug auf Mandl und Reinmann, 2001, S. 16) stellt Erpenbeck für sein Verständnis des Begriffs der Kompetenz dem eng gefassten Informationswissen das Handlungswissen als „Antipode" gegenüber (Arnold, 2015, S. 38f.). Informationswissen sei zwar „Grundlage" eines jeden Handlungswissens, letzteres fände sich jedoch stets „in sinnvollen Bedeutungsnetzwerken", sei „immer Teil eines Kontextes" und müsse „als Netz von bedeutungsvollen Verbindungen konstruiert" werden, seine Performanz erfolge „durch seine Anwendung in neuen Kontexten". Die verwendeten Begriffe lässt auf die Nähe zu den Neurowissenschaften und zu konstruktivistisch-kognitivistischen Lerntheorien schließen.

Der Begriff der „Wissensleiter"

Von Reinmann-Rothmeier und Mandl wird auf die von ihnen so genannte Wissensleiter Bezug genommen, die in der Definition Bachmanns im weiteren Verlauf dieser Arbeit noch aufgegriffen wird, vgl. Wenninger (2010). Auch Reinmann-Rothmeier und Mandl definieren den Begriff des Wissens eher weit. Sie unterscheiden und ordnen dabei die Begriffe Zeichen, Daten, Information und Wissen hierarchisch: „Zeichen (etwa in Form von Buchstaben, Ziffern [...]) bilden als die kleinsten Einheiten die unterste Stufe der Leiter. Daten bestehen aus einer sinnvoll kombinierten Folge von Zeichen, besitzen aber noch keine Verwendungshinweise. Sie werden erst zu Information, wenn sie in einen Problemzusammenhang gestellt werden und zur Erreichung eines Ziels dienen." Sie führen weiter aus, indem sie formulieren: „Information ist der Rohstoff für die Bildung von Wissen. Damit aus Information Wissen wird, muß die Information in einem bedeutungshaltigen Kontext mit der Erfahrung einer Person und ihrem Vorwissen verknüpft werden. Wissen ist demnach mehr als die Ansammlung von Information. Damit aus Information Wissen wird, muß der Mensch auswählen, vergleichen, bewerten, Konsequenzen ziehen, verknüpfen, aushandeln und sich mit anderen austauschen (Informationsverarbeitung). Im Gegensatz zu Informationen dreht sich Wissen um persönliche Vorstellungen und individuelles Engagement; dabei ist es kontext- und beziehungsspezifisch und letztlich am (sozialen) Handeln orientiert. Diese sich zunehmend verbreitende Interpretation von Wissen entspricht einer (gemäßigt) konstruktivistischen Auffassung, der zufolge Wissen kein Reservoir objektiver wissenschaftlicher Resultate, sondern Ausgangspunkt, Weg und Ziel menschlicher Realitätskonstruktionen zugleich ist", a.a.O.).

Der Begriff der Motivation

Die Motivation wird in Hobmair (2008, S. 174 ff.) als ein „von Motiven gesteuerter Prozess des Angetriebenseins" bezeichnet. Motive sind demnach „von außen nicht erkennbare Beweggründe", die „menschliches Verhalten aktivieren" und „auf ein bestimmtes Ziel hinsteuern". Nach Hobmair seien Motive, Herkner 2002, S. 191 zitierend, psychische Kräfte, die etwas in Gang setzen, die „'bestimmen, worauf wir unsere Aufmerksamkeit richten [...], welche Denkprobleme wir lösen wollen, welche Verhaltensweisen wir ausführen'". Merkmale der Motivation als theoretisches Konstrukt seien das Merkmal der Aktivierung, das Merkmal der Richtung, der Intensität und der Ausdauer.

Übertragen auf den hier betrachteten Bereich braucht es, Hobmairs Definition folgend, jedoch bereits zur Erlangung der in Abbildung 6 dargestellten und nach Gnahs bezeichneten Fähigkeit als Summe aus Fertigkeit und Wissen, wie für jegliche gezielte andere Handlung auch, ein gewisses Maß an Motivation. Die Motivation kann aber dennoch als Komponente der Kompetenz weiter beibehalten werden, da die nach Gnahs definierte Fähigkeit zwar zunächst erarbeitet werden muss, sich das Vermögen aber auch, wie oben ausgeführt, in der Handlung manifestieren muss, wozu es Motive und Motivation braucht.

3.2.1.4   Die Kompetenzdefinition nach Erpenbeck

Wie aus den oben angeführten Zitaten bereits ersichtlich, wählt Erpenbeck im Vergleich zu Gnahs andere „Begriffskandidaten" zur Beschreibung des Konzepts der Kompetenz. Ihm zufolge sind Kompetenzen „als Fähigkeiten zum selbstorganisierten Handeln, als Selbstorganisationsdisposition" zu begreifen. Erpenbeck vertritt im Vergleich zu Gnahs ein weiteres Verständnis des Wissensbegriffs und verwendet zudem den Begriff der Qualifikation. Die Kompetenz beinhaltet Qualifikationen und bestimmte Elemente des Bereichs Emotionen. In Arnold (2015) verzichtet Erpenbeck auf eine präzisere Beschreibung der verwendeten Begriffe, eine Illustration seiner Begriffskandidaten ist jedoch in Abbildung 8 dargestellt, auf die weiter unten noch Bezug genommen wird, die hier aufgeführte Darstellung ist der Abb 1. aus Arnold (2015) entnommen.

In Erpenbeck et al. (2017a) werden die verwendeten Begriffe weiter präzisiert. Wissen wird „im engeren Sinne" gesehen, entspricht damit der aus Erpenbeck entlehnten Darstellung in Abbildung 7. „Wissen im engeren Sinne" wird mit dem Begriff der Fertigkeiten ergänzt. Die Qualifikationen umfassen das Wissen und die Fertigkeiten. Erpenbeck wählt den Begriff der Qualifikation bewusst und grenzt diesen von den Kompetenzen ab: Qualifikationen „werden nicht erst im selbstorganisierten Handeln sichtbar, sondern in davon abgetrennten, normierbaren und Position für Position abzuarbeitenden Prüfungssituationen." Und weiter: „Die zertifizierbaren Ergebnisse spiegeln das aktuelle Wissen, die gegenwärtig vorhandenen Fertigkeiten wider. Ob jemand davon ausgehend auch selbstorganisiert und kreativ wird handeln können, kann durch die Normierung und Zertifizierung [der Prüfungssituation, Anmerkung des Verfassers] kaum erfasst werden." Erpenbeck führt ein Beispiel an und konstatiert: „Einem ‚gelernten' Multimediadesigner mit besten Abschlussnoten kann in der Praxis schlicht nichts einfallen".

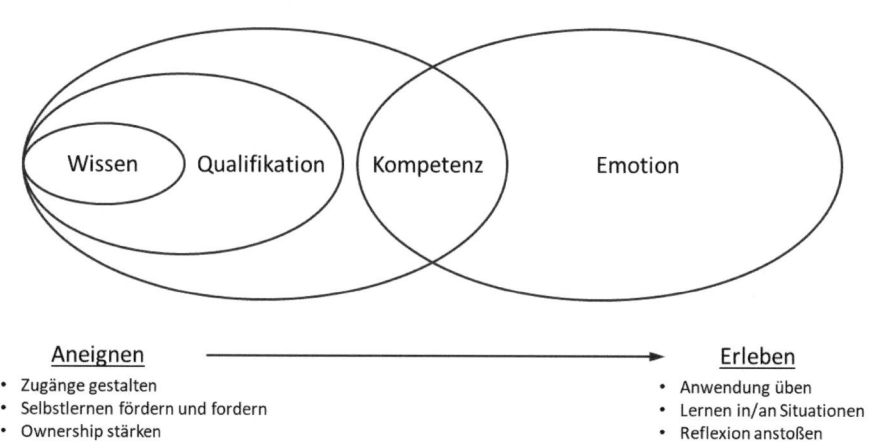

Abbildung 8. Grafisch veränderte Darstellung des Erlebens „als Königsweg der Kompetenzentwicklung", entnommen aus Arnold (2015, S. 24.)

Der Begriff der Qualifikation

Der Begriff der Qualifikation wird an anderer Stelle zunächst in gleichem Sinne beschrieben: Nach Wenninger (2000) ist sie ein „personales Merkmal im Arbeits- und Organisationskontext" und damit die „Gesamtheit der leistungsbezogenen Merkmale einer Person, die dabei behilflich sind, die Anforderungen im Arbeitsprozess erfolgreich zu bewältigen, ein Befähigungsnachweis für bestimmte Berufsbilder und für Karrierechancen." Der Begriff der Qualifikation ist also hier stark berufsbezogen definiert. Wenninger beschreibt die Qualifikation demnach als ein Merkmal bzw. als Gesamtheit von Merkmalen. Wenninger führt a.a.O. aus, dass unter dem Begriff der Qualifikation neben der „fachlichen [...] und prozessgebundene Qualifikation (die zur beruflichen Tätigkeit erforderlichen spezifischen Kenntnisse, Fähigkeiten und Fertigkeiten)" nötig seien, auch eine „fachübergreifende und prozessunabhängige Qualifikation, wie z.B. Flexibilität, technische Intelligenz, technische Sensibilität und Verantwortung, die Fähigkeit zum Problemlösen, zur Kooperation und Kommunikation in einer Arbeitsgruppe (soziale Kompetenz)" gemeint seien. Wenninger führt a.a.O. zudem aus, dass sich die Qualifikation zudem in Begriffe wie „Basisqualifikation" und „Schlüsselqualifikation" aufteilen ließen, was jedoch aus Sicht des Verfassers einer trennscharfen Abgrenzung zum Begriff der Kompetenz in dem hier verwendeten Sinne nicht weiter zuträglich ist.

Erpenbeck hebt sich von dieser Sichtweise ab und fasst die Unterschiede zwischen Qualifikation und Kompetenz in der von ihm in Erpenbeck et al. (2017a), S. XVII unter Bezugnahme auf Arnold (2000) in der als Tab. 1 gekennzeichneten Auflistung zusammen, die hier als Tabelle 7 dargestellt ist. Mit der Nennung der Aspekte des Zweckbezogenen und Fremdorganisierten, der Erfüllung konkreter Nachfragen bzw. Anforderungen bezieht Erpenbeck institutionalisierte Prüfungssituationen mit ein, mit dem Aspekt der „Orientierung auf verwertbare Fähigkeiten und Fertigkeiten" scheinen berufliche Situationen anschlussfähig. Auch Gnahs schließt sich dieser Sichtweise an, indem er die Qualifikation als „Bündel von Wissensbeständen und Fähigkeiten" sieht, „die in organisierten Qualifizierungs- bzw. Bildungsprozessen vermittelt werden, deren erfolgreiche Vermittlung in Prüfungen evaluiert und testiert" werde (Gnahs 2010, S. 21). Wie oben ausgeführt sieht Gnahs jedoch die Verwendung des Begriffs der Qualifikation innerhalb seines Kompetenzverständnisses kritisch (a.a.O., S. 21). Die in Abbildung 8 dargestellte Schnittmenge aus Emotion und Kompetenz, die einer Illustration aus Arnold (2015) entnommen ist, präzisiert Erpenbeck in Erpenbeck et al. (2017a), indem er dieser Schnittmenge die Begriffe „Werte, Regeln und Normen" zuweist.

3.2.1.5 Der Aspekt der Input- und Output-Orientierung

Aus Sicht des Verfassers stellt die Frage nach der Input- und Outputorientierung des Kompetenzverständnisses eines der Leitmotive des in Arnold (2015) als Briefwechsel zwischen Arnold und Erpenbeck dargestellten Gedankenaustausches zur Kompetenz dar (vgl. a.a.O., die Seiten 3, 16, 25, 30, 52, 81). Sie ist einer der grundlegenden Unterschiede zwischen dem in Kapitel 3.2.1.1 dritt- und viertgenannten Verständnis der „Kompetenz als kreative Selbstorganisationsfähigkeit", die bspw. von Erpenbeck/Arnold vertreten wird, und dem Verständnis der „Kompetenz als kognitive Leistungsdefinition", die nach Erpenbeck bspw. Klieme zugeschrieben wird und ist Anlass deutlicher Kritik des letztgenannten Verständnisses (Arnold 2015, S. 17).

Der Input-Orientierung, die Erpenbeck dem mit Klieme assoziierten Verständnis der „Kompetenz als kognitive Leistungsdefinition" zuweist, läge letztlich immer noch der Vermittlungsmythos zugrunde, demzufolge Wissen, wie bei einem mechanischen Vorgang substanzartig vom Lehrer zum Schüler flösse. „Nichts bildet den Vorgang besser ab als der Nürnberger Trichter, eine hydromechanische Vermittlungsvorrichtung" (Arnold 2015, S. 34). Im Gegensatz erachten Erpenbeck und Arnold bei der „Kompetenzreifung" (a.a.O., S. 52) die jeweils „eigene Emotion und Motivation" (a.a.O., S. 83) der Lernenden als elementar, sie betonen zudem den Aspekt der Selbstorganisation und den Aspekt der kreativen Auseinandersetzung mit „neuen" Problemstellungen. (vgl. a.a.O., S. 49, Abb. 10). Diese genannten Problemstellungen müssen nach Arnold und Erpenbeck aber real und idealerweise vom Lernenden selbst gewählt sein (in Anlehnung an die nach Holzkamp subjektiv empfundene „Handlungsproblematik", auf die eine individuelle „Lernschleife" eingelegt wird, siehe hierzu den Abschnitt 3.4.2 zu Holzkamp, auf den Arnold in seinem Beitrag zur Ermöglichungsdidaktik in Erpenbeck 2017b, S. 97 hinweist). Sie vertreten demnach eine sehr Output-orientierte Sichtweise der Kompetenz. „Nicht was in eine Person eingegeben wird (Input), sondern was beim Handeln letztlich herauskommt (Outcome) zählt" (Arnold 2015, S. 30).

Tabelle 7.   Unterschiede zwischen Qualifikationen und Kompetenzen, Darstellung wörtlich übernommen aus Erpenbeck et al. (2017a), S. XVII, editiert durch S.K.

Qualifikation	Kompetenz
ist immer auf die Erfüllung vorgegebener Zwecke gerichtet, also fremdorganisiert	umfasst Selbstorganisationsfähigkeit
beschränkt sich auf die Erfüllung konkreter Nachfragen bzw. Anforderungen, ist also objektbezogen	ist subjektbezogen
ist auf unmittelbare tätigkeitsbezogene Kenntnisse, Fähigkeiten und Fertigkeiten gerichtet	bezieht sich auf die ganze Person, verfolgt also einen ganzheitlichen Anspruch
ist auf die Elemente individueller Fähigkeiten bezogen, die rechtsförmig zitiert werden können	umfasst die Vielzahl der prinzipiell unbegrenzten individuellen Handlungs-dispositionen; Lernen öffnet das sachverhalts-zentrierte Lernen gegenüber den Notwendigkeiten einer Wertevermittlung
rückt mit seiner Orientierung auf verwertbare Fähigkeiten und Fertigkeiten vom klassischen Bildungsideal (Humboldts „proportionier-licher Ausbildung aller Kräfte") ab	nähert sich dem klassischen Bildungsideal auf eine neue, zeitgemäße Weise

Zur Verdeutlichung des Aspekts des Realitätsbezugs der Kompetenz formuliert Arnold: „Jeder Handwerker, der Lehrlinge ausbildet […] weiß um das Können der Azubis, ohne dass irgendwelche auswendiggelernten Wissensbrocken bemüht werden müssen" (Arnold 2015, S. 37). Diesem Können in realen Situationen umschreibt Arnold als Kompetenz. In dieser Forderung nach einem so definierten Realitätsbezug sehen die Autoren einen grundsätzlichen

Widerspruch zu dem im Bereich der Schule vorwiegend angewandten Kompetenzverständnis, in dem Lern- und Prüfsituationen oftmals sehr eng vorgegeben seien. Den Aspekt der Selbststeuerung bei der Aneignung einer Kompetenz führt Arnold (2015, S. 3f, auf sich selbst 2011 verweisend) unter dem Begriff „Ownership des Lernens" aus und konstatiert: „Vielfalt im Sinne einer Möglichkeitserweiterung für den Lernenden ist nach meinem Eindruck die einzige denkbare Antwort auf seine Selbstorganisation. Diese Kompetenzen dienen nämlich nicht mehr nur oder in erster Linie der besseren und wirksameren Prozesssteuerung durch ‚Vermittlung', sondern ermöglichen den Lernenden selbst in ihrer Aneignungsbewegung Orientierung und Selbstreflexion in den Prozessen der eigenen Kompetenzentwicklung." Zur Messung von Kompetenzen anhand von Kompetenzprofilen formuliert er an gleicher Stelle, dass „Kompetenzprofile ohne eine solche Einbettung [...] zwar oft Output-orientiert gemeint" seien, oftmals jedoch Input-orientiert genutzt würden, „indem weiterhin lediglich Stoff vermittelt" würde, „ohne dass die verantwortlichen Akteure begreifen, dass Vermitteln noch nie funktionierte". Die „Hirnforscher" Hüther (2011), Roth/Lück (2010) und Spitzer (2007) anführend, spricht Arnold von der von ihm vorwiegend den Akteuren der jeweiligen klassischen Bildungsinstitutionen zugeschriebenen „Überschätzung des Vermittelns" als „lernkulturelle Gewohnheit" (Arnold 2015, S. 3). Arnold leitet aus diesen Gedanken die Ermöglichungsdidaktik ab, die er in Erpenbeck und Sauter (2017b, S. 94ff.) expliziert, auf die weiter unten noch Bezug genommen wird. Die Ermöglichungsdidaktik und das ihr zugrundeliegende Verständnis der Kompetenz wird vom Verfasser als anschlussfähig erachtet an den von Furrer (2009) gewählten Ansatz des „Berner Modells" der Didaktik der Erwachsenenbildung, in dem Wissen zunächst anhand von, in Furrers Worten als, „Morpheme" bezeichnet dargestellt wird, die handlungsorientiert erarbeitet werden.

Den von den Kritikern der Outputorientierung vorgebrachten Einwand, dass bei einer Outputorientierung die „Inhalte dann gleichgültig" seien, bezeichnet Arnold als Polemik. Er führt an, dass „inhaltliches Wissen allein [...] keine Kompetenz" stifte, „weshalb Schule und Didaktik sich gezielter um die Möglichkeiten einer selbstorganisierten Aneignung und um das Selbstwirksamkeitserleben der Lernenden bemühen müssen, da Kompetenzen lediglich reifen, aber nicht erzwungen werden können" (Arnold 2015, S. 25f.). Es sei daher „unerlässlich, diesbezüglich subjektive Dispositionen und Motivationen mit einzubeziehen", es ginge um „fachlich sachliche Bezugsfelder und persönliche Dimensionen der Handlungsfähigkeit (Identität)". Arnold bezeichnet unter der Überschrift „von der Wissensvermittlung zur Kompetenzentwicklung" das „Erleben als Königsweg zur Kompetenzentwicklung" und stellt dies wie in Abbildung 8 illustriert dar (die aus Arnold (2015, S. 24) entnommen und lediglich grafisch verändert wurde). Mit der Bezeichnung ‚Erleben' spielt Arnold auch auf den zeitlichen Aspekt des Lernens und der Kompetenzentwicklung an, der auch von Bachmann aufgegriffen wird, siehe weiter unten.

3.2.2 Eine Kompetenzorientierte Hochschuldidaktik, Kompetenzentwicklung nach Bachmann

Auch Bachmann (2018) stellt in seinem Plädoyer für eine kompetenzorientierte Hochschuldidaktik unter Bezugnahme auf Klieme & Hartig 2007, Rychen & Salganik 2001 sowie Gonzalez & Wagenaar 2003 zunächst fest, dass der Begriff der Kompetenz uneinheitlich diskutiert werde. Er resümiert, losgelöst von den Begriffen Fertigkeiten und Fähigkeiten, dass mit Kompetenzen eine „Verbindung von Wissen, Können und Erfahrung" gemeint seien, wobei auch Bachmann dem Begriff der Kompetenz motivationale bzw. dispositionale Aspekte zuweist wie den „Willen, ein Problem zu lösen", die „Ausdauer, Rückschläge wegzustecken" und die „Belastbarkeit", die er mit der „Toleranz im Umgang mit Ambiguität" bzw. dem „Optimismus, eine Lösung zu finden" (Bachmann 2018, S. 21f.) umschreibt. Bachmann verwendet für diese sechs Aspekte den Begriff der „Kompetenzelemente" (a.a.O., S. 21), bleibt in seiner Beschreibung jedoch teilweise vage und unterlässt es bspw., die Begriffe Können, Wissen und Erfahrungen weiter voneinander abzugrenzen bzw. genauer zu definieren. Auch nach Bachmann stünden am Ende einer kompetenzorientierten Lehre im Bereich der Hochschule „Persönlichkeiten, die sich in offenen, unüberschaubaren, komplexen und dynamischen Situationen selbstorganisiert und kreativ zurechtfinden" und für „noch nie dagewesene Probleme" Lösungen fänden. Auch Bachmann betont, wie zuvor bspw. Erpenbeck, dass sich die Kompetenz vor allem in der Anwendung in realen Situationen zeige: von Kompetenzen könne man sprechen, „wenn in konkreten Arbeitssituationen Herausforderungen angemessen analysiert und entsprechend gelöst werden" könnten (a.a.O., S. 22).

Das von Bachmann dargestellte Kompetenzverständnis fokussiert zwar im Vergleich zu den zuvor aufgeführten stärker auf den zeitlichen Aspekt des Lernens und der Kompetenzentwicklung als Prozess, was Bachmann durch die Aufnahme des Begriffs der „Erfahrung" ausdrückt. Lernen hieße, sich Zeit zu nehmen, zu üben, Inhalte miteinander in Beziehung zu bringen, zu vernetzen und in konkreten Problemsituationen abzuwenden, eigenständig zu Denken (a.a.O., S. 12 und S. 17). Damit fordert Bachmann die Anwendung der Fachinhalte auf reale (oder vielmehr eher realitätsnahe) Situationen während des Studiums, allerdings verweist er auch auf „limitierende Faktoren" im Bereich der Hochschullehre: Er nennt hierbei bspw. die Zeit, die Stoffmenge und die Komplexität der Inhalte und folgert daraus, dass das Kernproblem der Hochschuldidaktik nach wie vor die Stoffreduktion und insbesondere die Frage sei, was es wert wäre, gelernt zu werden. (a.a.O., S. 12). Insbesondere die Zeitnot mache „effektives Lernen" nahezu unmöglich (a.a.O., S. 17).

Aus Sicht des Verfassers ergibt sich daraus natürlich nicht die Schlussfolgerung, in unangemessener oder übertriebener Weise Inhalte aus den Vorlesungen zu streichen. Vielmehr kann jedoch daraus auf die Didaktik der Ingenieurswissenschaften bezogen die Maxime abgeleitet werden, dass physikalische, mathematische oder technische Konzepte didaktisch so weit reduziert werden müssen, um in konkreten Übungen und Aufgaben anwendbar zu sein. Ist aus ihnen keine sinnstiftende Aufgabe zu erstellen, können sie zwar folglich ggf. z.B. in Rahmen einer Herleitung einer Formel Erwähnung finden oder ggf. in angemessener (verkürzter) Weise expliziert werden, laufen solche Inhalte Gefahr, als ggf. zuvor schon wenig verstandenes Wissen im Anschluss an die Prüfung als träges Wissen zu verenden. Somit bewegt sich auch die Hochschuldidaktik im Spannungsfeld zwischen einer ausreichenden didaktischen Reduktion, um die Anwendbarkeit noch zu gewährleisten, einerseits und dem Anspruch auf eine umfassende Darstellung der jeweiligen Konzepte andererseits. Und folglich ist, wie auch in der Primar- und Sekundarstufe im Bereich der Schulbildung, die Frage nach einer dem Niveau angemessenen didaktischen, im Einzelfall vertikal und/oder horizontal vollzogenen Reduktion relevant.

Als Beispiel aus dem hier betrachteten Bereich: In der Elastostatik tauchen bei der Herleitung der mehrachsigen Stoffgesetze im Rahmen einer Grundlagenvorlesung die sog. Kompatibilitätsbedingungen auf. Sind diese Bedingungen erfüllt, ist die Aufgabe, verkürzt ausgedrückt, nicht nur mathematisch-formal korrekt, sondern auch physikalisch-technisch sinnvoll. (Als vereinfachte Erklärung für diese Unterscheidung: von den beiden Ergebnissen $x_1 = 2$ und $x_2 = -2$ als Lösungen der Gleichung $x^2 = 4$ sind zwar beide mathematisch-formal korrekt, die Lösung $x_2 = -2$ macht aber physikalisch keinen Sinn, wenn es sich bei dieser Aufgabe in der konkreten, physikalischen-technischen Anwendung um die Berechnung der Seitenlänge einer Quadratischen Fläche handelt, wenn man davon ausgeht, dass es keine Seitenlängen kleiner Null gibt.) Die genannten Kompatibilitätsbedingungen, mit denen ein solcher Nachweis der physikalisch-technischen Sinnhaftigkeit geführt wird, bestehen aus sechs Gleichungen, die jeweils zweimalige partielle Ableitung der Dehnungen bzw. Verzerrungen enthalten, was aber in realitätsbezogenen Aufgaben aus Sicht des Verfassers erstens generell schwerlich und zweitens nur dann abbildbar ist/würde, wenn das gesamte Themengebiet z.B. im Rahmen einer vertiefenden Vorlesung beleuchtet würde. Mangels Anwendungsbezug (als Kriterium für Kompetenzentwicklung) bei vertretbarem Aufwand (Zeitknappheit) wären Bachmann zufolge die genannten Kompatibilitätsbedingungen als Teil eines Skripts der Grundlagenvorlesung folglich allenfalls noch lexikalisch relevant, da daraus keine Kompetenz generiert werden kann.

Kompetenzentwicklung

Bei Definition des Kompetenzbegriffs und der Darstellung der Komponenten dieses Konstrukts fokussiert auch Ehlers insbesondere auf die „hochemergente[n] Kontexte" und die daraus resultierenden „komplexe[n] Anforderungen" wie „Agilität", „Vernetzung" etc. zukünftiger Arbeitswelten (Ehlers, 2020, S. 52 und S. 57 f.). Zu der Frage, wie Kompetenzen beim Lernenden induziert werden können, verweist Ehlers (2014) unter dem Blickwinkel der Qualitätsentwicklung im Bereich des e-learnings an Hochschulen auf ein zu bewerkstelligenden „shift from distribution to reflection and collaboration" (a.a.O., S. 72 ff.)

sowie einem „shift from knowledge transfer [...] to competence development" (Ehlers, 2007, S. 194). Ähnlich argumentiert Bachmann (2018, S. 20) unter Bezugnahme auf den Begriff des trägen Wissens sowie, Mandl und Reinmann (2006) anführend, auf eine durch die aktuelle Wissensexplosion bedingte „wachsende Kluft zwischen Wissen und Handeln". Auch Bachmann fordert unter dem Schlagwort des „shift from teaching to learning" ein „Tiefenlernen" anstatt des Oberflächenlernens, ein „Verstehen und Anwenden" statt des Auswendiglernens (a.a.O., S. 17ff.) und leitet draus gewisse Konsequenzen für die Hochschullehre ab. Unter der Überschrift „Kompetenzentwicklung" und dem Verweis auf North & Reinhardt 2005 stellt Bachmann eine stufenweise verlaufende „Kompetenztreppe" dar, die hier (lediglich grafisch leicht verändert) in Abbildung 9 illustriert ist und am a.a.O. entnommen wurde. Der Darstellung Bachmanns zufolge definiert ebenjener die Relationen der von ihm diesbezüglich verwendeten Begriffe wie folgt: es bilden die Lernenden aus Informationen durch Vernetzung (weiteres) Wissen, in der Anwendung des Wissens äußert sich Können, durch Wollen entstünde Handeln, durch eine angemessene Umsetzung Kompetenz, durch verantwortliches Agieren schließlich die Professionalität.

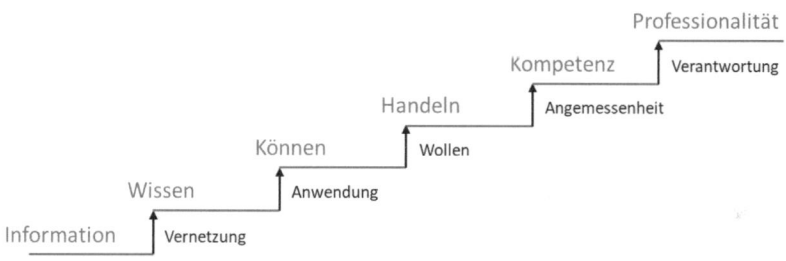

Abbildung 9.   Kompetenztreppe nach Bachmann (2018, S. 22), durch den
Verfasser lediglich graphisch angepasst

Nach Bachmann, auf North und Reinhardt (2005) verweisend, würde mit Hilfe der „Kompetenztreppe" der Weg „vom Kenner zum Könner zum Experten" beschrieben (wohl auch jeder der Kennerin zur Könnerin zur Expertin), wobei der Kennerin von Bachmann (a.a.O., S. 22 f.) ein lediglich „geringes theoretisches Wissen, wenig Praxiserfahrung und fehlende komplexe Lösungsstrategien" attestiert wird, dem Könner „Kenntnisse aus einem Spezialgebiet" und das Vermögen, „Handeln selbst organisieren und Lösungsstrategien intuitiv" finden zu können und der Expertin viel „praktische Erfahrung, professionelle Lösungskompetenzen, Fachkompetenz wie auch überzeugende Methodenkompetenzen". Bachmann führt, wie erwähnt, weiter aus, dass von Kompetenzen erst gesprochen werden könne, wenn „in konkreten Arbeitssituationen Herausforderungen angemessen analysiert und entsprechend gelöst werden" könnten, und erst, begleitet von bspw. ethnischen oder moralischen Überlegungen, durch Verantwortung daraus Professionalität entstünde. Der Status des professionellen Experten kann, Bachmann zufolge, demnach im Studium nicht erreicht werden, da die Zeit für das Sammeln praktischer Erfahrungen in verantwortlicher Position fehle.

Die hier dargestellten Relationen der Begriffe auf den unteren Stufen (der Aufbau von Wissen durch Vernetzung von Information, durch dessen Anwendung Können entwickelt wird), scheint sehr ähnlich zu dem bspw. von Reinmann-Rothmeier, Mandl oder North dargestellten Verständnis der „Wissenstreppe" (die Modelle dieser Wissenstreppe oder Wissensleiter unterscheiden sich je nach Autor leicht voneinander). Aus Sicht des Verfassers dieser Arbeit scheint jedoch sowohl (a) die streng hierarchische Abfolge der hier nach Bachmann dargestellte Kompetenztreppe (z.B. Können -> Handeln -> Kompetenz) als auch (b) die von Bachmann unternommenen Zuweisungen der hier blau eingefärbten Begriffe (z.B. die ethisch-moralische Verantwortung als Unterschied zwischen Kompetenz und Professionalität) aber auch (c) die Darstellung als stufenförmiger Prozess (die unstetige, eindeutig abgrenzbare Zuwächse suggeriert, ebenso am Beispiel: Können -> Handeln -> Kompetenz) mitunter fraglich. So kann bspw. das „Wollen" (ähnlich wie oben bezüglich der Motivation diskutiert) wohl auch als Voraussetzung anderer Stufen dieser Treppe gesehen werden. Auch die Unterscheidung der Begriffe des Anwendens und Handelns bleiben bei Bachmann a.a.O. etwas unscharf. Durch seine Einengung der Kompetenz auf reale Arbeitssituationen schließt es Bachmann jedoch, ähnlich wie Erpenbeck und Gnahs (allerdings im Gegensatz zu Klieme) zudem nahezu aus, dass in studentischen Übungssituationen Kompetenzen überhaupt entwickelt werden könnten. Dies steht im deutlichen Gegensatz bspw. zu der Kompetenzdefinition, die im Bereich der beruflichen Bildung verwendet wird, in der realitätsnahe (weil aus der angenommenen beruflichen Handlung in den Betrieben ggf. vereinfachend entlehnte) Handlungssituationen als „vollständige berufliche Handlungen" (informieren, planen, entscheiden, ausführen, kontrollieren bewerten) als „didaktisches Prinzip"[33] definiert werden. Im Bereich der beruflichen Ausbildung äußert sich dies in einer möglichst engen Verknüpfung von Theorie- und Werkstattunterricht innerhalb der beruflichen Schulen als Kern des sog. Lernfeldunterrichts und idealerweise in einer engen Anbindung an die betriebliche Praxis in den Betrieben („Lernortkooperation", vgl. auch Hartmann (2005).

---

[33] Über die Website des BiBB unter dem Stichwort „vollständige Handlung" verlinkte Quelle: https://leando.de/artikel/das-modell-der-vollstaendigen-handlung, abgerufen am 21.11.2023

3.2.3 Synthese – Ein auf Grundlagenvorlesungen der Ingenieurwissenschaften anwendbares Kompetenzverständnis

Aus Sicht des Verfassers lässt die von Gnahs vorgeschlagene Einschränkung des Begriffs der Fähigkeit lediglich als Summe aus der wie oben von ihm beschriebenen „Kenntnis" oder „Wissen" (auch als möglicherweise „komplexes Wissen" in einem möglicherweise erweiterten Verständnis) und den vorwiegend sensumotorischen Fertigkeit die Gelegenheit zu einem verkürzten Verständnis des Begriffs der Fähigkeit. Um diesen Gedanken an Gnahs' Beispiel zu explizieren: Aus Sicht des Verfassers muss die bloße Kenntnis von Vokabeln und Grammatik gepaart mit der physischen Sprechfertigkeit nicht zwangsläufig zu sinnvollen oder in einer Situation adäquaten Sprechergebnissen und damit zu einer Sprachfähigkeit führen. Auch im Bereich der Physik, die sich der Symbolik (der Sprache) der Mathematik bedient, um logische Zusammenhänge zu greifen, zu transformieren und zu vereinen, führt allein die Kenntnis gepaart mit der Fertigkeit nicht zwangsläufig zu einer sinnvollen Lösung einer physikalischen Problemstellung: Die Kenntnis der binomischen Formel als (ggf. auswendig gelerntes oder in Formelsammlungen nachgeschlagenes) Faktenwissen und die physische Fertigkeit, den Stift zu führen (möglicherweise auch gepaart mit einer automatisiert ‚nach Schema F' gelernten Anwendung dieser binomischen Formel) führen nicht zwangsläufig dazu, dass die binomische Formel zur Lösung von Aufgabenstellungen aus dem Bereich der Physik angewandt wird. Sie wird z.B. dann nicht angewandt werden, wenn die Übertragungsleistung dieser ggf. automatisierten Fertigkeit auf den Bereich der Physik nicht gelingt, wenn sie also als mögliches Hilfsmittel zur Problemlösung zur Transformation eines mathematischen Terms, als Anwendungsfall nicht erkannt wird. Eine solche Übertragungsleistung wird auch dann nicht stattfinden können, wenn der „Sinn" der physikalischen Formel, das mathematisch-physikalische Konzept, nicht verstanden worden ist. Es muss also auf der Basis der wie von Gnahs definierten Begriffe des Wissens und der Fertigkeit auch der Aspekt des Verstehens oder gedanklichen Durchdringens berücksichtigt sein, um von einer Fähigkeit im Sinne eines Handlungsvermögens sprechen zu können, die sich dann, im Gnahs'schen Sinne, mit den weiteren Komponenten der Kompetenz in einer kompetenten Handlung äußern könnte.

In ähnlicher Weise argumentiert Erpenbeck, der den Begriff des Wissens im Vergleich zu Gnahs entsprechend weiter definiert. Der von Erpenbeck aufgegriffene und in seiner Weise definierte Begriff der Qualifikation bietet aus Sicht des Verfassers zwar eine sinnvolle Anschlussmöglichkeit bspw. an eine berufliche Handlung als Zielgröße, auch ist die durch Dritte auferlegte und möglicherweise an der realen Handlung orientierte Prüfungssituation abbildbar. Aus Sicht des Verfassers ist jedoch der Aspekt des handelnden sich Erarbeitens des Wissens, des Durchdringens, des sich-zu-Eigen-Machens, sprich: der Aspekt der Lernhandlung darin noch zu wenig betont, sodass sich eine anschaulichere Darstellung anbietet.

Auf genau diesen Aspekt dieses Verstehens oder Durchdringens von z.B. mathematischen Konzepten wird, wie in den Abschnitten 3.5.3 bis 3.5.5 ausgeführt, in der neueren Mathematikdidaktik, bspw. vertreten durch Leuders (2009 und 2011) besonderen Wert gelegt. Die dort aufgeführten Autoren plädieren in dem von ihnen betrachteten Bereich der Mathematik der Primar- und Sekundarstufe I für die Verwendung von „intelligenten" Aufgabenstellungen, die eben nicht nur auf das bloße Einschleifen von kognitiven oder kognitiv-motorischen Fertigkeiten zielen (und sich bspw. in Aufgabenstellungen wie „Berechne Aufgabenteil a) bis w)" äußern würden), sondern die das Durchdringen bzw. Verstehen des zu erlernenden mathematischen Konzepts fördern.

Komponenten der Kompetenz für die hier vorliegende Arbeit

Anhand der oben dargestellten Bandbreite der Sichtweisen bezüglich der einzelnen „Komponenten" der Kompetenz und die daraus resultierenden Überlappungen müssen die Begriffe für die Verwendung innerhalb dieser Arbeit festgelegt werden. Für den hier betrachteten Bereich empfiehlt sich aus Sicht des Verfassers grundsätzlich das wie oben in Abbildung 7 definierte „Wissen im engsten Sinn" (das explizite Wissen) oder das „Wissen im engeren Sinn (WeS)". Die Anteile des wie oben definierten „implizite[n] Wissen[s]", die Vermutungen, Wünsche, Bedürfnisse und Einstellungen sind mit den Lerninhalten einer Grundlagenvorlesung eines technischen Studienganges aus Sicht des Verfassers nur wenig relevant, das Konstrukt der Werte (und Emotionen) ist in nahezu allen hier vorgestellten Kompetenzbeschreibungen bereits explizit enthalten, sodass deren Verwendung im Bereich der Komponente des Wissens im Sinne eines „Wissens im weiteren Sinne" einer Dopplung gleichkäme. Für den hier betrachteten Bereich wird unter dem Begriff des Wissens das in Abbildung 7 dargestellte „Wissen im engeren Sinn (WeS)" verstanden als z.B. Sach- und Fachwissen, Faktenwissen, Wissen von Daten, … Regeln, Gesetze etc. In der Definition des Begriffs des Wissens wird hier auch ein „Wissen wo" im Sinne des Nachschlagens von z.B. Formeln oder Tabellenwerten mit eingeschlossen, da üblicherweise sowohl während des Lernvorgangs an sich wie auch in den jeweiligen Prüfungen zumindest Formelsammlungen, teilweise aber auch weitere Literatur verwendet werden darf. Dennoch sollte es explizierbar vorliegen, was der oben dargestellten Definition des WeS entspricht.

Der Begriff der Fertigkeiten wird für den hier betrachteten Bereich verstanden als „einschleifbare", trainierbare ggf. automatisiert und routiniert verlaufende Denk- und/oder auch physische (Schreib-) Tätigkeit. Zwar sieht Erpenbeck (in Arnold 2015, S. 36) diese quasimechanischen Aneignung von Routinen eher im Bereich des Basiswissens (Lesen, Schreiben, Rechnen) der Primarstufe verortet, für den hier betrachteten Bereich wären dies Fertigkeiten „einschleifbare" Umformen von Gleichungen z.B. „Fertigkeit", eine gesuchte Größe einer Gleichung aus dem Nenner wegzubekommen, sich des Ausdrucks $1/(k-1)$ als Exponent zu entledigen, basale mathematische Tätigkeiten wie ausklammern, ausmultiplizieren, die Ableitung Null setzen bei der Extremwertsuche etc., die von

Studierenden der ersten Semester als „aus dem Effeff" gekonnt vorausgesetzt werden (wenn man annimmt, dass die Vorgaben der Bildungspläne der die Reife ausstellenden Schularten in einem bestimmten Umfang umgesetzt werden konnten).

Durch die Definition dieser beiden Begriffe ähnlich zu der von Gnahs verwendeten und anfangs dargestellten Definition, bleibt, wie oben ausgeführt, die Lücke des geistigen Durchdringens und Verstehens von fachlichen (mathematischen oder physikalisch-technischen) Konzepten. Indem dieser Aspekt des Durchdringens/Verstehens nach und nach expandierend lernend vollbracht wird, erarbeitet sich der/die Lernende in der Lösung vielfältiger Aufgaben eine gewisse Umsetzungs- oder Anwendungsfähigkeit, ein Vermögen, variabel bestimmte mathematische oder physikalische Konzepte zur Problemlösung anzuwenden, eine gewisse Intuition und Zielsicherheit im Erkennen möglicher Lösungen, ein implizites Wissen als Gefühl für bestimmte Aufgaben. Wie Kerres (2018, S. 348) bemerkt, muss dieser Prozess nicht linear verlaufen. Anders gewendet verschafft sich die/der Lernende in diesem Prozess des Durchdringens, an der Schwelle der Piaget'schen Assimilation zur Akkommodation (vgl. Kapitel 3.3) eine gewisse Beinfreiheit, ein Déjà-vu-Potenzial bezüglich bestimmter Aufgabenelemente.

Nach Auffassung des Verfassers beinhaltet die hier gewählte und in Abbildung 10 dargestellte Definition den Vorteil, dass sowohl die von Gnahs dargestellte (im Vergleich zu Erpenbeck präzisere) Definition der „Komponenten von Kompetenz" weithin verwendet werden kann, dass darüber hinaus jedoch das von Leuders (2009) ausgeführte Konzept des „intelligenten Übens" und somit die neuere Mathematikdidaktik wie auch die Anmerkungen von Bachmann zum zeitlichen Aspekt des Übens unter dem Aspekts des „Durchdringens von mathematischen oder physikalischen Konzepten" anschlussfähig wird. Der Aspekt des expandierenden Durchdringens und Übens aus der Perspektive der Lernenden oder des Ermöglichens aus der Perspektive des „Lehrenden" soll in Abbildung 10 durch den spiralförmigen Pfeil angedeutet sein.

Auf diese Weise werden Erpenbecks Einwände in Bezug auf Gnahs Wissensdefinition berücksichtigt, auch seine Formulierung der Qualifikation wird hier jedoch durch den Begriff der „Umsetzungsfähigkeit" ersetzt. Der Begriff der Umsetzung wurde hier in Anlehnung an den von Erpenbeck (in Arnold 2015, S. 14) aufgeführten und an Wunderer (2000) angelehnten, hier aber nicht weiter explizierten Begriff der Umsetzungskompetenz verwendet. Aus Sicht des Verfassers stellt der Begriff der Umsetzungsfähigkeit den Aspekt der handelnden Überwindung der Lücke zwischen dem Nachvollziehenkönnen eines (physikalischen) theoretischen Konzepts und der eigenständigen, aktiven Berechnung ebensolcher Problemstellungen besser dar.

Diese hier so definierte Umsetzungsfähigkeit kann somit weiterhin als Potenzial oder Vermögen gesehen werden, die sich mit den (im Gnahs'schen Sinne verwendeten) Komponenten der Motivation, der Werte und der Disposition als (Fach-)Kompetenz zusammenfassen lassen und (in Anlehnung an Erpenbeck in Heyse et al., 2010, S. 15) im Handeln manifestieren kann. (Wie an den hier verwendeten Beispielen aus dem Bereich der Physik/Technik/Mathematik ersichtlich, kann nun, wie im vorigen Satz geschehen, die eben verwendete und explizierte Definition der Kompetenz auf den Bereich der Fach-Kompetenz bezogen werden (die Beschreibung der gängigen Unterteilungen der verschiedenen Kompetenzen erfolgt im folgenden Abschnitt).

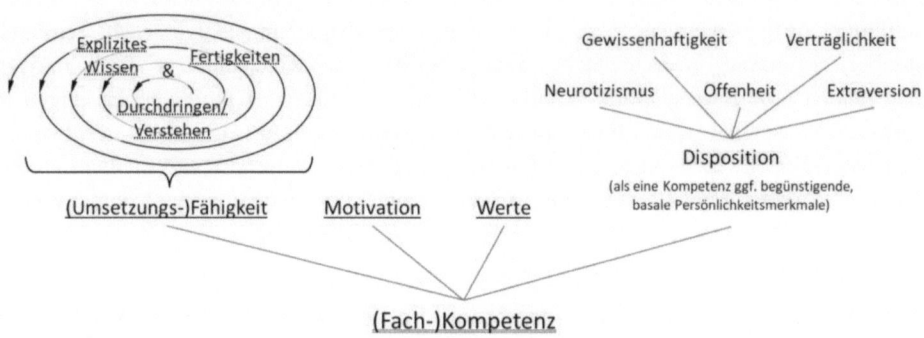

Abbildung 10.   (Fach-)Kompetenz als Summe von Komponenten, eigene
          Darstellung

Der oben dargestellte Grundgedanke, dass Kompetenz, Erpenbeck, Arnold, Gnahs und Bachmann zufolge erst in realen Situationen performiert werden kann, soll hier beibehalten werden. Institutionell organisierte Prüfung ebendieser Kompetenz muss sich folglich an realitätsnahen Aufgabenstellungen orientieren, die die von Erpenbeck benannten emotionalen Aspekte (hier: Motivation, Werte, Disposition) mit einbeziehen.

3.2.4   Kompetenzmodelle

Kompetenzmodelle definieren Relationen zwischen verschiedenen Arten von Kompetenzen. Eine ebenso einfaches wie gängiges Kompetenzmodell, die einer in manchen Bereichen des Schulsystems Verwendung findet, schlägt Gnahs (2010, S. 26 f.) vor, der die Kompetenz zunächst aufgeteilt sieht in die Fachkompetenz und die überfachliche Kompetenz. Diese Unterscheidung trifft Gnahs, indem er zum einen auf ein bestimmtes Fachgebiet bezogene, zum anderen einzelne Fachgebiete übergreifende Fähigkeiten und Fertigkeiten zuweist. Die überfachlichen Kompetenzen gliedert Gnahs in drei weitere Kompetenzen, die Sozialkompetenz, die Methodenkompetenz und die personale Kompetenz, siehe Abbildung

11. Als beispielhafte Fähigkeiten dieser drei überfachlichen Kompetenzen nennt Gnahs unter anderem die Teamfähigkeit (als Teil der Sozialkompetenz), die Anwendung angemessener Präsentationsmethoden (als Teil der Methodenkompetenz) oder die Fähigkeit zum Zeitmanagement oder die Organisationsfähigkeit (als Teil der personalen Kompetenz).

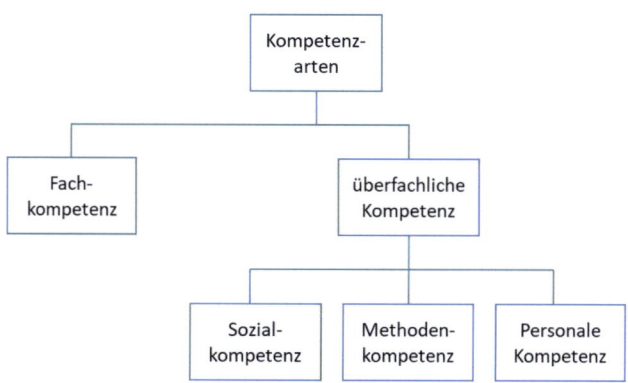

Abbildung 11. Kompetenzarten nach Gnahs (2010, S. 26ff.), eigene Darstellung

Ein umfangreicheres Kompetenzmodell für die Hochschulbildung – Exkurs

Im Bereich der Hochschulbildung wurde im Jahr 2005 von Mejers et al. an der Universität Eindhoven (NL) das «Academic Competence Quality Assurance», kurz ACQA- Modell entwickelt, das nach Csonka und Raue (ohne Jahrgang, S. 11) disziplinübergreifend anwendbar und zudem auf die Besonderheiten der ingenieurwissenschaftlichen Studiengänge zugeschnitten sei. Csonka und Raue haben dieses ACQA-Modell weiter angepasst und a.a.O. zum einen zur Beschreibung der Inhalte sowohl einzelner Lehrveranstaltungen, aber auch zur Beschreibung gesamter ingenieurwissenschaftlicher Studiengänge (es wurden a.a.O. die Studiengänge Elektrotechnik, Informatik und technische Informatik, jeweils im Bachelor- und Masterstudiengang betrachtet). In der Untersuchung Csonkas und Raues sollten sowohl Professoren als auch Studierende zu den vermittelten Kompetenzen befragt werden.

Es sei an dieser Stelle zunächst auf das von Csonka & Raue erweiterte ACQA-Modell eingegangen, das nach Zusammenfassung der a.a.O. explizierten Erweiterungen (a.a.O., S. 11 kombiniert mit S. 18 - S. 21) durch den Verfasser dieser Arbeit wie in Abbildung 12 dargestellt werde kann (eigenen Darstellung). Es sieht eine Unterteilung in sieben „Akademische Kompetenzfelder" vor, die aber in domänespezifische (Kompetenzfeld 1 bis

3), methodenspezifische (Kompetenzfeld 4 bis 6) und kontextspezifische Kompetenzfelder (Kompetenzfeld 7) zusammengefasst werden können. Csonka und Raue weisen diesen sieben Kompetenzfeldern jeweils sechs bis zehn (insgesamt 58) Kompetenzziele zu, die sie in ihrer Untersuchung auf alle sechs genannten Studiengänge verwenden. In Tabelle 13 sind die sieben Kompetenzfelder der Hochschuldidaktik innen und die insgesamt 58 zugehörigen Kompetenzziele außen dargestellt.

Abbildung 12. Sieben Kompetenzfelder und insgesamt 58 Kompetenzziele nach Csonka & Raue [3], eigene, ebd. die Seiten 11 und 18 bis 21 zusammenfassende Darstellung

Die von Csonka und Raue (ohne Jahrgang) dargestellte Erweiterung des ACQA-Modells stellt wohl eine deutliche Differenzierung des Gnah'schen Modells bezogen auf die Hochschule dar. Allerdings ergibt sich nach der von Csonka und Raue durchgeführten und hier zitierten Untersuchung (bei der ermittelt wurde, in welchem Ausmaß die genannten Kompetenzen in den jeweiligen Studiengängen umgesetzt wurde) das folgende Problem: Die oben dargestellten sieben Kompetenzbereiche wurden in Bezug auf die geplanten Inhalte des gesamten Studiums und anhand der hierfür vorgesehenen Zeitbudgets von den jeweiligen Professoren quantifiziert. Den einzelnen Kompetenzbereichen konnten hierbei Zeitbudgets in sehr ungleicher Ausprägung zugewiesen werden. Dabei lag der Fokus auf den Kompetenzbereichen 1 und 4, die verbleibenden Kompetenzbereiche (insbesondere die Kompetenzbereiche 2 und 7) wurden teilweise nur in marginalem Umfang adressiert. Zudem wurden in der Untersuchung die Niveaus (hier nicht dargestellt) dieser Kompetenzen auf einer Skala von 1 (Basiswissen) bis 5 (Grenzbereich zur aktuellen Wissensbildung) nach Ende des Studiums von Professoren und Studierenden nur mit dem Kompetenzniveau für die Fachkompetenz (der am meisten umgesetzten Kompetenz) durchschnittlich auf Niveaustufe 2,9 beurteilt. (Das Ergebnis wurde lediglich dargestellt für den am besten beurteilten Studiengang ‚Elektrotechnik', das Kompetenzniveau 3 entspricht der „Anwendung verschiedener […] Konzepte, in manchen Gebieten vertiefte Kenntnisse", Vergleich jeweils: Csonka und Raue, ohne Jahrgang, Einzelnachweis: Zeitbudgets: Abb. 34, Definition der Kompetenzniveaus: S. 12, Ergebnis Niveaustufen der Kompetenzfelder: Abb. 55, Seiten/Abbildungsbezüge jeweils gültig für Csonka und Raue).

Fazit

Das dargestellt Kompetenzmodell von Csonka und Raue erscheint sehr umfassend, aus Sicht des Verfassers eignet es sich nur in sehr geringfügiger Weise zur Betrachtung einer einzelnen Grundlagenvorlesung und wird deshalb im Rahmen dieser Arbeit verworfen. Auch die Sozial-, Methoden- und Personalkompetenz, wie sie oben in Anlehnung an Gnahs, Abbildung 11, beispielhaft definiert wurden, sollen im Rahmen dieser Grundlagenvorlesung nicht adressiert werden. Die von Gnahs beispielhaft genannte Kompetenz der Anwendung von Präsentations- oder anderen Methoden (als Teil der Methodenkompetenz) kann bspw. im Rahmen einer Konstruktionsübung (bei der in Gruppen die Entwicklung und Konstruktion von Baugruppen vollzogen wird) oder in Übungen zu ingenieurspezifischen Software-Applikationen (Finite Elemente etc.) deutlich besser gefördert werden.

Die von Gnahs genannte Kompetenz des Zeitmanagements oder der Organisationsfähigkeit (als Teil der personalen Kompetenz) ergibt sich nach Erachten des Verfassers ausschließlich im realen Zusammenspiel aller Kurse eines Semesters und kann als Einzelmaßname im Rahmen einer wie hier beschriebenen Grundlagenvorlesung nicht sinnvoll didaktisch „geübt" werden. Die von Gnahs genannte Teamfähigkeit (als Teil der Sozialkompetenz) kann an der Hochschule bspw. in der Gruppenarbeit im Fach Konstruktionsübung aufgrund der

Zuteilbarkeit von Zuständigkeiten und Projektphasen ebenfalls viel eindeutiger mit den Studierenden adressiert werden.

Im Zuge der Prüfungsvorbereitung wird Teamfähigkeit zwar oft im gemeinsamen Lernen vollzogen, allerdings bilden sich solche Lern-Kleingruppe und -partnerschaften erfahrungsgemäß meist informell und selbstorganisiert und vor allem entlang persönlicher Sympathien, sodass aus Sicht des Verfassers deren Organisation von außen nur bedingt erfolgen kann (was jedoch nicht heißt, dass deren Herausbildung nicht im Rahmen einer Befragung exploriert werden kann). So bleibt nur die geplante Vermittlung der Fachkompetenz als Ziel dieser Grundlagenvorlesung.

3.2.5 Mögliche Ableitung didaktischer Grundsätze aus den Kompetenzdefinitionen

Hochschuldidaktik Grundsätze nach Bachmann

Bachmann (2018, S. 10 f.) fordert eine „Lerner-orientierte Hochschullehre", die mit Lernzielformulierung und der Frage beginne, „welche Ziele für die Lernenden relevant" seien. Der zweite Schritt sei die „Wahl einer adäquaten Prüfungsform, die einen Rückschluss darüber erlaubt, in welchem Masse die formulierten Ziele erreicht werden", der dritte Schritt die „Frage nach dem Design der Lehrveranstaltung", verbunden mit der Leitfrage, wie die Lernenden beim Kompetenzerwerb unterstützt werden könnten. Dabei solle besondere Aufmerksamkeit auf die „Eigentätigkeit der Lernenden" gelegt werden, denn, wie oben bereits zitiert, Lernen hieße, „sich Zeit zu nehmen, zu üben, Inhalte miteinander in Beziehung zu bringen, zu vernetzen und in konkreten Problemsituationen abzuwenden" (a.a.O., S. 12). Kernproblem sei insofern die oben ebenfalls bereits erwähnte Reduktion der Stoffmenge oder der Komplexität. Bachmann fordert, dass die Hochschullehre neu zu definieren sei und bezeichnet den von ihm geforderten Wechsel als „Shift from teaching to learning", in dem das selbstgesteuerte Lernen Priorität habe (a.a.O., S. 14), das lernende Subjekt im Mittelpunkt stehe und, unter Bezugnahme auf Wörner 2003 und Webler 2004, eine „Entwicklung weg von der Stoffzentrierung" und „hin zur Kompetenzorientierung" stattfände. Der Fokus der Hochschullehre sei nicht mehr auf das Lehren gerichtet, sondern vielmehr auf die „Optimierung von Lernprozessen" unter Berufung auf lernpsychologische Erkenntnisse (Jensen 1998, Bransford & Brown & Cockung 1999, Biehler & Snowman 2000 und Spitzer 2002 anführend). Bachmann konstatiert, dass das Vermitteln von Wissen im traditionellen Vorlesungsstil nur noch bedingt Gültigkeit habe (a.a.O., S. 15).

Auch Erpenbeck kritisiert in seinem Briefwechsel mit Arnold (Arnold 2015, S. 12ff.) die Veranstaltungsform der Vorlesung, indem er formuliert, dass „die klassische Vorlesung, das klassische Weiterbildungsseminar, die traditionelle Stoffvermittlung nichts bringt". Die an den von ihm als Professor für Physik geleiteten Vorlesungen teilnehmenden Studierenden würden nach seiner Aussage zwar die Formeln können, sie würden aber oft das physikalische Konzept teilweise nicht in Ansätzen verstehen.

Bachmann (2018, S. 17f.) fordert, Mandl und Kopp 2003 und Altenberg 2003 zitierend, dass „Lernen und Lehre im Lichte moderne Lerntheorien" zu erfolgen habe, somit

o   Lernen auf die gemachten Erfahrungen und das Vorwissen der Lernenden abzustimmen sei,

o   Wissen vernetzt erfolgen müsse,

o   das Wissen selbstständig und aktiv in einem Handlungskontext erworben werden solle,

o   Inhalte und Fakten selbst entdeckt und in Gruppen besprochen werden sollen,

o   Aufgaben zum Problemlösen anregen sollten und das Problemlösen und Lernen motiviert werde durch komplexe, authentische Problemstellungen,

o   genügend Zeit zum eigenständigen Denken und Üben zur Verfügung stehen solle, weil Zeitnot effektives Lernen nahezu unmöglich mache,

o   das eigene Lernen zum Thema gemacht und als lebenslanger Prozess verstanden werde.

Als Konsequenzen für die Lehre folgert Bachmann a.a.O., dass

o   „im Zentrum der Lehre die aktiven Studierenden, die möglichst viel Zeit beim eigenständigen Lernen verbringen und sich in Auseinandersetzung mit anderen Lernenden neue Erkenntnisse aneignen" sollten

o   „die Lehrperson […] Materialien und Methoden zur Verfügung" stelle und sich „in erster Linie als Moderatorin, Coach und Strukturbildner" verstehen solle,

o   neben dem Präsenzunterricht auch, um die Eigentätigkeit der Studierenden zu fördern und deren Heterogenität zu berücksichtigen, vermehrt auch neue Medien um Einsatz kommen sollten.

Die Hochschule solle sich zudem am „mündigen und unabhängigen Studierenden ausrichten, der sich Lernziele selbst setzt und festlegt, wie er diese erreichen" will und solle dementsprechende Lernarrangements gestalten.

Zu dem oben bereits erwähnten, von ihm so bezeichneten „Oberflächenlernen" bemerkt Bachmann, (S. 20ff.), dass dieses Auswendiglernen in Anbetracht der heutigen Informationsflut nicht mehr gefragt sei und nun das Tiefenlernen und somit das „Verstehen und Anwenden im Vordergrund" stehe. Er folgert daraus, dass die „zentrale Aufgaben der Dozierenden beim Tiefenlernen" die Stoffreduktion, die Studierendenorientierung in der

Lehre und die Lernzielorientierung sei. Kompetenzorientierte Hochschullehre zu gestalten, bedeute folglich, dass die Studierenden immer wieder Gelegenheiten erhalten müssen, ihr Wissen anzuwenden. Bachmann schließt mit einer aus Sicht des Verfassers für diese Arbeit wichtigen Erkenntnis, dass unbedingt „eine Kohärenz zwischen Lernzielen, Unterricht und Prüfungsformen" bestehen müsse (a.a.O., S. 25). Dazu sei auch ggf. die Hinterfragung von Prüfungsformen nötig.

Ermöglichungsdidaktik und Singularitätsdidaktik nach Arnold

Arnold zufolge sind es drei konstruktivistische Thesen, die der Ermöglichungsdidaktik zugrunde liegen. Dies sei die Erkenntnis, dass Lernen a) kein automatischer Reflex sei, dass b) Lernen ggf. losgelöst von ihrer institutionalisierten Einbettung und den dortigen didaktischen Interventionen und „inhaltlichen Zumutungen" erfolgen könne und c), dass von der Autonomie des Subjekts sowie (auf Luhmann verweisend) von der Autopoisis des Bewusstseins auszugehen sei (Erpenbeck und Sauter 2017b, S. 94). Als Ziel dieser Ermöglichungsdidaktik sieht Arnold die Kompetenzreifung.

Arnold verweist, auf a) Bezug nehmend, auf die subjektorientierte Lerntheorie Holzkamps, die er von der neueren Hirnforschung als bestätigt sieht (Arnold nennt Hüther, 2016, als Referenz), die Lernen als „strukturierende Aneignungsbewegung des Subjekts" sehe, die nicht von dem Subjekt getrennt werden könne. Ohne dies an dieser Stelle zu explizieren, sind damit wohl vorwiegend die bisherigen (Lern-)Erfahrungen, Interessen und die jeweilige Motivation der Lernenden gemeint. Arnold zitiert Siebert und Hüther, die proklamieren, dass Menschen zwar lernfähig, jedoch unbelehrbar seien, bzw. dass nur gelernt werden könne, was für ein Lebewesen bedeutsam sei (a.a.O., S. 101).

Die Ermöglichungsdidaktik sei insofern als „Theorie der Selbstorganisation von Lernen und Kompetenzentwicklung" zu sehen, für die die „Selbststeuerungskompetenz der Lernenden […] konstitutive Bedeutung" hätte (a.a.O., S. 94f.). Bei der ermöglichungsdidaktischen Begleitung von Lernprozessen und Kompetenzreifung gehe es „in allererster Linie um die Stärkung der Subjektentwicklung", nicht um einen zu starken Eingriff durch den Lehrenden, der die Eigenentwicklung sogar behindern oder ihr schaden könne, vor allem, wenn Lehren als Voraussetzung und Bedingung des Lernens gedacht würde. Arnold plädiert für eine lediglich losen strukturelle Kopplung von Lehren und Lernen.

Die von Arnold proklamierte „Lernerorientierung" sei dabei bloß als erster Schritt einer ermöglichungsdidaktischen Wende des Lehr-Lerngeschehens zu sehen, deren Fortsetzung er in der grundsätzlichen Outcome-Orientierung sieht (Erpenbeck und Sauter 2017b, S. 96, siehe oben), und sich damit von der Input-Orientierung der traditionellen Lehre abgrenzt. Arnold fordert, dass „sich Bildungsinstitutionen zu Räumen eines selbstorganisierten Lernens umgestalten" müssten (wobei er durchaus auch den physischen Raum meint), „in denen vielfältige Zugänge zur Aneignung und Erprobung von Kompetenzen in einem Klima der Wertschätzung und der Begegnung offeriert und begleitet werden" (a.a.O., S. 98). Arnold folgert, dass „aus dem Kompetenzansatz […] kein Disziplinierungsanspruch wiederbelebt werden" könne, betont demnach sehr stark die Wahlfreiheit und die Autonomie der Lernenden und sieht den zuvor Lehrenden nun vorwiegend in der Rolle des Lernbegleiters und Lernberaters. Als Grundlage einer selbstorganisierten Aneignung sieht Arnold die „Bereitstellung variantenreicher und der individuellen Suchbewegung folgender Lernarrangements", die eine Ort-, Zeit- und Inhaltsflexibilität berücksichtigen sollten (a.a.O., S. 105f.). Mit letzterem Aspekt spielt Arnold auf die aus seiner Sicht grundsätzlich bestehende Eignung der „neuen" Medien an.

Die Rolle der Medien, der Lernenden und Lehrenden

Arnold sieht in traditionellen Lehr-Lernformen die jeweiligen Lehrpersonen in der Rolle der thematisch anleitenden und der die Lerninhalte strukturierenden Person, die Lernenden würden zum „Nach- bzw. Mitvollzug der Angebote […] genötigt". Die von der Lehrperson ausgewählten Medien seien Teil dieser Vermittlungslogik.

Hingegen sähen ermöglichungsdidaktische Konzepte das Lernen der Teilnehmenden im Vordergrund und als „prinzipiell offenes Geschehen […], das von jeweils eigenen Lernprojekten der Lernenden" ausgehe und diese begleite. Dieses Lerngeschehen solle „bei den Lernenden und ihren Fragehaltungen beginnen" (a.a.O., S. 106ff.). Wie Tab. 2 a.a.O. aus S. 108 zu entnehmen ist, bieten die Medien vorwiegend „vielfältige Zugangsoptionen zur selbsttätigen Aneignung" und „Konstruktion". Nach Arnold habe es schon immer „mit Aktivitäten aufgeladene Lehrformen" gegeben, die Ermöglichungsdidaktik ginge jedoch einen Schritt weiter und löse sich von der „Anmaßung einer planerischen Zielgruppenkonstruktion" ab. Arnold begründet dies, indem er jegliche „didaktische Antizipation" der Lehrenden als „die Konstruktion eines Beobachters" deklariert (Erpenbeck und Sauter 2017b, S. 107), die Ermöglichungsdidaktik sehe hingegen die ergebnisoffene „fragende Erschließung des Gegenübersystems" vor, in der das Lehren „zur fachlichen und außerfachlichen Begleitung bei der Bearbeitung individueller Lernprojekte auf der Basis transparente[r] Kompetenzanliegen" würde. Die Weiterentwicklung dessen sieht Arnold in der „Singularitätsdidaktik", der „differenzierte[n] Bezugnahme auf unterschiedlichste Vorstrukturen und Bedürfnislagen der Lernenden" (a.a.O., S. 108).

Fazit aus den Annahmen der Ermöglichungsdidaktik

Grundzügen der Ermöglichungsdidaktik können wie folgt zusammengefasst werden (nach Arnold in Erpenbeck und Sauter, 2017b, S. 111):

o   Lernen und Kompetenzentwicklung sind Prozesse der Selbstorganisation der Lernenden.

o Die Reifung von Kompetenzen erfordert Zeit

o Bildungsinstitutionen sollen vielfältige Zugänge zur Aneignung und Erprobung von Kompetenzen offerieren.

o „Lehrende" haben eine „rahmende Funktion", jedoch ohne Belehrungsansprüche zu proklamieren, sie sollen Lernen individuell begleiten sowie Transparenz und Zugangsmöglichkeiten herstellen (im Sinne von ‚ermöglichen', Anmerkung S.K.).

o E-Learning-Frames sind als Ermöglichungs-Services zu sehen, als mögliches „Tor zu den Inhaltswelten" und dienen dem Abbau von Lernbarrieren/Lernhindernissen.

3.3   Kompliziertheit und Komplexität, Expertenwissen und Kognitive Last

3.3.1 Kompliziertheit und Komplexität

Der Begriff der Komplexität wird, Knoll (2005, S. 95 ff.) zufolge, in unterschiedlicher Weise definiert, er werde zudem teilweise synonym zum Begriff der Kompliziertheit verwendet. In Anlehnung z.B. an Dörner 1992, S. 60, oder Cramer 1993, S. 275 (jeweils zitiert aus Knoll, 2005, S. 95) erfolge die übliche Definition der Komplexität, über die „Anzahl der miteinander wechselseitig verknüpften Variablen". Je größer diese Anzahl der miteinander vernetzten Variablen und je intransparenter deren Relationen zueinander sind, desto komplexer sei nach dieser Fassung das vorliegende Problem. Diese rein quantitative Fassung des Komplexitätsbegriffs werde dann jedoch deckungsgleich zu dem Begriff der Kompliziertheit verwendet.

In Anlehnung an Minnemeier 2002, S: 171 ff. definiert Knoll (2005, S. 98) den Begriff der Komplexität als „Reduktion der Kompliziertheit". Komplexe Strukturen würden viele Variablen und ihre Verknüpfungen bei niedriger Kompliziertheit integrieren. An gleicher Stelle formuliert Knoll: „Übertragen auf die menschliche Kognition würde das bedeuten, dass wir eine Komposition dann als komplex bezeichnen können, wenn sie als integrierende Abstraktionen dazu beiträgt, komplizierte Zusammenhänge zu vereinfachen", als Reduktion, ohne einen Verlust von Bedeutung. Komplexere kognitive Struktur sind demnach Strukturen höherer Ordnung, die durch die „Entstehung einer neuen Qualität" gekennzeichnet seien.

Knoll führt das Beispiel der Addition und der Multiplikation aus dem Bereich der Mathematik an, das hier in geringfügig veränderter Weise aufgegriffen wird: Die Rechenanweisung 4 + 4 + 4 + 4 + 4 kann bspw., wenn man das Konzept der Multiplikation verstanden hat, zum Ausdruck 5 · 4 „vereinfacht" werden, was einer Abstraktion entspricht. Eine weitere Abstraktion könne aus der Rechenanweisung 4 + 4 + 4 + 6 + 6 + 6 erfolgen, indem der Term 3 · (4 + 6) abstrahiert wird. Nach Knoll ist diese „Vereinfachung" aber nur dann zugänglich, wenn das mathematische Konstrukt der Multiplikation verstanden wurde, wenn also die zu dieser Vereinfachung notwenige kognitive Struktur aufgebaut wurde. Komplexere Formen gehen demnach „einher mit der Entstehung einer neuen Qualität", demnach einem gewissen Abstraktionsvermögen, das auf einer jeweils unteren Stufe noch nicht vorhanden ist (Knoll, 2005, S. 99). Im Gegensatz zu der eingangs dieses Abschnitts beschriebenen quantitativen Auffassung der Komplexität (die mit dem Begriff der Kompliziertheit deckungsgleich ist) plädiert Knoll für die Verwendung des „qualitativen Komplexitätsbegriffs".

Auch eine konkrete Verkehrssituation kann bspw. eine gewisse (objektive) Kompliziertheit beinhalten, wenn mehrere Verkehrsteilnehmer zeitgleich aufeinandertreffen. In Anlehnung an Minnemeier 2000, S. 171 hebt Knoll 2005, S. 96 f. hervor, dass die Wirklichkeit oder ein Modell der Wirklichkeit komplizierter wird, wenn weitere Variablen hinzugenommen werden und diese in vielfältigen Wechselbeziehungen stehen. „Will man in dieser Situation nicht den Überblick verlieren oder gar an die Grenzen der individuellen kognitiven Verarbeitungskapazität gelangen, so muss man irgendwann ein hierarchisch höherstehendes Modell entwickeln, in dem bestimmte Arten von Entitäten und/oder Relationen zusammengefasst sind". Dies entspräche einer „Abstraktion in dem Sinne, dass die zugrunde liegende Information komprimiert wird." Für den Verkehrsanfänger ist eine solche Situation möglicherweise (zu) komplex und (zu) kompliziert zugleich. Für einen erfahrenen Verkehrsteilnehmer, der sich ggf. nicht auf *alle* einzelnen Merkmale, sondern ggf. lediglich auf sog. „Superzeichen" konzentriert, können diese Superzeichen den Komplexitätsgrad subjektiv reduzieren.

3.3.2 Der Begriff der Handlung, das Repräsentationsparadigma und das Paradigma der Kontextspezifität

Der Begriff der Handlung, auch der beruflichen Handlung, bedarf einer gewissen Konkretisierung, da er in den für diese Arbeit referenzierten Quellen in unterschiedlicher Weise verwendet wird. Typische Bezugs-Handlungen bei der Darlegung einer Expertiseentwicklung nach Dreyfus und Dreyfus sind bspw. das berufliche Handeln einer „Krankenschwester", die in komplizierten bzw. komplexen Situationen mit den Patient*innen handelnd tätig werden soll, oder die Handlung eines Piloten, der beim Fliegen in schwierigen Situationen in angemessener Weise reagieren soll (Dreyfus & Dreyfus, 1986, S. 16). Sie führen zudem das Beispiel der Unterschiedlichkeit des Aufrechterhaltens einer Konversation auf einer Party, im Büro, mit Fremden etc. an (a.a.O., S. 16), das Lernen des Fahrradfahrens und den hierbei gegenüber einer anderen Person nur schwer explizierbaren Vorgang des Gleichgewichthaltens in der Kurvenlage, der gekonnte Umgang eines Schreiners bzw. Zimmerers (im Original: „carpenter") mit seinem Werkzeug. Dreyfus & Dreyfus wählen somit vorwiegend physische Handlungen (bspw. die Handlung, mit dem Fahrrad eine Kurve zu fahren), Handlungen der sozialen Interaktion (bspw. die Kommunikation auf einer Party) oder die (nicht gegenderte) „Krankenschwester", deren physische Handlungen auf kognitiven Problemlöseprozessen basiert.

Dreyfus & Dreyfus differenzieren in ihrer Beschreibung zwei Gruppen von Handelnden. Sie unterscheiden zudem das den Handlungen zugrundeliegende „Wissen" einerseits als „know-how", das „experience-based" sei (a.a.O., S. 20), andererseits das „know-that" (das „rule-guided" sei, a.a.O., S. 20) sei. Dieses know-how sei jedoch einer genauen Explikation nicht zugänglich, es sei („not accessible […] in the form of facts and rules", a.a.O. S. 16) und führen als Explikation des in ihren Augen erfahrungsbedingten Fahrradfahren-Könnens aus: "how would you explain the difference between the feeling of falling over and the perfectly normal sense of being slightly off balance when turning" (a.a.O., S. 16). Allerdings führen Dreyfus & Dreyfus auch Beispiele an, für die die o.g. Beschreibung des „know-how[s]" nicht zutrifft, sie nennen die Berufsgruppen "management, nursing, economic forecasting, business schools student, teaching and all social interactions". Für diese erheben sie ebenfalls den Anspruch auf die Gültigkeit ihrer Theorie der mindestens fünf verschiedenen Stufen qualitativ verschiedener Wahrnehmung von Aufgaben und/oder Modi der Entscheidungsfindung (Im Original: „stages of qualitatively different perceptions of [their] task and/or modes of decision making", a.a.O., S. 19). Dreyfus & Dreyfus sehen das Vorhandensein von „unstructured problem areas" als Gemeinsamkeit der von ihnen genannten Beispiele und Voraussetzung Ihrer Theorie und beschreiben diese weiter: „Such areas contain an unlimited number of possibly relevant facts and features, and the way those elements interrelate and determine other events is unclear".

Knoll (2005, S. 44 ff.) differenziert im Vergleich zu Dreyfus & Dreyfus stärker und unterscheidet bezüglich der von ihm dargestellten Handlungen nicht nur nach dem „Know-how" und dem „Know-what", er wählt zwei paradigmatische Modelle und nennt das Paradigma der Kontextspezifität sowie das Repräsentationsparadigma, wobei für bestimmte Beispielsituationen bezüglich bestimmter Aspekte auch Merkmale beider Paradigmen vorliegen können. Knoll definiert sechs eine Situation oder Handlung charakterisierende Merkmale, die in den sechs Zeilen der Tabelle 8 aufgeführt sind (die genannte Tabelle entspricht der in Knoll, 2005, S. 45, dargestellten Tabelle). Das oben von Dreyfus & Dreyfus als Know-how-Fall dargestellte Beispiel einer Konversation auf einer Party ist nach der Definition Knolls eine Handlung, die zwar in einigen Aspekten dem

Repräsentationsparadigma, insgesamt jedoch eher dem Paradigma der Kontextspezifität zugeordnet werden kann, deren erfolgreiche oder angemessene Durchführung sich teilweise einer genauen, rein „regelbasierten" Beschreibung entzieht, deren Angemessenheit sich möglicherweise in sich „lediglich in Nuancen" unterscheidenden Grundsituationen völlig anders darstellt, die ggf. ausschließlich in holistischer Weise wahrnehmbar sind. Bei der Anamnese eines medizinischen Notfalls hingegen können dann, Knoll anführend, zwar bestimmte eindeutige Verhaltensregeln formuliert werden (wenn die Patientin keinen Puls hat, muss…), insofern scheint das Repräsentationsparadigma zunächst eher angemessen, allerdings müssen diese unter gewissen Umständen anderen Hierarchien untergeordnet werden, wenn bestimmte ggf. nur schwer erkennbare Merkmale auftreten, sodass auch hier eine gewisse Kontextspezifität vorliegt.

Übertragung auf die hier vorliegende Arbeit / Erstellung von Lernaufgaben

Die im Rahmen dieser Arbeit betrachteten (rein kognitiven) Problemlöse-Handlungen (Definition des Problems siehe oben) unterscheiden sich zwar grundlegend von Dreyfus'schen Beispiel der Kurvenfahrt beim Fahrrad, die kognitive Problemlöse-Handlung der „Krankenschwester" ist jedoch aus Sicht des Verfassers auf die hier betrachtete Situation übertragbar. Die Lerninhalte des hier betrachteten Modulfachs der Festigkeitslehre / Technischen Mechanik bestehen bspw. darin, verschiedene physikalisch-technische Konzepte zu verstehen (Regeln zu kennen), um diese in Form von ggf. realitätsnah gestellten Aufgaben anwenden zu können. Klassischerweise können dann aus einem bestimmten Werkstoff bestehende Bauteile „ausgelegt" werden (Dimensionierungsaufgaben), es können Belastungsgrenzen berechnet werden, bei deren Überschreitung ein zu definierendes Werkstoffversagen eintritt (Tragfähigkeitsaufgaben) oder der Nachweis geführt werden, dass bestimmte Bauteile einer gewissen Belastung standhalten (Spannungsnachweis).

Bei der Aufgabenlösung muss folglich ein reales, in gewisser (und verschiedener) Weise belastetes Bauteil, z.B. die Sprosse einer Leiter, eine Klimmzugstange, das Seil eines Aufzugs, eine Welle in einem Getriebe, eine Passfeder als Wellen-Naben-Verbindung von den Lernenden dahingehend analysiert werden, welche äußeren Kräfte oder Momente in welcher Weise wirken, welche (inneren) Beanspruchungen als Folge dessen auftreten und in welcher Weise dies zum Werkstoffverhalten in vergleichbaren (z.B. mittels Zugversuch reproduzierbaren) Beanspruchungskontexten steht, kurz: welche physikalisch-technischen Regeln anzuwenden sind. Oftmals werden reale Bauteile aber in solcher Weise belastet, dass eine 1:1- Übertragung der bereits vereinfachten physikalischen Konzepte erfolgen kann, dass in der Akzeptanz bestimmter Ungenauigkeiten gewisse Vereinfachungen angewandt werden müssen, um das real vorliegende Problem einer analytischen Berechnung zugänglich zu machen, sodass bestimmte, ebenfalls durch Applikation gewisser Vereinfachungen hergeleitete physikalische Konzepte, angewendet werden können.

Tabelle 8.   Repräsentationsparadigma versus Paradigma der Kontextspezifität, entnommen aus Knoll (2005, S. 45)

	Repräsentationsparadigma	Paradigma der Kontextspezifität
Struktur der Welt	Geordnet; prinzipiell in Elemente zerleg- und beschreibbar	Ist etwas anderes als die Summe ihrer Teile; Bedeutung der Elemente liegt nicht in den Elementen
Wissen	Explizierbar bzw. formalisier-bar; faktische Gültigkeit	Teilweise nicht explizier- und/oder formalisierbar; relativ zum Kontext gültig
Intelligenz	Wissensbasierte; auf Maschinen übertragbar	Erfahrungsbasiert und relativ zum Kontext; nicht auf Maschinen übertragbar
Können, Expertise	Ist (domänespezifisches) Wissen und seine planvolle Umsetzung	Ist Handeln im Kontext, auf der Basis domänespezifischer Erfahrung
Wahrnehmung	Merkmalsidentifikation	Holistisches Erkennen gesamter Gestalten, Gestalthafte Wahrnehmung auf Basis des Hintergrunds
Kennzeichen eines Experten	Umfassendes Wissen innerhalb einer Domäne; ausgezeichnete Heuristiken	Umfassende Erfahrung innerhalb einer Domäne

Die Ausführungen Knolls zu der unten beschriebene Abstufung vom Novizen zum Experten vorweggreifend, kommt es dabei jedoch auf das die Handlung ausführende Subjekt an: Ein (nach Dreyfus & Dreyfus definierter) Experte (siehe unten) wird die im Rahmen dieser Arbeit betrachteten kognitiven Handlungen der Lösung der (stets die Realität vereinfachenden Aufgaben) eindeutig dem regelbasierten Repräsentationsparadigma zuordnen: Die „Struktur" dieser theoretischen „Welt" der Lernaufgaben ist in Anlehnung an die dargestellten sechs Aspekte der Tabelle 8 „elementhaft zerlegbar" (bspw. haben einzelne, vektoriell angreifende Kräfte bestimmte Wirkungen), diese Wirkung sind im Rahmen des angewandten physikalischen Konzepts explizierbar (eine auf einen Festkörper wirkende äußere Kraft erzeugt eine innere Spannung) und formalisierbar ($\sigma = F/A$). Deren Wahrnehmung kann anhand klar definierter und wenig zu hierarchisierenden Merkmale erfolgen (zwei Kräfte statt einer Kraft erzeugen nun eben zwei (ggf. unterschiedliche) Spannungen, die auf bestimmte Weise superpositioniert werden können).

Die Kontextspezifität hingegen ist demnach aus Sicht der Expertin den vereinfachten Aufgaben vorgelagert: die Realität ist teilweise eben nicht mit den Werkzeugen der Analyse berechenbar, die übergeordneten (vereinfachende Modelle verwendende) Theorien können die Komplexität der Realität nicht abbilden, die unter vereinfachenden Annahmen hingegen erstellten Aufgaben können dies in einem gewissen Ausmaß durchaus. Genau in dieser didaktischen Reduktion besteht folglich die Rolle der Lehrperson als Experten: den Übertrag zu leisten von der für die Studierenden (trotz bestimmten Vorwissens) diffusen Kontextspezifität zur erkennbar regelbasierten Repräsentation. Aus Sicht des Novizen kann die vom Experten dem Repräsentationsparadigma zugeordnete Lernaufgabe jedoch der Kontextspezifität zugehörig erscheinen.

3.3.3   Komplexität und die Piaget'schen Begriffe der Assimilation und Akkommodation

Nach Knoll (2005, S. 45ff.) ist das Konzept der Piaget'schen Assimilation der Welt an die eigenen Strukturen bzw. die Akkommodation (der Anpassung) des Selbst an die Strukturen der Umwelt auf die oben betrachteten Handlungssituationen übertragbar. Knoll umschreibt den Schritt der Akkommodation als „nicht triviales Lernen" bzw. als substanziellen Fortschritt. (a.a.O., S. 46 ff.).

Triviales Lernen (trivial sei hierbei allerdings nicht im Sinne von unbedeutend zu verstehen) habe demnach hat die Funktion, „bestehende Einsichten oder Fähigkeiten zu festigen bzw. zu untermauern". Knoll führt das Beispiel an, dass eine Person mit wachsender Sicherheit eine mathematische Operation ausführen kann. Dies könne im Sinne der (klassischen) Mathematikdidaktik durch Üben erfolgen, durch das mehrmalige, eher variationsarme Anwenden ähnlicher Muster, Prinzipien etc. Diese Assimilation kann demnach auch einen neuen Aspekt enthalten, (Knoll führt das Beispiel an, einen Wareneinkauf im Vergleich zum Buchungssatz nun per T-Konto zu führen), hebt aber hervor, dass dies stets innerhalb „der bestehenden Struktur" erfolgt.

Im Gegensatz dazu hebt Knoll die Entstehung neuer Strukturen beim „nicht trivialen Lernen" hervor, den „Aha-Effekt des Lernens", den „Moment des Gewahrwerdens" und des nicht kontinuierlichen Qualitätssprungs. Er führt dies auf das Prinzip der Emergenz zurück, als Modell der Entstehung von Neuem, das davon ausgeht, dass „höhere Stufen zwar aus den ihnen vorgelagerten Stufen hervorgehen", sie aber „übersummativen" Charakter hat als „Etwas-anderes-als-die-Summe-seiner-Teile". Diese Emergenz neuer Aspekte könne nur als Akkommodation, als Anpassung des Selbst an die Welt erfolgen. Knoll führt das wohl klassische Beispiel eines Kindes an, das durch Assimilation das Prinzip des Greifens eines Stockes auf verschiedene andere (ggf. längliche oder in anderer Weise geformte) Gegenstände anwendet, beim Versuch des „Greifens" eines Flüssigkeitsstrahls aber einen Akkommodationsschritt vollziehen muss, der sich in der Erkenntnis verfestigt, dass Flüssigkeiten nicht „am Stück" gegriffen werden können. Das Prinzip des Greifens muss oder kann (hier z.B. zur Erhöhung der Effektivität) demnach situationsbedingt durch eine Handlung anderer, ggf. höherer Qualität ersetzt werden.

Die Begriffe der Assimilation und der Akkommodation können auf das zu Beginn dieses Abschnitts eingeführte und die Komplexität veranschaulichende Beispiels übertragen werden: Das mathematische Konzept der Multiplikation ist, bei ausreichender Durchdringung des Konzepts der Addition, durch einen Qualitätssprung, einen Aha-Effekt begreifbar, vgl. das in Kapitel 3.3.1 angeführte Beispiel.

3.3.4   Expertiseentwicklung nach Knoll

In der Darstellung der Knoll'schen Explikation der beiden genannten Paradigmen wurden die Begriffe des Experten und Novizen bereits verwendet. Die beiden Begriffe und auch die Abstufungen dazwischen sollen an dieser Stelle jedoch aufgrund ihrer Relevanz für die vorliegende Arbeit differenzierter beschrieben werden.

Auf die Gebrüder Hubert und Stuart Dreyfus kann ein Modell einer Expertiseentwicklung zurückgeführt werden, das Knoll (2005, S. 55) zwar vorwiegend als ein kontextparadigmatisches Modell ansieht, das nach Auffassung des Verfassers teilweise mit gewissen Abstrichen jedoch auch auf weniger kontextuale Handlungen übertragbar ist, siehe Kapitel 3.3.3. Wie oben bereits angedeutet, durchläuft der Mensch nach Dreyfus und Dreyfus beim Erwerb von Fertigkeiten fünf Stufen, „in denen er seine Aufgabe und/oder die Modalitäten seines Entscheidungsprozesses jeweils in einer qualitativ anderen Weise wahrnimmt" (Knoll 2005, S. 55). Dreyfus & Dreyfus unterteilen in fünf Stufen und unterscheiden Novizen, fortgeschrittene Anfänger, kompetent Handelnde, Gewandte und Experten.

Grundlegende Charakteristika der Verhaltensweisen der jeweiligen Angehörigen der Dreyfus'schen fünf Entwicklungsstufen kann wie in der folgenden Tabelle 9 dargestellt werden, die aus Knoll (a.a.O., S. 67) aus entnommen wurde. Nach Knoll können Novizen Situationen lediglich in Einzelheiten und kontextfrei wahrnehmen, sie sind „gefangen in ihrer verkürzten Sichtweise", in der sie die „Gesamtsituation nicht erkennen können", in der ihnen der „Sinn für das Wesentliche [fehlt]". Ihre Wahrnehmung der Situation ist mangels Alternativen stark analytisch und fragmenthaft, ihr Verhalten ist, ebenfalls mangels Alternativen, stark regelorientiert. In gewissen Abstufungen verbessert sich die situationale Berücksichtigung bestimmter Elemente und der Sinn fürs Wesentliche, der Versuch der Wahrnehmung der Gesamtsituation bleibt jedoch analytisch.

Diese Charakterisierung der Wahrnehmung ändert sich erst im Stadium des Gewandten, der die Gesamtsituation holistisch erkennen kann, jedoch noch in begrenzter Weise planend sein Verhalten bestimmt. Letzteres entfällt beim Experten, der situative Nuancen zu erkennen vermag und intuitiv und treffsicher handelt. Obwohl Knoll die Dreyfus'sche Abstufung auf eher kontextspezifische Handlungen bezieht, sind die Beschreibung der Wahrnehmung und

Handlung von der Novizin bis zur Expertin aus Sicht des Verfassers sehr nahe an den Gegebenheiten, wie sich Lernende bei der Bearbeitung von Aufgaben aus dem hier betrachteten Bereich verhalten.

Tabelle 9.   „Modell des Fertigkeitserwerbs nach Dreyfus/Dreyfus" (aus Knoll, 2005, S. 67)

	Novizen	Fort-geschrittene	Kompetent Handelnde	Gewandte	Experten
Berücksichtigte Elemente	kontextfrei	kontextfrei und tlw. situational	kontextfrei und situational	situational	situational
Sinn für das Wesentliche	nein	nein	erarbeitet	unmittelbar	unmittelbar
Wahrnehmung der Gesamt-situation	analytisch	analytisch	analytisch	holistisch	holistisch
Bestimmung des Verhaltens	durch Regeln	durch Regeln und Richtlinien	durch extensive Planung	durch begrenzte Planung	intuitiv

3.3.4.1   Beschreibung der einzelnen Stufen vom Novizen zum Experten

Es sollen im Folgenden die fünf auf Dreyfus & Dreyfus zurückgehenden Abstufungen des genannten Modells beschrieben werden.

(A)   Die Stufe des Novizen / der Novizin

Knoll (2005) wie auch Dreyfus & Dreyfus (1986) beschreiben die Situation des Novizen in sehr ähnlicher Weise. Knoll formuliert diesbezüglich, dass diese Lerner oftmals ein „nahezu überwältigendes Problem" hätten: Sie sollten lernen, in einer spezifischen Situation erfolgreich zu handeln, ohne dass ihnen auf dieser Stufe der Entwicklung diese Situation als solche bekannt wäre, so Knoll a.a.O. Ferner würden Novizen die relevanten Aspekte einer Gesamtsituation nicht erkennen, sie seien sich des Bezuges zu ihr nicht bewusst und nähmen bestenfalls einzelne Fakten und Merkmale einer Situation wahr. Die Situation als Ganze sei für sie im „wahrsten Sinne des Wortes unfassbar" (vgl. Knoll 2005, S. 56). Knoll führt

Benner (1984, S. 21) an, der konstatiert: „Der Novize braucht mangels Erfahrung Regeln, um die Komplexität zu meistern".

Als Beispiel nennt Knoll den Versuch des Autofahrens eines Novizen in der Wiener Rush-Hour, mit der er überfordert sei, da er lediglich „wesentliche Fakten und einzelne Grundsätzliche Regeln" auf „von situationsanhängigen Details entflochtenem Niveau" verarbeiten könne (Knoll, 2005, S. 57 f.) und führt, unter Bezugnahme auf Dreyfus und Dreyfus (1986, S. 43) aus: „Was der Novize demnach [zu lernen hat, ist] wie man unterschiedliche objektive Fakten und relevante Muster erkennt. Darüber hinaus erlernt er Regeln, mit denen er aufgrund der Fakten und Merkmale seine Handlungen bestimmen kann". Diese Anweisungen müssten einfach und konkret sein: „Bremse, wenn ein Hindernis erscheint." Knoll führt a.a.O. aus, dass der Novize nur die Güte seiner Leistung anhand dessen bewerten könne, wie gut er die erlernten Regeln angewandt hat. Würde er auf eisglatter Straße ein Hindernis sehen, würde er der o.g. Regel entsprechend bremsen, was in dieser Situation aber nicht angemessen wäre. Ohne die Kenntnis der Novizin / des Novizen darüber, dass auf eisglatter Fahrbahn starkes Bremsen kontraproduktiv ist, hätte dieser zwar „für sich richtig gehandelt, im Lichte der Passung seines Tuns zur Gesamtsituation aber nicht" (Knoll, 2005, a.a.O.). Die „Perzeption von Situationen" und die Charakteristika der Handlungsweisen bei Novizen lassen sich nach Knoll (2005, S. 57 f.) wie in Tabelle 10 dargestellt zusammenfassen.

Tabelle 10. Charakteristika der Novizenstufe

Aspekt	Beschreibung
Wahrnehmung der gesamten Handlungs-situation durch die Handelnden	Es können nur die dem Novizen bekannten Teilaspekte einer Gesamtsituation erkannt werden, die Gesamtsituation bleibt außerhalb des Horizonts des Lernenden
Beschreibung des Verhaltens	Das Verhalten des Novizen ist stark am mechanischen Abarbeiten von ‚Algorithmen' orientiert, auch wenn sie situativ nicht angebracht sind. Es ist demnach eher unflexibel und in seinen Optionen limitiert. Das Verhalten erfolgt unter Anwendung kontextfreier Regeln, die zwar ggf. miteinander in Verbindung gesetzt werden können, aber keine Verbindung zur Gesamtsituation haben.
Lernschritt zum Erreichen der nächsthöhere Stufe	Novizen müssen lernen, Merkmale und Fakten situationsabhängig hinsichtlich ihrer Bedeutung zu gewichten und in das bereits vorhandene Regelwerk zu integrieren mit dem Ziel, das Regelwerk situationsbezogen anwenden zu können.

(B)   Die Stufe der fortgeschrittenen Anfängerin / des fortgeschrittenen Anfängers

Die fortgeschrittene Anfängerin unterscheidet sich von der Novizin nach Knoll (2005, S. 59) dadurch, dass sie lernt, worauf sich die handlungsleitenden Regeln beziehen. Unter Bezugnahme auf Dreyfus & Dreyfus (1987, S. 45) sowie auf Neuweg (2002, S. 303) konstatiert Knoll, dass die fortgeschrittene Anfängerin damit beginne, in konkreten Situationen konkrete Erfahrungen zu machen, dass sie in Kontakt geriete „mit situational bedeutsamen Elementen". Die fortgeschrittene Anfängerin müsse „mehrere Erfahrungen in vergleichbaren Situationen machen" und somit in die Lage kommen, bestimmte situationale Elemente zu den schon bekannten Elementen als ähnlich zu erkennen. Die fortgeschrittene Anfängerin könne demnach „situationsspezifische Merkmale wiedererkennen und berücksichtigen", sie könne aber noch nicht „bedeutungsvolle von weniger bedeutsamen Elementen unterscheiden", (a.a.O., S. 59). Sie handele immer noch regelbasiert, da ihr „immer noch der Sinn für das Wesentliche einer Situation" fehle, so Knoll, a.a.O., S. 60, sich auf Dreyfus und Dreyfus (1987, S. 46) beziehend, das Problem sei jedoch, dass für die fortgeschrittenen Novizen alle Merkmale und Regeln „von gleicher Wichtigkeit" erschienen. Die Charakteristika des fortgeschrittenen Anfängers sind in Tabelle 11 zusammengefasst.

Tabelle 11. Charakteristika der Stufe des/der fortgeschrittenen Anfängers/ Anfängerin

Aspekt	Beschreibung
Wahrnehmung der gesamten Handlungs- situation durch die Handelnden	Es können Fakten/Regeln plus einzelne situationale Erfahrungen wahrgenommen werden, die ganze Handlungssituation kann jedoch noch nicht in ihrer Ganzheit erfasst werden.
Beschreibung des Verhaltens	Das Verhalten ist auf situationale Aspekte und verfeinerte Regeln gestützt, das Verhalten ist aber regelgeleitet, es besteht kein Gefühl des Verantwortlich-Seins für Erfolg/Misserfolg.
Lernschritt zum Erreichen der nächsthöhere Stufe	Um auf die nächsthöhere Stufe des kompetent handelnden Menschen zu kommen, muss sie/er lernen, wesentliche Merkmale einer Situation von unwesentlichen zu unterscheiden und zudem die Fähigkeiten entwickeln, die das Treffen selbständiger Entscheidungen im Angesicht konkreter Situationen ermöglichen.

(C)   Die Stufe des kompetent handelnden Menschen / des/der Fortgeschrittenen

Ein „kompetent handelnder Mensch" hat die Fähigkeit, Aufgaben zu organisieren (Knoll a.a.O., S. 62, auf Dreyfus & Dreyfus, 1986, S. 46 verweisend), er habe aber „noch

Schwierigkeit darin, dass mit wachsender Erfahrung die Anzahl der kontextfreien wie situationalen Aspekte riesig" werde, ohne dass „unterschiedliche Wichtigkeitsgrade sichtbar" seien. Die Welt erschiene immer noch kompliziert. Der kompetent handelnde Mensch habe aber „einen Modus gefunden, dieser Überforderung zu entkommen": er kann „Situation als Bündel von einzelnen Faktoren" wahrnehmen, die „im Lichte eines bestimmten Ziels […] unterschiedliche Relevanz haben". Der/die kompetent Handelnde „verfügt über hierarchisch organisierte Entscheidungsprozeduren, […] hat einen Plan, […] [er/sie] erkennt, […] wenn eine bestimmte Konstellation von Elementen einer Situation auftritt, […] und weiß, was zu tun ist", Knoll, a.a.O.). Das Handeln habe eine „neue Qualität", es sei „nicht nur regelhaft" und aus „situationale[n] Elemente[n]" bestehend, „der kompetent Handelnde […] hat einen Organisationsplan". Die Charakteristika des kompetent Handelnden Menschen sind in Tabelle 12 zusammengefasst.

Tabelle 12. Charakteristika der Stufe der kompetent Handelnden / der
Fortgeschrittenen

Aspekt	Beschreibung
Wahrnehmung der gesamten Handlungs-situation durch die Handelnden	Situation als Bündel einzelner Elemente. Sie beginnt die Perspektivenabhängigkeit der Bedeutung situationaler Aspekte. Sie weiß, nur ausgewählte Aspekte sind relevant, abhängig vom Ziel, hat aber teilweise ein noch immer distanziertes Verhältnis zu Gesamtsituation.
Beschreibung des Verhaltens	Kompetent Handelnde erkennen Wichtigkeitsgrade von Elementen, entwickeln Handlungspläne, denken organisierend voraus, haben aber noch nicht die Flexibilität, spontan zu reagieren, wenn sie merken, dass die Handlung nicht angemessen ist.
Lernschritt zum Erreichen der nächsthöhere Stufe	Sie müssen das distanzierte Verhältnis zu Gesamtsituation überwinden. Haben noch keine Fähigkeit, „flüssig und rasch zu handeln".

(D) Die Stufe der/des Gewandten

Knoll beschreibt die/den Gewandte(n) damit, dass er/sie die „Situation als Ganze" wahrnehmen könne und „sich als Teil von ihr" sehe. Das „gewandte Handeln passiert einfach, [ohne] Überlegung […] weil in der Vergangenheit ähnliche Situationen waren", an die er sich erinnere. Diese „Erinnerung[en] lösen ähnliche Pläne" bzw. „ähnliche naheliegende Handlungsalternativen aus wie die, die schon damals funktionierten", Knoll (a.a.O., S. 63) auf Dreyfus/Dreyfus (1987 S. 52) verweisend. Auf S. 64 führt Knoll aus:

der/die Gewandte hätte ein „involviertes, intuitives Verstehen [...] der Gesamtsituation [...] ohne Herleitung aus Plänen, Regeln oder explikativen Beispielen", auf Dreyfus/Dreyfus (1987 S. 53) Bezug nehmend. Auf Neuweg (2002, S. 310) verweisend attestiert Knoll (a.a.O., S. 64 f.) der/dem Gewandten ein „holistische[s] Ähnlichkeitserkennen".

(E) Die Stufe der Expertin / des Experten

Der Experte /die Expertin zeichnen sich nach Knoll (2005, S. 67 f.) durch ein „intuitives und spontanes Wahrnehmen der Situation" und ein ebenso „intuitives Gespür für die Lösung" aus, das beides auf der Erfahrung aus „ähnliche[m] Vorgehen in vergleichbaren Situationen [...] mit ähnlichem Aufforderungscharakter" beruhe. Wahl (1991, S. 144) anführend, seien „bestimmte Situationsauffassungsklassen [...] mit definierten Handlungsauffassungsklassen verbunden, auch wenn [die Expertin / der Experte] unter Druck handel[t]".

3.3.4.2   Die Induktion trivialer und nicht-trivialer Lernschritte

Knoll beschreibt (a.a.O., S. 221 ff.) anhand einer von ihm explizierten Komplexitätstheorie den Übergang vom trivialen zum nicht-trivialen Lernen, wobei er, wie oben ausgeführt, das triviale Lernen der Piaget'schen Assimilation und das nicht-triviale Lernen der Akkommodation gleichsetzt (a.a.O., S. 148). Die Assimilation sei nach Knoll „strukturerhaltend" und „bestehende Einsichten oder Fähigkeiten festigend". Der Akkommodation ordnet Knoll eine „antimorphe Transformation" kognitiver Strukturen zu, die „durch Störung" eines zuvor vorhandenen kognitiven Gleichgewichts (Knoll bezeichnet es als „Fließgleichgewicht"), sodass es, in seiner Analogie formulierend, zu einer solchen Veränderung der Morphologie der vorhandenen Strukturen komme. Voraussetzung sei, dass solche kognitiven Systeme (im thermodynamischen Sinne) „offen", oder weniger technisch formuliert, empfänglich seien, dass die lernende Person sich dem Lernen nicht verweigere (Knoll a.a.O., S. 194 auf Holzkamp, 1993, S. 184 anspielend). Er konstatiert (auf das Menon Paradoxon bezogen), dass zwar in „Lernschritt [...] subjektiv immer ohne Ziel" vonstattenginge, wohl aber von außen induziert werden könne: Eine lehrende Person müsse „dort wohlüberlegte Ungleichgewichte produzieren, wo ein Lerner vermuten lässt, dass er einen naheliegenden und für seine Weiterentwicklung notwendigen, nicht-trivialen Lernschritt" vollziehen kann. Demnach bedarf zielgerichtetes Lernen immer einer Intervention oder Lenkung von außen, die Lehrperson müsse „Probleme induzieren, die der Lerner noch gar nicht hat" (formuliert nach Minnameier, 1999, S. 11, in Knoll, 2005, S. 142), was die Rechtfertigung für die Didaktik sei.

Neuweg (2002, S232 ff.) anführend, könne der „Anfangszustand" des Lernenden aufgrund von „Grenzen des didaktischen Zugriffs auf das Subjekt" jedoch nie „vollständig bekannt sein", vgl. Kapitel 2.1.3. Somit lässt sich schließen, dass es beim Handeln der Lehrperson diesbezüglich um die Schaffung möglicher Anlässe zu einem ‚Aha-Moment' geht, um die Auslösung eines nicht-trivialen Lernschritts. Knoll formuliert jedoch (a.a.O., S. 151), „dass das, was für den einen Lerner ein trivialer Lernschritt sein kann, für einen Zweiten einen bedeutenden nicht-trivialen Schritt im Sinne der Entstehung von Neuem darzustellen vermag". Nach Tab. 3 in Knoll 2005, müssten solche Störungen des kognitiven Gleichgewichts, wenn sie zu stark bzw. zu gering sind, durch die Lehrperson grundsätzlich durch „Down-Sizing", im zweitgenannten Fall folglich Up-Sizing angepasst werden, um Überforderung resp. Unterforderung zu vermeiden.

3.3.4.3 Rückschlüsse auf die vorhandene Arbeit

Wie aus Kapitel 3.3.4.1 ableitbar, sind bspw. Novizen, die sich einer für sie nicht bewältigbaren Situationen gegenübersehen, sowohl bezüglich der Wahrnehmung der Situation wie auch bezüglich des Handelns in dieser Situation überfordert. Nach Knoll gilt dies, wie oben ausgeführt, auch für Lernaufgaben im Sinne von Aufgaben des kognitiven Problemlösens (vgl. Hobmair, 2005, S. 135ff., Kapitel 3.1.3). Somit kann gefolgert werden, dass jeweils angemessene Lernanlässe nötig sind, wenn Über- bzw. Unterforderung vermieden werden soll. Wie oben dargestellt, können diese Lernanlässe bei zielgerichtetem Lernen von außen gesetzt werden können, bspw. von einer ‚lehrenden Person'. Neben der von Knoll thematisierten inhaltlichen Angemessenheit dieser Störung des kognitiven Gleichgewichts stellt sich jedoch, insbesondere beim Lernen an Bildungsinstitutionen (auch angesichts ggf. bezüglich des Merkmals der Vorerfahrungen heterogenen Lerngruppen) die Frage nach einem jeweils angemessenen Zeitpunkt dieser Störung. Auch durch einen zu früh bzw. zu spät gewählten Zeitpunkt kann es zur Über- bzw. Unterforderung kommen, was in der in Knoll (2005) dargestellten ‚Tab 3.' „Grundsätzlich mögliche Effekte didaktischer Störinduktion" jedoch nicht dargestellt ist, was an dieser Stelle (vgl. Tabelle 13) jedoch aufgegriffen und weiterentwickelt werden soll. Knolls Tab. 3 präzisierend, wird davon ausgegangen, dass die hier diskutierte Induktion einer Störung auf einen nicht-trivialen Lernschritt zielt. Wie in dieser Tabelle 13 dargestellt, können diese somit auf Akkommodation zielenden Störinduktionen in einem nach Knoll (2005) „offenen" kognitiven System bezüglich ihres Inhalts jeweils entweder von geringer Störung sein, angemessen stören oder zu stark stören, sodass im erst- und letztgenannten Fall keine Akkommodation ausgelöst werden kann.

Bezüglich des Aspekts des Zeitpunkts der Störung kann diese entweder früh, angemessen oder spät erfolgen. Demnach bleiben die in der Tabelle dargestellten Kombinationen, wobei der nicht-triviale Lernschritt nur erfolgen kann, wenn der Störimpuls sowohl bezüglich des Inhalt wie auch bezüglich des Zeitpunkts angemessen (oder spät) erfolgte, Zeilennummer 7 und 8 in Tabelle 13.

In zwei weiteren Fällen kann es (ggf. noch) zu trivialem Lernen kommen (Zeilennummer 3 und 4, sofern bei zu starker Unterforderung in Zeile 3 nicht auch das triviale Lernen ausbleibt), in allen anderen Fällen findet „Nicht-Lernen" statt, entweder aufgrund von Über- oder Unterforderung. Wenn nun, wie oben dargestellt, nach Neuweg (2002, S232 ff.) der „Anfangszustand" des Lernenden aufgrund der „Grenzen des didaktischen Zugriffs auf das Subjekt" einer außenstehenden Person nie „vollständig bekannt sein" kann (Knoll führt diesbezüglich die stets individuelle Biographie der „Bifurkationspunkte" aus, vgl. Knoll, 2005, S. 120 ff.), kann nur die lernende Person wissen, wann sie ‚bereit' für den Versuch eines Akkommodationsschritts ist. Um nun eine Überforderung, insbesondere für eine bezüglich des Merkmals des Vorwissens heterogene Gruppe zu vermeiden, bleibt der die Störimpulse konzipierenden Person nur, diese keinesfalls zu groß zu konzipieren (damit Zeile 9 bis 11 in Tabelle 13 vermieden wird).

Tabelle 13. Schema möglicher Auswirkungen didaktischer Störinduktion, Grundlage aus Knoll (2005, Tab. 3.), veränderte Darstellung

Kognitives System	Subjektives Empfinden bez. des Inhalts der Störinduktion	Subjektives Empfinden bez. des Zeitpunkts der Störung	Art des Lernens*	Folge*	Lfd. Nr.
geschlossen	-	-	Nicht-Lernen	-	1
offen	unpassend	-	Nicht-Lernen	Ggf. Irritation	2
offen	gering (in Bezug auf Akkommodation)	früh	Ggf. Assimilation	Ggf. Festigung	3
		angemessen	Ggf. Assimilation	Ggf. Festigung	4
		spät	Nicht-Lernen	Unterforderung	5
offen	angemessen (in Bezug auf Akkommodation)	früh	Nicht-Lernen	Überforderung	6
		angemessen	Akkommodation	Forderung	7
		spät	Akkommodation	Forderung	8
offen	hoch (in Bezug auf Akkommodation)	früh	Nicht-Lernen	Überforderung	9
		angemessen	Nicht-Lernen	Überforderung	10
		spät	Nicht-Lernen	Überforderung	11

S4　* Die Felder des Ereignisses „Nicht-Lernen" sind schraffiert und rot hinterlegt, die Felder mit dem Ereignis Akkommodation resp. Assimilation sind grün hinterlegt.

Werden diese Störimpulse in Lernaufgaben nun grundsätzlich im Leuders'schen Sinne „intelligent" gestellt (vgl. Kapitel 3.5.5) (diesem Kapitel vorweggreifend: indem vielfältige Aufgaben „zum Denken anregen"), indem sie jeweils geringfügige Akkommodationsanlässe beinhalten, und ist ferner die kognitiv zu verarbeitenden Menge zum nächsten Schritt, der ‚Abstand' zwischen den Lernschritten jeweils ähnlich, folgt daraus für die lernende Person eine gewisse Einschätzbarkeit bezüglich der Wahl der von ihr jeweils als nächstes zu bearbeitende Aufgaben. Je nach subjektiver Einschätzung bezüglich der eigenen kognitiven Fähigkeiten, des Vorwissens, ggf. auch je nach ‚Mut' können nun Aufgaben gezielt übersprungen werden, oder eben nicht. Mit diesem Springen und einem ggf. als notwendig empfundenen Nachjustieren (zurückspringen), so die Annahme des Verfassers, kann die lernende Person bewusst an der Schwelle zur Akkommodation halten, oder eben, je nach Bedarf, im Bereich der Assimilation kognitiv aktiv, lernend aufhalte. Anders formuliert: Wann ein Akkommodationsschritt genau vollzogen wird und anhand welchem Anlass dies erfolgt, ist grundsätzlich von außen nicht vorhersehbar, wenn jedoch ein Rahmen angeboten wird, anhand dessen die/der Lernenden die Schwelle zwischen Assimilation und Akkommodation (im technischen Wortsinn:) selbst ‚steuern' kann, ist die genannte mangelnde Vorhersehbarkeit dessen nicht mehr relevant. Die Umsetzung dessen ist in Kapitel 4.4 beschrieben.

3.4 Allgemeine Didaktik, Didaktisches Modell und Lernstrategien

Grundlage für die Entwicklung des hybriden Lernarrangements und der darin enthaltenen virtuellen Lernumgebung ist es, die an den Lernprozessen des betrachteten Bereichs beteiligten relevanten Dimensionen und deren Relationen möglichst vollständig zu beschreiben. Dies soll in Form eines Modells erfolgen, das in den folgenden Kapiteln entwickelt und dargestellt wird und für die „Mikro- bis Mesoebene" (nach Baumgartner (2014, S. 66) die Ebene der Gestaltung von Lehr-Lern-Prozessen einer an der hier betrachteten Einrichtung so bezeichneten „Modulveranstaltung" des Umfangs von 24 Vorlesungsstunden) des hier betrachteten Bereichs gültig sein soll. Nach Baumgartners Definition (2014, S. 101 ff.) des Begriffs „Strukturmodell" (das sowohl „Kategorien" als auch „Bedingungen" enthalten kann, siehe unten), kann dies als ‚Strukturmodell der didaktisch relevanten Einflussgrößen' bezeichnet werden, das im Folgenden hergeleitet wird.

Der Definition Baumgartners vorweggreifend, kann dieses Modell sowohl für die „Konstruktion (Planung)" wie auch die „retrospektive Analyse (Evaluation)" verwendet werden (a.a.O., S. 106). Im Rahmen dieser Arbeit soll dieses Strukturmodell demnach zunächst für die den drei Untersuchungsteilen vorgelagerte, mittels eines DBR-Ansatzes durchgeführte „Konstruktion (Planung)" des hybriden Lernarrangements angewandt werden. Es soll zudem Anwendung finden bei der retrospektiven Analyse des Lernverhaltens der Studierenden in ihren ersten drei Studiensemestern, die im Untersuchungsteil 3 exploriert werden, um anhand der auf diese Weise sichtbar gemachten (Inter-)Relationen die potenziellen Störstellen eines Lernprozesses in dem hier betrachteten Bereich der Bildung zu identifizieren. Ebenfalls vorweggreifend sei bemerkt, dass die im Kapitel 3.5 dargestellten Ableitungen aus den Fachdidaktiken ebenso für die Konstruktion des Lernarrangements, aber auch für die Untersuchungsteile 1 und 2 verwendet wurden.

3.4.1 Entwicklung eines didaktischen Modells

Das Kategorialmodell nach Baumgartner als Ausgangspunkt

Nach Baumgartner (2014, S. 102 f.) zeichnet sich ein Kategorialmodell dadurch aus, dass es „einerseits […] grundsätzliche Begriffe (Kategorien) [, die] zum jeweiligen Objektbereich gehören [festlegt], und „andererseits […] die prinzipiell möglichen Zusammenhänge der jeweiligen Grund- und Gattungsbegriffe dar[stellt]". Zu dem zweitgenannten Kriterium, die prinzipiell möglichen Relationen darzustellen, gehört nach Baumgartner, dass diese Relationen grundsätzlich in beide Richtungen verlaufen können, es sich demnach prinzipiell um Interrelationen handele (die er graphisch als Doppelpfeile darstellt, die zunächst in lediglich kombinatorisch begrenzter Anzahl vorliegen vgl. Abbildung 13), die aber, angewandt auf konkrete Situationen, auch unidirektionale Relationen darstellen (und demnach auch gänzlich entfallen) könnten. Weiteres Kriterium eines Kategorialmodells sei es, dass es nur „Klassenbegriffe" enthalte, „die sich beliebig miteinander kombinieren" ließen. Ein Kategorialmodell übernehme damit die „Funktion eines Rohstofflagers für die Theorieproduktion", das „die Bausteine für die […] Theorie" zusammenstelle. Weiter unten konkretisiert Baumgartner den Zweck des Kategorialmodells, mit dem Unterricht retrospektiv analysiert/evaluiert, mit denen Unterrichtsmodelle aber auch konstruiert oder geplant werden könnten, a.a.O., S. 106). Das „Didaktische Kategorialmodell" stelle „aus der Fülle der realen Phänomene jene Begriffe zusammen, die für den betrachtenden Gegenstandsbereich entscheidend" seien, das jedoch „für alle bildungswissenschaftlichen bzw. didaktischen Theorien seine Gültigkeit haben muss" (a.a.O., S. 110).

Ein nach Baumgartner sehr einfaches aber aufgrund seiner Zentriertheit auf die Lehrperson „in Verruf geratenes Kategorialmodell" (a.a.O.) sei das „Didaktische Dreieck" nach Jank und Meyer (2002, S. 55), das die Kategorien „Schüler", „Lehrperson" und „Stoff" in Relation setzt (dies in der ursprünglichen Version jedoch jeweils nur unidirektional, was Baumgartner a.a.O. als nicht konsistent kritisiert). Von diesen Kategorialmodellen würden sich Strukturmodelle grundlegen unterscheiden, da letztere bereits mit geringerem

Abstraktionsgrad „Elemente von Lehr- und Lernsituationen (Ziele, Inhalte und Methoden) abbildeten (sich auf Lehner (2009) berufend). Als eine Version eines solchen Strukturmodells nennt Baumgartner das „Strukturmodell des Unterrichts der ‚Berliner Schule'", das neben bestimmten „Kategorien" auch ein Gefüge aus „Bedingungen" (gemeint sind bspw. die „Soziokulturellen Voraussetzungen") und „Folgen" (die diesem Modell vor- bzw. nachgelagert sind) vereint.

Das Kategorialmodell von Flechsig umfasst vier Begriffe: die Lernaufgabe, die lernende Person, die Lernumwelt und die außerdidaktische Umwelt, die jeweils zueinander in Interrelation stehen. Dieses Modell kommt ohne die Lehrperson aus, die lediglich über die Lernaufgabe oder die Lernumwelt indirekt in Erscheinung tritt. Dieses Kategorialmodell von Flechsig würde nach Baumgartner (a.a.O., S. 103) jedoch das Didaktische Dreieck nach Jank und Meyer „in mehrfacher Hinsicht" erweitern. Die Tatsache, dass dieses Modell die „Lernaufgabe" als Kategorie „in den Mittelpunkt [der] Unterrichtskonzeption" stellt, stellt Baumgartner als „Geniestreich" Flechsigs dar (a.a.O., S. 104), da es über die „Aufgabenorientierung" die „Lernendenorientierung" hervorhebe. Baumgartner entwirft daraus das nach ihm benannte Kategorialmodell (a.a.O., S. 105), das in Abbildung 13 dargestellt ist und hier zunächst unverändert aus der genannten Quelle übernommen wurde.

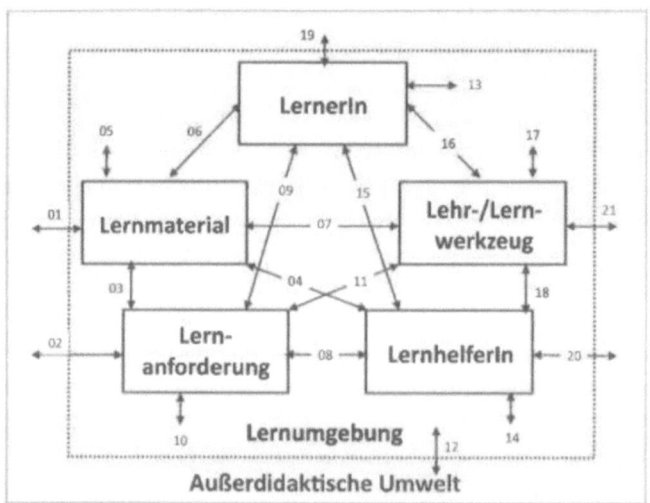

Abbildung 13. „Kategorialmodell nach Baumgartner", unverändert übernommen
aus Baumgartner (2014, S. 105)

Dieses Baumgartner'sche Kategorialmodell enthält sieben Kategorien (Lerner*In, Lernmaterial, Lernanforderung, Lernhelfer*In, Lehr-/Lernwerkzeug, Lernumgebung und Außerdidaktische Umwelt). Für diese Arbeit relevant ist die durch Baumgartner vollzogene „Integration" der Kategorie des „Lehr-/Lernwerkzeugs", da diese „[elektronischen] Lehr-/Lernwerkzeuge [...] heutzutage immer wichtiger" würden, mit deren Einführung Baumgartner (a.a.O., S. 105 f.) zudem „eine gesonderte Didaktik für E-Learning- oder Blended-Learning-Arrangements [als] obsolet" erklärt. Mit der Kategorie des „Lernmaterial[s]" berücksichtigt Baumgartner die ihm zufolge von der Flechsig'schen Lernaufgabe zu unterscheidende „didaktisch wichtige Struktur und Form (z.B. die mediale Codierung wie Text, Ton, Bild etc.) des Lernmaterials", die die „'Verpackung' (d.h. [die] Form und Struktur), die sowohl den inhaltlichen Zugang (Aufschließung) wie auch [den] Umgang (Anwendung) wesentlich beeinflussen bzw. modifizieren" würde. Die „Stoffkategorie" der Flechsig'schen Lernaufgabe benennt Baumgartner als „Lernanforderung", um den Begriff zu öffnen bspw. für den „Lernauftrag", das „Lernproblem" oder auch einen „selbstgestellten Lernauftrag".

Vom Kategorialmodell zum Strukturmodell der relevanten Einflussgrößen im hier betrachteten Bereich

Als ihre Definition der Didaktik formulieren Meyer und Jank (2006), dass diese in Bezug auf das Lernen die folgenden „neun W-Fragen" beantworten würde: „wer [lernt] was, von wem, wann, mit wem, wo, wie, womit und wozu" (a.a.O. S. 14., wobei Meyer und Jank a.a.O. jedoch auf eine graphische Illustration ihrer Definition verzichten). Die bei Meyer und Jank verwendeten Fragewörter und die von Baumgartner thematisierten Kategorien können miteinander überlagert werden: Die Frage nach dem Wer? beträfe die lernende Person, mit wem?: mit dem/der LernhelferIn, wo?: in der Lernumgebung, was?: das in der Lernanforderung thematisierte (das Lernstoffliche, s.o.), wie? / womit?: das Lernwerkzeug (als ggf. elektronisches Hilfsmittel) oder das Lernmaterial (in seiner medialen Repräsentation, s.o.) verwendend (Meyer und Jank definieren das Wie und Womit nicht weiter, sodass keine vollständige Kongruenz mit Baumgartners Kategorien vorliegt). So bleibt bei Meyer/Jank die von Baumgartner explizit aufgeführte „außerdidaktische Umwelt" unberücksichtigt, die jedoch die Lernumgebung umschließt und insofern mit dem Meyer/Jank'schen Fragewort Wo? beschrieben werden kann. Bei Baumgartner bleibt das Meyer/Jank'sche ‚Von Wem?', das ‚Wann?' und das ‚Wozu?' offen, die von Baumgartner nicht explizit als Kategorie aufgenommen werden. (Baumgartner verweist zwar darauf, dass Flechsig, auf dessen Kategorialmodell sein Modell aufbaut, die Lernumgebung als „didaktisch steuerbare Umgebungsbedingungen" definiert, und den Ort, Zeit (somit auch das ‚Wann?') und (von Baumgartner gemutmaßt) auch die Lehrperson (demnach auch das ‚von Wem?') mit einbezieht (a.a.O., S. 104), Baumgartner äußert sich zu der Bedeutung des genannten Begriffs in seinem Modell an dieser Stelle jedoch nicht.)

Bachmann (2014), der im Zusammenhang des von ihm für die Hochschule geforderten „Shift(s) from Teaching to Learning" bezüglich der Kompetenzentwicklung oben bereits genannt wurde, betont den starken Einfluss, den die Prüfungen in der Wahrnehmung der Studierenden habe, indem er feststellt: „Was letztlich in der Prüfung kommt, steuert in nicht unerheblichem Maße die Aufmerksamkeit und das Lernverhalten der Studierenden während des Semesters" (a.a.O., S. 10). Diesbezüglich führen Zellweger, Moser und Jenert in Bachmann (2018) aus, dass die Tendenz, dass häufig nicht gelernt werde, was nicht geprüft wird, sich verstärken würde, je höher die Arbeitsbelastung im und neben dem Studium sei (a.a.O., S. 115 ff.). Es sei an dieser Stelle bemerkt, dass dieser Aspekt der hohen Arbeitsbelastung für die Dualen Hochschulen in verstärktem Maße gelten mag: Am DHBW-Standort im genannten Studiengang müssen in einem Kalenderjahr drei Semesterendprüfungen absolviert werden. Die Vorlesungs-, Prüfungs- und die Praxisphasen sind demnach enger getaktet als an (nicht Dualen) Hochschulen. Unabhängig von der Frage, ob eine wie a.a.O beschriebene Wahrnehmung der Relevanz der Semesterprüfung aus bildungstheoretischer Sicht wünschenswert ist, lässt die Tatsache, dass ein zweimaliges Nichtbestehen einer Prüfung an den meisten Einrichtungen der höheren Bildung zur Exmatrikulation führt, diese Wahrnehmung der Studierenden verständlich erscheinen. Dies aufgreifend, fordern die genannten Autoren in Bachmann (a.a.O., S. 115 ff.) zudem eine hohe „Kohärenz" der Lehr-/Lernziele, der methodischen Umsetzung und der abschließenden Prüfung. Eine solche Kohärenz sollte aus Sicht des Autors unbedingt nicht nur auf die in Bachmann beschriebenen Dimensionen gelten, sondern sollte auf sämtliche Lernmaterialien und deren Relation zur Prüfung ausgeweitet werden und sich in einer vollständigen Transparenz bezüglich des erwarteten Niveaus äußern. Aufgrund der den Lernprozess zeitlich limitierenden und inhaltlich bestimmenden Eigenschaft der Prüfung muss diese aus Sicht des Verfassers ebenfalls in ein Modell der relevanten Einflussgrößen aufgenommen werden. Dabei repräsentiert die Prüfung aus Sicht der Studierenden in ihrer inhaltlichen Dimension die von Meyer/Jank aufgeworfenen Frage nach dem Wozu? und in ihrer zeitlichen Dimension die Frage nach dem (bis spätestens) „Wann?". Die Existenz der weiteren, von den Studierenden zu absolvierenden Prüfungen innerhalb der sog. ‚Prüfungswoche' erfordert von ebenjenen, neben der im Rahmen der Lernstrategien definierten metakognitiven Leistungen, eine zusätzliche Koordinationsleistung zwischen den Anforderungen der einzelnen Modulfächer. Die Wortwahl Holzkamps aufgreifend, erfordert dies von den Lernenden ‚vernünftigerweise' eine Planung und v.a. ebenso ‚vernünftigerweise' eine fortwährende Steuerung des jeweiligen Lernverhaltens, die sich an bestimmten, subjektiv ggf. als unterschiedlich wichtig wahrgenommenen Parametern orientiert.

Die didaktischen Modelle von Flechsig und Baumgartner nennen die Lehrperson nur am Rande (wie oben dargestellt lediglich als Teil der Lernumwelt), was, wie oben dargestellt, einem gewissen Perspektivwechsel weg von der Lehrendenzentriertheit und hin zur Lernendenzentriertheit und demnach eine Abgrenzung vom Didaktischen Dreieck darstellt.

Aus Sicht des Verfassers muss jedoch gerade im Bereich der Hochschule von einem gewissen Einfluss der lehrenden Person ausgegangen werden: Da es im Bereich der Hochschule nicht wie bspw. im Bereich der Schule üblich, rechtlich verbindliche Bildungspläne, zentrale Prüfungen und auf beides abgestimmte Lehrwerke gibt, sind sowohl viele der inhaltlichen (die Konzeption der explizierenden und der anwendenden Lernmaterialien), wie auch alle didaktischen Aspekte unmittelbar von der lehrenden Person abhängig. Im Rahmen dieser Arbeit wird insofern die Lehrende Person als Einflussgröße berücksichtigt, im Duktus nach Meyer und Jank (2006) entspricht sie der Frage nach dem „von wem?".

Der „Lernprozess" wurde in dem hier verwendeten Modell ebenfalls als eigene Einflussgröße hinzugefügt und repräsentiert die zeitliche Manifestation der von den Studierenden angewandten Lernstrategien (vgl. bspw. die Lernstrategieklassifikation nach Wild & Schiefele, 2005, siehe weiter unten). Im Verlauf dieses Lernprozesses finden somit neben den kognitiven v.a. auch die jeweiligen metakognitiven Lernstrategien der Studierenden ihre Anwendung. Aufgrund der Menge und ggf. der Komplexität der Lerninhalte, des engen zeitlichen Rahmens der Prüfungswoche und der dem Lernprozesses immanenten Unvorhersehbarkeiten des jeweiligen Lernfortschritts auch in Zusammenhang mit den anderen, bezüglich des jeweiligen Zeitbudgets konkurrierenden Vorbereitungsphasen der anderen Modulfächer erscheint dieser Aspekt zu wichtig, als dass er lediglich in der didaktischen oder (im Falle der anderen Modulfächer) außerdidaktischen Umwelt berücksichtigt werden könnte. Bezüglich der von Meyer/Jank aufgeworfenen Fragen würde der Lernprozess und die verstärkte Prüfungsvorbereitung die Frage nach dem „[von] Wann?" entsprechen.

Eine weiterer Einflussgröße, die im Rahmen dieser Arbeit mit berücksichtigt werden soll, die aus Sicht des Verfassers zunehmend relevant ist, betrifft mehrere der Mayer/Jank'sche Fragen: Geschuldet der Tatsache, dass mittlerweile auch auf dem Niveau der Hochschule Inhalte von externen Quellen frei ‚über das Internet' verfügbar sind, was, je nach Art der verwendeten Quelle ein „von wem?", „was?", „womit?" oder „wie?" repräsentieren kann, ist davon auszugehen, dass Studierende diese externen Quellen verwenden werden. Sie sollen deshalb von den anderen Dimensionen des Modells abgegrenzt werden, weil sie von der Lehrperson (im Gegensatz zu den Elementen des hybriden Lernarrangements) nicht beeinflussbar sind.

Als begriffliche Unterscheidung von der Definition Baumgartners sollen die von Baumgartner verwendeten Begriffe Lernmaterial und Lernanforderung (vgl. Abbildung 13) für den Rahmen dieser Arbeit anders definiert werden. Baumgartner definiert wie oben erwähnt das Lernmaterial vorwiegend bezüglich seiner medialen Repräsentation und die Lernanforderung als Erweiterung der Flechsig'schen Lernaufgabe, den „Lernauftrag", das „Lernproblem" oder auch einen „selbstgestellten Lernauftrag" mit einschließend. Diese Unterscheidung soll hier nicht getroffen werden. Es soll lediglich der Begriff des Lernmaterials als Oberbegriff verwendet werden, wobei jedoch unterschieden werden soll zwischen explizierendem Lernmaterial einerseits (bspw. Skripte, Lernvideos oder Bücher) und auf Anwendung zielendes Lernmaterial andererseits. Dieses auf Anwendung zielende Lernmaterial können dann Lernaufgaben sein, Aufgabenstellungen, die zum lernenden Erarbeiten der Lerninhalte gedacht sind, Aufgaben aus ‚alten' Klausuren (Altklausuren), (auch Wiederholungsaufgaben, wie sie später noch definiert werden) und Simulationen. Die explizierenden Lernmaterialien entsprechen dann mehr der Frage nach dem „Was?", die auf Anwendung zielenden Lernmaterialien der Frage nach dem „Wie?". (Es sei an dieser Stelle darauf verwiesen, dass die Begriffe, wie bei Baumgartner oder Flechsig auch, stets geringfügige Überschneidungen beinhalten können).

Somit sind die folgenden Einflussgrößen / Dimensionen darstellbar: Die explizierenden oder auf Anwendung zielenden Lernmaterialien (jeweils den Bereich der Inhalte abdeckend) zusammen mit den verwendeten Lernwerkzeugen (die wie bei Baumgartner als definiert sind) ergeben die virtuelle Lernumgebung, die in der Abbildung 14 in dunklerem Blau hinterlegt ist. Wie im folgenden Kapitel 3.5 dargestellt, müssen die Elemente dieser virtuellen Lernumgebung innerhalb ihrer Dimension und zwischen den Dimensionen einen Bezug aufweisen (sie müssen ‚aufeinander abgestimmt' sein, siehe Kapitel 3.5), was in der Abbildung 14 als Doppelpfeil bzw. kreisförmiger Doppelpfeil dargestellt ist. Die virtuelle Lernumgebung repräsentiert somit das Meyer/Jank'sche „Was/wie/womit?". Die Dimension der Vorlesung als vorwiegend die Inhalte explizierende Face-To-Face Veranstaltung bilden zusammen mit der virtuellen Lernumgebung das hybride Lernarrangement. Zusammen mit der ebenfalls inhaltlichen, aber außerhalb dieses hybriden Lernarrangements angesiedelten Dimension der externen Quellen (die sich wie dargestellt dem Einfluss der Lehrperson entziehen) bilden die Co-Lernenden und die Lehrperson, mit denen dem/der Lernenden in (wechselseitigem) Kontakt stehen den Bereich der Lernumgebung. Außerhalb dieser Lernumgebung steht die Prüfung als in der Wahrnehmung der Lernenden zeitlich das Lernen limitierender und die Relevanz der Inhalte definierenden Aspekt und der Lernprozess wie oben beschrieben. Der kreisförmige Pfeil bei der lernenden Person soll die Selbstreflexion (zweiter Stufe, nach Hartmann, 2004, S. 22) im Rahmen der Anwendung metakognitiver Lernstrategien symbolisieren, die im folgenden Kapitel 3.4.2 dargestellt sind.

Implizit in diesem Kategorialmodell berücksichtigt (aber nicht explizit dargestellt), ist die hier nach Holzkamp als immanent angenommen Heterogenität der Gruppe der Lernenden in Bezug auf ihr jeweiliges Lernverhalten. In Anlehnung an Holzkamps „kritische Psychologie", die die Individualität der in ihrem jeweils eigenen Kontext jeweils „vernünftigerweise" handelnden Subjekte hervorhebt (vgl. Holzkamp, 1993, S. 34), wird davon ausgegangen, dass die genannte Heterogenität innerhalb einer Gruppe von Lernenden sich auch auf die folgenden, im Folgenden als „Lernparameter" bezeichneten Aspekte bezieht: Wenn somit individuell unterschiedliche Lernziele, Lerninteressen, Lerngewohnheiten und Lernmotivation der Subjekte vorliegen, werden auch die jeweils angemessene Schrittweite zwischen den einzelnen Lernschritten (in Anlehnung an Piagets

Modell der Assimilation und Akkommodation, vgl. Knoll, 2005, siehe Kapitel 3.3), das Lerntempo, die Lernanlässe bzw. Lerneinstiege, Lernwege (welche Lernmaterialien bevorzugt verwendet werden) sprich die Art, Frequenz und Intensität der Nutzung von Lernangeboten durch die einzelnen Subjekte sich unterscheiden.

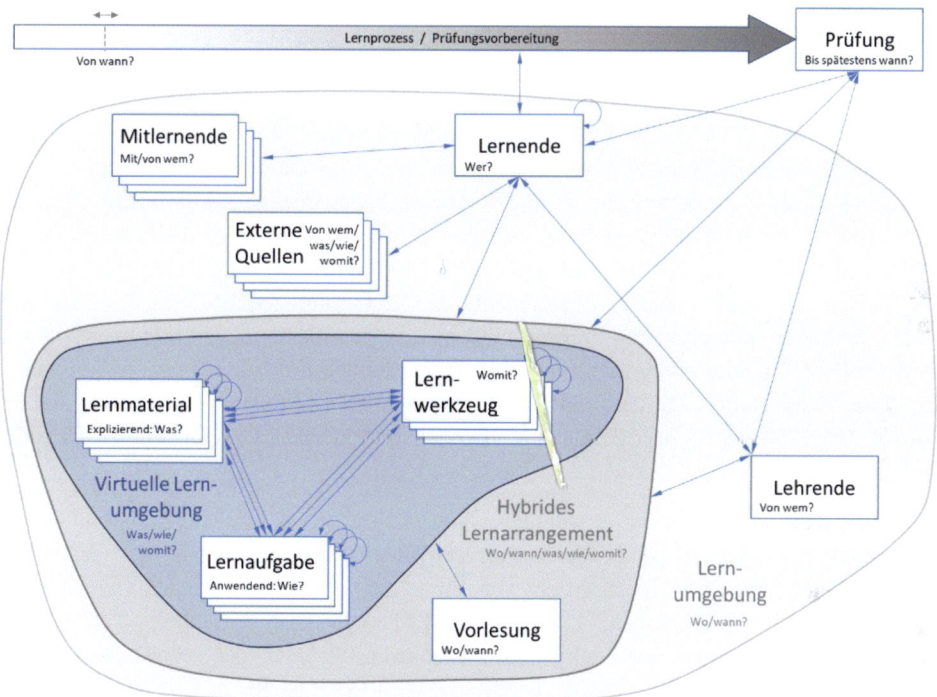

Abbildung 14. Strukturmodell der didaktisch relevanten Einflussgrößen im hier betrachteten Bereich, eigene Darstellung

Es sei an dieser Stelle ebenfalls ergänzt, dass bspw. das von Robertson (2007) nach Engeström (2001) abgeleitete Modell der „Activity Theory für E-Learning-Situationen", das zunächst lediglich vier Dimensionen enthält (das „subject", das „object", das „tool" und der „outcome") an das oben dargestellte Strukturmodell anschlussfähig ist. Aus Sicht des Verfassers unterscheiden sie sich lediglich in der Granularität der Begriffe auf der jeweils obersten Beschreibungsebene. Das von Robertson definierte „subject", das a.a.O. mit der Frage „wer führt die Aktivität aus?" beschrieben wird, entspräche dann den Dimensionen Lernende, Mitlernende, Lehrperson. Das von Robertson definierte „tool", das a.a.O. mit der

Frage „mit welchen Mitteln wird die Aktivität ausgeführt?" beschrieben wird, entspräche den Dimensionen der beiden Lernmaterialien und des Lernwerkzeugs (das der diese drei Dimensionen umfassenden virtuellen Lernumgebung entspricht). Das „outcome" als gewünschtes Ergebnis der Aktivität entspräche dann der bestandenen Prüfung oder dem erfolgten Lernprozess, der erlangten Kompetenz oder unter welchem Fokus auch immer das Lernergebnis beschrieben werden mag und das von Robertson definierte „object" könnte dieser Zuordnung entsprechend dem Lernen entsprechen.

Verwendung des Strukturmodells der didaktisch relevanten Einflussgrößen

Den Dimensionen des Modells sind potenzielle Interrelationen (als Doppelpfeile) zugeordnet (die jedoch auch unidirektional sein oder entfallen können), sodass nicht alle kombinatorisch möglichen (Inter-)Relationen die gleiche Relevanz zugesprochen wird. Jedem dieser so definierten (Inter-Relationen wohnen gewisse Störpotenziale inne, die aus Sicht der Studierenden den durch die Kategorie ‚Prüfung' zeitlich begrenzten Lernprozess (möglicherweise stark negativ) beeinflussen und ggf. zum „Nicht-Lernen" bestimmter Inhalte beitragen können, deren Folge das Nicht-Bestehen bestimmter Prüfungen und ggf. auch der freiwillig oder zwangsweise vollzogene Studienabbruch sein können. Insofern kann das oben dargestellte „Strukturmodell der relevanten Einflussgrößen" auch als ein theoretischer Rahmen zu dem von Deuer und Wild (2018) vorgeschlagenen „Erklärungsmodell für Studienabbrüche" gesehen werden.

Im Sinne der oben bereits erwähnten, von Baumgartner einem Kategorialmodell zugewiesener Funktion, kann das hier verwendete „Strukturmodelle der relevanten Einflussgrößen" für die Konstruktion von Lernarrangements verwendet werden. Den potenziellen (Inter-)Relationen können Empfehlungen zur Gestaltung von Lehr-Lernsituationen wie bspw. aus Renkl (2001), Clausen (2002), Helmke (2003), Duit (2006), Leuders (2011), Bachmann (2018), Fauth und Leuders (2018) und Trautwein (2018) zugewiesen werden, die in Tabelle 20 dargestellt sind (ausführlicher hierzu in Kapitel 0), um bspw. auf deren Basis für den hier betrachteten Bildungsbereich potenzielle Anforderungen an eine Lehr-Lernsituation formulieren zu können. In gleicher Weise kann das Modell auch, wie von Baumgartner ebenfalls vorgeschlagen, s.o., für die retrospektive Analyse von Lernarrangements verwendet werden.

3.4.2 Lernstrategien

„Klassische" Lernstrategien

Aus Sicht des Verfassers ergeben sich bezüglich der Anwendung der jeweiligen Lernstrategien und somit auch bezüglich des jeweiligen Lernverhaltens für die Studierenden des hier betrachteten Bereichs unter gewissen Umständen bestimmte Schwierigkeit, weshalb die Lernstrategien für den betrachteten Bereich reflektiert werden sollen. Bezüglich der Lernstrategien wurden von verschiedenen Autoren Systematiken entwickelt, wobei meist zwischen kognitiven und metakognitiven Strategien unterschieden wird, vgl. Straka in Mandl (2006, S. 391 f.), auf Weinstein und Pintrich Bezug nehmend. In vielen neueren Systematiken wird zudem der Bereich der Nutzung bzw. des Managements von Ressourcen mitberücksichtigt, vgl. Van der Stoep & Pintrich 1993 in Mandl (2006, S. 392 ff.). In Wild (2005, S. 194 ff) sind diese drei Bereiche der Kognition, der Metakognition und des Ressourcenmanagement ebenfalls aufgegriffen. Neben diesen beiden „Dimensionen" der Kognition und des Ressourcenmanagements verweist Strata in Mandl (2006, S. 394 f.) auf eine dritte Dimension, die der Motivation, die Van der Stoep und Pintrich in ihre Definition der Lernstrategien aufnehmen. Da bspw. die dort dargestellte weitere Aufteilung der Dimension der Motivation aus Sicht des Verfassers keine weitere Relevanz für diese Arbeit mit sich bringt, soll die Systematik von Wild 2005 als Referenzpunkt dienen, der in Abbildung 15 dargestellt ist. Egal welche dieser Lernstrategie-Systematiken jedoch gewählt wird, für den hier betrachteten Bereich bleibt auf dem Niveau der einzelnen Aufgabe nur eine Strategie übrig: die der Elaboration. Alle anderen in Abbildung 15 dargestellten Lernstrategie sind für vorgegebene Übungsaufgaben entweder nicht sinnvoll oder finden auf einer anderen (Meta-)Ebene statt. Demnach muss für diese Zwecke ein anderes, auf den hier betrachteten Bereich übertragbares Verständnis dieser Lernstrategien gefunden werden.

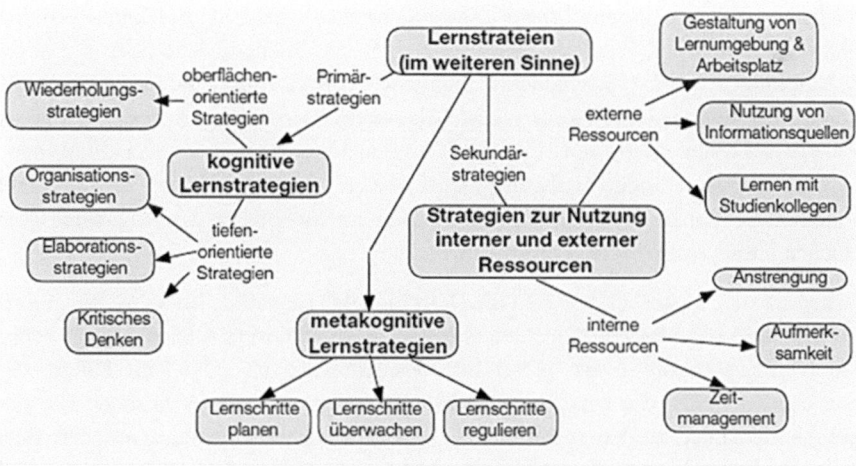

Abbildung 15.   „Übersicht einer Lernstrategieklassifikation nach Wild &
              Schiefele", entnommen aus Wild (2005, S. 194)

Rückgriff auf Holzkamp

Auch wenn Holzkamp (1993, S. 211) Lernsituationen, die durch Bildungseinrichtungen vorgegeben werden, grundsätzlich nicht „eo ipso" als Lernproblematiken im subjektwissenschaftlichen Sinn anerkennt (da diese den Standpunkt des Lernsubjekts „eliminieren" würden), können die Beispiele zu den von ihm vorgeschlagenen (und a.a.O. so bezeichneten) „Lerntaktiken" oder zu den ihnen übergeordneten „Lernstrategien" aus Sicht des Verfassers dieser Arbeit auf die hier betrachtete Situation übertagen werden. Holzkamps subjektbezogene Re-Interpretation der Lerntheorie sei aus diesem Grunde an dieser Stelle kurz aufgegriffen:

Nach Holzkamp werden beim intentionellen Lernen durch das jeweilige Lernsubjekt die eine Lernhandlung auslösende Handlungsproblematik unter „Suspendierung" des direkten Zielbezugs als Lernproblematik ausgegliedert (a.a.O., S, 183 ff.). Diese Lernproblematik entspricht einer (idealerweise nur vorübergehenden) „Festgefahrenheit" im Prozess des Durchdringens ebendieser Lernproblematik. Holzkamp führt diesbezüglich aus: „ich halte - da ich bei der Problembewältigung auf direktem Wegen nicht weitergekommen bin - quasi erst einmal inne, versuche Übersicht und Distanz zu gewinnen, um herausfinden zu können, wodurch die Schwierigkeiten entstanden sind und auf welche Weise ich sie lernend überwinden kann". Nach Holzkamp entsprächen „qualitative Lernsprünge" „inhaltlichen Widersprüchen zwischen dem aktuell erreichten Stand und dem sich andeutenden möglichen Stand des Gegenstandsaufschlusses".

Hierbei würden „durch Dezentrierung, Standpunktwechsel [oder] gedankliche Variation neue Aspekte zur Überwindung [dieser] Festgefahrenheit" gesucht. Holzkamp hebt hierbei vor allem das Mittel der Wiederholung und zudem verschiedene Arten der Variation der Bezugshandlung in Form verschiedener möglicher Lernhandlung hervor, deren Auswahl durch das Lernsubjekt jedoch jeweils „vernünftigerweise" zu erfolgen hätten. Als eine solche ausgegliederte Lernhandlung mit direktem Zusammenhang zur Bezugshandlung nennt er bspw. das langsame oder teilweise Durchgehen der ebendieser Bezugshandlung ausgegliederten Lernhandlung (a.a.O., S. 186) und bezeichnet bspw. ein langsames Üben als [in manchen Fällen sinnvolles] „Lernprinzip".

Abgesehen von der Tatsache, dass sich die Definition des Begriffs „Strategie" bei Holzkamp und z.B. bei Wild in gewissem Maße unterscheidet, besteht den Beispielen zufolge doch eine gewisse Übereinstimmung: das Mittel der Wiederholung ist in beiden Fällen explizit erwähnt, ebenso weisen die verschiedenen Möglichkeiten der z.B. Wild'schen Elaboration gewisse Ähnlichkeiten zu den gedanklichen Variationen nach Holzkamp auf. Die Begriffe weiter präzisierend, können bezüglich des Mittels der Wiederholung zur Überwindung solcher „qualitativer Lernsprünge" nach Holzkamp bspw. die ausgegliederte Lernhandlung als Ganzes oder in Sequenzen wiederholt werden. Bezüglich der Variation könnte nach Holzkamp ggf. eine Verlangsamung der Handlung oder eine Vereinfachung im Sinne der

Reduktion der Komplexität/Kompliziertheit der Lernhandlung angestrebt werden, sofern dies durch das Lernsubjekt für die konkrete Lernhandlung als vielversprechend erachtet wird.

Wenn Übungsaufgaben „qualitative Lernsprünge" oder subjektiv empfundene Komplexitätssprünge enthalten, können diese Übungsaufgaben demnach, sich an den mitgelieferten Lösungswegen orientierend, zunächst nachvollzogen und wiederholt oder als Variation (bspw. mit anderen Zahlen, im Leuders'schen Sinne „sinnstiftend"-explorativ z.B. mit verdoppelten oder halbierten Eingangswerten oder ggf. mit Stoppuhr unter Zeitdruck mit einem gewissen „Drill-Aspekt") erneut berechnet (elaboriert) werden.

Sind die genannten Komplexitätssprünge bei der Bearbeitung dieser Übungsaufgaben jedoch subjektiv zu groß, greifen *sämtliche* der hier genannten „Strategien", „Taktiken" oder „Prinzipien" ins Leere: Holzkamp beschreibt diesbezüglich einen „kritischen Punkt", an dem durch Fortführung des gleichen Lernprinzips ggf. kein Lernfortschritt zu erzielen ist (a.a.O., S. 242 ff.). Konkret auf den hier betrachten Bereich übertragen: Sieht sich das Lernsubjekt einer Übungsaufgabe gegenüber, deren „Musterlösung" es nicht nachvollziehen kann (oder bezüglich derer gar keine explizierte Musterlösung vorliegt), in die es demnach keinen Einstieg oder zu deren Lösung es keinen initialen Ansatz findet, bei der es stecken bleibt oder „im Kreis" rechnet, so kann das Lernsubjekt diese Aufgabe (die es noch gar nicht verstanden oder allenfalls lediglich fehlerhaft ausgeführt hat) nicht wiederholen. Die lernende Person kann ebenso wenig langsamer oder in Sequenzen rechnen, sie kann intentional keine für die Lösung hilfreiche Variationen durchführen, sie kann auch die Komplexität der Aufgabe nicht intentional verringern, *eben weil* das Lernsubjekt offensichtlich von der Weite des Komplexitätssprungs überfordert ist. Sie kann demnach auch die Stellschrauben, die die Komplexität verringern könnten, nicht erkennen und sie demnach nicht betätigen. Holzkamp beschreibt (a.a.O., S. 212), dass ein bestimmter Lerngegenstand „notwendig zunächst nur in reduzierter Weise – unvollständig, oberflächlich, undifferenziert u.ä. – ausgegliedert" werden kann.

Im Falle der durch das Lernsubjekt empfundenen (vorübergehenden oder permanenten) Festgefahrenheit kann diese lediglich unter Rückgriff auf die nach Wild dargestellten „Strategien zur Nutzung externer Ressourcen", demnach durch „Nutzen von externen Informationsquellen" oder „Lernen mit Studienkollegen" aufgelöst werden, vgl. Abbildung 15 nach Wild (2005), rechter Bereich. Trägt jedoch auch diese Strategie nicht zum Überwinden der Festgefahrenheit bei (beispielsweise, weil auch die Erklärung als zu komplex empfunden wird, es keine Erklärung gibt, die „Studienkollegen" sich nicht konstruktiv äußern können oder wollen), liegt in Bezug auf diese Übungsaufgabe eine für das Lernsubjekt nicht überwindbare Lernblockade vor. Die einzige Möglichkeit, dieses Szenario zu vermeiden, ist demnach das Angebot einer reduzierten Komplexität als Zwischenstufe, oder generell die in kleineren Abstufungen dosierte und an die Lernsubjekte in gewisser Weise angepasste Steigerung der Komplexität, die jedoch ausschließlich von der Lehrperson in ihrer Rolle als Experte/Expertin geleistet werden kann.

Eine Lernumgebung müsste demnach für die unterschiedlichen Bedürfnisse der Studierenden verschieden große und aufeinander abgestimmte Komplexitätssprünge bereithalten, um eine „Festgefahrenheit" zu vermeiden und um einen Rückgriff auf geringere Komplexitätssprünge zu erlauben, falls sich der Zustand der Festgefahrenheit eingestellt haben sollte. Ob diese Festgefahrenheit an den betrachteten Einrichtungen überhaupt real existiert und ob es ferner möglich ist, dieser didaktisch entgegenzuwirken soll durch den empirischen Teil, insbesondere im Untersuchungsteilen 1 und 3 dieser Arbeit beleuchtet werden.

3.4.3   Schwierigkeitserzeugende Merkmale

Als Folge der von Holzkamp postulierten Subjekthaftigkeit des Lernens und der in Kapitel 3.1.1 genannten Forderung nach einer ‚dosierten Diskrepanz' zwischen jeweils Neuem und Bekanntem (nach Heckhausen (1989) in Edelmann, 2000, S. 247) rückt die Frage nach einer jeweils individuell angemessenen Portionierung bzw. Sequenzierung der Lernschritte und der sinnvollen Gestaltung des Lernmaterials in das Zentrum des Interesses. Diese Definition einer (bspw. in Deinet (2014, S. 20 f.) explizierten, an Wygotski angelehnten) „Zone der proximalen Entwicklung", setzt die Definition der Schwierigkeit der zu bewältigenden Aufgaben voraus. Die Operationalisierung des Begriffs der Schwierigkeit physikalischer, mathematischer oder technischer Aufgabenstellung stellt sich aktuell jedoch als wenig einheitlich bzw. teilweise widersprüchlich dar. Sowohl aus der im Schulbereich gängigen, von Anderson/Krathwohl (2001) eingeführten und auf Bloom beruhenden „Taxonomie der Lernziele", aus deren Variation durch Zech (1996) für den Bereich der Mathematikdidaktik wie auch aus dem in der Physikdidaktik verwendeten ‚dreidimensionale Kompetenzmodell' nach Kauertz (2010) sind lediglich Teilaspekte übertragbar, das Konzept „schwierigkeitserzeugender" Elemente können bspw. jedoch aus der Definition der kognitiven Prozesse nach Kauertz übernommen werden (siehe Kirchner et al., 2015).

In diesem Unterkapitel soll der Begriff der „Schwierigkeit" für den Rahmen dieser Arbeit definiert werden. Es sei zunächst festgestellt, dass, wie unten dargestellt, die Schwierigkeit nicht ausschließlich an die Begriffe der sich erhöhenden Kompliziertheit oder Komplexität, wie sie oben nach Knoll verwendet wurden, gebunden ist. Zudem sind die beiden Begriffe in der in Kapitel 3.3 dargestellten Definition Knolls stark mit dem Begriff der Assimilation resp. der Akkommodation assoziiert, die aber bei der Bestimmung der Schwierigkeit nicht immer geeignet erscheinen. Auch die von Krathwohl erweiterten und auf Anderson zurückgehenden Lernzieltaxonomien lassen im hier betrachteten

Bereich aus Sicht des Verfassers keine geeigneten Ableitungen zu. Im Modell nach Anderson/Krathwohl werden vier Wissensdimensionen (Faktenwissen, Begriffliches Wissen, Verfahrensorientiertes Wissen und Metakognitives Wissen" den insgesamt sechs „kognitiven Prozessdimensionen" Erinnern, Verstehen, Anwenden, Analysieren, Bewerten und (Er-)schaffen als „Lernzielkategorien" zugeordnet, wobei dies in den bildlichen Darstellungen meist in Form einer Matrix erfolgt, in der vier Wissensdimensionen die Zeilen und die sechs Prozessdimensionen die Spalten bezeichnen (in Preußler (2008, S. 53) ist die ebd. dargestellte, von Schobel und Hold übersetzte „Taxonomiematrix" von Anderson/Krathwohl auf das Jahr 2004 datiert). Wie in Preußler (2008, S. 53 ff.) weiter ausgeführt, wurden diese sechs Prozessdimensionen (die a.a.O. auch als Lernzielkategorien bezeichnet werden) von Krathwohl jeweils in Subkategorien eingeteilt. Die Zusammenführung dieser drei Aspekte ist in Tabelle 14 illustriert.

Tabelle 14. Lernzielkategorien und Subkategorien nach Krathwohl, zusammengefasst durch den Verfasser, nach Preußler (2008, S. 53 ff.)

	Prozessdimension					
Lernziel-kategorien	Erinnern	Verstehen	Anwen-den	Analysieren	Be-werten	(Er-)Schaffen
Definition	Abrufen von relevan-tem Wissen	Bedeutung oder Intention verstehen?	Aus-führen von be-stimm-ten Ver-fahren	Bestand-teile zerlegen und über-geordnete Strukturen erkennen	Beurtei-len auf-grund von Stan-dards	Das Zusam-menführen von Elementen zu einem neuen „Produkt"
Sub-kategorien	Erkennen; Ins Gedächtnis rufen	Interpretieren; Veranschaulichen; Klassifizieren; Zusammenfassen; Folgern; Vergleichen; Erklären	Ausführen; Implementieren	Differenzieren; Organisieren; Kennzeichnen	Überprüfen; Kritisieren	Generieren; Planen; Produzieren

Die oben dargestellten sechs Lernzielkategorien (und auch ihre weiteren Differenzierungen in Subkategorien) sind zwar in gewisser Weise bezüglich ihres kognitiven Anspruchs hierarchisch angeordnet (sie korrespondieren bspw. mit der nach Bachmann dargestellten, ebenfalls hierarchisch angeordneten „Kompetenztreppe", vgl. Kapitel 3.2, Abbildung 9). Allerdings ergeben diese sechs Abstufungen im hier betrachteten Bereich entweder keinen Sinn oder sie sind lediglich innerhalb eines begrenzten Gedankengangs z.B. *einer* konkreten Aufgabe hierarchisierend, nicht aber in Bezug auf mehrere Aufgaben oder bezüglich der Inhalte eines ganzen Modulfaches. Konkret: Es wird von Studierenden im betrachten Bereich nicht verlangt, „Faktenwissen" oder „begriffliches Wissen" (Wissensdimension) zu „nennen" oder zu „erklären" (Prozessdimension). Die Studierenden sollen Bauteile Dimensionieren, Tragfähigkeiten berechnen etc. was die in den sechs Prozessdimensionen verwendeten Begriffe der Analyse und der Bewertung gleichermaßen beinhaltet wie die Begriffe des Verstehens und Anwendens. Um die Schwierigkeit einer Aufgabe im hier betrachteten Bereich bestimmen zu können, müssen also zunächst schwierigkeitserzeugende Elemente definiert werden.

Definition der Schwierigkeit im Rahmen dieser Arbeit

Im Rahmen dieser Arbeit wurde das folgende, einfache System zur hierarchischen Klassifizierung der Schwierigkeiten der Übungsaufgaben verwendet, das vom Verfasser dieser Arbeit erstellt wurde. Es ist aus der Perspektive verfasst, dass Lernaufgaben eines „Themas" (wie z.B. dem Thema „Zugbeanspruchung") von der die Aufgabe erstellenden Person unterschiedlich gestaltet werden können. Bei Lernaufgaben aus dem physikalisch-technischen Bereich ist der Lösungsweg einer Aufgabe (1) stets mit einem gewissen mathematischen Anspruch verbunden, der unterschiedlich hoch sein kann. Es kann ferner (2) der fachliche Anspruch (das physikalisch-technische Konzept) der Aufgabe unterschiedlich hoch sein, zum dritten kann die (3) Schwierigkeit der Aufgabe aber auch bspw. durch die mehr oder weniger stark ausgeprägte Führung innerhalb der Aufgabenstellung erzeugt werden. Dies sei im Folgenden expliziert (und in Tabelle 15 illustriert).

Bezüglich des mathematischen Anspruchs (1) ist das bloße Einsetzen von gegebenen Zahlenwerten in eine Formel von geringerem Anspruch als bspw. das Umstellen einer Gleichung nach einer im Nenner eines Bruchs befindlichen Summanden, vgl. Dimension Mathematischer Anspruch in Tabelle 15. Es kann auch durch die Formulierung innerhalb der Aufgabenstellung (3) gezielt und explizit nach jedem zu vollziehenden Teilschritt gefragt werden (Bestimmen Sie a) zunächst den Durchmesser, berechnen Sie daraus b) die Fläche und daraus anschließend c) die Spannung, wenn die Kraft F…) oder es kann auch nur die abschließende Frage gestellt werden, die von der die Aufgaben lösenden Person eine eigenständige Aufschlüsselung der Teilschritte fordert. Zudem kann auch bezüglich des fachlichen Anspruchs (2) unterschiedlich schwierige physikalische Konzepte abgefragt werden: Ein Spannungsnachweis ist anspruchsvoller (hier: im Knoll'schen Sinne komplexer) als die bloße Berechnung einer Spannung, da in ersterem Fall auch das physikalisch-technische Konzept der zulässigen Spannung verstanden worden sein und in Relation gesetzt werden muss zum Konzept der ‚vorliegenden Spannung'.

Es lassen sich ggf. noch weitere Aspekte finden, anhand derer die Schwierigkeit einer Aufgabe variiert werden kann (es sei auf die Extraneous Cognitive Load in multimedial gestellten Aufgaben nach Mayer (2014) verwiesen). Das hier dargestellte Schema soll zudem weder eine genaue Bestimmung der Schwierigkeit im Sinne einer genauen „Berechnung"

Tabelle 15. Vorlage zur Bestimmung von Schwierigkeiten einer Aufgabe innerhalb eines Themenfeldes inkl. Beispiele für das Thema Zugbeanspruchung

| | | Schwierigkeit der Aufgabenstellung in Bezug auf ein zu definierendes Zielniveau eines Kurses | | |
| | | eher einfach | eher mittel | eher schwierig |
Mögliche Dimension	Beschreibung bzw. Formel	Formuliertes Beispiel bzw. Aufgabenbeispiel		
Mathematischer Anspruch	z.B. Annahme, dass die Umformung einer Formel unterschiedlich schwierig sein kann.	Zahlenwerte einsetzen in eine gegebene Formel	Nach einer Variablen als Teil eines Terms im Nenner auflösen	Nach einer Variablen als Teil eines Terms im Nenner auflösen unter Verwendung der Zusatzbedingung D_a als Funktion von D_i
	Definition Spannung als Kraft pro Fläche: $\sigma = F / A$	F = 100 N, A = 40 mm², Berechnen Sie die Spannung σ	$D_a = 20$ mm, F = 2 kN, $\sigma = 84$ N/mm² Berechnen Sie D_i	F = 2 kN, $\sigma = 84$ N/mm² Berechnen Sie für ein Kreisringprofil die Durchmesser D_a und D_i, wenn $D_a = 2 D_i$ gelten soll.
Ausmaß der Vorgabe des Lösungswegs in der Fragestellung	Annahme, dass die Aufgabe schwieriger ist, wenn nach zur Lösung relevanten Teilschritten nicht explizit gefragt wird.	Nach der Fläche wird explizit gefragt, diese ist Teil der Gesamtlösung	Nach einer zur Lösung erforderlichen Variablen wird nicht explizit gefragt	Nach mehreren zur Lösung erforderlichen Variablen wird nicht explizit gefragt
	Definition Spannung als Kraft pro Fläche: $\sigma = F / A$, kreisrunder Querschnitt	F = 100 N, D = 20 mm, Berechnen Sie zuerst die Fläche A, dann die Spannung σ	F = 100 N, D = 20 mm, Berechnen Sie die Spannung σ	m = 10 kg, D = 20 mm, Berechnen Sie die Spannung σ
Fachlicher Anspruch	z.B. Annahme, dass eine Dimensionierung schwieriger zu bewerkstelligen ist als eine Spannungsberechnung bzw. ein Spannungsnachweis	Spannung berechnen: Zahlenwerte mehr oder weniger einsetzen	Spannungsnachweis: Vergleich zwischen vorliegender Spannung und Werkstoff/Sicherheit	Dimensionierungsaufgabe: Berechnung einer Längendimension anhand des Vergleichs Vorliegende Spannung und Werkstoff / Sicherheit
	$\sigma = F / A$ bzw. $F / A < R_e / S_F$	F = 100 N, A = 40 mm², Berechnen Sie die Spannung σ	F = 100 N, A = 40 mm², $R_e = 180$ MPa, $S_F = 1{,}5$ Führen Sie den Spannungsnachweis.	F = 100 N, Kreisprofil $R_e = 180$ MPa, $S_F = 1{,}5$ Berechnen Sie den erforderlichen Durchmesser D

ermöglichen noch sollte hier ein abschließendes Konzept zur Bestimmung der Aufgabenschwierigkeit erstellt werden. Das dargestellte Schema sollte aber im Rahmen dieser Arbeit als Hilfe dienen, die besagten Schwierigkeit einer Aufgabe bei deren Planung einzuschätzen und auch die Binnenverteilung der Schwierigkeiten der einzelnen Aufgaben innerhalb eines Themas zu prüfen.

3.5 Darstellung der Fachdidaktiken

Die hier dargestellte Lehr-Lernsituation soll Studierenden der Dualen Hochschule das Erlernen physikalisch-technische Zusammenhänge im Fach Technischen Mechanik ermöglichen. Wie bereits in Kapitel 2.3.3.1 erwähnt, konstatiert Tenberg in Zinn et al. (2018), dass die „Technikdidaktik" im Bereich der Hochschullehre nur sehr unscharf expliziert sei (a.a.O., S. 13). Insofern soll im Rahmen dieser Arbeit die hierbei anzuwendende Didaktik, die unter anderem sowohl das Wesen der fachlichen Lerninhalte, deren Komplexitätsgrad wie auch die kognitiven Fähigkeiten der Lernenden mitberücksichtigen muss, unter Bezugnahme auf verwandte Bereiche der Didaktik hergeleitet werden. Abgesehen davon sollen die Ausführungen in diesem Kapitel den Blick weiten auf einige, in anderen Teilbereichen der Didaktik getroffene Ableitungen. Bei dieser Suche nach potenziell geeigneten Aspekten der Didaktik für den hier verfolgten Zweck wurden verschiedene Quellen genutzt, die im Folgenden überblicksartig beschrieben werden. Dabei werden Erkenntnisse aus verschiedenen Bereichen der Bildung zusammengefasst, auf Schnittmengen und sinnvolle Möglichkeiten der Ableitungen für den hier betrachteten Bereich überprüft. Es sei darauf verwiesen, dass erste, allgemeine didaktische Ableitungen bereits in Kapitel 3.2.5 aus der Darstellung des Kompetenzbegriffs erfolgten.

Die im gesamten Kapitel 3.5 diskutierten Aspekte und Kriterien sind im Abschnitt 3.5.6 in der dort dargestellten Tabelle 20 zusammengefasst. Sie stellt die von den jeweiligen Autoren proklamierten ‚Aspekte guter Vermittlung' bzw. ‚Kriterien intelligenter Übungsaufgaben' dar, an denen sich bei der Ausgestaltung der Lehr-Lernumgebung orientiert wurde.

3.5.1 Unterrichtsqualität und Unterrichtskonzeptionen nach Clausen

Clausen (2002) betrachtet im Rahmen der TIMS-Studie (es handelt sich hierbei um eine in verschiedenen europäischen Ländern durchgeführte Videostudie zur Vermittlung mathematischer Kenntnisse der 8. Schulklasse in verschiedenen Schularten) die Beurteilung der Unterrichtsqualität aus verschiedenen Perspektiven. Insofern steht Clausen vor dem Problem, die Aspekte der Unterrichtsqualität einer Vielzahl von Unterrichtskonzeptionen der jeweils unterrichtenden Lehrenden zu erfassen. Um einen Zugang zu der Beurteilung der Unterrichtsqualität zu finden, unternimmt er den Versuch, zunächst verschiedene Unterrichtskonzeptionen primär intendierten Unterrichtsziele zuzuschreiben.

3.5.1.1   Das Metakonstrukt der Unterrichtsqualität und Aspekte guten Unterrichts

Als Grundlage für das „Metakonstrukt Unterrichtsqualität" übernimmt Clausen (2002, S. 15 ff.) zunächst die von ihm so bezeichnete „pragmatische Definition von Unterrichtsqualität" von Weinert, Schrader und Helmke (Clausen gibt diesbezüglich 1989, S. 899 als Referenz an), die die ‚Leistungsförderung als zentrales Kriterium' der Unterrichtsqualität ansehe. Clausen führt jedoch aus, dass im Zusammenhang mit der Frage, was „guter Unterricht" sei (vor allem „hinsichtlich welcher Kriterien [...] dieser Unterricht gut" sei), die Betrachtung „guten Unterrichts" generell einer Wertung entspräche, die über eine Beschreibung von Eigenschaften (Qualitäten) hinausgehe, die auch pädagogische Norm- und Wertvorstellungen einschließen würde und die auch von der jeweiligen Unterrichtskonzeption abhinge. Diesen einzelnen pädagogisch-didaktischen Unterrichtskonzeptionen und den ihnen zugrundeliegenden theoretischen Ansätzen ließen sich demnach verschiedene ‚primär intendierte' Zielsetzungen zuweisen. Sich auf Baumert, Schmitz & Sang, Röder, Gruehn sowie Weinert berufend, unterscheidet Clausen a.a.O. fünf dieser primär intendierten Zielsetzungen: (1) die Effektivität des Unterrichts, (2) die kognitive Aktivierung, (3) die Förderung des Selbstkonzeptes und der Selbstwirksamkeit, (4) die Förderung des sozialen Lernens und (5) die Divergenzminderung. Clausen unternimmt den Versuch (a.a.O. S. 15 ff.), diesen fünf primär intendierten Zielrichtungen „in idealtypischer Weise" verschiedene pädagogisch-didaktische Unterrichtskonzeptionen und deren theoretische Ansätze zuzuweisen, schränkt jedoch ein, dass dies lediglich prototypisch erfolge und dass in der konkreten Unterrichtspraxis die vorgestellten Unterrichtsformen selten in Reinform vorzufinden seien (a.a.O. S. 22). Beispiele dieser prototypischen Zuweisungen sind in Tabelle 16 aufgeführt. Dieser Zuordnung zufolge könne bspw. eine kognitive Aktivierung durch das Unterrichtskonzept der Verwendung anspruchsvoller Übungsaufgaben erreicht werden, vgl. Zeile (2).

Von dieser sehr zugespitzten prototypischen Zuweisung jeweils nur eines primären Zieles zu einer Konzeption abweichend sei in Bezug auf das hier vorliegende hybride Lernarrangement als Blended-Learning-Konzept aus Vorlesung und virtueller Lernumgebung konstatiert, dass aus der von Clausen unternommenen Einteilung vor allem die genannten Aspekte (1) die Effektivität, (2) die Kognitiven Aktivierung sowie Teile des Aspektes (3) der Förderung des

Selbstkonzeptes und der Selbstwirksamkeit relevant erscheinen. Diese drei Aspekte sollen hier kurz expliziert werden.

Tabelle 16. Zuweisung ‚primär intendierter Zielsetzungen' und beispielhafte Unterrichtskonzeptionen nach Clausen, (2002, S. 15 ff.)

Lfd. Nr.	Primär intendierte Zielsetzung	Beispielhafte Unterrichtskonzeption
(1)	Effektivität des Unterrichts	Direkte Instruktion
(2)	Kognitive Aktivierung	Konzept der Verwendung anspruchsvoller Übungsaufgaben
(3)	Förderung des Selbstkonzeptes und der Selbstwirksamkeit	Konzept der Bezugsnormorientierung
(4)	Förderung des sozialen Lernens	Offene Unterrichtsformen z.B. nach Montessori
(5)	Divergenzminderung	Mastery Learning

(1) Das intendierte Ziel der Effektivität

Im Gegensatz zu den weiter unten genannten Autoren (bspw. Duit (2006) unter Bezugnahme auf Meyer (2004), vgl. Tabelle 20) die ebenfalls eine „intensive Nutzung der Lernzeit" im Unterricht fordern, impliziert der bei Clausen verwendete Begriff der ‚Effektivität' eine intensive Zeitnutzung im Sinne eines ‚Nutzens pro Aufwand', die im Rahmen dieser Arbeit als relevant erachtet wird. Die von Clausen prototypisch zugewiesenen Unterrichtskonzeption der ‚direkten Instruktion' beschreibt Clausen a.a.O. (S. 16), auf Rosenshine (1979) verweisend, die Optimierung des Lern-Prozesses durch ein hohes Maß an Lenkung durch die Lehrperson zu, deren Wirksamkeit in zahlreichen Studien aus dem angloamerikanischen Raum bewiesen worden sei. Sie scheint dem Konzept der Vorlesung sehr ähnlich. Clausen differenziert bezüglich der von ihm proklamierten Effektivität weitere Merkmale bzw. „Kernelemente" einer so gestalteten Lernveranstaltung, die in Tabelle 17 dargestellt sind. Kernelemente der Effektivität die im Rahmen dieser Arbeit als sinnvoll erachtet werden, ist die Zeitnutzung (1a), die Klarheit (1b), die Strukturiertheit (1c), die Vorhersehbarkeit (1d), (a.a.O. S. 17). Diese Kernelemente hätten das Ziel, die „aktive Lernzeit zu maximieren und damit ein günstiges Verhältnis von tatsächlich aufgewendeter Lernzeit zur benötigten Lernzeit zu gewährleisten" um so einen „hohen Lernzuwachs [...] zu erreichen" (a.a.O., S. 17). In Anlehnung an Rosenshine 1979 und Carol 1963 betont Clausen zudem ein „angemessenes Pacing" (1f) und umschreibt damit ein „zügiges Voranschreiten im Unterricht, ohne die Schüler dabei zu überfordern oder zu unterfordern". Die Resultate der anderen Autoren vergleichend können die genannten Aspekte in Tabelle 20 den Clustern 1, 2, 3, 13 und 16 zugeordnet werden.

Tabelle 17. Kernelemente der Effektivität nach Clausen (2002, S. 16 f.)

Lfd. Nr.	Cluster	Lfd. Nr.	Kernelemente
(1)	Effektivität des Unterrichts	(1a)	Zeitnutzung
		(1b)	Klarheit
		(1c)	Strukturiertheit
		(1d)	Vorhersehbarkeit
		(1e)	Lernzielkontrolle bzw. Fördern & Fordern
		(1f)	Pacing

Diese von Clausen formulierten Merkmale der starken Lenkung durch die Lehrperson entspricht dem von Holzkamp definierten und kritisierten defensiven Lernen. Zudem wirft diese Formulierung, vor allem in Kombination mit dem weiteren Mittel des ‚zügigen Voranschreitens im Unterricht‘ […] ohne die Schüler*Innen dabei zu über- oder unterfordern‘ Fragen bezüglich der konkreten Umsetzung in den jeweiligen Unterrichtssituationen auf, vor allem in Bezug auf stark heterogene Lerngruppen. Im Rahmen der hier vorgestellten Arbeit soll diesbezüglich ein Spagat vollzogen werden, es soll in der Vorlesung primär zügig vorangeschritten werden, sich dabei an den erwarteten Kompetenzen angenommenen „Mitte" der mutmaßlich stark heterogenen Gruppe orientiert werden, die ggf. individuell notwendige wiederholende Rekapitulation wird auf die zur Verfügung gestellten Lernunterlagen (Erklärvideos) ausgelagert.

(2) Das intendierte Ziel der kognitiven Aktivierung

Clausen (2002) konstatiert, dass die kognitive Aktivierung u.a. auf eine „stärkere Vernetzung der gelernten Wissenselemente" zielen würde und insofern der Motivation zuträglich sei (a.a.O., S. 17). In Bezug auf „mathematisch-naturwissenschaftliche Fächer" stellt er diesbezüglich die Unterrichtskonzeptionen der „Verwendung anspruchsvoller Übungsaufgaben" vor (a.a.O., S. 18), auf die sich im Rahmen dieser Arbeit bezogen wird. In dieser Unterrichtskonzeption würden vom Lernenden in Übungsaufgaben Übertragungsleistungen verlangt, „indem Stoff erweitert" würde oder indem Aufgaben so gestellt würden, dass sie „die Schüler ein „höheres kognitives Aktivierungsniveau" erreichen würden, „als dies beim „Einschleifen" von Routineverfahren durch die wiederholte Vorgabe strukturell und inhaltlich gleichartiger Aufgaben der Fall" wäre. Kern dieser Ausführung ist die Definition gerade noch bewältigbarer Problemstellungen. Diese Konzeption der „Verwendung anspruchsvoller Übungsaufgaben" korreliert weitgehend mit den von Duit in Tabelle 20 unter dem Cluster 10 aufgeführten Aspekt, „fordert das Denken heraus", zudem wird sie auch von Renkl, Trautwein und Fauth/Leuders thematisiert und wird hier in den Abschnitten 3.5.3, 3.5.4 und 3.5.5 erneut aufgegriffen.

(3) Das intendierte Ziel der Förderung des Selbstkonzeptes und der Selbstwirksamkeit

In den meisten theoretischen Ansätzen, denen sich der Aspekt der Förderung des Selbstkonzeptes und der Selbstwirksamkeit als primär intendierte Zielsetzung zuschreiben ließe, werde Clausen 2002, S. 19 zufolge angenommen, dass hierdurch eine Steigerung der Motivation und des Interesses bewirkt werde und dies einen Effekt auf das Leistungskriterium hätte (Clausen verweist auf Deci und Ryan, Theory of Self-Determination, 1987 und Bandura, Self Efficacy Theory, 1998). Hierzu passende Unterrichtskonzeption seien nach Clausen unter anderem das Konzept des Individualisierten Unterrichts, auf das das hier verwendete Lehr-Lernkonzept insbesondere fokussiert. Es würden dabei, abhängig von den „unterschiedlichen Eingangs-voraussetzungen" der Lernenden, binnendifferenzierende Maßnahmen angewandt, sodass unterschiedlich schwierige Aufgaben oder unterschiedliche Lernmaterialien ausgegeben würden (a.a.O., S. 20).

3.5.1.2 Ableitung relevanter Aspekte aus den von Clausen genannten Unterrichtskonzeptionen

Die hier gewählte Umsetzung einer Lehr-Lernsituation hat zum einen Kernelemente der von Clausen genannten Aspekt der Effektivität (1) zum Ziel, insbesondere die Zeitnutzung (1a), die Klarheit der gesamten Lehr-Lernsituation (1b), ihre Strukturiertheit (1c), die generelle Vorhersehbarkeit (1d), jedoch soll durch die Darbietung der Lerninhalte diese Effektivität *für alle Lernenden ‚jeweils'* erzielt werden. Dies soll durch die Kombination zweier Hauptmaßnahmen, der (auf verschiedenen Wegen dargebotenen) Explikation der theoretischen, physikalisch- technischen Konzepte einerseits und der auf verschiedenen Niveaustufen (übenden) Anwendung dieser Konzepte durch die Lernenden andererseits erfolgen. Die Explikation findet, wie bereits beschrieben, primär im Verlauf der Vorlesung durch den Lehrenden ‚im Plenum' statt. Durch eine solche Einführung im Plenum sollen die damit verbundenen Vorteile des ‚Klassengesprächs' genutzt werden, die teilweise an anderer Stelle (sokratisch-genetisch-exemplarische Vorgehensweise) noch ausgeführt und begründet werden: Ziel dessen ist vor allem, in dem von der Lehrperson geleiteten Gespräch

Kenntnisstände der Lernenden zu erfragen, diese dort ‚abzuholen', anschauliche Beispiele in Interaktion mit den Lernenden zu besprechen, grundlegende Zusammenhänge herauszuarbeiten etc., aber andererseits auch den Lernenden die Möglichkeit des Nachfragens zu gewähren und, falls die vorgestellten Konzepte (bisher) nicht oder nur ungenau verstanden wurden, frühzeitig Fehlinterpretationen zu erkennen und zu verbessern. (vgl. Apel, 1999). Eine individuelle Unterforderung einzelner Lernenden wird dabei in Kauf genommen (auch in der Annahme, dass auch die tendenziell unterforderten Lernenden noch nicht alle Aspekte der vorgestellten Lerninhalte sicher beherrschen). Den individuell in Teilen Überforderten wird die Möglichkeiten gewährt, sich die Lerninhalte individuell prospektiv (als Inverted Classroom) oder retrospektiven (unter Nutzung der vertonten Bildschirmaufzeichnungen oder verlinkten anderen Quellen) anzueignen, zudem werden weitere, ergänzende Quellen verlinkt und zur Verfügung gestellt. Die Explikation des Theoriewissens fällt also zum einen in die Phase der Lernzeit im Plenum, zum anderen ggf. in die Selbstlernphase vor oder nach dieser Lernzeit im Plenum.

Auch für die zweite Hauptmaßnahme, die Bearbeitung der Übungsaufgaben wird der Anspruch erhoben, dass die Umsetzung der von Clausen genannten Kernelemente des Aspekts der Effektivität zutrifft. Das Kernelement der Effektivität, die Vorhersehbarkeit (1d) ist in Clausen nicht näher umschrieben, sie wird hier als Vorhersehbarkeit der zeitlichen Abläufe der gesamten Lernsituation und z.B. im Sinne der Vorhersehbarkeit der Prüfungs- bzw. Leistungsanforderungen interpretiert. Als solche korrespondiert sie mit der ebenfalls von Duit (2006) erwähnten, Meyer 2004 entlehnten, in Tabelle 20 unter dem Cluster 2 genannten klaren Leistungsanforderung und wird, wie die Aspekte der Klarheit (1b) und der Strukturiertheit (1c) der Inhaltsvermittlung in Abschnitt 3.5.2 diskutiert.

3.5.2 ‚Guter' Physikunterricht in der Sekundarstufe I nach Duit

Der von Duit hier zitierte Text wurde unter Bezugnahme auf den Physikunterricht von SchülerInnen der Sekundarstufe I erstellt.

3.5.2.1 Ableitungen aus der allgemeinen Didaktik für das Fach Physik

Duit (2006) bezieht sich zunächst auf die allgemeine Didaktik und zitiert Meyer (2004), der zehn Merkmale guten Unterrichts „für die Schulpraxis griffig" zusammenfasst (Duit 2006, S. 87). Diese zehn Merkmale seien:

1. Klare Strukturierung des Lehr-Lern-Prozesses
2. Intensive Nutzung der Lernzeit

3. Stimmigkeit der Ziel-, Inhalts- und Methodenentscheidungen
4. Methodenvielfalt
5. Intelligentes Üben
6. Individuelles Fördern
7. Lernförderliches Unterrichtsklima
8. Sinnstiftende Unterrichtsgespräche
9. Regelmäßige Nutzung von Schüler-Feedback
10. Klare Leistungserwartungen

Aus dieser Auflistung wurden im vorhergehenden Abschnitt bereits gewisse Aspekte genannt, vor allem die Punkte 1 und 2, der unter Punkt 5 dargestellte Aspekt des intelligenten Übens wird in einem späteren Abschnitt von Leuders und Fauth erneut aufgegriffen, hat in dieser Bedeutung aber eine gewisse Ähnlichkeit zu der oben dargestellten kognitiven Aktivierung, die von Clausen gegenüber dem einschleifenden, auf Wiederholung zielenden Übens kontrastiert wird.

In seinen Betrachtungen zum Physikunterricht führt Duit zudem Helmke (2003) an, der insbesondere die „Passung von Lernangebot und Lernmöglichkeit" fordert. Auch Duit konstatiert 2006, dass zwar die fachliche Konsistenz und Schlüssigkeit „zentrales Kennzeichen guten Physikunterrichts" sei, präzisiert darüber hinaus jedoch weitere dieser Kennzeichen (die folgende Liste wurde der Abbildung a.a.O. S. 88 entnommen). Guter Physikunterricht...

1. Knüpft am Vorwissen, Schülervorstellungen und Alltagserfahrungen an
2. Fordert das Denken heraus
3. Unterstützt das Lernen nachhaltig
4. Vernetzt Neues auf vielfältige Weise mit bereits Bekanntem
5. Gibt Gelegenheit, aus Fehlern zu lernen
6. Ist fachlich konsistent und schlüssig
7. Legt Wert auf Klassengespräche, in denen die Schüler eine Stimme haben,
8. Bietet eine Vorschau auf das Neue,
9. Bettet neue Inhalte in Anwendungskontexte ein,
10. Bietet Methoden- und Medienvielfalt, aber keine Beliebigkeit,
11. Vermeidet eng geführte Klassengespräche,
12. Bettet Experimente sinnvoll ein, erlaubt vielfältige Formen des Experimentierens,

13. Gibt Gelegenheit zum Üben.

Aus dieser Aufzählung können vor allem Punkt 1 als für die hier betrachtete Lehr-Lernsituation relevant erachtet werden. Punkt 2 weist wieder eine gewisse Ähnlichkeit zu der von Clausen bereits benannten kognitiven Aktivierung aus. Die „vielfältigen" Vernetzungen in Punkt 4 werden für den hier betrachteten Bereich ebenfalls als erstrebenswert erachtet, da sie als Maßgabe in Bezug auf die Gestaltung einer größeren Anzahl von Übungsaufgaben dienen können. Dem unter Punkt 5 genannten Forderung, Möglichkeiten zu schaffen, aus Fehlern zu lernen, kann (außerhalb der Vorlesung) in Bezug auf die Übungsaufgaben durch die Ausgabe von Musterlösungen entsprochen werden, sofern diese in ausreichender Weise mit erklärenden Kommentaren versehen sind.

Die Fachliche Konsistenz als Punkt 6 ist sowohl für den explizierenden wie auch für den anwendenden Teil von höchster Priorität und insbesondere, angesichts der hohen Verantwortung der Studierenden potenzieller Berufsbilder, im hier betrachteten Bereich der Bildung relevant. Der Anwendungskontext und die Gelegenheit zum Üben, die unter Punkt 9 und 13 genannt werden, kann ebenfalls als Leitlinie für den hier betrachteten Bereich und insbesondere für die hier verfolgte Umsetzung gelten, die Bedeutung der weiteren genannten Punkte wird im Rahmen dieser Arbeit als sekundär betrachtet.

3.5.2.2 Weitere relevante Aspekte aus Duit (2003) und deren Ableitungen für das hier betrachtete hybride Lernarrangement

Neben den bereits genannten und oben tabellarisch dargestellten Kennzeichen guten Unterrichts werden in der genannten Quelle von Duit (2006) weitere Aspekte aufgeführt. So kritisiert Duit zudem den Aspekt, dass der „herkömmliche Unterricht vorwiegend „additiv" und nicht „kumulativ" angelegt" sei, sprich, dass „die aufeinander folgenden Unterrichtsinhalte […] nicht ausreichend miteinander vernetzt" würden, und die Lernenden folglich nur „sehr unzureichend darüber informiert" seien, welche Rolle das gerade Erarbeitete spiele, worauf es aufbaue und wohin es führe. Darüber hinaus kritisiert Duit eine unzureichende Einbettung in fachübergreifende Zusammenhänge. (a.a.O., S. 84). Die Darstellung dieser internen und externen Zusammenhänge über die Themengebiete einzelner Vorlesungsstunden hinaus können für den hier betrachteten Bereich ebenfalls übernommen werden.

Anhand der Ergebnisse der TIMSS (1995) und IPN (2000 - 2004) Videostudien kritisiert Duit (2006) zudem, dass der „deutsche naturwissenschaftlich-mathematische Unterricht" sehr lehrerzentriert sei, dass „nur sehr wenig Unterrichtsmethoden und Aufgabenformen vorherrschen" und ein „ein sehr enges fragend-entwickelndes Unterrichtsgespräch" dominieren würde, das zielstrebig darauf ausgerichtet sei, „den vom Lehrer als richtig empfundenen Weg zu folgen und das den Schülerinnen und Schülern nur wenig Möglichkeiten für eigenständiges Arbeiten biete (a.a.O., S. 83). Eine andere als die so beschriebene Methode wird in dem hier betrachteten Bereich einer Vorlesung der Technischen Mechanik explizit ausgeschlossen, da von den Studierenden zum einen keine gewinnbringende Ergänzung der etablierten physikalisch-technischen Konzepte erwartet werden zum anderen die oftmals von den Studierenden als „schwierig" empfundenen Herleitungen auch inklusive der didaktischen Bemühungen durch die Lehrperson bereits kompliziert genug erscheinen, sodass in Rahmen dieser Arbeit an der auf die Lehrperson zentrierte Explikation der theoretischen Zusammenhänge festgehalten wird. Dennoch ist die Güte bzw. die Verständlichkeit der Explikation zum einen durch die Lehrperson Maßgabe für das hier dargestellte Lehr-Lernkonzept. Es sollen hier aber alternative Erklärungen durch andere Personen, die teilweise im Internet, auf frei zugänglichen Portalen oder ähnlich (auf ihre Qualität geprüft) und im Rahmen der virtuellen Lernumgebung explizit und ergänzend angeboten werden.

3.5.3 Aktives Lernen in der Mathematik unter lernpsychologischen Aspekten nach Renkl

In dem im Rahmen dieses Abschnitts dargestellten Bezugstext von Renkl (2011) trifft im Gegensatz zu den bisher betrachteten beiden Texten dieses Kapitels keine Aussage über die Bezugsgruppe, allerdings werden im Text teilweise Studierende aus dem Studiengang Psychologie in ihrer Auseinandersetzung mit der „Wahrscheinlichkeitsrechnung" genannt. Nach Renkl (2011) [34] lassen sich beim so genannten aktiven Lernen drei Perspektiven unterscheiden: a) die „Perspektive des aktiven Tuns", b) die „Perspektive der aktiven Informationsverarbeitung" und c) die „Perspektive der fokussierten Informationsverarbeitung". Für die hier betrachtete Anwendung scheint vor allem die drittgenannte Perspektive relevant, die beiden anderen werden jedoch zur Ableitung der Dritten dennoch kurz vorgestellt.

3.5.3.1 Die Perspektive des aktiven Tuns und der aktiven Informationsverarbeitung

Die Perspektive des aktiven Tuns betrachtet „insbesondere offene Lernaktivitäten, so etwa aktives Problemlösen, [...] oder die Teilnahme an fachlichen Diskussionen mit Peers als besonders lernfördernd. (a.a.O., S. 1f.[34]) Renkl führt aus, dass in dieser Perspektive jeweils Wissen mit Aktivitäten verbunden sei, als Beispiel bezieht sich Renkl auf Greeno, 2006 und

---

[34] Anmerkung: Der unter dem Link https://www.researchgate.net/publication/285827214_Aktives _Lernen_Von_sinnvollen_und_weniger_sinnvollen_theoretischen_Perspektiven_zu_einem_schillernden_K onstrukt bezogene Text enthält keine Nummerierung der Seiten, sodass, zur Kennzeichnung der hier verwendeten Zitate, beginnend bei Seite 1 des genannten Textes durchnummeriert wurde.

Lave, 1996, denen zufolge bspw. eine aktive Teilnahme „an "authentischen" Diskursen und Problemlöseprozessen" besonders lernförderlich ist. Das damit verbundene Lernen sei Renkl zufolge als konstruktivistisch (nach Piaget), als sozialkonstruktivistisch (nach Vygotsky) oder als situiert (Greeno, Lave) bezeichnet worden. Renkl fokussiert dabei in der weiteren Betrachtung der Perspektive des aktiven Tuns auf die jeweils von den Lernenden verbal geäußerten Beiträge an Diskursen oder Problemlöseprozessen. Renkl zufolge (sich auf Pauli und Lipowsky (2007) beziehend), könne die „verbale Beteiligung der Schüler am Unterricht, die von den Autoren als aktive Partizipation beim Lernen angesehen" werden, jedoch nicht den Lernerfolg vorhersagen. Nicht alles, was man äußerlich wahrnehme, sei auch Lernen, denn es gäbe keine „1:1-Korrepondenz zwischen äußerlich sichtbaren Lernaktivitäten und dem, was im Kopf der Lernenden passiert". Die Perspektive des aktiven Tuns weise demnach theoretische Probleme auf und stehe, unter Verweis auf Leuders und Holzäpfel, im Widerspruch zu empirischen Befunden (a.a.O., S. 2[34]).

Renkl lässt in dieser Quelle unerwähnt, welche Lerninhalte in den jeweils von ihm zitierten Versuchen zu lernen waren und wie der Lernerfolg gemessen wurde. Es erscheint im Zusammenhang mit dieser Arbeit jedoch offensichtlich, dass lediglich ein aktiver, verbaler Diskurs bspw. über ein, wie hier betrachtet, physikalisch-technisches Konstrukt die Lernenden nicht dazu befähigt, bspw. in einer Prüfungssituation Berechnungen durchzuführen, sodass die beschriebene verbale Teilhabe der Studierenden bspw. bei der Herleitung der physikalisch technischen Konzepte durchaus erwünscht, aber nicht Kernelement des hier betrachteten Lehr-/Lernkonzepts ist.

Zu der „kognitionspsychologisch "inspirierten" Perspektive der aktiven Informationsverarbeitung" führt Renkl (a.a.O., S. 2/3[34], auf den Begriff des kognitiv aktivierenden Unterrichts (z. B. nach Baumert et al., 2010) verweisend aus, dass hierbei „vor allem die tiefe mentale Verarbeitung von Information" und damit eine innere, „mentale stoffbezogene Aktivität" entscheidend sei und nicht so sehr die sichtbare „offene Aktivität". Als eine solche mentale Aktivität sieht Renkl bestimmte „primäre Lernstrategien der Wissenskonstruktion", eigene Beispiel zu suchen, Analogien zu ziehen oder Hauptpunkte zu identifizieren. In Bezug auf den hier untersuchten Bereich der Bildung werden diese Strategien nicht weiterverfolgt.

3.5.3.2   Die Perspektive der fokussierten Informationsverarbeitung

Auf letztgenannte Perspektive aufbauend postuliert Renkl, dass effektives Lernen darin bestehe, dass bei der beschriebenen aktiven Informationsverarbeitung die zentralen Konzepte und Prinzipien fokussiert werden müssten. „Maßnahmen, die bei den Lernenden Informationsverarbeitung hinsichtlich nicht zentraler Lernziele induzieren", seien „eher hinderlich als produktiv aktivierend". Wie fokussierte Informationsverarbeitung anhand sog.

„prompts" gefördert werden könne, würden Beispiele aus Renkl Forschung zeigen, von denen zwei hier dargestellt und im nächsten Abschnitt diskutiert und adaptiert werden (a.a.O., S. 5 f.[34]). Der Begriff prompt kann bei Renkl mit „Leitfrage" übersetzt werden, in wörtlicher Übersetzung entspricht er dem Begriffsfeld „Bedienerhinweis" oder „Aufforderung".

Renkls erstes „Beispiel greift die Funktion von Selbsterklärungsprompts beim Lernen aus Lösungsbeispielen auf. [...] Entsprechendes Verständnis kann dadurch gefördert werden, dass die Lernenden beim Beispielstudium angeleitet werden, sich das Beispiel mit Bezug auf die zugrundeliegenden zentralen Konzepte und Prinzipien zu erarbeiten (d.h. sich selbst zu erklären)." Bei Renkls Versuchsgruppe, Studierende der Psychologie im Fach Mathematik beim Thema Wahrscheinlichkeitsrechnung, sollten „Lernende z. B. bei einem Lösungsschritt angeben, welcher wahrscheinlichkeitstheoretische Satz ihm zugrunde liegt." [...] In einer Reihe von Studien konnten Berthold & Renkl (2009) zeigen, „dass solche Prompts bei geeigneten Lernvoraussetzungen, die ein weitgehend erfolgreiches Bearbeiten dieser Anforderung erlauben, Verständnis und Transfer bei Mathematiklernen fördern." (Renkl 2011, S. 4/5 f.[34]).

Renkls „zweites Beispiel bezieht sich auf die Nutzung multipler externaler Repräsentationen (Darstellungssysteme) beim Mathematiklernen. Nach einer weit verbreiteten naiven Annahme wird mehr gelernt, wenn mehr unterschiedliche Darstellungsarten vorgegeben werden (z. B. Gleichung und Abbildung statt nur Gleichung). Lernende sind aber sehr oft mit der Nutzung unterschiedlicher Repräsentationen überfordert, so dass diese bisweilen sogar abträglich sein können (Ainsworth, 2006). Schwonke, Berthold und Renkl (2009) fanden, dass sich selbst bei fortgeschrittenen Lernenden [hier: Studierende der Psychologie, Anmerkung durch den Verfasser] kaum Anzeichen dafür finden, dass sie multiple Repräsentationen in dem Sinne nutzten, wie es entsprechende Theorien als nützlich erachteten (z. B. Ainsworth, 2006)" (a.a.O., S. 5[34]).

3.5.3.3 Diskussion der Beispiele Renkls und Übertragung auf die hiesige Situation

Der in dem o.g. Beispiel von Renkl beschriebene Prompt bezieht sich auf einen Lernvorgang, bei dem bereits eingeführtes bzw. expliziertes, theoretisches Wissen bei der Erklärung einer konkreten Aufgabe angewandt wird. Über dieses Beispiel hinaus wären Prompts jedoch grundsätzlich auch denkbar in Bezug auf die zwar angeleitete, jedoch weitgehend eigenständige Erarbeitung theoretischer (bei Renkl mathematischer, in dieser Arbeit physikalisch-technischer) Konzepte. Beide Fälle sollen hier präzisiert werden.

Übertragen auf die hier betrachtete Lernsituation können Prompts wie bei Renkl dazu verwendet werden, bereits eingeführtes Wissen zu rekapitulieren. Allerdings sind auch die Anwendung im Rahmen des „Inverted Classrooms" denkbar, die im Rahmen dieser Arbeit angewandt wurden. Eine solche Fragestellung könnte für beide Fälle wie folgt aussehen:

„Benennen Sie diejenige der fünf „Grundfragen der Festigkeitsrechnung" (siehe Skript x, Seite y), die hier zu beantworten war und begründen Sie Ihre Wahl". Auch Fragen zur Reflexion des subjektiven Lösungswegs, wie sie von Renkl a.a.O. vorgeschlagen wurden sind denkbar, sie erfordern allerdings die Einsichtnahme durch die Lehrperson und wurden aus diesem Grund hier nicht weiterverfolgt.

Die von Renkl vorgenommenen Anregungen zur sparsamen Verwendung multipler Repräsentationen fanden im Rahmen dieser Arbeit ihre Anwendung. Sie korrelieren mit den Gestaltungshinweisen des Handbooks of Multimedia Design von Mayer (2014). In dem hier verfolgten Ansatz wird die beschriebene Vorgehensweise ebenfalls verfolgt, wobei der von Renkl angesprochene Aspekt des ‚gezielten' und ‚fokussierten' und somit im Umkehrschluss ‚nicht wahllosen und ausufernden multiplen Repräsentation insofern berücksichtigt wurde, dass daraus das Ziel abgeleitet wurde, den hier beschriebenen virtuellen Lernraum, aus Sicht des Verfassers, nicht mit ‚Unnötigem' zu überfrachten. Abgesehen von den üblichen multiplen Darstellungen der Mathematik (die Darstellung von Zusammenhängen in Diagrammen, Schaubildern etc.) sollten hier vor allem animierte Geogebra- Simulationen einen explorativen Zugang ermöglichen.

3.5.4   Wirksamer Unterricht nach Trautwein et al. sowie nach Fauth und Leuders

Die in diesem Abschnitt dargestellten beiden Texte stellen insofern eine Besonderheit dar, dass er sich auf den „wirksamen" Mathematikunterricht der Primar- und Sekundarstufe beziehen (Band 1: Trautwein et al., 2018, und Band 2: Fauth und Leuders, 2018). Beide Texte greifen die oben von Renkl eingeführte „Perspektive der aktiven Informationsverarbeitung" auf.

3.5.4.1   Ableitungen aus Band 1 und 2: Die Frage nach dem woher und wohin?

Der gleiche Unterricht (die gleiche Mikrostruktur) könne nach Trautwein (2018) in unterschiedlichen Lehrenden-Lernenden-Konstellationen zu unterschiedlichen Outputs führen (vgl. a.a.O., S. 3). Trotz dieser „nicht-linearen Komplexität[35]" könnten dennoch „Aussagen über Wirkungszusammenhänge zu treffen und Handlungsempfehlungen für wirksamen Unterricht" gegeben werden, bspw. indem auf das auf Helmke zurückgehende Angebots- Nutzen- Modell zurückgegriffen werde. Lernen wird darin, obwohl es auf

---

[35] Es sei darauf verwiesen, dass Trautwein den Begriff der Komplexität nicht in dem gleichen Sinne verwendet, wie er von Knoll (vgl. Kapitel 3.3.1) definiert wurde. Die Komplexität nach Trautwein hebt in diesem Zusammenhang stärker auf die Dynamik der Rückkopplung und gegenseitigen Beeinflussung in der Interaktion unter den Beteiligten ab.

Schüler*Innen der Primarstufe zielt, als selbstgesteuerter und individueller Prozess gesehen, bei dem das Lern-Angebot von den Lernenden „genutzt werden soll" (a.a.O., S. 3 f.). Ob und wie die Lernenden dieses Angebot nutzen würden, hinge von verschiedenen individuellen Faktoren ab, wie z.B. den Vorkenntnissen der Lernenden, deren kognitiven Lernpotenzial, Motivation etc. Der Unterricht (und demnach auch die dort verwendeten Lernmaterialien, Anmerkung des Autors) wird von Trautwein dem „Schaffen von Lerngelegenheiten" gleichgesetzt, dessen Ertrag bzw. dessen Wirkung wesentlich von der Nutzung durch die Lernenden abhinge.

Das von Trautwein ebenda beschriebene Angebot-Nutzen-Modell ähnelt der Beschreibung des „eng begrenzten Möglichkeitsraumes" Furrers (2009), dessen Berner Modell explizit für den Bereich der Erwachsenenbildung verfasst wurde. Beide betonen die je nach den individuellen Voraussetzungen mögliche, lernende Auseinandersetzung mit dem von der Lehrperson konzipierten Lernangebot. Hinter dem Angebots-Nutzungs-Modell stecke, Fauth und Leuders (2018, S. 5) zufolge, die (von konstruktivistischen Lerntheorien angeregte) Sicht, dass Lernende ihr Wissen nur selbst und aktiv konstruieren können und die Prozesse der Wissenskonstruktion sich nur sehr bedingt von außen steuern ließen. Wie Lernende das Lernangebot nutzen, hinge Fauth und Leuders zufolge neben der Art der Darbietung im Unterricht, von ihrer Motivation, ihren Interessen und natürlich ihrem Vorwissen ab. Demzufolge muss unterschieden werden zwischen dem (angebotsseitigen) hohen Potenzial zur kognitiven Aktivierung und der hohen kognitiven Aktivität auf Seiten der Lernenden.

Vor dem Hintergrund der Studien zu den Abbrecherquoten im Fach Maschinenbau (vgl. bspw. Deuer, 2018) ist das Problem in diesen Studiengängen jedoch eher, dass die Aufgaben von den Studierenden als zu stark kognitiv aktivierend empfunden werden, sodass bei manchen Studierenden eine fachliche Überforderung zu verzeichnen ist. Nimmt man in diesen Gedankengang die von Holzkamp formulierten Subjektivität auf, muss folglich von einem *jeweils angemessenen* hohen Potenzial zur kognitiven Aktivierung' gesprochen werden. Daraus ergeben sich je zwei Grundszenarien, in Kombination drei Möglichkeiten:

(1) Das gesamte Lernangebot hat Potenzial zu einer angemessen hohen kognitiven Aktivierung, es findet auch eine jeweils angemessen hohe kognitive Aktivität statt.

(2) Das gesamte Lernangebot hat zwar Potenzial zu einer angemessen hohen kognitiven Aktivierung, es findet aber keine / nur vereinzelt jeweils angemessene hohe kognitive Aktivität statt.
(Die Frage wäre dann, bei wem diese kognitive Aktivierung stattfindet bzw. bei wem nicht und aus welchem Grund. Zur letzteren Frage nach dem Grund bieten Fauth und Leuders bereits einige grundliegenden Einflussgrößen an: die eigene Motivation, die eigenen Interessen, das Vorwissen, die Darbietung im Unterricht/Vorlesung, das Lernmaterial an sich)

(3) Das gesamte Lernangebot hat kein Potenzial zu einer angemessen hohen kognitiven Aktivierung, demzufolge konnte auch keine angemessen hohe kognitive Aktivität gezeigt werden. (Frage wäre dann, ob es zu schwer oder zu leicht war).

Die Aspekte der kognitiven Aktivierung müssen jedoch zunächst noch beschrieben werden. Trautwein sieht diese als Basisdimension der Tiefenstruktur des Unterrichts, auf die im Rahmen dieser Arbeit primär Bezug genommen werden soll, die Trautwein als eines der Qualitätskriterien von Unterricht hervorhebt (a.a.O., S. 5), da sie eine „größere Erklärungsmacht für den Lernerfolg" und einen „entscheidenden Einfluss" auf dessen „Qualität und Wirksamkeit" hätten (a.a.O., S. 2).

Explizit betont Trautwein, dass die Lehr-Lernprozesse dieser Tiefenstrukturen „auf die Qualität der Interaktion der Lernenden mit dem Lernstoff" zielen würden (a.a.O., S. 8). Er stellt hierzu einige Beispiele zusammen, die in Tabelle 18 dargestellt sind und aus Trautwein 2018 entnommen wurde. Sie decken sich teilweise mit den oben bereits dargestellten Merkmalen guten Mathematik- oder Physikunterrichts, auch Duit fordert ein Anknüpfen an Vorwissen (1. Aspekt), die kognitiven Konflikte werden auch von Duit (Fordert das Denken heraus, 2. Aspekt), Clausen (kognitive Aktivierung, 2. Aspekt) adressiert. Trautwein legt in seinen Beispielen allerdings einen stärkeren Fokus auf affektive Aspekte, indem er fordert, dass neben der Tatsache, dass „relevante Fragestellungen" betrachtet werden, diese auch für die Lernenden „interessant" sein oder „attraktiv erscheinen" sollen. Auf den Aspekt des Interessanten und Attraktiven spielen auch Fauth und Leuders (2018) sowie Leuders und Holzäpfel (2011) an, der in einem folgenden Abschnitt 3.5.5 noch betrachtet wird.

Die postulierte kognitive Aktivierung (auch damit auch die Vermeidung des kognitiven Overloads) führen demnach zu der Erkenntnis, dass der ‚Anfangssprung' für Aufgaben nicht zu groß sein darf. Neben diesem Aspekt des ‚Anfangssprungs' muss die kognitive Aktivierung (das Konzept der unterschiedlichen kognitiven Kapazität der Lernenden mit aufnehmend) aber auch bezüglich der kognitiven „Schrittweite" beim weiteren Fortschreiten durch die Lerninhalte gewährleistet sein, demnach die Menge an neuem Wissen pro Lernschritt, die jeweils noch lernend bewältigt werden kann. Mutmaßlich werden sich die Vorgehensweisen der Lernenden bei der Wahrnehmung der Lernangebote deutlich unterscheiden.

Fauth und Leuders (2018) heben insbesondere hervor, auf die „auf die zentralen Verstehenselemente" (a.a.O., S. 3) zu fokussieren. ‚Zentrale Verstehenselemente' müssen zunächst einerseits von der Lehrperson definiert und expliziert, andererseits und empfängerseitig von den Lernenden jeweils verstanden werden. Die Definition und Explikation dieser ‚zentralen Verstehenselemente' wie auch und die Schaffung von Übungsaufgaben, die auf diese zentralen Verstehenselemente ausgerichtet sind, kann zwar anhand von Lehrbüchern erfolgen, allerdings muss sie, je nach Schwerpunktsetzung, Kenntnisstand der Lernenden und demnach dem Ausmaß der notwendigen didaktischen Reduktion zu einem erheblichen Anteil von der Lehrperson gestaltet werden, um bei allen Lernenden diese kognitive Aktivität zu erreichen. Diese Fokussierung auf die zentralen Verstehenselemente erfolgt nach Fauth und Leuders (2018, S. 4 f.) auf „Basis [der] Fachkenntnisse [der Lehrperson]". Sie ist demnach zu einem gewissen Ausmaß auch durch die Lehrerfahrung dieser Lehrperson mit vergleichbaren Lerngruppen bestimmt, bspw. durch die Kenntnis gewisser Standardstolpersteine mancher Teilnehmer beim Erlernen der jeweiligen Lerninhalte. Somit heben Fauth und Leuders die Bedeutung der Lehrperson hervor, die in dem hier betrachteten Bereich der Bildung, wie bereits in Abschnitt 3.4.1 bereits dargestellt, als wichtig erachtet wird, da die Lehrperson auf viele Dimensionen des hier verwendeten und an Baumgartner angelehnten Strukturmodells Einfluss nehmen kann (vgl. Abbildung 14).

Tabelle 18. Erklärung der und Beispiele für die drei Basisdimensionen von Unterricht entnommen aus Trautwein (2018), verändert durch S.K.

Basisdimension	Erklärung	Beispiele
Potenzial zur kognitiven Aktivierung	Anregung aktiver, engagierter und vertiefter Auseinandersetzung mit dem Lernstoff	• Aufgaben, die an Vorwissen anknüpfen • Inhalte, die kognitive Konflikte auslösen • Interessante, relevante Fragestellungen • Aufgaben, die attraktiv erscheinen und zum Denken herausfordern

Bezüglich der Explikation der Inhalte durch die Lehrperson führen Fauth und Leuders den Gedanken der Sender-Empfänger- Problematik aus und betonen neben der empfundenen Passgenauigkeit der Übungsaufgaben auch das Empfinden der Güte der Explikation der Lerninhalte auf Seiten der jeweils Lernenden. Bezüglich der Explikation der Lerninhalte erscheint es für diese Arbeit somit als naheliegend, dass hierbei neben der Bereitstellung der Skripte und deren Vertonung durch die Lehrperson (jeweils zum prospektiven oder retrospektiven Gebrauch durch die Lernenden) auch optional angebotene, z.B. im Internet frei zugängliche Fremdquellen genutzt werden oder zu bestimmten ‚Standardstolpersteinen' bzw. zu weiteren, vertiefenden Inhalten passende (d.h. durch die Lehrperson vorausgewählte) Quellen angeboten werden. Dabei sei nach Fauth und Leuders jedoch darauf zu achten, das eine gewisse Fokussierung auf die zentralen Elemente gewährleistet sei, sodass ein zu starke „Zerfransen" des Themas vermieden würde. Im Rahmen dieser Arbeit wurde diese

Fokussierung z.B. dahingehend umgesetzt, dass generell versucht wurde, Herleitungen am Leistungsniveau der eher Schwächeren zu orientieren, im Skript, wenn nötig, lediglich einen roten Faden darzustellen und z.B. zu ausschweifendere Details in Form weiterer Quellen anzubieten.

Nach Fauth und Leuders könnte die Frage, ob die zentralen Verstehenselemente empfängerseitig internalisiert wurden, (neben dem Mittel eines Leistungstests) auch durch direkte Befragung der Lernenden ermittelt werden, bspw. mit der Frage, ob Übungsaufgaben oder Inhalte ‚gut‘ verstanden worden seien oder, in Form einer Meta-Reflexion, ob beim Lernen wichtige Schlüsselmomente des Durchdringungsprozesses (salopp formuliert: ‚aha‘-Erlebnisse) vorlagen, mit deren Erkenntnis ein deutlicher Verständnissprung verbunden war.

3.5.4.2   Die Frage nach dem Wie?: Die Qualität der Aufgaben

„Wie ein […] Potenzial zur kognitiven Aktivierung konkret aussehen kann", würde „im Grunde seit Jahrhunderten in der Pädagogik und Didaktik vorgeschlagen und diskutiert", neu sei hingegen „die Bedeutung, die der kognitiven Aktivierung für die Wirksamkeit von Unterricht zugeschrieben […] wird". Erstmalig sei dies 1995 in der TIMSS Studie (Baumert 1995, Klieme et al. 2001) erfolgt (Fauth und Leuders (2018, S. 6)). Neben dem „Lehrerhandeln" im Unterricht sehen Fauth und Leuders (a.a.O., S. 7) auch „Lehrerhandeln" als zentral an, auf das in diesem Zusammenhang jedoch nicht weiter eingegangen wird. Sie konstatieren jedoch weiter, dass die Qualität der Aufgaben anschlussfähig, aber anspruchsvoll sein soll. Auf die Qualität der Aufgaben soll im Rahmen dieser Arbeit ein besonderer Fokus gerichtet werden.

Auch in Bezug auf deren Erstellung proklamieren Fauth und Leuders das „Anregen […] von anspruchsvollen kognitiven Prozessen" und nennen, Renkl 2015 zitierend, „das Interpretieren von Problemstellungen, das Herstellen von Zusammenhängen zwischen Informationen und die Integration von neuem Wissen in bereits vorhandene Wissensstrukturen" (a.a.O., S. 4). Aufgaben sollten demnach nicht als „Routineaufgaben" eingesetzt werden und keine „Oberflächenstrategien" fördern, sondern auf „die kognitive Aktivität auf hohem Niveau und auf die relevanten Aspekte" zu fokussieren (a.a.O., S. 8).

Hält man die Erkenntnisse der Befragungen der Studienabbrecher im Bereich des Maschinenbaus von Derboven und Winkler (2010) dagegen, in der insbesondere die Kompliziertheit und eine gewisse Abgehobenheit der Lehrinhalte von konkreten Erfahrungsbereichen bemängelt wird, scheint die Maßgabe für den hier betrachteten Bereich zu sein, Aufgaben anspruchsvoll, aber vor allem noch anschlussfähig zu gestalten, um der von den Studierenden bemängelten kognitiven Überforderung entgegenzuwirken.

Fauth und Leuders formulieren mögliche Merkmale kognitiv aktivierender Aufgaben (a.a.O., S. 8, Box 6), die auf den hier betrachteten Bereich übertragen sind. Einige von ihnen sind im Folgenden aufgelistet, die von Fauth und Leuders a.a.O. formulierten Merkmale sind mit Punkten gekennzeichnet, die für den hier betrachteten Bereich anwendbaren Schlussfolgerungen sind mit einem Pfeilzeichen ⇨ markiert. Sie decken sich teilweise mit den von anderen Autoren geforderten und oben bereits kommentierten ‚Merkmalen guten Unterrichts', vgl. die in Klammern hinzugefügten Anmerkungen.

- Die Aufgaben knüpfen an eigene Erfahrungen und an das Verständnisniveau der Lernenden an. (ähnlich zu Duit 2006 und Trautwein 2018: Vorwissen)

⇨ Merkmal übertragbar, folglich sind verschiedene Einstiege zu bieten, wenn möglich mit starkem Anwendungsbezug

- Die Aufgaben sind nicht durch Anwendung von Routineschemata bearbeitbar.

⇨ Merkmal grundsätzlich übertragbar. Trotzdem werden Aufgaben mit wiederholendem Charakter optional angeboten.
Fauth und Leuders betonen jedoch ihren Band 2 abschließend (a.a.O., S. 13), dass es „selbstverständlich Phasen [brauche], in denen zentrale Inhalte geübt und gefestigt werden, sodass sie später ohne größeren kognitiven Aufwand zur Verfügung stehen. Zentrale Inhalte können so automatisiert abgerufen werden und schaffen damit im Arbeitsgedächtnis im Grunde erst die Kapazitäten, die für die Auseinandersetzung mit herausfordernden Aufgaben und Problemen benötigt werden […]. Kognitiv hoch aktivierende Unterrichtsphasen und Konsolidierungs- beziehungsweise Übungsphasen stehen also nicht in Konkurrenz zueinander, sondern ergänzen sich."
Das Angebot der wiederholten Anwendung der Aufgabe, das Berechnen der gleichen Aufgabe mit anderen Zahlenwerten, ist mit Hilfe der eingebundenen Excel Sheets möglich, falls die Lernenden das Bedürfnis haben, übend eine gewisse Routine zu erlangen. Da die Lernenden stark heterogene Lernvoraussetzungen vorweisen, ist jede der angebotenen Aufgabe mit solchen Excel- Sheets verlinkt.

- Bekanntes ist auf neue Situationen anzuwenden.

⇨ Merkmal grundsätzlich übertragbar. Aufgrund der starken Heterogenität müssen die Aufgaben bezüglich ihres Niveaus gestuft angeboten und mit einer angemessenen Schrittweite zwischen den einzelnen Aufgaben versehen werden, sodass das Ausmaß an verkraftbarem Neuen für die Lernenden per se einschätzbar ist. (Hierfür wurde das Konzept einer angenommenen Standard-Schrittweite gewählt. Sich als fähig einschätzende Lernende können demnach auch zwei Aufgaben überspringen, um das Ausmaß an Neuem zu regulieren). Hierfür sind die „Sternchenaufgaben" der virtuellen Lernumgebung gedacht.

- Die Aufgaben lösen kognitive Konflikte bzw. Irritationen aus.

⇨ Merkmal grundsätzlich übertragbar, wurde von Duit, Clausen, Renkl, Trautwein bereits diskutiert. Allerdings sollte den Studien zu Studienabbrechern zufolge (bspw. Derboven 2010), das Ausmaß an Irritationen eher reduziert als ausgeweitet werden.

- Relevante Informationen zum Lösen müssen erst gesucht werden.

⇨ Merkmal grundsätzlich übertragbar, allerdings je nach Niveau der Lernenden und Staffelung der Aufgaben. Steht im Widerspruch Mayers (2014) Erkenntnis der Cognitive Load Theory, die bei drohender Kognitiver Überforderung eine Reduktion des Extraneous Cognitive Load (ECL nahelegt, insbesondere, wenn GCL und ICL die CL oad auslasten.

Ihren Band 2 abschließend, heben Fauth und Leuders jedoch hervor (a.a.O., S. 13), dass kognitive Aktivierung teilweise insofern missverstanden würde, dass Lernenden lediglich „herausfordernde Aufgaben bekommen und dann mit diesen allein gelassen werden". Dieser Begründungszusammenhang erscheint aus Sicht des Verfassers angesichts der hohen Studienabbruchzahlen in diesem Bereich als plausibel (der Fragestellung wird insbesondere in Untersuchungsteil 3 nachgegangen).

3.5.5 Intelligentes Üben in der Mathematik

Dieser Abschnitt nimmt Bezug auf Leuders (2009) und Leuders & Holzäpfel (2011), die „Intelligentes Üben" im Fach Mathematik für den Bereich der Primar- und Sekundarstufe I thematisieren. Leuders und Holzäpfel fokussieren hierbei vor allem auf die Art und Weise der Aufgabengenerierung. Im Rahmen der Erstellung der virtuellen Lernumgebung hatte diese durch den Verfasser zu erfolgen, weshalb die hierbei verwendeten Grundzüge hier dargelegt werden. Wie in Abschnitt 3.5.4.1 unter Bezugnahme auf Trautwein (2018, S. 3) bemerkt, ist es angesichts der „nicht-linearen Komplexität[36]" von Situationen der Stoffvermittlung auch für die Lehrpersonen in dem hier betrachteten Bereich unabdingbar, ggf. etablierte Lernaufgaben auf die jeweilige Bezugsgruppe anzupassen oder hinführende Aufgaben zu generieren, sodass sich aus Sicht des Verfassers die Prüfung der Übertragbarkeit bestimmter, in anderen Bereichen der Didaktik etablierten Verfahren lohnt.

Ebenfalls mit Bezug auf die kognitive Aktivierung verweisen Leuders & Holzäpfel (2011) bezüglich der Anwendung kognitiv aktivierender Aufgaben bspw. auf Aebli 1980, der, unter Bezugnahme auf das kognitionstheoretische Modell Piagets, das von ihm so bezeichnete

---

[36] Es sei hier erneut auf den Unterschied der von Knoll und Trautwein verwendeten Definition des Begriffs hingewiesen und auf die jeweiligen Unterkapitel verwiesen.

operative Üben expliziert hat (a.a.O., S. 5). Beim operativen Üben nach Aebli solle „das Beherrschen und vertiefte Durchdringen mathematischer Konzepte [...] durch eine operative Durcharbeitung einer Vielzahl von Aufgabenvarianten gefördert werden [...], etwa durch Variation von Ausgangsdaten oder durch Umkehrung von Aufgabenstellungen". Ein weiteres dieser Konzepte ist das des „produktiven Übens", das auf Winter 1984; Wittmann, 1992; Leuders, 2009, zurückgeht und ebenfalls „kognitiv aktivierende Übungen" zur „kombinierten Anregung automatisierender, reflektierender und entdeckender mathematischer Tätigkeiten" vorsieht, Leuders & Holzäpfel (2011, S. 11).

Das in der Überschrift dieses Abschnitts angedeutete Konzept des intelligenten Übens stellt eine weitere Variante dar, die einen sehr ähnlichen Charakter aufweist (Leuders führt bezüglich dieser Begriffsvielfalt an, dass die einzelnen Begriffe produktiv, intelligent oder reflexiv „meist im selben Sinne gebraucht" würden", Leuders 2009, S. 132). Wie solche Übungsformen konkret ausgestaltet werden können, wird auf den Folgeseiten der genannten Quelle detailreich beschrieben. Obwohl sich die Beispiele auf den von Leuders vorwiegend betrachteten Bereich der Mathematik der Primar- und Sekundarstufe I beziehen, können aus Sicht des Verfassers bestimmte Elemente entlehnt und auf den hier untersuchten Bereich übertragen werden.

Leuders zufolge gehe es also nicht darum, wie ggf. aus Mathematikbüchern bekannt, durch Wiederholen der immer gleichen Rechenoperation z.B. von Aufgabenteil a) bis v) lediglich Fertigkeiten ‚gedankenlos' zu automatisieren, sondern beim automatisierenden Üben z.B. auch reflektierende Elemente anzubieten: In einer lediglich auf Automatisierung gerichtete Aufgabe zum arithmetischen Mittel einiger natürlicher Zahlen können beliebig viele Aufgaben mit einer beliebigen Kombination einiger Zahlen angeboten werden. Ein Negativbeispiel einer so konzipierten Aufgabe könnte lauten: Bilde das arithmetische Mittel aus den Zahlen a) 2, 3, 6, 5, b) 7, 4, 11, 3 etc. Ein reflektierendes Element würde mit der Frage nach dem arithmetischen Mittel von 3, 4, 5, gefolgt von 2, 4, 6, erfolgen, kombiniert mit der Frage, warum in beiden Beispielen das gleiche Ergebnis rauskommt. Oder die Bildung des arithmetischen Mittels der Zahlen 0, 0, 30, 30 mit anschließender Aufforderung zur Erklärung. Intelligentes Üben verbindet also die Automatisation mit der Option zur „Entdeckung weitergehender Zusammenhänge" (a.a.O., S. 133). Ziel sei die Förderung aller Fähigkeitsaspekte (denen Leuders Kenntnisse, Fertigkeiten, Verstehen, Anwendung, übergreifende Strategien, Reflexionsfähigkeit zurechnet, wobei Leuders diese explizit nicht in einer Hierarchie sieht), folglich konstatiert Leuders, dass Lernende alle Fähigkeitsaspekte erlernen müssten und sich „zu allen Aspekten leichte und schwierige, elementare und vertiefende Übungen erzeugen", ließen (a.a.O., S. 133).

Leuders (2009) beschreibt einige Eigenschaften solcher „intelligenter" Aufgaben. Die folgende Tabelle 19 ist der Tabelle auf S. 134 der genannten Quelle entlehnt, wurde jedoch vom Verfasser um einige Beispiele, die sich auf den hier betrachteten Bereich anwenden lassen, ergänzt. Leuders stellt zudem eine Anleitung vor, wie intelligente Aufgaben in drei

Schritten erstellt werden können (a.a.O., S. 136 ff.), die aus Sicht des Verfassers dieser Arbeit ebenfalls auf das hier verfolgte Konzept übertragbar ist. Aufgaben sollten demnach zunächst mit einem klaren Ziel versehen werden und mit der Frage verknüpft sein, welche Zusammenhänge, welches Verfahren, welche Begriffe mit dieser Aufgabe genau adressiert werden sollen. Als zweiten Schritt nennt Leuders die Variation dieser Ursprungsidee, auf die weiter unten Verlauf näher eingegangen wird. Der dritte Schritt sieht das kritische Prüfen (und ggf. Ändern) der erzeugten Aufgaben bezüglich der Frage vor, ob die zuvor definierten Kriterien eingehalten sind bzw. optimiert werden können. „Natürlich muss nicht jede Aufgabe alle Kriterien erfüllen…" merkt Leuders an (a.a.O., S. 137).

Tabelle 19. Eigenschaften von intelligenten Übungsaufgaben, aus Leuders (2009). S. 132 entlehnt, Beschreibungen teilweise verändert und inhaltlich auf den hier betrachteten Bereich übertragen

Intelligentes Üben		
Eigenschaft	**Beschreibung**	**Beispiel**
sinnstiftend	Dem Übenden wird transparent gemacht, was durch diese Übung besser verstanden werden soll, wozu die Fähigkeit angewendet werden kann.	Keine anwendungsfernen Übungen (z.B. keine Festigkeitsberechnung an exotisch geformten Wellen als Steigerung des kreisförmigen Vollprofils, eher eine kreisringförmige Hohlwelle), dabei z.B. sinnstiftend: Aspekt der Gewichtseinsparung durch Änderung der Querschnittsform, zudem durch Änderung des Werkstoffs etc. z.B. Aluminium.
[...]		
reflexiv	„Die Aufgaben regen [...] auch zum Nachdenken über den Gegenstand der Übung [...] an".	Formulierungen wie „wie verhält sich die vorliegende Spannung, wenn der Durchmesser verdoppelt wird, welche anderen Parameter müssten wie verändert werden, damit…

Für die Variation der Ursprungsaufgabe, die Leuders sehr ausführlich für den von ihm betrachteten Bereich der Mathematik der Primar- und Sekundarstufe darstellt, ist in dem hier betrachteten Bereich vor allem das sog. „operative Durcharbeiten" des Aufgabentyps „Problem lösen" relevant, das Leuders Schupp 2002 entlehnt hat. Leuders stellt verschiedene Fragetypen vor, wobei einige dieser Fragetypen für den Bereich der Ingenieurwissenschaften ebenfalls relevant sein können. Hier sind es vor allem der Fragetyp ‚Umkehraufgabe' (Wann kommt … heraus?), der Fragetyp ‚Optimierung' (Wann ist … am gröbsten/kleinsten?) und der Fragetyp ‚Funktionale Abhängigkeit' (Was passiert mit …, wenn …?), die für den hier betrachteten Bereich von besonderem Interesse sind.

Auch eine gewisse spielerische Auseinandersetzung wird von Leuders dargestellt (a.a.O., S. 137 ff.). Für den hier betrachteten Bereich werden diese bspw. durch die vom Autor erstellten oder im Netz verfügbaren geogebra- Animationen repräsentiert, die eher spielerischen und simulativen Charakter aufweisen. Es sei an dieser Stelle jedoch auf Fauth/Leuders oder Renkl verwiesen, die den Aspekt einer gewissen Fokussierung auf wesentliche Verstehenselemente und eben keine zu große Variabilität proklamierten, sodass die Zugabe eines in dieser Weise spielerischen Elements durchaus hinterfragt werden kann.

Bezüglich des Aufgabentyps ‚Anwendungen erkunden' wird hier der Fragetyp ‚Anwendbarkeit reflektieren' als übertragbar erachtet (Kann man … hier anwenden? Warum / Warum nicht?). Als letzter Fragetyp werden im Rahmen dieser Arbeit in den Vorführbeispielen und punktuell in den Übungsaufgaben der Fragetyp der ‚Meta- Reflexion' angewandt, wie z.B. die Aufforderung, für sich wichtige Schritte / Erkenntnisse des Lösungsweges zu markieren und z.B. im Plenum zu reflektieren.

3.5.6 Zusammenfassung der Aspekte guten Unterrichts und intelligenter Aufgaben

Die in diesem Kapitel 3.5 diskutierten Aspekte und Kriterien guten Unterrichts und intelligenter Übungsaufgaben sind in Tabelle 20 dargestellt. Sie dienten zum einen bei der Erstellung der hier betrachteten virtuellen Lernumgebung und des zugehörigen hybriden Lernarrangements als Grundlage, sie können, indem sie mehr oder weniger verwandten Bereichen der Didaktik theoretisch fundiert entlehnt wurden, auch zu einer Weiterentwicklung einer Didaktik der berechnungsintensiven Fächer der Ingenieurwissenschaften beitragen.

Tabelle 20. Synthese der Aspekte der Qualität von Unterricht und Übungsaufgaben nach verschiedenen Autoren

Lfd. Nr.	Cluster	Mayer (2004)	Duit (2006)	Clausen (2002)	Helmke (2003)	Trautwein et al. 2018, Fauth/Leuders 2018
1	Äußere Struktur (S)	(1) Klare Strukturierung des Lehr-Lern-Prozesses		(1b) Klarheit, (1c) Strukturiert-heit		
2		(10) Klare Leistungs-erwartungen (i.S.v. Transparenz)		(1d) die Vorherseh-barkeit (im Sinne von Transparenz)		
3	Relationale, innere, lernstoffliche Struktur (R)		(6) fachlich konsistent und schlüssig	(1b) Klarheit,		Lernprozesse auf Lernziele ausgerichtet (Fauth/Leuders Faktor c): wohin?)

Fortsetzung von Tabelle 20, Synthese der Aspekte der Qualität von Unterricht und Übungsaufgaben nach verschiedenen Autoren

Lfd. Nr.	Cluster	Mayer (2004)	Duit (2006)	Clausen (2002)	Helmke (2003)	Trautwein et al. 2018, Fauth/Leuders 2018
4			(1) Knüpft am Vorwissen, Schülervorstellungen und Alltagserfahrungen an		Passung von Lernangebot und Lernmöglichkeit	Tiefenstruktur 3: kognitive Aktivierung, Vorwissen aktivieren und daran anknüpfen als Voraussetzung zur Kognitiven Aktivierung, (Trautwein), auch (Fauth/Leuders Anschluss an bestehendes Denken, Faktor a): woher?)
5			(9) bettet neue Inhalte in Anwendungskontexte ein			
7			(4) Vernetzt Neues auf vielfältige Weise mit bereits Bekanntem			
9			(5) gibt Gelegenheit, aus Fehlern zu lernen			Trautwein: konstruktiver Umgang mit Fehlern

Fortsetzung von Tabelle 20, Synthese der Aspekte der Qualität von Unterricht und Übungsaufgaben nach verschiedenen Autoren

Lfd. Nr.	Cluster	Mayer (2004)	Duit (2006)	Clausen (2002)	Helmke (2003)	Trautwein et al. 2018, Fauth/Leuders 2018
10	Kognitive Tiefe der Lerninhalte und Übungen		(2) Fordert das Denken heraus	(2) Kognitive Aktivierung,	Passung von Lernangebot und Lernmöglichkeit (hier: bezüglich des individuellen Leistungsniveaus)	Trautwein: im Rahmen ihrer Möglichkeiten auf hohem Niveau zum Denken anregen. Inhalte, die kognitive Konflikte auslösen Interessante und relevante Fragestellungen. Attraktiv erscheinende Aufgaben Fauth/Leuders: Anspruchsvolle kognitive Prozesse, Faktor b) Frage nach dem „wie?"
11		(5) Intelligentes Üben	(13) Gibt Gelegenheit zum Üben			Trautwein: Tiefenstruktur 2: konstruktive Unterstützung? Renkl: Perspektive der fokussierten Informationsverarbeitung durch Prompts
12	(dabei: individueller Aspekt)	(6) Individuelles Fördern				

Fortsetzung von Tabelle 20, Synthese der Aspekte der Qualität von Unterricht und Übungsaufgaben nach verschiedenen Autoren

Lfd. Nr.	Cluster	Mayer (2004)	Duit (2006)	Clausen (2002)	Helmke (2003)	Trautwein et al. 2018, Fauth/Leuders 2018
13	(dabei: Zeitaspekt i.S. einer Effektivität)	(2) Intensive Nutzung der Lernzeit,		(1) Effektivität des Unterrichts, 1a Zeitnutzung, 1f Pacing*	Passung von Lernangebot und Lernmöglichkeit	Trautwein: Angemessenes Tempo, Renkl: Perspektive der fokussierten Informations-verarbeitung durch Prompts
15	Methoden	(3) Stimmigkeit der Ziel-, Inhalts- und Methoden-entscheidungen (4) Methoden-vielfalt	(10) Bietet Methoden- und Medienvielfalt, aber keine Beliebigkeit			Trautwein: 3 sog. Sichtstrukturen: Organisationsformen Sozialformen, Methoden. Gewisse Methodenvielfalt erstrebenswert, aber Passung
16	Regulation			(3) Selbst-regulation		

3.6   Cognitive Load Theory und Multimedia-Design

In Mayer (2014) werden verschiedene Prinzipien zur Gestaltung von Lernsituationen im Bereich des „Multimedia-Learning" expliziert. Mayer beruft sich hierbei auf die Cognitive Load Theory (CLT) nach Sweller/Paas, die konstatieren, dass gutes Instructional Design sich an der menschlichen kognitiven Struktur und damit an ebenjeder Cognitive Load Theory orientieren müsse (a.a.O., S. 7), auf die an dieser Stelle kurz eingegangen werden soll:

Zunächst konstatiert Mayer (a.a.O., S. 46), dass Lernende (den englischsprachigen Text paraphrasierend) keine lediglich einen Wahrnehmungskanal verwendenden, mit grenzenloser Aufnahmefähigkeit versehene, passive Verarbeitungssysteme seien (wörtlich: „learners [are not considered] as single-channel, unlimited-capacity, passive processing system"). Bezüglich der kognitiven Aufnahmefähigkeit („cognitive capacity") konstatiert Sweller/Paas, dass drei Kategorien kognitiver Last (cognitive load: CL) zu unterscheiden seien, die diese Kapazität beanspruchen könnten: die „intrinsic cognitive load" (ICL), die „extraneous cognitive laod" (ECL, extraneous könnte mit belanglos/irrelevant übersetzt werden) und die „germane cognitive load (GCL, germane könnte mit passend/relevant übersetzt werden). Alle der Kategorien seine dabei verbunden mit dem Erwerb („acquisition"), dem Behalten („storage") und Gebrauch („usage") kulturell bedingter Informationen (a.a.O., S. 37, Sweller unterscheidet zwischen kulturell und biologisch bedingter Information und ordnet der Erstgenannten Inhalte zu, wie sie im Rahmen der im Bereich der hier betrachteten Festigkeitslehre zu von den Lernenden zu durchdringen sind). Die drei kognitiven Kategorien seien an dieser Stelle kurz erklärt:

Die ICL entspricht Sweller/Paas (a.a.O., S. 37) zufolge der kognitiven Last aufgrund der gegebenen Komplexität der zu verarbeitenden Information. Diese sei bspw. bestimmt durch die Anzahl der abhängigen Relationen zwischen den Elementen. Bei dem Erlernen von einer bestimmten Anzahl von Vokabeln sei bspw. die Reihenfolge, in der diese Vokabeln gelernt würden, meist irrelevant, es gäbe demnach keine/kaum Relationen, die Vokabeln „cat" und „dog" können auch ohne das jeweilige andere Wort gelernt werden. Demnach sei die Element-Interaktivität (element interactivity) gering, und folglich auch die Auslastung des Arbeitsgedächtnisses. Andere Inhalte seien hingegen stark miteinander verknüpft, könnten nicht ohne das jeweils Andere gelernt werden, was zu einer höheren intrinsischen kognitiven Last führen. Dabei ist diese intrinsische kognitive Last für eine bestimmte Aufgabe bei identischem Wissensstand („knowledge level") der diese Aufgabe lösenden Personen festgelegt, sie wird von Personen mit unterschiedlichem Wissensstand jedoch unterschiedlich wahrgenommen: „(The ICL) can be changed […] only by changing the nature of the task or the knowledge levels of participants". Auch ändert sich diese subjektiv empfundene intrinsische kognitive Last einer Aufgabe durch einen von einer Person vollzogenen Lernfortschritt, die Aufgabe wird „leicht".

Die „extraneous" CL wird zwar grundsätzlich ebenfalls bspw. durch eine große Element-Interaktion („element-interactivity") verursacht, sie könne allerdings auch durch ein unangemessenes „instructional design" bedingt sein, da hierdurch die Zahl der interagierenden Elemente unnötigerweise erhöhen würde. Lerner müssten dann Kapazitäten des Arbeitsgedächtnisses abstellen für Elemente, die nicht wissensbildend sind. Für die Erstellung von Aufgaben kann daraus bspw. insbesondere für Novizen das grundsätzliche Ziel abgeleitet werden, die „extraneous cognitive load" zu minimieren. Die „germane" CL als effektive Last hingegen bezieht sich wiederum auf die Ressourcen des Arbeitsgedächtnisses', die mit der ICL verknüpft seien („devoted to dealing with ICL") und werden demnach durch das Erfüllen/Lösen einer Aufgabe verursacht. Um aus der Übersetzung resultierende Ungenauigkeiten zu vermeiden, seien an dieser Stelle einige Definitionen der Cognitive Load Theory nach Sweller/Paas originalgetreu aufgeführt (a.a.O., S. 40):

"Learning:	Any change in long-term memory involving an accumulation of information.
Cognitive load theory:	An instructional theory based on our knowledge of human cognitive architecture which specifically addresses the limitations of working memory.
Cognitive architecture:	The manner in which the cognitive structures used to learn, think and solve problems are organized.
Working memory:	The cognitive structure in which we consciously process information. Notable for its severe capacity and duration limits when dealing with new information.
Long-term memory:	The cognitive structure that stores our knowledge base. We are conscious only of those contents of long-term memory that are transferred to working memory.
Cognitive load:	The load imposed on working memory by information being presented.
Intrinsic cognitive load:	The cognitive load that is imposed by essential, interacting elements that, because they interact, must be processed simultaneously rather than successively in working memory, resulting in a heavy load

Extraneous cognitive load:	The cognitive load that is imposed by nonessential, interacting elements that can be eliminated by altering the instructional design
Germane cognitive load:	Working memory resources devoted to dealing with intrinsic rather than extraneous interacting elements."

Für das Instruktionsdesign ergibt sich demnach der in Abbildung 16 dargestellte Sachverhalt: eine auf bestimmte Weise konzipierte, mit einer bestimmten „objektiven" Schwierigkeit versehene Aufgabe (zur Definition der Schwierigkeit siehe Kapitel 3.4.3) kann von einer Person mit relativ geringer „intrinsischer" Belastung („intrinsic cognitive load") wahrgenommen und mit relativ geringer „extraneous" Belastung („extraneous cognitive load") bewerkstelligt werden, wobei auch die ECL aufgrund der Aufgabenstellung als relativ gering wahrgenommen wird. Dem in der Abbildung mit den beiden Sternen gekennzeichnete Bereich zufolge, sind bei dieser Person noch Kapazitäten frei (die rot gestrichelte Linie soll die Kapazitätsgrenze illustrieren), sodass diese Aufgabe für Person 1 „machbar" ist. Die identische Aufgabe kann jedoch für eine andere Person 2 mit vergleichsweise geringerer kognitiver Kapazität (bspw. eine Person mit geringerem Vorwissen) zu einer höheren subjektiv wahrgenommenen ICL führen, kann zudem einen größere ECL auslösen, was beides zu einer ebenfalls höheren GCL führt, sodass die kognitive Kapazität der Person 2 in diesem Fall überschritten und die Aufgabe demnach (noch) nicht lösbar wäre. Wie oben erwähnt, schlägt Sweller/Paas generell eine Minimierung der ECL vor, was von den verschiedenen Autoren, die in Mayer (2014) veröffentlichten, weiter ausgeführt wird (a.a.O., S. 4, die konkreten Maßnahmen sind weiter unten dargestellt, vgl. Tabelle 21).

Mayer formuliert (a.a.O. S, 61 ff) drei Szenarien, das "Extraneous Overload Scenario", das "Essential Overload Scenario" und das „Generative Underutilization Scenario". Bezüglich des „Extraneous Overload Scenarios" schlägt Mayer bspw. vor, irritierende Information zu eliminieren (Coherence- Principle), essenzielle Information hervorzuheben (Signaling Principle), Fließtext und gesprochene Sprache gleichzeitig in explizierenden Lernunterlagen zu vermeiden (Redundancy Principle), Text und Graphik in unmittelbarer örtlicher Nachbarschaft zu verwenden (Spatial Contiguity Principle), gesprochene und graphisch illustrierte Information gleichzeitig zu verwenden (Temporal Contiguity Principle). In der konkreten Umsetzung wurden diese Prinzipien bspw. befolgt, indem (im Rahmen des DBR-Prozesses, vgl. Kapitel 4.4 in iterativer Zusammenarbeit mit den Lernenden nach formativer Evaluation) versucht wurde, Aufgabenstellung klar und einfach zu halten, insbesondere anfangs nicht verwirren, Zusammenfassung am Ende von Präsentation mit wichtigen Informationen anzubieten, die Zuweisung von Text und Graphik innerhalb der Präsentation zu optimieren, „vertonte Bildschirmaufnahmen" anzubieten, in denen die fachlichen Explikationen der PowerPoint Präsentationen von der Lehrperson kommentiert und mit elektronischem Stift graphisch untermalt wurden.

Person 1 mit bestimmter kognitiver Kapazität bei bestimmtem Instruktionsdesign und bestimmter objektiver Aufgabenschwierigkeit

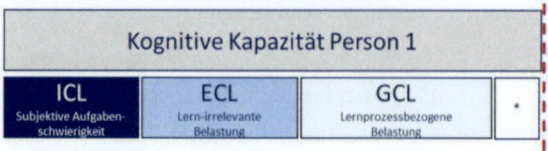

Person 2 mit geringerer kognitiver Kapazität bei gleichem Instruktionsdesign und gleicher objektiver Aufgabenschwierigkeit wie im Beispiel oben

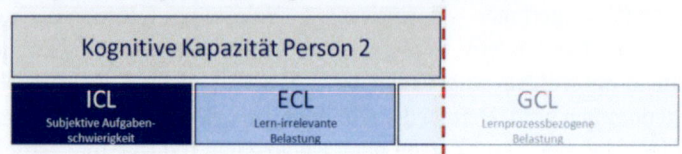

* nicht aufgabenbezogen genutzte Kapazität

Abbildung 16. Kognitive Last einer bestimmten Aufgabe für zwei Personen unterschiedlicher kognitiver Kapazität, eigene Darstellung

Das „Essential Overload Scenario" umschreibt Mayer damit, dass die essentiellen Informationen für die/den Lernenden so kompliziert seien, dass er/sie nicht genug kognitive Kapazität frei hätten, um diese Informationen mental zu repräsentieren. Ziel sei es nicht primär, die Information zu reduzieren, sondern den Lernenden darin zu unterstützen, damit umgehen können (manage essential processing). Mayer schlägt unter anderem vor, zu umfangreiche Informationen zu unterteilen (Segmenting Principle), Schlüsselelemente bestimmter Explikationen bspw. zuvor zu beschreiben / zu klären (Pre-Training Principle), eher Sprache als Text bei der Explikation zu verwenden (Modality Principle) oder generell Wort UND Bild statt nur Wort zu verwenden (Multimedia Principle). Auch diese Maßnahmen wurden im Rahmen des DBR-Prozesses, vgl. Kapitel 4.4 in Zusammenarbeit mit den Lernenden und nach formativer Evaluation in iterativer Weise und stetig verbessert, indem als zu groß empfundene Themenkomplexe bspw. in den PowerPoint-Präsentationen aufgeteilt und reorganisiert, oder komplizierte Herleitungen ausgelagert, reduziert oder neu angeordnet oder Erklärungen in den Skripten vertont, aufgezeichnet und zum Streamen bereitgestellt wurden.

Bezüglich des „Generative Underutilization Scenario" schlägt Mayer, die „schaffende Verarbeitung" zu unterstützen (foster generative processing), indem beim Design der Lernmaterialien (wenn sinnvoll und möglich) eine menschliche Stimme verwenden wird

Tabelle 21. Basic Principles of Multimedia Design, nach Mayer (2014)

Prinzip	Beschreibung
Multimedia Prinzip	Menschen lernen besser aus Bildern und Worten als von Wörtern oder Bildern alleine (a.a.O., S. 174 ff)
Prinzip der geteilten Aufmerksamkeit (Split-Attention Principle)	Menschen lernen besser, wenn Wörter und Bilder zeitlich (gleichzeitig vs. sequenziell) und örtlich (so nahe wie möglich zueinander) integriert sind oder beieinanderstehen (temporal and spatial contiguity, a.a.O., S. 206 ff)). Anwendung hier: Aufgaben: Alle nötigen Angaben in der Aufgabenstellung gegeben (es müssen keine Daten aus externen Quellen bezogen werden), Text und Bild in PowerPoint, Darstellung Lernlandkarte Website. Ggf. zur gewollten Steigerung von Schwierigkeit von Aufgaben. Links als Unterstützung bei ggf. schwierigen Themen, Pop-Up Fenster.
Prinzip der Modalität / der Art und Weise (Modality Principle)	Menschen lernen besser aus Bildern und Erzählungen im Vergleich zu Bildern und Text (a.a.O., S. 227 ff) Anwendung hier: Vertontes Skript als Bildschirmaufzeichnung
Redundanz Prinzip (Redundancy Principle)	Menschen lernen besser, wenn die gleiche Information nicht in mehr als einem Format präsentiert wird Redundante Darstellungen beeinflussen Lernen eher negativ („interferes with") als positiv („facilitates"), redundant = das gleiche in multipler Weise (a.a.O., S. 247 ff). Anwendung hier: Nicht Text und Wort gleichzeitig zum gleichen Aspekt Bewusst vorgenommene Ausnahme: Es werden andere Erklärvideos verwendet, falls die Erklärungen dort besser verstanden werden. Diese Maßnahme muss jedoch aufgrund der Gefahr der negativen Einflussnahme formativ evaluativ geklärt werden. Anmerkung: Redundanz-Effekt und Expertise-Reversal Effekt ggf. gegenläufig: für Novizen können weitere, erklärende Quellen wichtig sein. Zu erfragen im DBR-Prozess. Dennoch: Ziel: keine unnötigen Zusatzinformationen
Stimmigkeits- u.a. Prinzip (Coherence [...] Principle)	Menschen lernen besser, wenn irrelevantes Material („extraneous material") nicht verwendet wird (a.a.O., S. 279 ff). Anwendung hier: Zu viele „unnütze" Details vermeiden, verwirrende/widersprüchliche Darstellungen vermeiden.

Fortsetzung von Tabelle 21

Prinzip	Beschreibung
Hervorhebungs-Prinzip (Signaling or Cueing Principle)	Menschen lernen besser, wenn wichtige Informationen oder die Organisation der Information hervorgehoben werden. Hervorhebende Elemente („cues") erleichtern das Lernen (a.a.O., S. 263 ff).
	Anwendung hier: In Präsentationen: Zusammenfassung, die Struktur der virtuellen Lernumgebung.
Prinzipien zum Management der essential Cognitive Load: (Segmenting, Pre-Training and Modality Principle)	Menschen lernen besser, wenn die Lerngeschwindigkeit an den Lernenden angepasst wird (a.a.O., S. 316 ff).
	Anwendung hier: Ist Basis der gesamten virtuellen Lernumgebung: konstante Struktur und konstante, Schwierigkeitssteigerung (Schrittweite) zwischen den Aufgaben, um die Einschätzbarkeit zu gewährleisten. „Essential Overload" vermeiden, Segmentierung durch Lerner-kontrolle der Geschwindigkeit und der Schrittweite (a.a.O., S. 319). Dabei: Lernende mit niedriger Kapazität des Arbeitsgedächtnisses (working memory capacity, WMC) sind besser beim segmentierten Material im Vergleich zu weniger segmentierten Lernunterlagen. Lernende mit hohem WMC sind bei beidem gleich. (a.a.O., S. 327). Folglich: generell am Level derer mit niedrigem WMC orientieren, im Zweifel lieber zu viel segmentieren als zu wenig. Unerfahrene Lernende könnten zu wenig metakognitive Fähigkeiten haben, um effektive Entscheidungen zu treffen über die Reihenfolge (order) der Inhalte (a.a.O., S. 339).
Prinzip der Personellen, der Stimme, des Sprecher-bildchens (Personalization, Voice, Embodiment and Image Principle)	Menschen lernen besser im Konversationsstil (im Vergleich zum formellen Stil, a.a.O., S. 342 ff)
	Anwendung hier: Wörter mit menschlicher Stimme gesprochen werden (im Vergleich zur maschinellen Stimme, vertonte Skripte.

(Voice Principle), Tipps und Feedback beim Problemlösen gegeben werden (Guided Discovery Principle). Ersteres Prinzip wurde ebenfalls in den vertonten Präsentationen vollzogen, zweiteres wurde generell bspw. mit der Ausgabe von (nach Evaluation geprüfter) verständlichen Lösungen vollzogen.

Da das Wesen heterogener Lerngruppen eine sich unterscheidende kognitive Kapazität ist, müssen, neben der Reduktion des ECL im Rahmen des Designs der im Zuge dieser Promotion entwickelten Lernumgebung jedoch auch die Kategorien ICL und GCL angepasst werden. Insofern ist eine strikte Unterteilung in verschiedene und angemessene Schwierigkeiten unabdingbar, um Lernenden verschiedene Einstiegsmöglichkeiten anzubieten. Die Umsetzung dessen ist in Kapitel 4.4 beschrieben, auch hier erfolgte die Rückversicherung, ob die verschiedenen Schwierigkeiten der Aufgaben angemessen empfunden werden im Verlauf des DBR-Prozesses.

Bei der Kategorisierung der Designprinzipien unterscheidet Mayer zwischen „basic principles" und „advanced principles". Die jeweiligen Prinzipien werden in Mayer von verschiedenen Autoren weiter ausgeführt und mit Forschungsergebnissen untermauert und geben Hinweise darauf, wie Lernumgebungen sinnvoll gestaltet werden können. In der folgenden Tabelle 21 werden einige der in Mayer (2014) dargestellten Prinzipien aufgeführt, kurz beschrieben und Beispiele gegeben, wie die Anwendung im Rahmen der für diese Arbeit erstellten virtuellen Lernumgebung erfolgte. Im Verlauf des DBR-Prozesses wurden einzelne Aspekte formativ evaluiert. Die Angabe der Seitenzahlen in der Tabelle beziehen sich auf Mayer (2014). Es sind hier lediglich die in Mayer als „basic priciples" bezeichneten Prinzipien dargestellt.

4 Methodologie der Untersuchung

Wie in Kapitel 2.4 bezüglich der Forschungsfragen beschrieben, soll im Rahmen dieser Arbeit das Lernverhalten der Studierenden unter Setzung dreier Foki untersucht werden. Die dabei verwendeten Forschungsansätze und eine erste Charakterisierung der Methoden hinsichtlich der Kriterien quantitativ/qualitativ sind in Abbildung 17 dargestellt.

Der in dieser Abbildung zentral positionierte Kasten stellt das Untersuchungsfeld (als empirischem Feld) dar, das mehreren Studienjahrgängen im Studiengang Maschinenbau zwischen den Jahren 2018 und 2022 am untersuchten Standort entspricht. Wie in Kapitel 2.3.5 bereits dargestellt, wurde im Rahmen dieser Arbeit ein hybrides Lernarrangement zur Ermöglichung selbstgesteuerten Lernens entwickelt. Teil dieses hybriden Lernarrangements ist eine virtuelle Lernumgebung. Die Untersuchung des Untersuchungsteils 1 erfolgt anhand dieses gesamten hybriden Lernarrangements, die Untersuchung des Untersuchungsteils 2 fokussiert auf die Lernaufgaben, die Teil der virtuellen Lernumgebung sind, und Untersuchungsteil 3 betrachtet schließlich das Lernverhalten der Studierenden bezüglich aller im Rahmen ihrer drei ersten Studiensemester angebotenen Lehrveranstaltung (demnach auch bezüglich der Lehrveranstaltung, innerhalb derer die hier dargestellte virtuelle Lernumgebung Anwendung fand). Aus den Ergebnissen dieser drei Untersuchungsteile sollen Rückschlüsse auf die didaktischen Implikationen und die virtuelle Lernumgebung gezogen werden (dargestellt durch die blauen Pfeile in Abbildung 17).

Zur Erstellung dieses Lernarrangements und der virtuellen Lernumgebung (vgl. Kasten oben links in Abbildung 17) wurde ein Design-Based Research-Ansatz (DBR-Ansatz) verfolgt. Die Vorgehensweise im vorliegenden Fall ist in Kapitel 4.4, die Methodologie dieses DBR-Ansatzes in den hier folgenden Kapiteln beschrieben. Als Basis zur Durchführung des DBR-Ansatzes wurden, wie in Abbildung 17 beschrieben, didaktischen Implikationen aus bestehenden Theorien und Ansätzen abgeleitet, die jeweils in Kapitel 3 dargestellt wurden. Der Doppelpfeil soll den iterativen Charakter des DBR-Ansatzes darstellen, der weiter untern in Kapitel 4.4 vertieft wird. Bezüglich der gesamten Untersuchung des Untersuchungsfeldes (zentraler Kasten in Abbildung 17) wurde nach Reinmann (2018) der Forschungsansatz der Scholarship of Teaching and Learning (SoTL) angewandt, der in Kapitel 4.1 beschrieben ist. Die in den einzelnen Untersuchungsteilen UT 1 bis UT 3 angewandten Methoden werden in Kapitel 4.2 diskutiert.

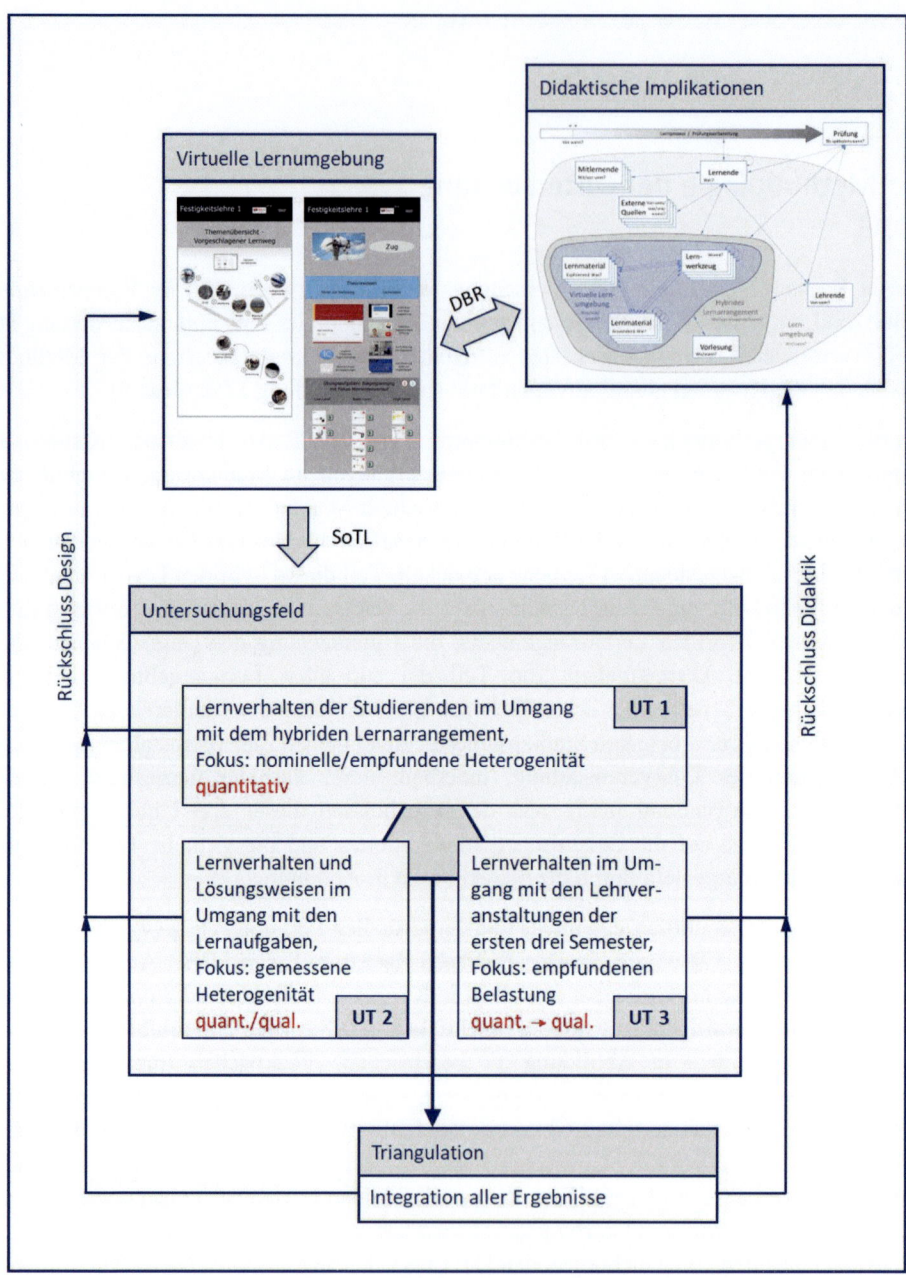

Abbildung 17. Darstellung der Forschungsansätze und der Methoden

4.1 Diskussion der Methodologie der Gesamtuntersuchung

Abgrenzung zum Experimentalforschungsansatz

Der „quantitative Experimentalforschungsansatz" in der Definition nach Reinmann (2018, S. 7) entspricht in Bezug auf die hier verfolgten Forschungsfragen keinem geeigneten Ansatz. Reimann grenzt a.a.O. die Experimente des Experimentalforschungsansatzes von der „Intervention" eines Design-Based Research-Ansatzes ab, die folgende Definition Reinmanns soll im Rahmen dieser Arbeit übernommen werden. Reinmann beschreibt „das ‚Wesen' von Interventionen" bezüglich „Zielsetzung und Legitimation" wie folgt: „Anders als in der experimentellen Forschung gelten im DBR-Ansatz Interventionen im Bereich der Lehr-Lernforschung als holistisch. Das heißt: Interventionen bestehen demnach aus Interaktionen zwischen Methoden, Medien, Materialien, Lehrenden und Lernenden. Eine durchgeführte Intervention ist folglich ein Produkt des Kontextes, in dem sie implementiert wird." Cronbach (1975) zitierend und die von ihr konstatierte „Komplexität von Lehr-Lernsituationen" beschreibend, stellt Reinmann fest, dass „die […] Vielzahl an wirksamen Variablen und deren unzähligen Interaktionen mit wiederum anderen Variablen […] der experimentellen wie auch der korrelativen Forschung eine klare Grenze [setzen]", so Reinmann (2018, S. 7).

Der Ansatz der „qualitativen Experimentalforschung" sei zwar, auf den Soziologen Kleining (1986) Bezug nehmend, nach Reinmann (2018, S. 87) für „physische Variation[en]" […] „explorativ angelegt" und teste (auf Burkhart, 2010 verweisend) „im Vergleich zum naturwissenschaftlichen Experiment keine Hypothesen", sondern habe (a.a.O. in der Fußnote 12, S. 87, Kleining, 1986, S. 725, anführend) „diagnostischen Charakter". Die Vorgehensweise dieses qualitativen Experiments für physische (demnach ggf. auch virtuelle) Variationen beschreibt Reinmann (a.a.O., S. 87 f.), erneut auf Kleining (1986, S. 736ff.) verweisend, jedoch wie folgt: Es werde „[n]ach wissenschaftlichen Regeln […] ein Eingriff in einen […] Gegenstand vorgenommen, indem man sich folgender […] Methoden bedient: (a) Man teilt einen Gegenstand (Separation), […] gliedert ihn neu (Segmentation) oder setzt ihn neu zusammen (Kombination), um zu überprüfen, wie sich dann z.B. der Umgang von Personen mit diesem Gegenstand ändert. (b) Man entfernt Elemente oder Funktionen eines Gegenstands (Reduktion), […] vermindert sie (Abschwächung), […] fügt welche hinzu (Adjektion) oder verstärkt sie (Intensivierung), um zu analysieren, ob der Gegenstand selbst oder der Umgang mit diesem gleich bleibt oder sich ändert. (c) Man ersetzt Gegenstandselemente durch andere (Substitution) oder verändert sie qualitativ (Transformation), um dessen Struktur (z.B. funktionale Äquivalenz) zu erforschen." Ziel dieser Methoden sei das Testen von Variationen eines (ggf. auch virtuell angewandten, Anmerkung S.K.) Gegenstands, was aber nicht dem Anliegen dieser Arbeit entspricht.

4.1.1 Annäherung an den Forschungsansatz der Gesamtuntersuchung

An mehreren Stellen ihres Readers zum Design-Based Research (DBR), der aus elf Veröffentlichungen der Autorin aus den vergangenen Jahren zu dem genannten Thema besteht, thematisiert Reinmann (2018), wie wissenschaftliche Erkenntnis gewonnen werden kann, wenn Forschende, wie in dem hier vorliegenden Fall, bspw. an Untersuchungen durch eine von ihnen „design[te]" Intervention beteiligt sind. Insbesondere in der auf den Seiten 112 ff. dargestellten Publikation schlägt Reinmann bezüglich dieser möglichen „Selbstbezüglichkeit der hochschuldidaktischen Forschung und ihren Folgen für die Möglichkeiten des Erkennens" eine Kombination mehrerer Forschungsansätze vor. So propagiert Reinmann für bestimmte Projekte der hochschuldidaktischen Forschung die Möglichkeit der Kombination von Elementen verschiedener Forschungsansätze, in der genannten Quelle die Kombination der Forschungsansätze der Design-Based Research, der Scholarship of Teaching and Learning (SoTL) und der Autoethnographie, die sie graphisch, wie hier in Abbildung 18 aufgeführt (die Grafik ist aus der angegebenen Quelle entnommen) als Überlagerung dreier Ansätze darstellt (a.a.O., S. 121). Die Kombination dieser drei Ansätze zielt darauf, die in Reinmann (2018) dargestellten Schwächen der jeweiligen Ansätze mit Eigenschaften (Stärken) eines jeweils anderen Ansatzes auszugleichen (insofern scheint das Bild der Überlagerung als Schnittmenge, wie es von Reinmann illustriert wurde, dem Verfasser dieser Arbeit nicht ganz stimmig).

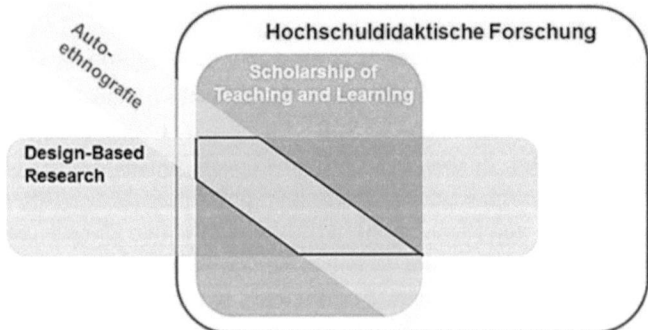

Abbildung 18. Autoethnografie als Methode in DBR-Arbeiten im Rahmen von
SoTL, unverändert entnommen aus Reinmann (2018, S. 121)

Die von Reinmann a.a.O. beschriebene Kombination als Abfolge verschiedener dreier Ansätze ist auf diese Arbeit jedoch noch nicht vollständig übertragbar: In ihrer Darstellung geht Reinmann von einem DBR-Ansatz aus, der nachfolgend mit Aspekten aus der SoTL und der Autoethnographie angereichert wird. Wenn allerdings von der Annahme Reinmanns ausgegangen wird, dass die jeweils von ihr empfundenen Schwächen des einen der drei dargestellten Ansätze durch Überlagerung der Stärken eines anderen Ansatzes ausgeglichen werden könne, ist die Reihenfolge dieser Überlagerung nicht relevant. Bezüglich einer solchen Anreicherung des DBR-Ansatzes mit anderen Forschungsansätzen formuliert Reinmann (a.a.O., S. 11), dass sowohl „integrative Ansätze", bei denen der DBR-Prozess anderen Studien vorausginge (unter Verweis auf Stark & Mandl, 2000; vgl. Fischer, Bouillon, Mandl & Gomez, 2003) als auch „kollaborative Ansätze, bei denen quantitative Untersuchungen oder Evaluationsstudien durch DBR ergänzt" würden (McCandliss, Kalchman & Bryant, 2003) seien demnach möglich, so Reinmann a.a.O.

Bezüglich des hier verfolgten DBR-Ansatzes sind jedoch noch weitere Unterschiede feststellbar: Zwar definiert Reinmann in den frühen Veröffentlichungen der genannten Quelle das Ziel des von ihr dargestellten Design-Based Research-Ansatzes „durch systematische Gestaltung, Durchführung, Überprüfung und Re-Design" die Komplexität von Lehr-Lernsituationen zu durchdringen, besser als dies mit einem einfachen „Experiment" und dem zugehörigen „Variablen-Set" zu bewerkstelligen wäre. Zudem solle aus dem Prozess der Interventionsentwicklung „sowohl kontextualisierte Theorien des Lernens und Lehrens einschließlich Wissen zum Designprozess (theoretischer Output) als auch konkrete Verbesserungen für die Praxis und die Entfaltung innovativer Potentiale im Bildungsalltag (praktischer Output)" resultieren. Als einen solchen möglichen „theoretische(n) Output" sieht Reinmann, Edelson zitierend, zum einen „bereichsspezifische Theorien auf Grundlage von Problemanalysen, die verschiedene Kontexte bei Lernen und Lehren berücksichtigen und/oder etwas über erwünschte und erwartete Wirkungen einer Intervention aussagen". Des Weiteren würden „durch Generalisierung von Design-Lösungen […] sogenannte Design frameworks im Sinne von kohärenten Leitlinien für die Gestaltung von Lernumgebungen [entstehen]", vgl. Reinmann (2018, S. 10). Insofern würde die Kombination dieser Ansätze als grundsätzlich geeignet erscheinen, zur Behebung des in Kapitel 2.3.3.1 nach Pittich in Zinn et al. (2018, S. 285 ff.) zitierten Mangels an „Ansätzen und Konzepten, die theoriehinterlegt und empirisch abgestützt den Forschungsstand aus psychologischen und pädagogischen Teilsegmenten sowie der Hochschulforschung aufgreifen und im Sinne einer fachbezogenen und auch fächerübergreifenden Hochschuldidaktik weiterführen" in dem hier betrachteten Übergangbereich zwischen Schule und Hochschule beizutragen.

Indem im Rahmen dieser Arbeit das Lernverhalten der Studierenden, wie oben beschrieben, (a) bezüglich des gesamten hybriden Lernarrangement vor dem Hintergrund des Aspekts der nominellen Heterogenität (Untersuchungsteil 1), (b) das Lern- und Lösungsverhalten bezüglich der Lernaufgaben der virtuellen Lernumgebung vor dem Hintergrund des Aspekts der gemessenen Heterogenität (Untersuchungsteil 2) und (c) das Lernverhalten bezüglich der gesamten ersten drei Semester vor dem Hintergrund des Aspekts der empfundenen Belastung der Studierenden (Untersuchungsteil 3) untersucht werden soll, geht die hier verfolgten Vorgehensweise jedoch über eine formative und summative Evaluation eines Design hinaus. So ist die Theorieentwicklung in Form der Erstellung von Gestaltungsrichtlinien nicht das primäre Ziel der Arbeit. Demnach kann der im DBR-Ansatz dargestellte Makrozyklus (nach McKenney/Reeves, siehe Abschnitt 4.4) bezogen auf die Entwicklung der Intervention zwar angewandt werden, er greift für die Darstellung des eines Forschungsansatzes für die Gesamtuntersuchung jedoch zu kurz.

4.1.2 Übertragung der Vorgehensweise der Kombination von Forschungsansätzen auf die vorliegende Arbeit

Für die hier dargestellten Untersuchungen (die Untersuchungsteile 1 bis 3) ist aus Sicht des Verfassers der Forschungsansatz der SoTL dominant. In Reinmann (2018, S. 117 ff.) wird dieser Forschungsansatz unter Bezugnahme auf Huber (2014) wie folgt beschrieben. „SoTL [wird] praktiziert, wenn sich Hochschullehrende in ihren Fachwissenschaften mit der eigenen Lehre und in der Folge auch mit dem Lernen der Studierenden wissenschaftlich befassen, indem sie bezogen auf die sie interessierenden Fragen einzelne Phänomene in der Lehre untersuchen und/oder systematisch reflektieren." Diese Beschreibung trifft auch auf die hier dargestellten Untersuchungen zu: der Verfasser der Arbeit lehrt (wie noch im Kapitel 4.4 ausführlicher dargestellt) im Bachelor-Studiengang Maschinenbau an einer Dualen Hochschule in dem hier betrachteten Modulfach, die Untersuchungsteile 1 und 2 nutzen eine vom Verfasser entwickelte Lehr-Lern-Intervention zur Beforschung des Lernverhaltens der Studierenden, insbesondere bezüglich des „Phänomens" des Lernverhaltens im Umgang mit der virtuellen Lernumgebung vor dem Hintergrund der nominellen Heterogenität (UT 1), des „Phänomens" des Lernverhaltens in Bezug auf die Aufgaben vor dem Hintergrund der gemessenen Heterogenität (UT 2) sowie des „Phänomens" des Lernverhaltens bezogen auf die ersten drei Semester vor dem Hintergrund der empfundenen Belastung (Untersuchungsteil 3).

Reinmann (2018) führt bezüglich der Vorgehensweise des SoTL a.a.O. unter Bezugnahme auf Bass (1999) und Starr-Glass (2015) weiter aus: „Ein [a] wahrgenommenes Problem muss in SoTL zu einer [b] Frage werden, die [c] wissenschaftlich zu beantworten ist. Zu SoTL gehört darüber hinaus, dass man Ergebnisse und Erkenntnisse der interessierten Öffentlichkeit [d] bekannt macht, den Erfahrungsaustausch sucht [e] und zur kritischen Diskussion beiträgt" (a.a.O., S. 117, die im Zitat in eckigen Klammern dargestellte Zuweisungen (a) bis (e) erfolgte durch den Verfasser dieser Arbeit). Auch diese Beschreibung trifft hier zu: Das wahrgenomme „Problem" wird (a) in Kapitel 2.1 und 2.2 beschrieben (Umgang der Hochschulen mit Heterogenität, hohe Abbrecherquoten also Folge von subjektiv empfundenen Belastungen), es wird (b) eine Forschungsfrage formuliert, siehe

Kapitel 2.4, es wird im Rahmen dieser Promotion (c) die wissenschaftliche Auseinandersetzung mit dem Thema gesucht und mit der Dissertation (d) die Veröffentlichung der Arbeit und innerhalb dieses Prozesse (e) die kritische Diskussion. Weitere kritische Auseinandersetzung erfolge im Zuge der Entwicklung des Designs der Intervention im Rahmen des DBR-Ansatzes, siehe Kapitel 4.4).

Reinmann führt a.a.O. weiter aus, dass die „persönliche Lehrerfahrung […] hier nur eine von vielen [möglichen] Quellen der Wissensschaffung [ist]; dazu kommen wissenschaftliche Theorien und Befunde […] kombiniert mit Erlebnissen aus der eigenen Fachwissenschaft". Reinmann betont, dass SoTL stets einen „wissenschaftlichen Anspruch" verfolge und nicht nur bezüglich der Anwendung wissenschaftlich anerkannter Methoden „prinzipiell als offen" bezeichnet werden könne, „sondern auch (bezüglich) die zu beantwortenden Fragen, wenn sie denn einen Bezug zu Lehre und Studium erkennen lassen" (a.a.O., S. 118). Beispielhaft für Fragen, die mit Hilfe der SoTL beantwortet werden könnten, führt Reinmann explizit die „Frage nach Gründen der Drop-out Rate" in Vorlesungen als „typische Frage" der SoTL an oder, sich auf Szczyrba (2016, S. 108) beziehend, die „didaktische[n] Innovationen wie Lehrformate, […] fachspezifisch Lehr-Lernmethoden, Einsatzszenarien für digitale Medien zu erarbeiten, zu erproben, zu evaluieren und zu reflektieren". Insofern scheint der Forschungsansatz der SoTL als geeignet für den im Rahmen dieser Arbeit betrachteten Zusammenhang. Die jeweilige Darstellung der von Reinmann erwähnten „wissenschaftliche anerkannter Methoden" erfolgt in Kapitel 4.2.

In Bezug auf den Forschungsansatz der Design-Based Research (DBR) verweist Reinmann auf die Parallelen der beiden Ansätze des SoTL und der DBR, die jeweils ein „konkrete[s] Problem in der Lehre […] mit wissenschaftlichen Mitteln" aufgreifen und „einer Lösung zuführen würde[n]", um „auch die generischen Herausforderungen dahinter" besser zu verstehen (a.a.O., S. 118). Auch seien beide geeignet, ebendiese „Lösung praktischer Probleme mit der Generierung wissenschaftlicher Theorien [zu] verknüpfen" (siehe Anmerkungen zur Theoriegenese weiter unten). Die Darstellung des Begriffs des „Problems" wurde oben bereits erwähnt. Als die von Reinmann angesprochene „generische Herausforderungen" kann aus Sicht des Verfassers dieser Arbeit der Umgang mit den als heterogen angenommenen Lernverhaltensweisen der Studierenden durchaus gesehen werden (Reinmann definiert generisch im Sinne von übergeordnet, a.a.O., S. 84).

4.1.3 Die Kombination von Forschungsansätzen und Rückführung auf die vorliegende Arbeit

Die Stärke des SoTL-Ansatzes sieht Reinmann in der „genuin hochschuldidaktischen" Verankerung, konstatiert jedoch, insbesondere, wenn sich die SoTL einer Intervention bedient, bestimmte Schwächen in der „bislang nicht systematisch durchgeführt[en] […]

forschungsmethodologische[n] Überlegungen". Die Stärke des DBR sieht Reinmann darin, dass dieser als ein „methodologischer Ansatz" bei der Entwicklung von Intervention sei, der „modellierende Forschungslogik nah an der gestaltenden Handlungslogik" aufweise und der Fragen „auf allen Handlungsebenen [des von ihr beschriebenen DBR-Prozesses, Anmerkung S:K.] gezielt aufgreifen" könne. (a.a.O., S. 118).

Als Schwäche stellt Reinmann in einem a.a.O. dargestellten Beitrag, der auf dem Stand des Jahres 2005 verfasst wurde, dass das „Design" von Interventionen und insbesondere der sich darin vollziehende kreative Akt ein „Tabu in der Lehr-Lernforschung" sei und konstatiert eine mangelnde Akzeptanz unter Wissenschaftlern (a.a.O., S.,13, ebenfalls auf den Stand des Jahres 2005 bezogen). In einem späteren Artikel (der von der genannten Autorin 2014 veröffentlicht wurde, a.a.O., S. 97 f.) verweist Reinmann bezüglich des erwähnten Tabus der Kreativität in der „entwicklungsorientierten Bildungsforschung" auf die Möglichkeit einer „abduktiven Vorgehensweise", die die Lücke des „Neuen", welche sowohl die Induktion als auch die Deduktion insbesondere bezüglich der Theoriegenese hinterließen, schlösse. Sowohl der Deduktion als „wahrheitsübertragende[m] Schluss" als auch der Induktion als „wahrscheinlichkeitsübertragende[m] Schluss" attestiert Reinmann in Anlehnung an Peirce, keine „gänzlich neuen Gedanke[n] …produzieren" zu können.

Dewey, der „in seinem pragmatistischen Modell des Forschungsprozesses das Prinzip der Abduktion ebenfalls bemüht", würde nach Reinmann (2018, S. 98) diesen Moment der abduktiven Schlüssen als „spontane Eingebung und Assoziation" benennen, die zu Ideen würden, „die man mit den Fakten abgleichen, in Gedankenexperimenten überprüfen und später auch in der Realität testen kann", wobei letzterer Aspekt insbesondere in Kleinings (1986) Beschreibungen des „qualitative[n] Experiment[s]" umgesetzt sei, auf das weiter unten noch Bezug genommen wird. „Eine Abduktion erfindet […] eine neue Ordnung - also einen Zusammenhang oder eine Regel. Diese neue Ordnung wird genau nicht aus einer Theorie (deduktiv, Anmerkung S.K.) oder aus Daten (induktiv, Anmerkung S.K.) abgeleitet. Allein der Forscher als denkender Mensch kommt dann noch als Quelle des Neuen in Frage" (a.a.O., S. 98).

Das Element der potenziell neuen Erkenntnis im abduktiven Prozess wird ebenfalls von Kuckartz (2014, S. 42) beschrieben, der sich bezüglich der Diskussion der Sichtweise „einige[r] Protagonisten des Mixed-Methods-Ansatzes" als „dritte[m] Paradigma" der Forschungsmethoden äußert und dieses dritte Paradigma in der „Grundposition der Philosophie des Pragmatismus" nach Peirce verankert sieht. Kuckartz weist der Abduktion (als „dritten Typ" des „logischen Schlussfolgerns" und Erkennens) den Aspekt des „Kreativen und Originellen" zu, mit dem „im besten Falle […] neues (Handlungs-)Wissen erzeugt [wird]". Diesen Moment der Erkenntnis des abduktiven Schlusses präzisierend, führt Kuckartz ein Zitat von Peirce (1931) an, nach der diese „abduktive Vermutung […] blitzartig [als] […] Akt der Einsicht […] kommt" und zitiert ebenjenen weiter, indem er einschränkt: „Es ist wahr, dass verschiedene Elemente der Hypothese zuvor [im] Geist waren", dennoch führt auch Peirce „die Idee" als das kreative Zusammenbringen einzelner Fragmente als Wesen der Abduktion an. Die Abduktion zur Beschreibung des kreativen Akts scheint demnach in der neueren wissenschaftlichen Literatur anerkannt.

Bezüglich der von Reinmann als solche bezeichnete Schwäche der mangelnden Objektivität, insbesondere, wenn eine „Selbstbezüglichkeit" im Prozess der Forschung verankert sei, schlägt sie die Berücksichtigung von Elementen des Forschungsansatzes der (Auto-)Ethnographie vor, deren „Kernelement [...] die teilnehmende Beobachtung" sei (die oftmals einen explorativen Charakter habe, a.a.O., S. 120). Der „ethnographisch Forschende" sei „mit seinen persönlichen Erfahrungen Mittel zum Zweck, weshalb man, wie in den meisten Forschungsansätzen auch, bemüht ist, seine selektive Wahrnehmung und seinen Einfluss auf das Feld zu kontrollieren." Gewichtiges Kriterium (anstatt dem Kriterium der Objektivität, das aber im Falle der direkten Beteiligung des Forschenden nicht einzuhaltenden sei), sei die Herstellung der „Intersubjektivität", die durch die Transparenz „wissenschaftlicher Dokumentation", die „systematisch und nachvollziehbar durchgeführt [werden] [...] und zu Ergebnissen führen" muss, die „über den rein situativen Nutzen hinausgehen und wissenschaftlichen Erkenntniswert haben" (a.a.O., S. 120). „Systematik, Nachvollziehbarkeit, Überprüfbarkeit, Genauigkeit, Gültigkeit und Intersubjektivität" sieht Reinmann als „zwingend[es] Credo" und zudem die „Pflicht [...] eine Vielfalt von Erkenntniswegen" zu beschreiten, um „den vielen Unzulänglichkeiten, die der Gegenstand der Bildungsforschung mit sich bringt, beizukommen" (a.a.O., S. 35). Die Forderung nach Intersubjektivität ist allerdings keineswegs, wie durch die Ausführungen Reinmanns (2018) suggeriert werden könnte, ausschließlich ein Merkmal des Forschungsansatzes der Autoethnographie. Strübing (2018, S. 93) fordert, Gütekriterien für den gesamten Bereich der qualitativen Forschung reflektierend, als Bestandteil des Gütekriteriums der „textuellen Performanz" die „[Reflexion der] Rolle des Forschenden" als permanenten Teil des qualitativen Forschungsprozesses. „Intersubjektive Nachvollziehbarkeit" sei eine „Basisanforderung" in der qualitativen Forschung. Wohingegen in der quantitativen Forschung die „textuelle Performanz eher als ästhetisches Randproblem der Ergebnispräsentation" gesehen werde, habe in der qualitativen Forschung ebendiese „textuelle Performanz [...] epistemologische Dimension", so Strübing (2018, S. 93). Der Vollständigkeit halber seien an dieser Stelle die von Strübing genannten weiteren Gütekriterien der qualitativen Forschung ebenfalls erwähnt: neben dem Kriterium der textuellen Performanz, expliziert ebenjeder a.a.O. die Kriterien der Originalität, der Theoretischen Durchdringung, der Gegenstandsangemessenheit und der Empirischen Sättigung, vgl. Strübing (2018).

Wie in Abbildung 17 dargestellt, erfolgt die Entwicklung des hybriden Lernarrangements unter Anwendung eines Design-Based Research-Ansatzes, indem der in Reinmann (2018) beschriebe Makrozyklus' durchlaufen wird. Die Beschreibung dieser Vorgehensweise erfolgt in Kapitel 4.4. Die Gesamtuntersuchung wendet den Forschungsansatz des Scholarship of

Teaching and Learning (SoTL) an. Die von Strübing (2018) geforderte Reflexion der Rolle der forschenden Person vor dem Hintergrund der „Selbstbezüglichkeit [dieser Form der] hochschuldidaktischen Forschung" (Reinmann 2018, S. 121) erfolgt in den jeweiligen Abschnitten der Darstellung der Ergebnisse, vgl. Kapitel 5.

4.2   Methodologie und methodisches Design der einzelnen Untersuchungsteile

Wie oben und in Kapitel 2.4 dargestellt, ist die Untersuchung in drei Untersuchungsteile gegliedert und wurde mit Studierenden aus insgesamt fünf aufeinanderfolgenden Studienjahrgängen zwischen den Jahren 2018 und 2022 durchgeführt. Die offen gestellten Forschungsfragen implizieren eine explorative Vorgehensweise, wobei sowohl quantitative als auch qualitative Methoden angewandt wurden. Nach der Definition von Kuckartz (2014, S. 33) liegt in Bezug auf die gesamte Untersuchung, die eine „Kombination und Integration von qualitativen und quantitativen Methoden im Rahmen des gleichen Forschungsprojekts" darstellt, ein Mixed Methods Ansatz vor. Dieser Mix an Methoden, die zur Klärung der einzelnen Forschungsfragen dieser Gesamtuntersuchung im Rahmen dieser Arbeit gewählt wurden, ist in Abbildung 19 graphisch illustriert (bezüglich des zeitlichen Verlaufs der einzelnen Untersuchungen sei auf Abbildung 20 in Kapitel 4.3 verwiesen).

Bezüglich der Anwendung von Methoden konstatiert Reinmann (2018, S 12 f.), sich auf das National Research Council[37] berufend, dass „die Eignung und Wirksamkeit von Methoden […] sich nur im Zusammenhang mit der dazugehörigen Fragestellung sinnvoll bewerten" ließe. Sie schließt daraus, dass „spezifische Forschungsdesigns und -methoden […] für verschiedene Ziele und Fragen unterschiedlich gut geeignet" und „[m]ultiple Methoden […] von daher möglich und nötig" seien. Für einen solchen Mix von Methoden definiert Kuckartz (2018, S. 33), dass „[u]nter „Mixed-Methods […] die Kombination und Integration von qualitativen und quantitativen Methoden im Rahmen des gleichen Forschungsprojekts verstanden [wird]. Es handelt sich also um eine Forschung, in der die Forschenden im Rahmen ein- oder mehrphasig angelegten Designs sowohl qualitative als auch quantitative Daten sammeln. Die Integration beider Methodenstränge, d.h. Von Daten, Ergebnissen und Schlussfolgerungen, erfolgt je nach Design in der Schlussphase des Forschungsprojekts oder bereits in früheren Projektphasen". Den „Aspekt der Gründe bzw. Motive für die

---

[37] Zitiert nach Reinmann (2018, S. 12 f.), die Veröffentlichung dieses Prinzips datiert Reinmann auf das Jahr 2001 und 2002.

Verwendung eines Mixed-Methods-Ansatzes" habe Kuckartz in seiner „Arbeitsdefinition" bewusst ausgespart, um den Vorrang der „Angemessenheit" der Wahl des Forschungsdesigns in Bezug auf „die zu untersuchende Forschungsfrage" zu betonen (a.a.O., S. 33). Bezüglich eines „epistemologischen Statements" zu der Frage, „ob es sich bei Mixed-Methods um eine eigene Methodologie" handele (a.a.O., S. 34), konstatiert Kuckartz, dass Spannweite der Positionen gegenüber diesem Ansatz weit sei. Sie reiche von der Sichtweise, dass „qualitative und quantitative Methoden, zum Paradigma erhöht, inkommensurabel" seien (a.a.O., S. 34) bis hin zu der Sichtweise, die den Mixed-Methods-Ansatz selbst zum „dritte[n] Paradigma" erhebt (a.a.O., S. 37). Bezüglich dieser von den „Mixed-Methods-Protagonisten" (a.a.O., S. 43) vertretenen Sichtweise nennt Kuckartz den „amerikanischen Pragmatismus als ‚world view' [der] Mixed-Methods-Forschung" (a.a.O., S. 40). Basis sowohl dieser „Protagonisten" aber auch der Mixed-Methods-Forschung Betreibenden mit gemäßigterer Sichtweise, sei, neben einer gewissen Nähe zum pragmatischen Statement des „whatever works", die grundsätzliche Annahme der „Kompatibilität" beider Methoden, die sich „ergänzen und unterschiedliche Perspektiven liefern" können (a.a.O., S. 35). Vertreter*Innen dieser gemäßigten Sichtweise würden „Fragen der Methodologie eher […] ignorieren und sich auf das Methodenpraktische bzw. die substanzielle Forschungsfrage […] konzentrieren": „[W]as [der Forschungsfrage] nützt, das gehört im Forschungsprozess auch eingesetzt", und welche Methoden schließlich miteinander vereinbar seien, würden vorrangig „aus dem Blickwinkel der Forschungspraxis" betrachtet werden (a.a.O., S. 44).

Begründung des Methodenmixes

Nach Kuckartz (2018, S. 33 f.) sei „jeweils konkret zu begründen, warum ein (Mixed-Methods-) Design bei der gestellten Forschungsfrage einen Gewinn darstellt". Wie in Abbildung 17 illustriert, besteht die Gesamtuntersuchung aus drei Teilen. Die innerhalb dieser Untersuchungsteile verwendeten Methoden sind wie bereits angedeutet in Abbildung 19 graphisch dargestellt.

Untersuchungsteil 1

Gemäß der in Kapitel 2.4 dargestellten Forschungsfragen soll mit der im Rahmen des Untersuchungsteils 1 gestellten Forschungsfrage F1 erkundet werden, welches Lernverhalten die Studierenden im Umgang mit den in der virtuellen Lernumgebung dargebotenen Lernmaterialien zeigen. Die Forschungsfrage F2 betrifft die Frage danach, in welcher Weise wie hier konzipierte virtuelle Lernumgebungen geeignet sind, den heterogenen Voraussetzungen der Lernenden gerecht zu werden. Beide Fragen sollen vor dem Hintergrund der nominellen Vorerfahrungen auf Basis der jeweils besuchten Schulart und der empfundenen Vorerfahrungen der Studierenden geklärt werden, die beide in Form einer geschlossen gestellten Frage in einem Fragebogen abgefragt werden können. Auch inhaltlich können beide Forschungsfragen durch eine (hier zwingend retrospektive) Befragung mit Hilfe eines halbstandardisierten Fragebogens adressiert werden: Die Verhaltensweisen der Studierenden kann bspw. anhand der unterschiedlichen Ausprägungen der Antworten auf einer Likert-Skala und der Betrachtung der Kontingenzen, die Art oder Frequenz der Verwendung der einzelnen Lernelemente der virtuellen Lernumgebung, zu der ex ante jeweils keine Hypothesen formuliert wurden, kann jeweils unter Anwendung quantitativer Methoden ermittelt werden. (Es sei darauf verwiesen, dass solche Hypothesen zwar wie erwähnt nicht explizit formuliert wurden, jedoch bspw. bei einer etwaigen Prüfung der Kontingenzen (per Chi-Quadrat-Unabhängigkeitstest) stets eine unterschwellige Nullhypothese mitschwingt, wie in Kapitel 5 diskutiert wird). Bezüglich mancher Aspekte war der subjektive Begründungszusammenhang für ein bestimmtes Lernverhalten von Interesse. Beide Aspekte konnten jedoch unter Verwendung überwiegend geschlossener und punktuell offener Fragen in Form eines standardisierten Fragebogens adressiert werden. Für die geschlossen formulierten Fragen wurde eine vierstufige Likert-Skala verwendet, die zentral (nein, eher nein, eher ja, ja) oder steigend (gar nicht, kaum, eher oft, sehr oft) angeordnete Antwortoptionen bot.

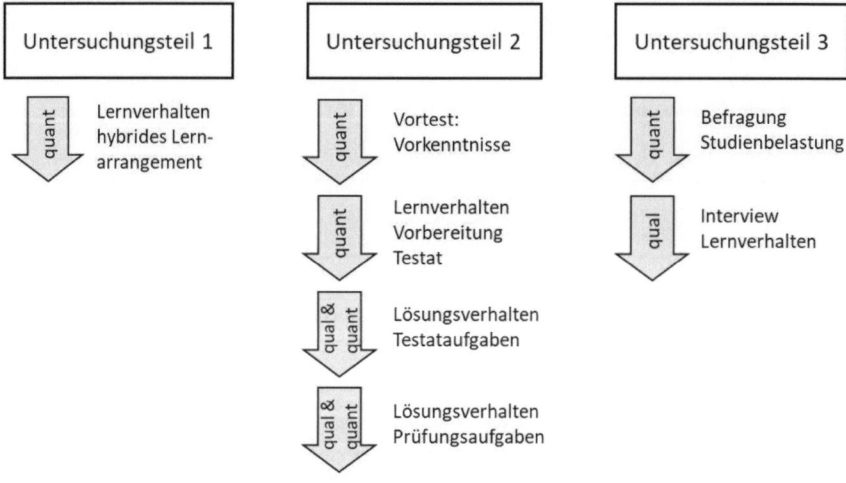

Abbildung 19. Darstellung des Mixed-Method-Ansatzes der Gesamtuntersuchung

Die Befragung des Untersuchungsteils 1 hatte insofern vorwiegend die Exploration der präsumierten Heterogenität zum Ziel, nicht aber eine deduktive oder induktive Verbindung von Daten und Theorie. Zur Beantwortung der Forschungsfragen F1 und F2 wurde die

Erhebung und Auswertung quantitativer Daten als ausreichend erachtet, eine qualitative Befragung zu einzelnen Aspekten, die über die offen formulierten Fragen hinausgehen, erschien nicht als nötig. Das hier verfolgte Forschungsdesign im gesamten Untersuchungsteils 1 (beide Forschungsfragen F1 und F2 werden anhand desselben Fragebogens beantwortet) ist demnach monomethodisch quantitativ.

Untersuchungsteil 2

Im Untersuchungsteil 2 soll im Rahmen der Forschungsfrage F3 ergründet werden, in welcher Weise sich die Vorgehensweise der Studierenden bei der Lösung der an sie gestellten Testat- und Prüfungsaufgaben unter Berücksichtigung ihres jeweiligen Vorwissens unterscheiden. Die Forschungsfrage F4 soll klären, in welcher Weise sich Vorgehensweise der Studierenden im Umgang mit den in der virtuellen Lernumgebung zur Verfügung gestellten Lernaufgaben während ihrer Vorbereitung auf ein Testat unterscheidet. Beide Fragen differenzieren nach dem Aspekt der Performanz des Vorwissens (als unabhängige Variable), die in einem „Vortest" gezeigt wurde. Insofern muss die Vorgehensweise sequenziell sein, die Auswertung der im Vortest gewonnenen Daten erfolgt quantitativ.

In Forschungsfrage F4, die hier zuerst betrachtet wird, wird das Lernverhalten der Studierenden in Bezug auf das Testat untersucht. Diese Untersuchung erfolgte anhand eines ausgehändigten Lernlogbuchs, in dem bspw. anhand der Angabe des Zeitpunkts der Berechnung einer Übungsaufgabe auf die Vorgehensweise der Testat-Vorbereitung geschlossen werden sollte. Insofern wurden Daten quantitativ erfasst, sie wurden jedoch quantitativ (bspw. über die Bestimmung von Kontingenzen) und qualitativ (bspw. über die interpretative Zuweisung der Attribute ‚eher linear' oder ‚eher springend' bezüglich des von den Studierenden verfolgten Lernwegs) ausgewertet. Bezüglich der Forschungsfrage F4 liegt somit ein sequenzieller „Mix" von Methoden vor (quantitativ bezüglich des Vortests, qualitativ/quantitativ bezüglich der Auswertung des Lern-Logbuchs).

Die Forschungsfrage F3 adressiert die Art und Weise, wie die Studierenden die Testat- und Prüfungsaufgaben lösen. Wird der Gedanke vertreten, dass die Mathematik einer „Sprache" entspricht, mit der durch logische Ableitungen innerhalb dieser Sprache Probleme von einer unbefriedigenden Ausgangsituation in eine „angestrebte Zielsituation" überführt werden können (dies entspricht der Definition des Problemlösens nach Hobmair, 2005, S. 135ff., vgl. Kapitel 3.1.3), so öffnet sich die Untersuchung dieser „Sprache" der interpretativen, rekonstruktiven und somit qualitativen Forschung und der dieser qualitativen Forschung von Rosenthal (2014, S. 13) zugeschriebenen „Logik des Entdeckens", in der die „Offenheit des Vorgehens" und die Orientierung an den „Besonderheiten" des Beobachteten proklamiert wird. Der Gedanke einer solchen Offenheit des Vorgehens und des sich-überraschen-Lassens vom empirischen Feld wird von Strübing (2013, S. 112 f.) insbesondere der Grounded Theory zugeschrieben, die er a.a.O. als „Forschungsstil" bezeichnet, die im Gegensatz zu den quantitativen Methodologien *nicht* einen „festgeschriebenes Set von Verfahrensregeln" proklamiert, sondern eine gewisse „Flexibilität" im Umgang mit den aus den im Feld erhobenen Daten vorsieht, um in ihrer Gegenstandbezogenheit eine maximale Nähe zum empirischen Feld zu erreichen, sodass „sämtliches Wissen über das Untersuchungsphänomen als Datum behandelt" werden kann (vgl. Bethmann, 2020, S. 25). Bezüglich der Forschungsfrage F3 liegt somit ebenfalls ein sequenzieller „Mix" von Methoden vor, die Auswertung des Vortest zur Bestimmung der unabhängigen Variable erfolgte quantitativ, die interpretative Rekonstruktion des subjektiv Gemeinten bezüglich des Testats und danach bezüglich der Semesterendprüfung (und der Interpretation einer möglichen Relation) per se Methoden-offen, also potenziell qualitativ und/oder quantitativ).

Nach Kelle (2019, S. 164) wurde demnach im Untersuchungsteil 2 unter Anwendung einer auf „Komplementarität" zielenden Triangulation quantitativer und qualitativer Methoden („within mehtods" und „between methods") zur „Perspektivenbereicherung" (Kuckartz, 2014, S. 47 f.) durchgeführt, wobei hier grundsätzlich ein durch den zeitlichen Ablauf bedingtes sequenzielles Design gewählt werden musste.

Untersuchungsteil 3

Im Untersuchungsteil 3 wurde mit der Forschungsfrage F5 erkundet werden, welches Lernverhalten stark belastete Studierende in dem hier untersuchten Bachelorstudiengang, während der ersten drei Studiensemester zeigten. Der Aspekt der subjektiv empfundenen Belastung hat, ähnlich wie im Untersuchungsteil 2 der Aspekt der Performanz des Vorwissens, den Charakter einer unabhängigen Variable, demnach ist die sequenzielle Vorgehensweise vorgegeben. Diese subjektiv empfundene Belastung wurde anhand eines Fragebogens ermittelt. Der Fragebogen bestand aus 19 Items, die, ähnlich einer Likert-Skala, mit Zahlenwerten von 1 bis 9 bewertet werden sollten (Details siehe Tabelle 6), die Auswertung erfolgte demnach quantitativ. Im Anschluss an die Darstellung der subjektiv empfundenen Belastungen fand die Durchführung halbstrukturierter Leitfadeninterviews statt, die durch Anwendung einer qualitativen Inhaltsanalyse ausgewertet wurden. Insofern erfolgte Der Untersuchungsteil 3 erfolgte unter Anwendung einer sequenziellen Triangulation zweier Methoden „between methods", in der die Ergebnisse der ersten, quantitativen Herangehensweise die Durchführung der zweiten (qualitativen) Herangehensweise beeinflussten (Kuckartz, 2014, S. 77), was in der Terminologie Mayrings einem „Vertiefungsdesign" entspricht (Kuckartz, 2014, S. 78), das in dem hier betrachteten Fall auf „Komplementarität" zielte (vgl. Kelle, 2019, S. 164).

Die Auswahl der zu interviewenden Studierenden erfolgte anhand maximaler und minimaler Kontrastierung, bezüglich derer Strübing (2013, S. 115 f.) wir folgt argumentiert: Es seien in der rekonstruktiven Sozialforschung „empirische Indikatoren […] Anstoß für die Entwicklung erster Konturen". Die „herzustellende Relevanz [dieser Konturen] erfolgt durch aktives Vergleichen anhand minimaler und maximaler Kontrastierung: welche Verhaltensweisen bleiben bei ähnlichen Voraussetzungen (trotz gewisser Unterschiede) konstant (minimale Kontrastierung), welche Verhaltensweisen ändern sich, wenn gezielt abweichende Fälle aufgesucht werden (maximale Kontrastierung). Die Fall- und Datenauswahl […] erfolgt als Prozess, in einem Wechselspiel dieser Kontrastierung anhand des jeweils bezüglich eines bestimmten Aspekts ergiebig erscheinenden nächsten Falls und dauert so lange an, bis eine empirische Sättigung in den erhobenen Daten zu verzeichnen ist (oder andere limitierende Faktoren ein weiteres Voranschreiten verhindern)".

4.3 Zeitlicher Verlauf der einzelnen Untersuchungen und methodisches Design

Eine Übersicht über den zeitlichen Verlauf der einzelnen Befragungen und der Anwesenheiten der einzelnen Studienjahrgänge in ihren jeweiligen Semestern an der Hochschule ist in Abbildung 20 gegeben. Dabei werden die einzelnen Studienjahrgänge nach dem Jahr der Immatrikulation im Oktober eines jeden Jahres bezeichnet (es wurden hier die institutsinternen Jahrgangsbezeichnungen übernommen). Wie in der genannten Abbildung illustriert, beginnt die Präsenzphase der Studierenden im ersten Semester (S1) (und damit die Lehrveranstaltung Festigkeitslehre 1) im Januar des Folgejahres der Immatrikulation und endet bezüglich des für den Autor relevanten Zeitraums mit den Abschlussprüfungen des 3. Semesters (S3, unter anderem auch im Fach Festigkeitslehre 3) im Dezember desselben Jahres. Die Präsenzphase der Studierenden pro Semester umfasst 11 Studienwochen, in denen Lehrveranstaltungen abgehalten werden zuzüglich einer Prüfungswoche. In den Pausen zwischen den Semestern arbeiten die Studierenden im Rahmen ihres Ausbildungsvertrages beim jeweiligen dualen Partner, oder beanspruchen die gesetzlich zugebilligten Urlaubstage. Es sei angemerkt, dass in Abbildung 20 lediglich diejenigen Studienjahrgänge dargestellt sind, bei denen die Lehrveranstaltung im Fach Festigkeitslehre in den Semestern eins, zwei und drei vollständig durch den Autor erfolgte und bei denen die Vermittlung der Lerninhalte im ersten Semester mit Hilfe des hybriden Lernarrangements erfolgte (grau gefärbte Boxen). In den Lehrveranstaltungen der jeweiligen Folgesemester 2 und 3 im Fach Festigkeitslehre wie auch generell in den anderen Modulfächern aller drei Semester wurde die am Institut übliche Moodle-Plattform genutzt.

Die Entwicklung der virtuellen Lernumgebung für das erste Semester erfolgte hierbei wie bereits erwähnt unter Anwendung eines DBR-Ansatzes in den Jahren zuvor, die Übertragung der Lernwebsite auf Gegebenheiten der Hochschule erfolgte für das Semester TMB18A. Dieser Prozess der Entwicklung in der Vorphase der hier dargestellten Untersuchungen ist in Kapitel 4.4 und in der dort dargestellten Abbildung 25 beschrieben.

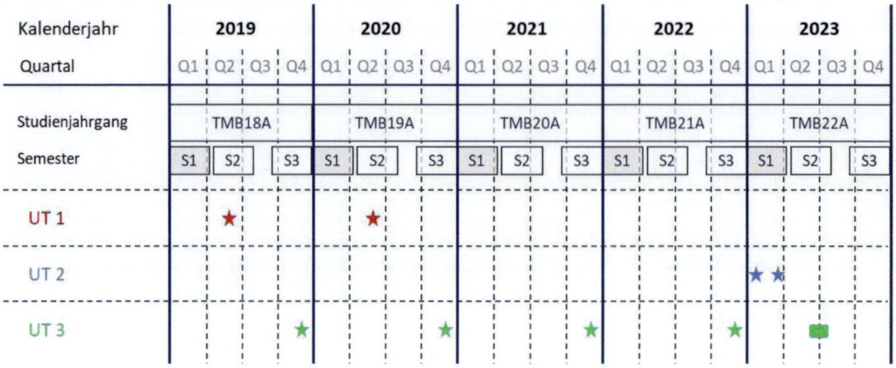

Abbildung 20. Zeitliche Übersicht der einzelnen Befragungen in den jeweiligen Studienjahrgängen/Semestern

Neben der Benennung der einzelnen Semester sind in Abbildung 20 vor allem die Zeitpunkte der einzelnen Untersuchungen dargestellt. Die Untersuchung zum Untersuchungsteil 1 (UT 1) finden wie erwähnt in den Jahrgängen TMB18A und TMB19A jeweils nach deren Prüfungswoche aus dem ersten Semester statt (rote Sternchen). Die beiden Befragungen des Untersuchungsteils 2 (UT2) findet im Jahrgang TMB22A statt während des ersten Semesters und am Ende nach der Prüfungswoche (blaue Sternchen). Für den Untersuchungsteils 3 (UT 3) ergibt sich eine Besonderheit: die Befragung zu den kritischen Lernanforderungen erfolgte, wie durch die grünen Sternchen angedeutet, am Ende des dritten Semesters mit den Jahrgängen TMB18A bis TMB21A, die qualitative Befragung wurde jedoch mit allen „auffälligen" Studierenden (Definition siehe Kapitel 5.3) im Sommer 2023 durchgeführt (dargestellt durch die grüne Box in Abbildung 20).

Die zeitliche Abfolge und einige charakteristische Aspekte der Untersuchungen innerhalb der drei Untersuchungsteile 1 bis 3 ist jeweils in Abbildung 21 bis Abbildung 23 dargestellt, wobei die dicken Pfeile jeweils Zeitspannen und die Kästchen Ereignisse repräsentieren. Demnach erfolgt die Befragung der Studierenden für den Untersuchungsteil 1 nach Abbildung 21 zu Beginn des zweiten Semesters (jeweils ca. zwei Wochen nach der letzten Prüfung), nachdem die Phase der Explikation der Vorlesungsinhalte, die Phase der mehr oder weniger parallel verlaufenden Lern- bzw. Prüfungsvorbereitung der Studierenden (und somit jeweils auch die Phase der Anwendung der virtuellen Lernumgebung) abgeschlossen und alle Semesterabschlussprüfungen absolviert sind.

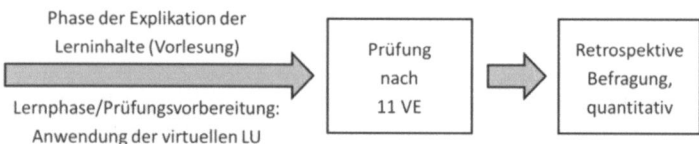

Abbildung 21. Zeitliche Abfolge der Untersuchungen des Untersuchungsteils 1

Die zeitliche Abfolge der Untersuchungen des Untersuchungsteils 2 ist in Abbildung 22 illustriert. Diese beginnt mit einem Vortest zur Ermittlung der fachlichen Kenntnisse zu Beginn der ersten Vorlesungsstunde, einer ersten Phase der Explikation der Lerninhalte und des Lernens und Übens in Bezug auf ein Testat nach vier Vorlesungseinheiten (VE), einer Phase der Explikation der verbleibenden Lerninhalte sowie der üblichen Semesterabschlussprüfung am Ende der elf Vorlesungseinheiten.

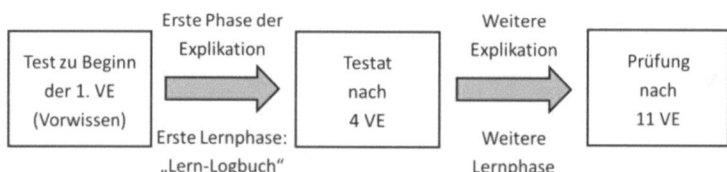

Abbildung 22. Zeitliche Abfolge der Untersuchungen des Untersuchungsteils 2

Die zeitliche Abfolge der Untersuchung des Untersuchungsteils 3 ist in Abbildung 23 dargestellt. Zum Ende des dritten Semesters werden die Studierenden zu potenziell belastenden Aspekten befragt. Auf Basis dieser Befragung werden Leitfadeninterviews geführt.

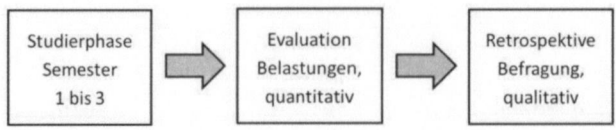

Abbildung 23. Zeitliche Abfolge der Untersuchungen des Untersuchungsteils 3

4.4 Darstellung der Entwicklung der virtuellen Lernumgebung im Zuge des DBR-Ansatzes

Die Inhalte des ersten Semesters des Modulfachs Festigkeitslehre im betrachteten Studiengang wurden den Studierenden mit Hilfe eines nach Kerres (2018, S. 22) so zu bezeichnenden „hybriden Lernarrangements" dargeboten. Teil dieses hybriden Lernarrangements ist eine „virtuelle Lernumgebung". In den folgenden Abschnitten soll zum einen die Entwicklung dieser virtuellen Lernumgebung und somit auch des gesamten hybriden Lernarrangements dargestellt werden, die, wie in den Abschnitten 4.1 und 4.3 bereits einführend dargestellt, im Rahmen eines DBR-Prozesses erfolgte. Die (Reinmanns Bezeichnungen bei der Beschreibung des DBR-Prozesses aufgreifend) „ausgereifte" virtuelle Lernumgebung als Resultat dieses Prozesses wird im Unterkapitel 4.5 beschrieben.

4.4.1 Beschreibung des DBR-Ansatzes

Wie in Kapitel 4.1.3 bereits eingeführt, erfolgt die Entwicklung des hybriden Lernarrangements unter Anwendung eines Design-Based Research-Ansatzes. Die dem genannten Forschungsansatz zuzuschreibenden Ablaufmodelle bestehen nach Reinmann (2018) meist aus einem Makrozyklus', der ggf. mehrfach und zyklisch, stets jedoch in iterativer Weise nah am Feld durchlaufen wird, wobei von Reinmann (2018) eine gewisse Flexibilität bezüglich des jeweiligen Ablaufs propagiert wird (vgl. a.a.O., S. 103). Eine bildliche Darstellung eines solchen Makrozyklus (hier nach McKenney und Reeves) wurde a.a.O. der S. 103 unverändert entnommen und ist in Abbildung 24 dargestellt.

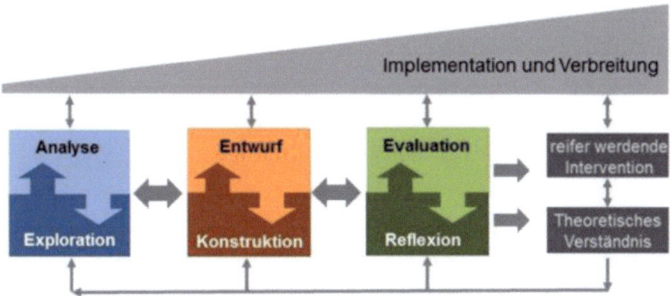

Abbildung 24. „Generisches Modell" des DBR-Ansatzes nach McKenney und
Reeves (2012), unverändert entnommen aus Reinmann (2018, S.
103)

Der dort illustrierte Zyklus besteht aus vier „Krenprozessen" (a.a.O., S. 103). Die initiale
Phase der Analyse/Exploration soll nach Reinmann (a.a.O., S. 97) versucht werden, „das
Ausgangsproblem in der Praxis samt Kontext und Zielsetzung möglichst gut zu erfassen und
zu verstehen". Reinmann legt dabei eine empirische Vorgehensweise nahe, wobei „Theorien
[…] auch eine Rolle" spielen könnten, bspw. als „Hilfe zur Problemstrukturierung", als
„Impulsgeber für Beobachtungsschwerpunkte", als „Legitimation für Zielsetzungen". In der
nachfolgenden Phase des Entwurfs bzw. der Konstruktion soll eine „Intervention" bzw.
„Problemlösung" für das zuvor ermittelte „Ausgangsproblem" kreiert werden. Bei „diesem
Akt der Entwicklung" sei offen, wie (und ob) dieser jeweils empirisch und/oder theoretisch
beeinflusst werde oder „nur praktisch" orientiert erfolge. Gefolgt wird diese 2. Kernphase
von einer „Phase der Evaluation/Reflexion". Die Interventionen würden meist „empirisch
[…] im Feld", in „frühen Stadien aber auch im Labor […] erprobt und untersucht" und mit
„theoretischen Überlegungen verbunden". Reinmann führt weiter aus, dass „im Bedarfsfall
[…] ein Re-Design" erfolge, demnach der Makrozyklus ein weiteres Mal durchlaufen werde,
bis „für die Praxis […] eine funktionierende Problemlösung" gefunden sei (a.a.O., S. 97).
Das ggf. mehrmalige Durchlaufen dieses Zyklus werde nach Reinmann begleitet von einer
Phase der „Implementation" und/oder „Verbreitung" der Problemlösung, die nach Reinmann
auch im Sinne einer Übertragung auf weitere Bereiche erfolgen kann. Reinmann führt a.a.O.
aus, dass die drei Phasen der Analyse bzw. Exploration, des Entwurfs bzw. der Konstruktion
(Entwicklung) und der Evaluation bzw. der Reflexion „nur scheinbar linear angeordnet"
seien, da es „zwischen ihnen […] Wechselwirkungen (Iteration) und Variation in der Abfolge
(Flexibilität)" gebe. Diese Flexibilität beträfe nach Reinmann auch den Prozess der
„Erprobung der Interventionen (Implementation) und deren allmähliche Verbreitung", der
parallel dazu oder ggf. nachfolgend vollzogen werden könne (a.a.O., S. 103). Zudem könnten

in „[j]ede[r] Phase des DBR" ein „Mikrozyklus […] im Sinne eines Denk- und Handlungszyklus mit einer eigenen Logik" eingestreut werden (a.a.O., S. 105).

4.4.2 Darstellung des zeitlichen Verlaufs der Entwicklung des hybriden Lernarrangements

Wie aus der Darstellung des zeitlichen Verlaufs der drei Untersuchungsteile in Abbildung 20 bereits ersichtlich, fand der Prozess der DBR-basierten Entwicklung der hier verwendeten virtuellen Lernumgebung vor dem Kalenderjahr 2019 statt (in dem der Studienjahrgang TMB18 an der Hochschule im Januar genannten Kalenderjahres startete, mit dem der hier als UT 1 bezeichnete Untersuchung durchgeführt wurde, die Teil dieser Arbeit ist). Die bis zum Beginn des Kalenderjahres 2019 abgeschlossene Entwicklung der Intervention, die im Verlauf dieser Entwicklung systematisiert und in einen DBR-Prozess überführt wurde, begann zunächst ausschließlich „am Problem" orientiert, fand zunächst ausschließlich am Technischen Gymnasium mit dem Abiturjahrgang 2015 statt (den der Autor dieser Arbeit im Fach „Mechatronik" unterrichtete) und lässt sich rückblickend auf die Mitte des Kalenderjahres 2014 datieren (Mai 2014), als einige der im Rahmen dieser Arbeit behandelten Lerninhalte auch am TG unterrichtet wurden. In Abbildung 25 ist der zeitliche Verlauf sowie die einzelnen Kurse, Klassen und Studienjahrgänge dargestellt, in denen die Entwicklung der virtuellen Lernumgebung durchgeführt wurde.

Die Abbildung 25 zeigt die Kurse und Zeiträume, in denen die virtuelle Lernumgebung und folglich das hybride Lernarrangement (im Folgenden und in Anlehnung an Reinmann die „Intervention" genannt) entwickelt wurde. Alle grau hinterlegten Felder repräsentieren Zeiträume bzw. Lehrveranstaltungen bzw. Kurse oder Klassen, in/mit denen die virtuelle Lernumgebung bzw. das hybride Lernarrangement angewandt bzw. entwickelt wurde. Wie in der genannten Abbildung in der linken Spalte dargestellt, fand dies zunächst mit der als „Hauptkurs TG" bezeichneten Klasse statt, in der der Autor dieser Arbeit als sog. „wissenschaftlicher Lehrer" tätig war. Es wurde Mitte des Kalenderjahres 2015 der „Parallelkurs TG" sowie die dort unterrichtende Lehrerin, und später weitere Lehrer der Schule mit einbezogen. Der Einbezug der Technikerkurse erfolgte mit dem Kurs TMF 15 zu Beginn des 4. Quartals des Jahres 2015. Die Entwicklung der Intervention erfolgte für die Schüler*Innen des TG und die Technikerkurse parallel und iterativ. Sie wurde für die beiden Gruppen von Anwendern zur Mitte des Kalenderjahres 2017 abgeschlossen (gekennzeichnet durch die grau-weiß-gestrichelte Linie), wobei das „fertige" hybride Lernarrangement im Anschluss daran weiterhin Anwendung fand (in Abbildung 25 als „Reifephase TG/TK" bezeichnet).

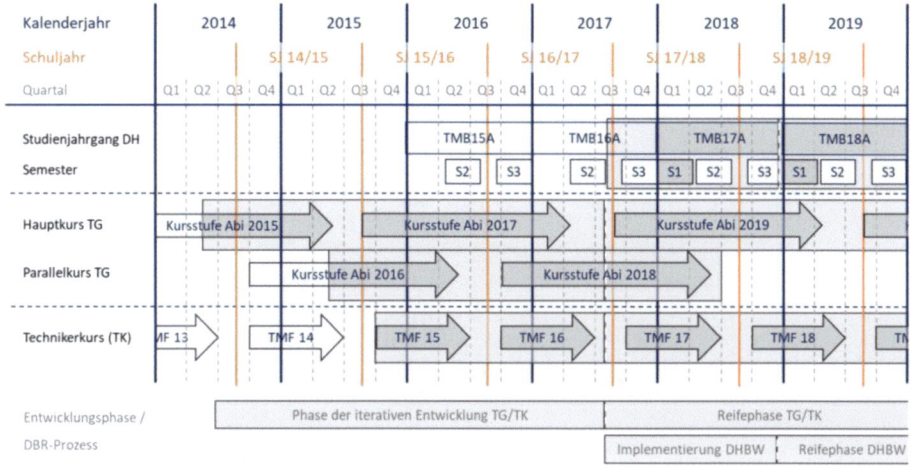

Abbildung 25. Darstellung des zeitlichen Verlaufs der Entwicklung der virtuellen
Lernumgebung und des hybriden Lernarrangements und des DBR-
Prozesses in den einzelnen Klassen, Kursen und Studienjahrgängen

Zur Mitte des gleichen Kalenderjahres erfolgte die Anbahnung der Übertragung der
gewonnenen Erkenntnisse auf die Kurse an der DHBW, da zu diesem Zeitpunkt die Anfrage
seitens der DHBW an den Autor erfolgte, im jeweils ersten Semester, in dem ähnliche Inhalte
thematisiert werden, ebenfalls die Lehrveranstaltung zu übernehmen. (Die Tätigkeit des
Autors als Dozent an der DHBW eines (im Rahmen der Veröffentlichung dieser Arbeit
anonymisierten) Standortes erfolgte im Fach Festigkeitslehre, beginnend mit den
Studienjahrgängen TMB 15 zunächst lediglich für die Semester 2 und 3 und wurde erst im
Jahr 2018 auf die Lehrveranstaltung der jeweils ersten Semester erweitert.). Diese Phase der
Übertragung auf die Gegebenheiten an der Hochschule schloss mit dem Ende des
Kalenderjahres 2018, in dem zum einen die Idee der Promotion mit den Studierenden der
DHBW als empirischem Feld konkretisiert wurde, und in dem die theoretische Verankerung
mit Hilfe der Fachliteratur zu einem deutlichen Ausmaß erfolgte, die sich in den in Abbildung
17 so bezeichneten „Didaktischen Implikationen" manifestierten. An diesen Abschluss diese
Phase der Übertragung der Erkenntnisse auf einen angrenzenden Bereich, die Reinmann wie
oben dargestellt als Abschluss des DBR-Prozesses definiert, schloss sich die „Reifephase
DHBW" an (vgl. Abbildung 25), in deren Verlauf die hier im Untersuchungsteil 1 erfolgten
Befragungen der Studierenden am Standort der DHBW stattfanden. An den in Abbildung 25
dargestellten Zeitraum schließt sich der in Abbildung 20 illustrierte Untersuchungszeitraum
(mit der Überlappung eines Kalenderjahres) an, vgl., Kapitel 4.3.

4.4.3 Darstellung der initialen Phase der Entwicklung der Intervention

Da im September 2014 weder der spätere Verlauf in Form eines systematisierten DBR-Prozesses, noch das Ziel der Gestaltung eines umfänglichen hybriden Lernarrangements noch die Durchführung einer Promotion in der vorliegenden Form absehbar war, muss diese initiale Phase zunächst eher anekdotisch dargestellt werden, bevor der Prozess ca. zur Mitte des Jahres 2015 durch den Einbezug der Schüler*Innen und der Lehrerin des „Parallelkurses TG" und durch den Einbezug des Technikerkurses (TK) nach und nach systematisiert wurde. Von einem DBR-Prozess, wie er oben nach Reinmann (2018) dargestellt wurde, kann ab Beginn des Kalenderjahres 2017 gesprochen werden.

Diese hier als initiale Phase bezeichnete Zeitspanne war, wie oben bereits bemerkt und Reinmanns Wort verwendend, zunächst ausschließlich „am Problem" orientiert (Reinmann, 2018, S. 96 ff.) und anfangs noch vergleichsweise wenig wissenschaftlich fundiert, sie erfolgte teilweise intuitiv, dennoch grundsätzlich stark iterativ und in Zusammenarbeit mit den Lernenden. Dieses „Problem" waren konkrete, von den jeweiligen Lernenden empfundene jeweils aktuelle Lernschwierigkeiten. Die Lehrtätigkeit des Autors dieser Arbeit umfasste im Jahr 2014 wie oben in Abbildung 25 dargestellt die Unterrichtstätigkeit und der damit verbundenen Explikation fachlich ähnlicher Inhalte im Schulfach „Mechatronik" in der gymnasialen Oberstufe (Kursstufe) an einem Technischen Gymnasium sowie im Fach „Technische Mechanik" an einer sich in privater Trägerschaft befindenden Technikerschule, jeweils unter Verwendung der dort eingeführten Unterlagen.

Im Verlauf der genannten Unterrichtung der Lernenden beider Schulen wurden in den genannten beiden Fächern unabhängig voneinander mehrfach und bezüglich der einzelnen Jahrgänge wiederholt eine gewisse Unzufriedenheit mit den jeweils zur Verfügung stehenden Lernunterlagen geäußert. Es wurde bspw. von den Lernenden bemerkt, dass die Explikationen in dem am Technischen Gymnasium verwendeten Lehrbuch als nicht gut nachzuvollziehen und die Aufgaben teilweise als realitätsfern und abstrakt empfunden wurden, dass Lösungen zu den Aufgaben bezüglich des am Gymnasium verwendeten Lehrbuchs nicht vorhanden oder im Fall des an der betreffender Technikerschule von der Schule zur Verfügung gestellten Skriptes teilweise nur mit Unterstützung z.B. durch die Lehrperson nachzuvollziehen waren. Von den Kursteilnehmern an der Technikerschule wurde geäußert, dass zwischen den Aufgaben teilweise deutliche „Sprünge" bezüglich der Schwierigkeit der einzelnen Aufgaben empfunden wurden, dass in manchen Aufgaben sehr viel bzw. zu viel Neues gleichzeitig anzuwenden sei, manche Aufgaben als eher schwierig, manche Aufgaben dann plötzlich wieder als sehr leicht wahrgenommen wurden, dass in manchen Aufgaben Aspekte als bei den Lernenden abrufbar vorhanden angenommen worden seien, die von manchen Lernenden als ihnen noch nicht bekannt bezeichnet wurden. dass Ebenfalls im Kurs der Technikerschule wurde bemängelt, dass bei manchen Aufgaben zusätzliche Unterlagen benötigt würden, die aber in der Prüfung nicht zugelassen seien bzw.

dass in den zugelassenen Unterlagen (hier: bspw. im „Tabellenbuch") die entsprechende Information nicht zu finden sei. Im Gespräch mit Kolleg*Innen an beiden Einrichtungen wurde von Seiten der Lehrenden festgestellt, dass gewisse (notwendige) Kompetenzen der Lernenden teilweise nur in geringem Ausmaß vorhanden waren (wie das Erstellen und äquivalente Umformung von Gleichungen, der Umgang mit Variablen in solchen Gleichungen etc.).

Eine erste und noch wenig wissenschaftlich fundierte Phase bestand von der Mitte des Kalenderjahres 2014 darin, zusammen mit den Lernenden diese Lernunterlagen weiterzuentwickeln: Aufgaben wurden vom Lehrenden in Abstimmung mit den Lernenden verändert und/oder ergänzend, in anderer Weise illustriert und auf eine den Lernenden realitätsnäher oder logischer erscheinende Anwendungen bezogen. Es wurden als verwirrend empfundene Informationen oder Vorgehensweisen vor allem in den das jeweilige Thema einführenden, üblicherweise eher leichten Aufgaben entfernt oder konkretisiert. Es wurden zudem ganze Aufgaben als Zwischenschritte, demnach als eine Art Vorübung hinzugefügt, um die oben genannten von den Lernenden empfundenen Lücken zu schließen. Es wurden zudem Reihenfolgen der Aufgaben einzelner Unterthemen vertauscht, Aufgaben um als relevant oder interessant empfundene Aspekte erweitert, jeweils in enger Abstimmung mit den Lernenden des ersten Jahrgangs. Es wurden zudem die von den Schüler*Innen für sie jeweils verständliche Lösungswege (zunächst handschriftlich) fixiert. Es wurden, sowohl mit Lehrer*Innen und Schüler*Innen (typische) Schwierigkeiten der Lernenden bezüglich der mathematischen Vorgehensweise im Verlauf der Lösungen dieser Aufgaben ermittelt und diskutiert (bspw. der Umgang mit Ungleichungen, die Äquivalenzumformung von Gleichungen im Allgemeinen oder die Umformung nach einer im Nenner in innerhalb eines Terms sich befindenden Variable im Speziellen). Diese Neugestaltung der Aufgaben erfolgte in Form eines „Aufgabenheftes", das Aufgabenblätter und der handschriftlichen Lösungen enthielt.

Dem ausdrücklichen Wunsch einer Mehrheit der Lernenden nach einer digitalen Zugangsmöglichkeit wurde entsprochen, indem die Lerninhalte durch Autor dieser Arbeit digital zur Verfügung gestellt wurden, anfänglich auch mit Hilfe von Fotografien von Tafelbilder, von eingescannte handschriftliche Darstellungen, die nach und nach in PowerPoint-Präsentationen überführt wurden.

Als Plattform für die Bereitstellung der Lerninhalte wurde zunächst ein Moodle-Kurs angelegt, in dem die einzelnen Aufgaben und Lösungen in Ordnern sowie die explizierenden Lernunterlagen unter Zuweisung einer numerischen Reihenfolge zunächst gesammelt wurden. Das zu dieser Zeit an der betreffenden Einrichtung übliche Moodle-Format sah jedoch lediglich eine lineare, eindimensionale Struktur von Ordnern und Unterordnern (mit einer dem Windows-Prinzip ähnlicher Optik) vor, die von den Lernenden trotz Hierarchisierung durch entsprechende Nummerierungen in den Aufgabennamen oftmals als wenig übersichtlich empfunden wurde. Den eher der digitalen Verbreitung abgeneigten

Lernenden (im ersten Jahrgang, in dem dies angewandt wurde, waren dies jedoch nur 2 von 16 Schüler*Innen) wurden die neu erstellten Unterlagen als Kopie ausgeteilt. In diesem ersten Jahrgang bezog sich diese Entwicklung der Unterlagen zunächst nur auf einzelne Themenbereiche des Bildungsplans (die Themen Zug-/Druckspannung, Flächenpressung und Abscherung) mit der Zeit erfolgte eine Ausweitung dieser Vorgehensweise auf die weiteren Inhalte des Bildungsplans.

Eine Revision der Unterlagen erfolgte mit dem „Parallelkurs TG" und der dort unterrichtenden Kollegin und den Schüler*Innen im drauffolgenden Schuljahr. Es wurde die betreffenden Kolleg*Innen nach ihrem jeweiligen Eindruck bezüglich der aus Schülersicht als schwierig empfundenen Lerninhalte in früheren Klassen befragt. Lehrerin und Schüler*Innen wurden um die Anwendung und die nachfolgende Einschätzung der Eignung der zuvor erstellten Unterlagen befragt. Eine Übertragung auf die Lerninhalte der Technikerschule auf der Basis dieser nochmals veränderten Unterlagen erfolgte zum 4. Quartal des Jahres 2015 durch den Verfasser dieser Arbeit.

Im Verlauf des Schuljahrs 2015/16 wurde vom Autor nach einer verbesserten visuellen Gestaltung der Lerninhalte und nach einer besseren Bereitstellung ebenjener gesucht, die nicht der in Moodle zu diesem Zeitpunkt noch implementierten, linearen und eindimensionalen Ordnerstruktur entsprechen sollte und das zunächst an die in der gängigen SOL-Literatur (SOL: Selbstorganisiertes Lernen, bspw. in Herold & Landherr, 2003 oder Herold & Herold, 2013) propagierten „Lernlandkarte" angelegt werden sollte. Eine solche 2-dimensionale Form der Darstellung eines Themas sollte die flächige Anordnung der Lerninhalte und die Relationierung der Lernmaterialien zueinander ermöglichen, was durch klickbare „Icons" ermöglicht werden sollte. Somit rückte der Bezug zwischen eher explizierenden Lernmaterialien und eher auf Anwendung dieser Lerninhalte zielenden Unterlagen in den Fokus des Interesses. Es wurden demnach von anderen Personen erstellte (im Internetz frei verfügbare) und die Explikation der zu vermittelnden Lerninhalte ergänzende Lernunterlagen gesucht, als Icon gestaltet und verlinkt. Bezüglich der Zusammenstellung der Lerninhalte wurde zunächst experimentell verfahren, es erfolgte zunächst die Software SharePoint von Microsoft verwendet (mit der Internetseiten „im Baukastenformat" (ohne Kenntnisse in HTML) erstellt werde können, ebenso wurde eine Lern-App von Apple verwendet, die jedoch beide aus Sicht des Verfassers jeweils (zumindest auf dem damaligen Entwicklungsstand der jeweiligen Apps) für die hier verfolgten Zwecke nur eingeschränkt verwendet werden konnte, da die beliebige Anordnung und das Kreieren von Icons in der Fläche nicht möglich war, und das 2-dimensionale Anordnen der Themenfelder im Sinne der erwähnten „Lernlandkarte" für die Entwicklung des hybriden Lernarrangements als unabdingbar empfunden wurde.

Dem Wunsch nach einer verbesserten Darstellung der Explikation durch die Lernenden wurde entsprochen, indem die PowerPoint-Präsentationen als Bildschirmaufzeichnung aufgenommen und vom Autor „vertont" wurden. Es konnte somit, ähnlich wie im üblichen

Unterricht, „in" der Präsentation mit Hilfe eines elektronischen Stifts bspw. Bilder und Diagramme vom Autor ergänzt und die jeweiligen Inhalte erklärt werden, beides wurde, inklusive Tonspur, aufgezeichnet und den Lernenden ergänzend zu den üblichen, nicht auf diese Weise bearbeiteten Präsentationen zur Verfügung gestellt. Die Schaffung der Möglichkeit der Umsetzung eines Inverted Classroom Prinzips wurde ebenfalls verfolgt: es wurden zu den jeweiligen PowerPoint-Präsentationen Fragen zu wichtigen Aspekten der Explikation gestellt, die jeweils vom Autor so konzipiert wurden und zur gezielten Vorbereitung der Stunden durch die Anwender*Innen gedacht war, um mit Hilfe von „Leitfragen" (vgl. die von Renkl (2011) veröffentlichten Ergebnisse zu der Verwendung von „prompts" beim „Mathematiklernen"). Eine Anwendung diese Inverted Classroom-Prinzips scheiterte jedoch im Rahmen der Schule an der geringen Zahl der dies umsetzenden Lernenden (und an der Verpflichtung der Lehrer*Innen, Lerninhalte zunächst mit der Klasse zu erarbeiten), sodass das Prinzip des Inverted Classrooms für die genannte Zielgruppe verworfen wurde. Des Weiteren wurden durch den Autor auf Wund der Lernenden aus den Technikerkursen nach mehr Anschaulichkeit in der ersten Hälfte des Jahres 2017 erste Geogebra-Animationen erstellt, mit deren Hilfe die Veränderung bestimmter Parameter einer eigens Animation visuell dargestellt und live verfolgt werden kann.

Die Übertragung der Lernwebsite auf die Gegebenheiten der Hochschule, die im dritten Quartal 2017 erfolgte, sah die vollständige Überarbeitung der Aufgaben und Lösungen in einem Word-Format vor. Dies betraf sowohl die Übungsaufgaben für die Schüler*Innen der Kursstufe, die Teilnehmer*Innen der Technikerkurse wie auch die Aufgaben für die Studierenden. Dieser Prozess wurde begleitet durch die Revision der Aufgaben nach den von Leuders (2011) ausgeführten und oben in Kapitel 3.5.5 dargestellten Hinweise bei der Erstellung von Aufgaben. Auch die Internetseite wie auch die einzelnen Aufgaben wurden mehrfach und fortlaufend überarbeitet und revidiert, vor allem unter Einbezug der Erkenntnisse aus dem von Mayer (2014) verfassten „Cambridge Handbook of Multimedia Learning".

Eine wesentliche Neuerung der Lernwebsite wurde im Jahr 2018 vollzogen, indem die Ausführungen Holzkamps (1993), vgl. Kapitel 3.4.2 in dieser Arbeit, zur den subjektiven Lernstrategien auf den hier betrachteten Bereich übertragen wurden: Demnach könnte eine (idealerweise nur vorübergehende) „Festgefahrenheit" im Prozess des Durchdringens durch die Strategie der Wiederholung und Variation der Situation (Holzkamp, 1993, S. 183 ff.). Es wurde ein Wiederholen der Rechnung „mit anderen Zahlen" (und die Überprüfung der Ergebnisse durch die Bereitstellung eines Excel-Sheets zu jeder Aufgabe, in dem die veränderten Eingangswerte beliebig eingegeben und der Zahlenwert des Ergebnisses demnach überprüft werden können) als Möglichkeit des kleinschrittigsten Fortschreitens für alle Aufgaben erstellt und zum Download zur Verfügung gestellt. Dieses Element eröffnete auch die Möglichkeit (im Sinne der Holzkamp'schen Variation) der Herausgabe gezielter Variationsvorschläge durch den Verfasser (verbunden bspw. mit der Frage nach der

Konsequenz bspw. die Halbierung eines bestimmten Eingabewerts). Eine weitere Neuerung, die in diesem Zeitraum theoriegeleitet auf den virtuellen Lernumgebungen aller drei Kurse (im Technischen Gymnasium, für die Techniker und die Studierenden) umgesetzt wurde, die gemäß des oben Abbildung 14 dargestellten Strukturmodells nach Baumgartner relevant wurde, war die Aufnahme der alten Prüfungsaufgaben, die den Lernenden als Referenz bezüglich des Umfangs, des Niveaus und der Zeitvorgaben der jeweils anstehenden Prüfung dienen sollte.

4.4.4 Weitere Mittel des DBR-Prozesses

Im Verlauf der im Abschnitt oben eher anekdotisch dargestellten Beschreibung der Genese der virtuellen Lernumgebung und des hybriden Lernarrangements sind die in Kapitel 3.5.6 als „Aspekte guten Unterrichts" bezeichneten, theoriebasierten Elemente (vgl. Tabelle 20) in die Umsetzung der virtuellen Lernumgebung aufgenommen und mit den jeweils Lernenden und in Form etlicher Befragungen von Schüler*Innen, Kursteilnehmer*Innen, Studierenden und auch Lehrer*Innen formativ evaluiert worden. Als Beispiel sei die von mehreren Autor*Innen geforderte "innere" bzw. „äußere Struktur" der Lerninhalte genannt, bezüglich derer die Lernwebsite von den Lernenden zu evaluieren war. Diese Befragungen thematisierten des Weiteren bestimmte ‚Vorlieben' und Einstellungen der Lernenden in Bezug auf die verwendeten Medien, Vorgehensweisen beim Lernen, aber auch typische Schwierigkeiten beim Verständnis der Explikationen und bei Anwenden der Aufgaben, sie erfolgten teilweise formlos „im Plenum" und wurden lediglich handschriftlich dokumentiert.

Die theoriebasierte Vorgehensweise bei der formativen Evaluation bezüglich der Implikationen der Cognitive Load Theory wurden bereits im Kapitel 3.6 beschrieben. Es wurde hierbei jeweils mit den Lernenden im Verlauf des DBR-Prozesses evaluiert, ob bestimmte Maßnahmen oder Features der virtuellen Lernumgebung den gewünschten Effekt hatten, oder ob diese von den Lernenden als nicht angemessen oder überflüssig empfunden wurden. Beispiele sind die Erstellung der vertonten Skripte (Bildschirmaufzeichnungen), die Evaluation der Musterlösungen hinsichtlich Verständlichkeit, die stetige Suche nach als unzureichend empfundenen Erklärungen und Darstellungen, nach zu großen Themenblöcken, zu ausschweigenden Herleitungen etc., vgl Kapitel 3.6.

Im Verlauf dieses DBR-Prozesses hervorzuheben, da sie die Basis für einige der zahlreichen Befragungen im Verlauf dieses DBR-Prozesses war, ist eine Befragung von sechs Lehrpersonen verschiedener technischer Fachrichtungen, die alle an der beruflichen Schule unterrichteten, an der das hier bereits erwähnte Technische Gymnasium angesiedelt ist. Die Befragung erfolgte mit Hilfe offener und teilweise mit dem Zweck der weiteren Differenzierung wiederholten Interviews, sowohl zu den retrospektiv geschilderten, wahrgenommenen Schwierigkeiten mit den schwierigen Fächern des jeweils eigenen technischen Studiums, den eigenen Erfahrungen mit den damaligen Lehrpersonen und Professor*Innen und zudem der Erfahrungen mit den jeweils von ihnen unterrichteten Schüler*Innen. Die befragten Lehrer*Innen hatten hierbei sich teilweise stark unterscheidende Bildungswege beschritten, Fächer studiert, Industrieerfahrungen gesammelt. Grundlage dieser Befragung war die von Bosse und Trautwein (2014) erarbeiteten und hier in Tabelle 5 bereits dargestellten Aspekte des „Spektrums kritischer Studienanforderungen" und stellen somit eine weitere Differenzierung dessen dar. Diese Resultate dienten im Rahmen des hier verfolgten DBR-Prozesses der formativen Befragung der Lernenden als Grundlage und wurde in abgeänderter Form für die jeweiligen Gruppierungen und Situationen verwendet. Die so erhaltenen „67 Fragen" sind im Anhang in Kapitel 8.1 dargestellt und stellen eine Art Bibliothek relevanter Fragen dar. Aus diesen Fragen wurden bspw. auch die Anregungen der qualitativen Interviews, wie sie im Untersuchungsteil 3 geführt wurden und wie sie in Anhang 8.3 dargestellt sind, generiert.

4.5 Beschreibung der virtuellen Lernumgebung

Die im Rahmen dieser Arbeit angewandte virtuelle Lernumgebung entspricht einer statischen, virtuellen Lernwelt, in der die gesamten Lerninhalte des betrachteten (Modul-) Faches hypertext-basiert dargeboten werden (festigkeitslehre.wixsite.com/dhbw). Die virtuelle Lernumgebung besteht aus einer vorstrukturierten Start-Website (Startseite), die als klickbare (Lern-) Landkarte aufgebaut ist und weiteren, untergeordneten Webseiten. Die Startseite dieser virtuellen Lernumgebung wie auch eine beispielhaft gewählte Unterseite ist in Abbildung 26 dargestellt.

Die Startseite soll einerseits eine Übersicht über die Zusammenhänge der sonst ggf. ‚verinselt' erscheinenden Themenbereiche der ‚Lernlandschaft' bieten, andererseits soll sie einen empfohlenen, aber nicht zwingend zu befolgenden Lernweg aufzeigen. Die Startseite enthält zudem ein Dokument zur Visualisierung und Reflexion des jeweils eigenen Lernwegs (Lern-Logbuch). Dieses Lernlogbuch soll zum einen die lernende Person bspw. bei der Planung und Reflexion des jeweils eigenen Lernprozesses unterstützen, im Rahmen dieser Arbeit wurde es zudem im Untersuchungsteil 2 verwendet, in dem die Lernenden aufgefordert wurden, ihre Vorgehensweise bei der Erarbeitung der Lerninhalte zu dokumentieren.

Die per Hyperlink erreichbaren und im Folgenden beschriebenen untergeordneten Webseiten bestehen grundsätzlich jeweils aus einem Bereich der einführenden Informationen, einem

Theoriebereich und einem Anwendungsbereich. Elemente dieser drei Bereiche können dabei, je nach Akzentuierung durch die/den Lehrenden, ggf. einem obligatorisch, von allen zu erlernenden und einem fakultativen Bereich zugeordnet werden, um so bspw. etwaige Interessen einzelner Studierenden ggf. in der Prüfung berücksichtigen zu können.

Der Bereich der einführenden Informationen der jeweiligen untergeordneten Webseiten soll einen ersten Kontakt mit dem Thema ermöglichen. Die Darbietung erfolgt anhand eines Themenbildes, das jeweils vorwiegend motivierenden Charakter hat, im Sinne Klafkis nah an der Lebenswelt der Lernenden ist und an weitere Wissensgebiete angrenzende Informationen zu den jeweiligen Unterthemen beinhaltet (klickbare InfoBox).

Der Fokus des Theoriebereichs liegt auf der Darbietung der zugrundeliegenden physikalisch-technischen Konzepte und deren Herleitung. Die Elemente dieses Theoriebereichs bestehen zum einen aus vom Autor dieser Arbeit erstellten (und im PDF-Format downloadbaren) PowerPoint-Präsentationen. Diese Präsentationen sind zudem als vom Autor vertonte und kommentierte Bildschirmaufzeichnung verlinkt, sodass den Lernenden eine der Vorlesung ähnliche Darbietung der Inhalte dauerhaft zur Verfügung steht. Zusätzlich zu diesen eigens erstellten Medien wird eine Auswahl an bereits im Netz existierender, als hilfreich erachteter Erklärvideos angeboten. Im hier verwendeten Didaktischen Strukturmodell (vgl. Abbildung 14) sind die Medien dieses Bereichs des Theoriewissens der Kategorie des Lernmaterials zuzuordnen. Sowohl die PowerPoint-Präsentation wie auch die vertonte Bildschirmaufzeichnung können als Inverted Classroom genutzt werden.

Der auf den jeweiligen Websites unterhalb des Theoriebereichs angeordnete Anwendungsbereich soll von den Lernenden durch das Lösen technischer Aufgabenstellungen individuell erarbeitet werden. Er besteht aus Lernaufgaben, die sich in sog. Übungs- und Wiederholungsaufgaben gliedern. Die Bearbeitung der Lernaufgaben durch die Studierenden erfolgt grundsätzlich ‚von Hand‘, d.h. ‚mit (ggf. elektronischem) Stift und Zettel‘, deren Dokumentation erfolgt individuell anhand des auf der Startseite zur Verfügung gestellten Lernplans. Die Übungsaufgaben sind als pdf-Dokument verfasst, ihr Niveau steigert sich in gewissen Schritten. Sie sind über klickbare Icons aufrufbar und entsprechend ihres Schwierigkeitsgrades visuell angeordnet. Allen Lernaufgaben sind zudem drei verschiedene Niveaustufen (leicht, mittel, schwierig) zugewiesen. Diese drei Niveaustufen korrelieren mit dem Niveau der die Veranstaltung abschließenden Prüfung und dienen sowohl der Selbsteinschätzung durch die Studierenden im Verlauf des Lernens wie auch der Bestimmung des persönlichen Lernziels (Niveau ‚leicht‘ entspricht der Note 4,0, Niveau ‚schwierig‘ der Note 1,0). Die Schrittweite dieser Steigerung ist auf die mutmaßlich bewältigbaren Kompetenzschritte der jeweils erfahrungsgemäß schwächeren Lernenden zugeschnitten und erfolgt anhand der oben zum Stichwort der Sequenzierung dargestellten Bezugstheorien. Die Lernenden sind in der Wahl der Anzahl, Reihenfolge und des zu erreichenden Niveaus der zu lösenden Aufgaben frei. Um den sich als fähig empfindenden Studierenden ein schnelleres Durchlaufen der Aufgaben zu ermöglichen, sind einzelne

Aufgaben als „Sternchenaufgabe" gekennzeichnet, die sich an dem geschätzten Leistungsvermögen eines durchschnittlichen bis guten Studierenden orientieren. Die (Selbst-) Kontrolle erfolgt anhand der mit den Aufgaben dargestellten Lösungswege, die teilweise mit klickbaren Erklärungskommentaren versehen sind. Alle diese Übungsaufgaben sind in Anlehnung an Renkl / Leuders mit sich wiederholenden Elementen versehen und in gewisser Abstufung mit kognitiv aktivierenden Variationen formuliert. Allen Übungsaufgaben sind zusätzliche Variationsempfehlungen aufgeführt, mit denen die Einflussgrößen des jeweils physikalisch-technischen Konzepts vertiefend untersucht werden (was wäre, wenn…, wie muss eine Größe verändert werden, damit… etc.).

Jeder Übungsaufgabe ist eine hier so bezeichnete Wiederholungsaufgabe als verlinkte Excel-Datei zugeordnet, in der die Eingabewerte der Übungsaufgabe durch die Lernenden jeweils verändert werden können. Das erneute Berechnen einer bereits berechneten Übungsaufgabe mit anderen Zahlenwerten (und der mögliche Vergleich des Ergebnisses mit dem des Excel-Sheets) dient z.B. sich unsicheren Studierenden dem wiederholenden Üben und damit der noch kleinschrittigeren Erarbeitung des Anwendungswissens. Auch können mit diesen Excel-Sheets die Variation des physikalischen Konzepts frei oder entsprechend den o.g. Variationsempfehlung vorgenommen werden. Im hier gewählten Didaktischen Strukturmodell sind sämtliche Aufgaben der Kategorie der Lernaufgaben zuzuordnen.

Ebenfalls dem Anwendungsbereich zuzuordnen sind weitere, per Icon klickbare Medienangebote wie z.B. GeoGebra-, MathLab-Programme, die interaktiv bedient werden können und eher explorativen oder vertiefenden Charakter haben. Sie wurden entweder eigens erstellt oder sind in einer freien Datenbank verfügbar.

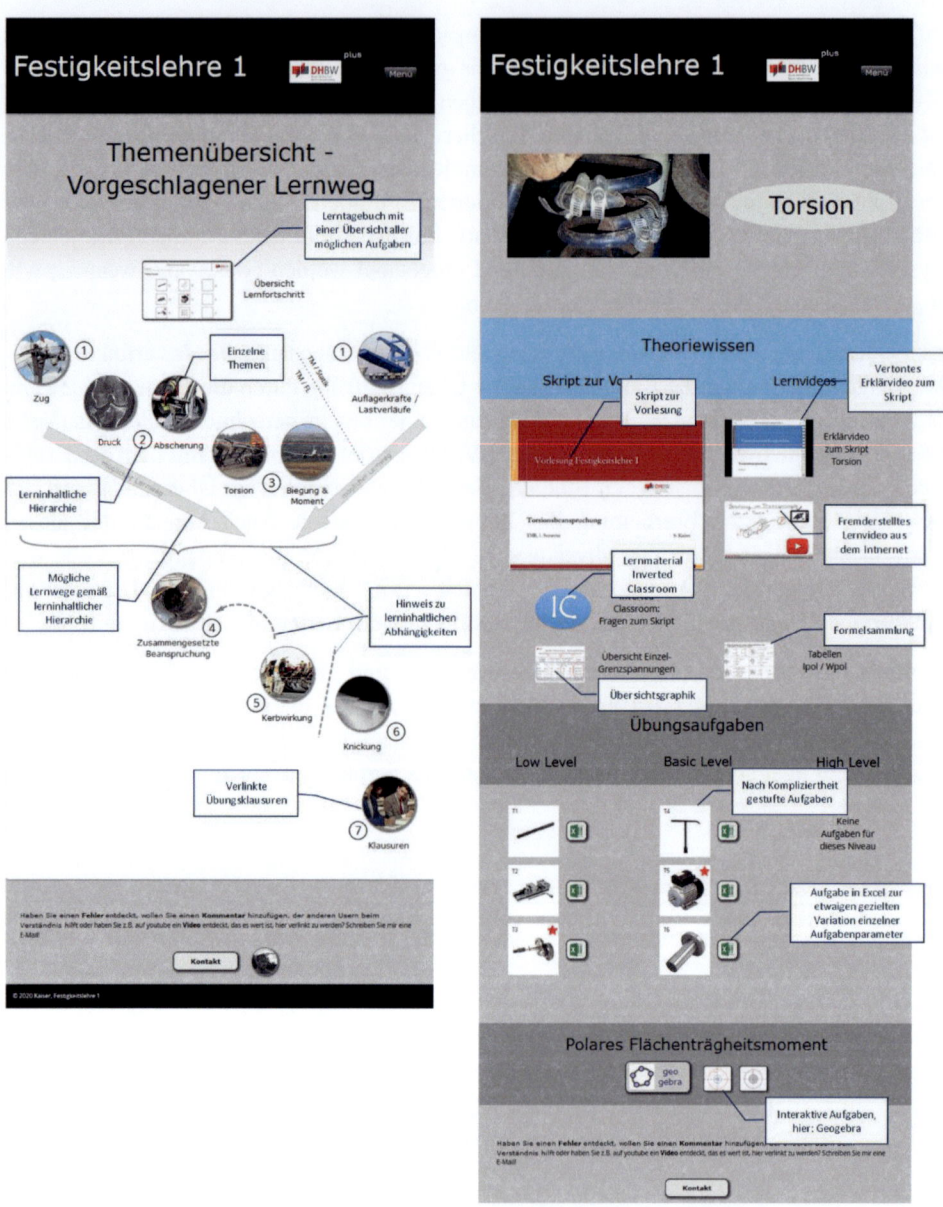

Abbildung 26. Darstellung der Startseite der virtuellen Lernumgebung (links) und einer beispielhaft gewählten untergeordneten Website (rechts), hier zum Thema Torsion

5 Ergebnisse der Untersuchungsteile 1 bis 3

Im vorliegenden Kapitel werden die Ergebnisse der drei Untersuchungsteile UT 1 bis UT 3 in den Abschnitten 5.1 bis 5.3 dargestellt. Die Zusammenfassung der Ergebnisse dieser drei Teile erfolgt in Kapitel 6.

5.1 Ergebnisse des Untersuchungsteils 1

5.1.1 Vorbemerkungen zur untersuchten Gruppe, soziokulturelle und allgemeine Aspekte

5.1.1.1 Allgemeine Angaben zur befragten Gruppe und Angaben zur Darstellung

Im folgenden Abschnitt werden die Ergebnisse dargestellt, die aus der Befragung von 2 aufeinander folgenden Studiengängen (TMB18A und TMB19A) erhalten wurden zum Lernverhalten der Studierenden in der Anwendung der virtuellen Lernumgebung. Im Folgenden werden lediglich die als relevant erachteten Ergebnisse diskutiert. Die im Rahmen dieser Befragung verwendeten Items sind im Anhang in Kapitel 8.2 dargestellt.

Es wird eine univariate Analyse der Daten durchgeführt, indem der Zusammenhang einiger unabhängigen und einer Vielzahl von abhängigen Variablen betrachtet wird, zudem werden vereinzelt bivariate Betrachtung durchgeführt. Hauptsächliches Unterscheidungskriterium ist die unabhängige Variable des Bildungsgangs / der Schulart, in dem/der die Zugangsberechtigung zur Hochschule erfolgte: überwiegend die Absolvierenden des allgemeinen Gymnasiums, die des Beruflichen Gymnasiums und des Berufskollegs. Unter der Überschrift „Querbezug" werden weitere, auffällige Zusammenhänge aus einer bivariate Betrachtung dargestellt, bspw. der Vergleich des Verhaltens der Gruppe der Studierenden mit und ohne Vorkenntnisse bezüglich eines bestimmten Aspekts. Als weitere unabhängige Variable wurde nach den empfundenen Vorkenntnissen der Studierenden unterschieden (mV und oV für mit resp. ohne Vorkenntnisse) sowie nach der Zielnote, welche die Studierenden im Modulfach TM/FL erreichen wollten (in den Tabellen abgekürzt mit 1,0er resp. 2,5er). Der griechische Großbuchstabe Σ steht für die aufsummierte Anzahl der Studierenden.

Die Befragung erfolgte bezüglich der Vorlesung Festigkeitslehre 1, die Teil des Modulfachs Technische Mechanik / Festigkeitslehre 1 ist, die zwei Semesterwochenstunden umfasst. An der Befragung nahm die Anzahl von N = 57 Studierenden teil, wovon 23 am Allgemeinen Gymnasium (AG), 20 am Beruflichen Gymnasium (davon 17 am TG) und 14 am Berufskolleg (BK, fast ausschließlich „Berufskolleg Technik") ihren qualifizierenden Abschluss erlangt haben, vgl. Tabelle 22. Die Zahlen der Absolvent*Innen des Technischen Gymnasiums (TG) sind in denen des Beruflichen Gymnasiums (BG) enthalten, sollen hier aber getrennt aufgeführt werden und sind deshalb in dieser Tabelle geklammert.

Die Studierenden wurden unter anderem befragt, ob Vorkenntnisse im technischen Bereich vorlagen. Von den 32 Studierenden, die dies bejahten, waren drei vom Allgemeinen Gymnasium, 17 vom Beruflichen Gymnasium und 12 Personen vom BK, Vorkenntnisse lagen demnach in 56% der Fälle vor. Die drei Absolvent*Innen des AG, die solche Vorkenntnisse angaben, haben diese durch den Abschluss einer Ausbildung in einem technischen Beruf erlangt, die jeweils drei bzw. zwei Absolvent*Innen des BG bzw. des BK, die angaben, über keine Vorkenntnisse zu verfügen, kamen von einem nicht-technischen Profil des Beruflichen Gymnasiums bzw. des Berufskollegs. Die Absolvent*Innen des Allgemeinen Gymnasiums (AG) machen einen Großteil der Studierenden ohne Vorerfahrung aus (20 von 25, 80%), die Absolvent*Innen des TG einen Großteil der Studierenden mit Vorerfahrung (17 von 32, 53%).

Tabelle 22. Auswertung der Antworten auf die Frage, ob die Studierenden über Vorkenntnisse im technischen Bereich verfügen

	AG	BG	(TG)	BK	Σ
Ohne Vorerfahrung	20	3	(0)	2	25
Mit Vorerfahrung	3	17	(17)	12	32
Gesamt	23	20	(17)	14	57

Wenn die Vorkenntnisse am Technischen Gymnasium erlangt wurden, so sind diese im Vergleich zu den in der hier betrachteten Vorlesung vermittelten Inhalten in relevanter Breite und Tiefe vorhanden (ca. 50% der in der in den ersten 5 Wochen der Vorlesung vermittelten Inhalte). Wurden die Vorkenntnisse in einem Lehrberuf wie Industriemechaniker o.ä. oder auf dem Berufskolleg vermittelt, so entsprechen diese in ebenso grober Schätzung ca. 25% der in der Vorlesung vermittelten Inhalte, vgl. Kapitel 2.1. Es wurde für die quantitative Befragung (standardisierter Fragebogen) eine 4-stufige Lickert Skala gewählt, die jeweils 2 Antworten mit klarer Bekenntnis/Ablehnung (z.B. „trifft zu", „trifft nicht zu") und jeweils 2

Antworten mit den entsprechenden Tendenzen zuließen (z.B. „trifft eher zu", „trifft eher nicht zu"). Bei manchen Aspekten wurde mit Hilfe offen formulierter Fragen um die Begründung der zuvor gegebenen Antwort gebeten.

Die Darstellung der Antworten erfolgt in Form der Zuordnung der (relativen) Anzahl der Antworten innerhalb der Studierenden der jeweiligen Gruppen AG, BG, TG und BK, zudem die relative Anzahl innerhalb der Gruppen derer mit Vorerfahrung (mV) und ohne Vorerfahrung (oV). Da bei manchen Fragen teilweise nicht alle Studierenden antworteten, sind, kursiv dargestellt, die absoluten Anzahlen als Summe aufgeführt, somit sind die absoluten Zahlen der einzelnen Antworten bis auf eine geringe Ungenauigkeit durch die vorgenommenen Rundungen für die diese Arbeit lesende Person nachvollziehbar. Die farbliche Unterlegung dient lediglich der Visualisierung und wurde dem Standard der zur Datenverarbeitung gewählten Software (Excel) von rot zu grün gewählt.

Um die Verteilungen der Antworten (quantitativ) besser vergleichen zu können, sind die Korrelationskoeffizienten zwischen den Antworten der Absolvent*Inne der jeweiligen Schularten in der üblichen Matrixdarstellung sowie der Korrelationskoeffizient zwischen der Gruppe der Studierenden mit und ohne Vorkenntnisse dargestellt. Um auch einen Vergleich der Korrelationskoeffizienten der Absolvent*Innen der einzelnen Schularten zu ermöglichen, ist zudem auch der Mittelwert und die Standardabweichung dieser Korrelationskoeffizienten aufgeführt. Die Einfärbung der Korrelationskoeffizienten wurde (in beliebiger Weise) ab einem Wert >0,8 vorgenommen, für die Standardabweichung der 6 Korrelationskoeffizienten wurde ebenso willkürlich die Grenze von 0,1 gewählt, unterhalb derer eine grünliche Markierung der Zelle erfolgte.

Letzteres sei kurz anhand der Tabelle 27 erläutert: die Korrelationskoeffizienten sind sehr ähnlich zwischen TG, BG und AG, die Verteilung der Antworten der Gruppe der Absolvent*Innen des BK weisen im Vergleich zu den Verteilungen der Absolvent*Innen der anderen Schularten jeweils eine geringere Korrelationen auf (nicht gefärbte Felder), der Mittelwert (mw) und Standardabweichung (stdabw) sind mit mw = 0,67 entsprechend unterschiedlich im Vergleich zu den Werten der Matrix bzw. liegen mit stdabw = 0,3 (bezogen auf den Maximalwert der Standardabweichung 1,0) sehr hoch, die Felder sind entsprechend jeweils nicht gefärbt. Die Korrelation zwischen den Studierenden mit und ohne Vorkenntnisse (mV / oV) ist ebenfalls vergleichsweise schwach ausgeprägt und liegt bei einem Wert von 0,74.

Zur Darstellung Unabhängigkeit zweier Merkmale und damit der Unterschiedlichkeit der Verteilungen wurde zunächst der Chi-Quadrat- Wert nach Bortz und Schuster (2010, S. 137 ff.) berechnet, zudem wurde, aufgrund der Abhängigkeit des CC-Werts von der Größe der Beträge der Einzelwerte, nach Assenmacher (2010, S. 176 ff.) mit dem Verhältnis CC/CC_{max} die Ausnutzung in Bezug auf den maximalen CC-Wert ermittelt. Der Chi-Quadrat-Wert ist mathematisch nicht definiert, wenn der Wert 0 in einer Summenspalte bzw. -zeile auftaucht, da dann „durch 0" geteilt werden müsste. Um diese Definitionslücke zu umgehen, wurde statt dem Wert 0 mit dem Wert 0,01 gerechnet, was kaum Einfluss auf das Ergebnis des Chi-Quadrat-Werts nimmt. Es sei hier angemerkt, dass die Anzahl von meist 57 Befragten nach Bortz/Schuster (2010, S. 142, Tabelle 9.3.) einen „starken" Effektwert von 0,5 erreicht. Wir dort ebenfalls vorgeschlagen wurde die Signifikanz des CC-Werts berechnet. Die Werte, die zwischen den in Bortz/Schuster (2010, S. 591 ff.) aufgeführten Tabellenwerten lagen, wurden linear interpoliert und geben somit zwar nicht den mathematisch exakten Funktionswert wieder, aus Sicht des Autors jedoch einen ausreichend genauen Eindruck über die Signifikanz des Ergebnisses. Als Wert zur Beschreibung der Ähnlichkeit der Verteilung zur Gleichverteilung der Antworten wird nach Assenmacher (2010, S. 104 ff.) der Wert der relativen Entropie E_{rel} berechnet. Aus Gründer einer etwaigen Überfrachtung wurden diese Werte nicht standardmäßig in den Tabellen dargestellt, sondern werden, wenn dies nötig erschien, im Text erwähnt.

5.1.1.2 Weitere Kennwerte und Begriffe zum Vergleich der Aussagen der Studierenden

Neben den oben bereits erwähnten Kennwerten zum Vergleich der Antwortverteilungen der einzelnen Gruppen wurde die hier so bezeichnete mittlere Antwortcodierung als Kennwert verwendet, die als arithmetisches Mittel der codierten Antworten errechnet wird. Um die Aussagen dieses Kennwerts sprachlich darzustellen, wurde wie folgt vorgegangen.

Wie in Abbildung 27 dargestellt, wurden hierzu die jeweiligen Aussagen der Studierenden sowohl bei der Antwortkategorie wie „trifft nicht zu", „trifft eher nicht zu", „trifft eher zu" und „trifft zu" wie auch bei den Kategorien „gar nicht", „kaum", „eher oft", „sehr oft" (die als Ordinalskala beide hierarchisierenden Charakter haben) mit den (äquidistanten) Ziffern 0, 1, 2, 3 codiert. Extremwerte der Mittelwertberechnung sind demnach 0 und 3, somit können entsprechend der vier Kategorien vier äquidistante Bereiche unterschieden werden, welche die Bereichsgrenzen 0,75, 1,5, 2,25 aufweisen, vgl. Abbildung 27.

Für die Antwortkategorie mit aufsteigender Wertigkeit gar nicht - kaum - eher oft - sehr oft wurden für diese Bereiche zur sprachlichen Beschreibung die Begriffe „sehr geringfügig", „geringfügig", „deutlich" und „sehr deutlich" gewählt. Bei der Interpretation der Antworten mit symmetrischer (aufsteigender) Wertigkeit wie trifft nicht zu - trifft eher nicht zu - trifft eher zu - trifft zu werden bei gleicher Codierung die Bezeichnungen „sehr negativ", „negativ", „positiv" und „sehr positiv" verwendet, vgl. Abbildung 27.

In den in dieser Arbeit dargestellten Tabellen wurden die berechneten mittleren Antwortcodierungen der Aussagen pro Studierendengruppe neben der Bezeichnung „0|1|2|3" in der letzten Zeile der jeweiligen Tabellen aufgeführt, mit den oben gegebenen Grenzwerten kann die Bezeichnungen nachvollzogen werden. Das Minimum ist wie erwähnt der Wert 0, das Maximum ist 3, die Mitte ist der Wert 1,5, die so berechneten Werte stellen somit eine Art Schwerpunkt der Verteilung dar.

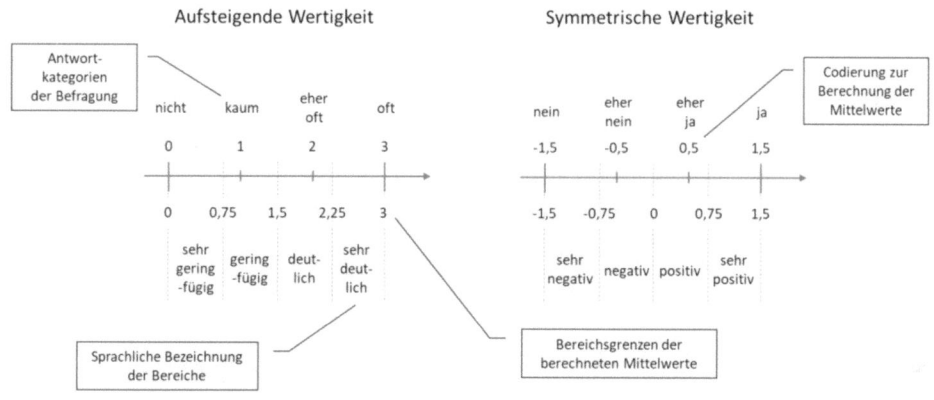

Abbildung 27. Definition der Bereiche der Mittelwertbildung zum Vergleich der von den Studierenden betroffenen Aussagen

5.1.1.3   Weitere allgemeine Angaben zur befragten Gesamtgruppe:

Der Mittelwert des Alters der Studierenden im ersten Semester beträgt in der gesamten Gruppe 21,3 Jahre, die Standardabweichung beträgt 3,1 Jahre, das geringste Alter beträgt 18 Jahre, das höchste Alter 31 Jahre. Die drei Subgruppen (sortiert nach dem Schulabschluss) unterscheiden sich bezüglich des Alters jedoch teilweise deutlich: die Absolvent*Innen des BK weisen im Vergleich zu den anderen beiden Gruppen ein deutlich höheres Durchschnittsalter auf (arithmetisches Mittel: 25,8 Jahre), das geringste Alter der Absolvierenden des BK beträgt 23 Jahre, das höchste Alter 31 Jahre. Die Absolvent*Innen des BG und des AG sind sehr ähnlich, der Mittelwert beträgt 20,6 bzw. 20,2 Jahre, das geringste Alter beträgt 19 bzw. 18 sowie 25 bzw. 26 Jahre. Fünf Studierende haben sich dem weiblichen Geschlecht zugeordnet, 52 Studierende dem männlichen Geschlecht, keine(r) der Kategorie divers.

Zur weiteren Abfrage des soziokulturellen Hintergrunds wurden die besuchten Schularten, die bereits erwähnte Schulart des qualifizierenden Abschlusses (meist AG, TG, BK), die Vorkenntnisse im technischen Bereich (siehe hierzu die Bemerkung oben), der etwaige Abschluss einer Berufsausbildung sowie der etwaige Abbruch eines vorangegangenen Studiums abgefragt. Die Absolvent*Innen des AG waren dabei in ihrer subjektiven

Bildungsbiographie ausschließlich auf dem AG (G8), eine Studierende mit dem schweizerischen Abschluss der Matura und der Absolvent einer Walldorfschule wurden diesbezüglich keiner der genannten Gruppe zugewiesen (wobei deren Antworten oft ähnlich zu den Antworten der Absolvent*Innen des AG waren). Von den Absolventinnen des BG waren 18 zuvor auf der Realschule (die verbleibenden 2 wechselten vom AG auf das BG). Die Absolvent*Innen des BK waren ebenfalls zuvor alle auf der Realschule bzw. haben über die Zweijährige Berufsfachschule ihren mittleren Bildungsabschluss erhalten und sind danach auf das Zweijährige BK zur Erlangung der Fachhochschulreife gewechselt.

Als Berufsausbildung wurden in der betrachteten Gruppe verschiedene Lehrberufe abgeschlossen, alle mit 3- oder 3,5-jähriger Ausbildungsdauer (was im Gegensatz zur Ausbildungsberufen mit 2-jähriger Ausbildungsdauer auf einen gewissen Anspruch bezüglich der Inhalte der Bildungspläne schließen lässt). Mehrfach genannt wurde die Ausbildung zum/zur Zerspanungsmechaniker*In, zum/zur Industriemechaniker*In und zum/zur Feinwerkmechaniker*In, einmal zum/zur Werkzeugmechaniker*In, zum/zur schweizerischen Polymechaniker*In. In allen aufgeführten Ausbildungsberufen werden in deutlichem Umfang technische Ausbildungsinhalte vermittelt. Die Ausbildung zum/zur Technischen Zeichner*In wurde von einem/einer der Befragten abgeschlossen, es wurden jedoch auch vergleichsweise weniger technische Ausbildungsberufe absolviert, wie die Ausbildung zum/zur Automobilkaufmann/-frau und zum/zur Produktdesigner*In. Insgesamt immerhin 18 der befragten 57 Studierenden können eine abgeschlossene berufliche Ausbildung vorweisen.

Wie bereits in Kapitel 2.1.3 ausgeführt, unterscheiden sich die nominalen (anhand der Richtzeitangaben der Bildungspläne auszumachenden) Kenntnisse der Absolvent*Innen des BK teilweise deutlich von den Kenntnissen der Absolvent*Innen des TG bzw. des AG. Die Absolvent*Innen der Gymnasien verbringen im Schulfach Mathematik deutlich mehr Zeit mit der Differentiation und Integration von Funktionen, Vektoren, Matrizen, wohingegen bei den Absolvent*Innen des BK auf der Grundlage der Zeitrichtwerte der Bildungspläne der Funktionsbegriff lange nicht in dem Maße gefestigt werden kann, wie es bspw. für die Absolvent*Innen des AG und des TG der Fall ist. Die Unterschiede bezüglich der fachspezifischen Vorkenntnisse wurden oben bereits erwähnt, beim BK sind gewisse Grundlagen vorhanden, die Absolvent*Innen des TG haben nach Bildungsplan wie erwähnt bereits Kenntnisse über ca. 50% der hier zu vermittelnden Inhalte, die Absolvent*Innen des AG haben keine Kenntnis bezüglich der Begrifflichkeiten und physikalisch-technischen Konzepte des Maschinenbaus.

5.1.2 Allgemeine Einstellung zum Studiengang und zum Fach Technische Mechanik sowie schulische Vorbildung

5.1.2.1 Allgemeine Einstellungen zum Studium

Allgemeine Beweggründe für die Entscheidung zum gewählten Studium

Zu Beginn der Befragung wurden allgemeine Bewegründen abgefragt, die für die Entscheidung für das gewählte Studium gesprochen haben könnten, wobei die Antworten zwischen den hier betrachteten Gruppen sehr ähnlich ausfielen. Dabei wurde eine vorgegebene Auswahl an Antworten gegeben, die Vorgabe wurde durch explorative Befragung der Studierenden der vorherigen Semester (offene Fragen) oder vom Verfasser dieser Arbeit hinzugefügt. Mehrfachnennungen waren möglich. Aus dieser vorgegebenen Antwortauswahl gaben 97% der Studierenden (63% eindeutig positive Antwort, 32% tendenziell positive Antwort) an, das Studium gewählt zu haben, weil sie sich gute Berufsaussichten davon versprechen würden. Ein Anteil von 93% der Studierenden gaben an, dass sie einen „guten Verdienst" erwarteten (26% eindeutig bejahend, 67% tendenziell bejahend), jeweils 100% gaben an, die Aussicht auf interessante und technisch anspruchsvolle Jobs bzw. auf Flexibilität im Berufsleben sei einer der Beweggründe gewesen (jeweils mit ca. 70% eindeutig bejahenden Antworten und 30% tendenziell bejahenden Antworten), in Positionen mit Personalverantwortung zu arbeiten war weniger Grund, eine etwaige hohe Anerkennung durch Andere wurde mehrheitlich mit „kaum" (61%) oder „gar nicht" (4%) bewertet, wobei mehrheitlich mit ebenfalls ca. 60% bei keiner der Gruppen weder eine konkrete Vorstellung vom später gewünschten Einsatzfeld vorlag noch (zu 80%) eine konkrete Stelle innerhalb des dualen Partnerbetriebes der Hochschule.

Ebenfalls 100% der Studierenden waren daran interessiert, technische Zusammenhänge besser zu verstehen (81% eindeutig bejahend, 19% tendenziell bejahend), 93% gaben an, dass das Studium des Maschinenbaus schon immer Wunsch war (44% eindeutig bejahend, 49% tendenziell bejahend), keiner der Studierenden gab an, das Studium lediglich gewählt zu haben, weil ihm/ihr nichts Besseres einfiel (18% lehnten diese Option tendenziell ab, die verbleibenden 82% eindeutig). Für mathematisch bzw. physikalisch talentiert halten sich 92% der Studierenden (25% eindeutig bejahend, 67% tendenziell bejahend), wobei auch die Gruppe der Absolvent*Innen des BK der gleichen Auffassung war (100% tendenziell bejahende Antwort). Der Rat durch andere Personen oder ein positives Berufsimage wurden als Grund für die Studienwahl eher abgelehnt.

Anstrengungserwartung der Studierenden

Es wurde den Studierenden die Frage gestellt, ob sie erwarten würden, sich für ihr Studium bzw. für das hier betrachtete Modulfach in besonderem Maße anstrengen zu müssen. Auf das Studium bezogen wurde von den Studierenden mit insgesamt 96% insgesamt bejahend beantwortet, wobei die Studierenden des AG und des BK offensichtlich von einem größeren Aufwand ausgehen (mittlere Antwortcodierung: ca. 2,70 bzw. 2,64), siehe Tabelle 23. Auf das hier betrachtete Modulfach bezogen ergibt eine sehr ähnliche Verteilung (hier nicht dargestellt), wobei das Maximum der Antworten mit 57% jedoch auf nur auf „eher ja" und die mittleren Antwortcodierungen etwas tiefer liegen.

Tabelle 23. Anteil der Studierenden je Gruppe (in %), die angaben, sich für ihr Studium in besonderem Maße anstrengen zu müssen

	AG	BG	BK	Σ			BG	BK
trifft zu	70	35	64	56		AG	0,65	0,99
trifft eher zu	30	55	36	40		BG	-	0,74
trifft eher nicht zu	0	10	0	4			mw	0,80
trifft nicht zu	0	0	0	0			stdabw	0,14
Σ (Absolutwerte)	23	20	14	57				
0 | 1 | 2 | 3	2,70	2,25	2,64	2,53				

Allgemeine Einstellung zum hier betrachteten Modulfach

Bezüglich der allgemeinen Einstellung zum hier betrachteten Modulfach gaben insgesamt 96% der 55 die Frage beantwortenden Studierenden gaben an, dass sie die im Kurs vermittelten Inhalte für ihren Beruf als wichtig (60%) oder eher wichtig (36%) ansähen. Ebenso eindeutig wurde ist ein gewisser Respekt vor den fachlichen Inhalten artikuliert, die insgesamt mit 23% der Nennungen als „anspruchsvoll" und von 73% der Studierenden als „eher anspruchsvoll" (insgesamt ebenfalls 96%) empfunden wurden.

Als Begründung für die Beurteilung als (eher) anspruchsvoll (die in einer offenen Frage frei angegeben werden konnten) gaben die Studierenden am häufigsten Antworten, die dem Aspekt der Komplexität der Inhalte (32% der Nennungen, 14 von insgesamt 44 Nennungen), dem Aspekt des Tempos der vermittelten Inhalte (18% der Nennungen, 8 von 44 Nennungen) und dem der notwendigen Mathematik-Kenntnissen (ebenfalls 18% der Nennungen, 8 von 44 Nennungen) zugeordnet werden können, siehe Tabelle 24. Die Aspekte Mathematikkenntnisse und Komplexität wurde v.a. von den Absolvent*Innen des BK genannt, die Absolvent*Innen des AG und TG nannten auch (die hier nicht dargestellten) Aspekte der Organisation des Studiums und des privaten Alltags.

Tabelle 24. Auswertung der Antworten auf die offen gestellte Frage, aus welchen Gründen die Studierenden das Maschinenbaustudium als ggf. „sehr anspruchsvoll" oder „anspruchsvoll" einstuften

	AG	BG	(TG)	BK	Σ
Komplexität	4	4	2	6	14
Tempo	3	3	3	2	8
Mathekenntnisse	0	2	2	6	8
...	...	...	...	...	...
Σ (Absolutwerte)	17	13	10	14	44

Zwischenfazit allgemeine Einstellung zum Studium

o Die Studierenden scheinen grundsätzlich deutlich am Fach und an ihrer jeweiligen Vorstellung vom späteren Beruf interessiert zu sein und haben sich überwiegend sehr bewusst (z.T. aus lange gehegtem Wunsch) für das Studium entschieden. Die Absolvent*Innen des BK wie auch die Absolvent*Innen der beiden anderen Schularten halten sich im Fach Mathematik und Physik für talentiert.

o Die Vorlesungsinhalte des hier betrachteten Modulfachs werden von 96% der Studierenden als wichtig oder eher wichtig und zu ebenso 96% als anspruchsvoll oder eher anspruchsvoll empfunden.

o Die drei am meisten genannten Gründe, dass Studium/Modulfach als anspruchsvoll empfunden wird, sind der Aspekt der Komplexität der Inhalte (32%), des Tempos der Vermittlung und der fehlenden Mathematikkenntnisse, wobei letzteres von nahezu 50% der Absolvent*Innen des BK genannt wird.

o Die Studierenden gehen zu 96% davon aus (56% die Frage eindeutig bejahend und 40% tendenziell bejahend), sich für ihr Studium in besonderem Maße anstrengen zu müssen.

5.1.2.2 Ambitionen und Zielnote im Modulfach

Um Abzufragen, wie ambitioniert die Studierenden an dem Kurs teilnahmen wurde nach der jeweils anvisierten persönlichen Zielnote im Modulfach TM/FL gefragt. In der Kenntnis der Noten der vergangenen Semester wurde vom Autor erwartet, dass es bei dieser Frage deutlich unterschiedlichen Angaben kommen würde und dass bestimmte Studierende ein bloßes Bestehen des Fachs (Zielnote 4,0) oder ein befriedigendes Abschneiden als Ziel vorgeben würden, was allerdings in der betrachteten Gruppe nicht verzeichnet werden konnte. Die Gesamtzahl der Studierenden gab im arithmetischen Mittel die Zielnote 1,72 an, wobei die schlechteste Zielnote mit 2,5 (7 von 57 Nennungen) und die beste Zielnote mit 1,0 (16 von 57 Nennungen) angegeben wurde, die Note 2,0 wurde mit 28 Nennungen am häufigsten angegeben und entspricht dem Medianwert (die Abfrage erfolgte in Halbnotenschritten). Die Standardabweichung lag bei ca. 0,5 Notenabständen. Für die hier betrachteten Sub-Gruppen ergaben sich bezüglich der Anteile der Nennungen jedoch gewisse Unterschiede, siehe Tabelle 25. Betrachtet man die Gesamtgruppe der Studierenden, so gaben 28% der Studierenden (wie oben erwähnt 16 von 57) an, in dem Modulfach die Note 1,0 erreichen zu wollen, lediglich 12% gaben lediglich eine 2,5 als Zielnote an. Von der Gruppe der Absolvent*Innen des BK zeigten sich mit einem Anteil von 43% bei der Zielnote 1,0 vergleichsweise optimistisch. Ein Anteil von 0% dieser Gruppe gab die Note 2,5 als Zielnote an, der Mittelwert der BK-Absolvent*Innen lag bei ca. 1,5 und entsprach dem ambitioniertesten Mittelwert unter den genannten Sub-Gruppen.

Besonders vor dem Hintergrund ihrer vergleichsweise geringen schulischen Vorbildung scheint die Gruppe der der Absolvent*Innen des BK demnach (unabhängig davon, wie realistisch ihre Angaben jeweils waren) sehr ambitioniert zu sein. In ähnlicher Weise äußerten sich nach der o.g. Tabelle die Gruppe der Absolvent*Innen des BG/TG. Als Begründung dieser Einstellung konnten am häufigsten Aussagen wie „Maximum rausholen"/"guter Abschluss machen" (insgesamt 15 Nennungen in dieser Kategorie) bzw. „Fach erscheint wichtig" (7 Nennungen) von jeweils 41 Nennungen subsummiert werden. In der Gruppe der Absolvent*Innen des AG hingegen dar: die mutmaßlich am besten vorgebildete Gruppe will nur mit einem Anteil von 4% (nur eine (!) Person von 23) die Note 1,0 erreichen, mit der Note 2,5 als die insgesamt am schlechtesten genannte Zielnote geben sich 22% (fünf Studierende) zufrieden. Die meisten Vertreter*Innen dieser Gruppe (65%, 15 von 23) geben sich mit der Note 2,0 zufrieden.

Tabelle 25. Anteil der Studierenden je Gruppe (in %), die angaben, die Note 1,0
(1er) bzw. 2,5 (2,5er) erreichen wollen

%	AG	BG	(TG)	BK	mV	oV	Σ
Anteil 1er	4	45	41	43	39	12	28
Anteil 2,5er	22	10	12	0	10	15	12

Es sei angemerkt, dass diese Erwartung auch in der von den Absolvent*Innen erzielten Abschlussnote des jeweiligen Bildungsgangs begründet sein mag. Wie an anderer Stelle ausgeführt, konnten die Absolvent*Innen des BK deutlich bessere Abschlussnoten vorweisen als die Studierenden des AG bzw. TG.

Zwischenfazit Zielnote im hier betrachteten Modulfach

o   Bezüglich des hier betrachteten Modulfachs nehmen sich die Studierenden mit der Note 1,72 im Mittelwert eine gute bis sehr gute Leistung als Ziel vor, die schlechteste angegebene Zielnote ist 2,5 (sieben von 57 Nennungen), es gibt in diesem Modulfach keine Studierenden, die angaben, „nur bestehen" zu wollen.

o   Die mutmaßlich am schlechtesten vorgebildete Gruppe, die Gruppe der Absolvent*Innen des BK gibt zu einem Anteil von 43% an, eine 1,0 als Zielnote erreichen zu wollen und scheint damit, ähnlich wie die Absolvent*Innen des BG/TG, die am meisten ambitionierte Gruppe zu sein. Die mutmaßlich am versiertesten vorgebildete Gruppe der Absolvent*Innen des AG zeigen sich weniger ambitioniert: 65% geben sich mit der Zielnote 2,0 zufrieden (Angaben in Halbnotenschritten möglich). Salopp formuliert, lässt sich das Genannte auf die folgende Aussage reduzieren: Die TGler und BKler zielen eher hoch, die AGler (und damit auch die Novizen) zielen eher in die Mitte.

5.1.2.3   Empfundener Nutzen der schulischen Vorbildung

Obwohl sich die diesen Studiengang studierenden Absolvent*Innen aller drei Schularten mehrheitlich für mathematisch und physikalisch talentiert hielten, gingen die Auffassungen bei der Frage, ob sie sich von der Schule „gut vorbereitet" fühlten, bei den einzelnen Gruppen teilweise deutlich auseinander (siehe die deutlich abweichenden Korrelationskoeffizienten in Tabelle 26). Die Absolvent*Innen des TG zeigen hier die größte Überzeugung mit einer mittleren Antwortcodierung von 2,2, insbesondere für diese Gruppe mag diese Überzeugung aus den deutlichen Überschneidungen der Inhalte z.B. im Bereich der Statik zwischen einigen Grundlagenkenntnisse des ersten Semester und den Bildungsplänen der Kursstufe des Technischen Gymnasiums resultieren. Die Absolvent*Innen des AG, die nominal (nach den Zeitrichtwerten der jeweiligen Bildungspläne) im Bereich der Mathematik über die versiertesten Kenntnisse verfügen, können bezüglich der Frage der „guten Vorbildung" nur zu insgesamt 61%, einer mittleren Antwortcodierung von 1,8 (die theoretische Mitte liegt bei dem Wert 1,5) eher verhalten zustimmen. Die Absolvent*Innen des BK fühlen sich mit einem recht deutlichen Votum von fast 80% bei „trifft eher nicht zu" und einer (untermittigen) mittleren Antwortcodierung von 1,2 vergleichsweise schlecht vorbereitet. Dies mag durch die bereits erwähnte, nach dem Bildungsplan vergleichsweise in geringem Umfang erfolgenden Vermittlung lediglich der Grundzüge der Kurvendiskussion im Bereich der Mathematik und einiger basaler Grundkenntnisse im Bereich der Statik und Festigkeitslehre (Spannung lediglich als Kraft pro Fläche, keine Biegung, keine Torsion, lediglich Grundzüge der Berechnung der Auflagerkräfte) begründet sein.

Tabelle 26. Auswertung der Antworten auf die Frage, ob sich die Studierenden durch ihre jeweilige schulische Vorbildung gut für das Studium vorbereitet fühlen.

	AG	BG	(TG)	BK	Σ			BG	TG	BK
trifft zu	22	35	41	0	21		AG	0,77	0,62	0,68
trifft eher zu	39	35	41	21	33		BG	-	0,97	0,14
trifft eher nicht zu	39	25	18	79	44		TG	-	-	-0,10
trifft nicht zu	0	5	0	0	2				mw:	0,51
Σ (Absolutwerte)	23	20	17	14	57				stdabw:	0,37
0 | 1 | 2 | 3	1,8	2,0	2,2	1,2	1,7					

Zwischenfazit Schulische Vorbildung

o Obwohl sich alle Studierenden als mathematisch oder bezüglich des Schulfachs Physik begabt einschätzen, fühlt sich bei den Absolvent*Innen des BK ein Anteil von 80% durch ihre jeweilige Schule eher schlecht vorbereitet, sehr im Gegensatz zu den Absolvent*Innen des TG, die sich mit einem Anteil von ca. 80% eher gut oder gut vorbereitet fühlen.

o Die Absolvent*Innen des AG zeigen sich bezüglich ihrer Einschätzung über die Nützlichkeit ihrer schulischen Vorbereitung mit jeweils ca. 40% bei den beiden tendenziellen Antworten eher indifferent, nur ca. 20% antworten eindeutig bejahend (aus Sicht des Autors überrascht dies).

o Die Absolvent*Innen des BK fühlen sich also zu einem Anteil von 80% eher nicht gut oder nicht gut vorbereitet, geben aber trotzdem, wie oben dargestellt, für das Modulfach im arithmetischen Mittel die Zielnote von 1,5 an.

5.1.3 Benutzung des PCs/Laptops/Tablets, generell und zu Studienzwecken

Über die allgemeinen Fragen zu Studium und Schulbildung hinaus, wurden die Studierenden zum Aspekt der Nutzung von PC/Laptop/Tablet befragt. Es zeigt sich, dass die Studierenden gegenüber der Arbeit am PC/Laptop/Tablet generell sehr unkritisch eingestellt sind, insgesamt 60% der Studierenden verneinen die Frage, ob sie gegenüber der Nutzung des PCs am Arbeitsplatz kritisch eingestellt seien, uneingeschränkt, 35% verneinen die Frage tendenziell, nur 5% der Studierenden (3 von 57, jeweils Absolvent*Innen des AG) äußern sich „kritisch" oder „eher kritisch" gegenüber der Arbeit am PC (Ergebnisse hier jeweils nicht graphisch dargestellt).

Für ihr Studium nutzen 51 von 57 (90%) den PC täglich (51% der Antworten bei „trifft zu" plus 39% der Antworten „trifft eher zu", demnach 51%+39% = 90% positive Antworten von 57, siehe Tabelle 27).

Tabelle 27. Auswertung der Antworten auf die Frage, ob die Studierenden PC/Laptop/Tablet täglich für ihr Studium nutzen

	AG	BG	(TG)	BK	mV	oV	1er	2,5er	Σ			BG	TG	BK			oV
trifft zu	61	60	53	21	41	64	44	71	51	AG		0,97	0,91	0,19	mV		0,74
trifft eher zu	30	40	47	50	47	28	31	29	39	BG		-	0,98	0,42			
trifft eher nicht zu	0	0	0	29	13	0	25	0	7	TG			-	0,55			
trifft nicht zu	9	0	0	0	0	8	0	0	4					mw: 0,67		2,5er	
Σ (Absolutwerte)	23	20	17	14	32	25	16	7	57					stdabw: 0,30		1er	0,81
0|1|2|3	2,4	2,6	2,5	1,9	2,3	2,5	2,2	2,7	2,4								

Die Absolvent*Innen des BK zeigen hierbei im Gegensatz zu den Absolvent*Innen des AG bzw. TG ein geringfügig anderes Verhalten: Absolvent*Innen des AG und TG gaben stark korrelierende Antworten mit dem Maximum ihrer Antworten auf „trifft zu" bei der täglichen Nutzung des PC für Studienzwecke an, was sehr eng mit den Werten korreliert, die diese Studierenden für die tägliche Nutzung für allgemeine (nicht studienbezogenen) Zwecke angaben (letzteres hier nicht graphisch dargestellt). Die ehemalige Schüler*Innen des BK zeigen sich bezüglich der täglichen Nutzung des PC/Laptop/Tablet für allgemeine Zwecke eine nahezu identische Verteilung der Antworten, sie sind aber bei der täglichen Nutzung des PCs/Laptops/Tablets für Studienzwecke etwas zurückhaltender und haben ihr Maximum bei „trifft eher" zu, mittlere Antwortcodierung bei 1,9, siehe Tabelle 27). Bezüglich der Unterscheidung mit/ohne Vorkenntnisse ergeben sich keine Besonderheiten.

Die subjektiv empfundene mittlere tägliche Nutzungsdauer an PC/Laptop/Tablet für Studienzwecke während der Vorlesungszeit (siehe Tabelle 28) korreliert in etwa mit den Ergebnissen aus Tabelle 27. Die Absolvent*Innen des BG scheinen PC/Laptop/Tablet für Studienzwecke etwas mehr zu nutzen (3,4 h/d), die des BK weniger (1,9 h/d), während der Phase der Prüfungsvorbereitung erhöhen sich die Werte der täglichen Nutzung deutlich um bis zu 2 Stunden, siehe Tabelle 28). Die Studierenden mit bzw. ohne Vorkenntnisse im technischen Bereich unterschieden sich im Mittelwert lediglich zur Prüfungsvorbereitung, in der von den Studierenden ohne technische Vorkenntnisse PC/Laptop/Tablet für Studienzwecke um ca. 1 Stunde länger verwendet wird im Vergleich zu den Studierenden mit technischen Vorkenntnissen (5,2 h/d im Vgl. zu 4,3 h/d).

Die Studierenden mit Zielnote 1,0 lernen in der Phase der Prüfungsvorbereitung viel (5,6 h / d), ebenso jedoch die Studierenden mit Zielnote 2,5 (die jedoch, wie sich später zeigen wird, hauptsächlich ausschließlich in der Phase der Prüfungsvorbereitung lernen).

Tabelle 28. Auswertung der Antworten auf die Frage nach der Nutzungsdauer des
PCs, Laptops bzw. Tablets für studienbezogene Zwecke

	AG	BG	TG	BK	mV	oV	1er	2,5er	Σ
Mittlere Nutzungsdauer (in h/d) während Vorlesungszeit	2,0	3,4	2,6	1,9	2,3	2,7	3,8	3,7	2,4
Mittlere Nutzungsdauer (in h/d) während Prüfungsvorbereitung	4,7	4,8	4,0	4,0	4,2	5,0	5,6	5,4	4,6

Zwischenfazit PC/Laptop/Tablet-Nutzung

o   Die Studierenden sind bezüglich der Arbeit an PC/Laptop/Tablet (in relativ
homogener Weise) sehr offen, nutzen diesen überwiegend auch für ihr Studium.

o   Die Absolvent*Innen des BK zeigen sich etwas verhaltener diesbezüglich, ca. 30%
nutzen den PC/Laptop/Tablet nicht täglich für Studienzwecke.

o   Bezogen auf die Gesamtgruppe verdoppelt sich die Nutzungsdauer an
PC/Laptop/Tablet in der Phase der Prüfungsvorbereitung.

5.1.4   Benutzung der virtuellen Lernumgebung, Nutzungsanlässe und Begründung

Um Unterschiede im Lernverhalten der Studierenden zu ermitteln, wurde der Umgang mit
der hier konzipierten virtuellen Lernumgebung analysiert. Hierbei war zunächst die Frage
von Interesse, mit welcher Begründung bzw. zu welchen Anlässen die virtuelle
Lernumgebung genutzt wurde. Es wurden die Anlässe „zur Prüfungsvorbereitung", „zur
Nachbereitung der Vorlesungsstunden" und aus Interesse der Studierenden am Fach
Festigkeitslehre abgefragt.

5.1.4.1   Nutzungsanlässe

Nutzung der virtuellen Lernumgebung zur Prüfungsvorbereitung

Die virtuelle Lernumgebung wurde von 100% der Studierenden zur Prüfungsvorbereitung
genutzt (84%+16% von 57, demnach antworten 48 Studierende mit „trifft zu", 9 mit „trifft
eher zu", Tabelle 29). Die Antworten der Absolvierenden des AG, TG und BK unterscheiden
sich hierbei insofern, dass die des AG ausschließlich (gemittelte Antwortcodierung bei 3,0)
mit „trifft zu" antworteten (demnach 23+0 von 23 Studierenden = 100%), wohingegen die
Absolvierenden des BG bzw. des BK die virtuelle Lernumgebung in der Phase der
Prüfungsvorbereitung etwas verhaltener zu nutzen angaben.

Die Gruppe derer ohne Vorkenntnisse im technischen Bereich (die zu einem Großteil aus den
Absolvent*Innen des AG bestand, zzgl. einiger Absolvent*Innen des (nicht technischen) BG

und des BK) hat die Frage, ob die virtuelle Lernumgebung zur Prüfungsvorbereitung genutzt wurde, ebenfalls vollständig bejaht (100%+0%), ebenso wie die Gruppe der vergleichsweise wenig ambitionierten Studierenden mit Zielnote 2,5 (die, wie schon bemerkt, und wie sich unten zeigen wird, aber eben fast ausschließlich in der Phase der Prüfungsvorbereitung lernen).

Tabelle 29. Auswertung der Antworten auf die Frage, ob die virtuelle Lernumgebung zur Prüfungsvorbereitung genutzt wurde

	AG	BG	(TG)	BK	mV	oV	1er	2,5er	Σ		BG	TG	BK		oV
trifft zu	100	80	76	64	72	100	63	100	84	AG	0,97	0,95	0,84	mV	0,92
trifft eher zu	0	20	24	36	28	0	38	0	16	BG	-	1,00	0,95		
trifft eher nicht zu	0	0	0	0	0	0	0	0	0	TG	-	-	0,97		
trifft nicht zu	0	0	0	0	0	0	0	0	0					2,5er	
Σ (Absolutwerte)	23	20	17	14	32	25	16	7	57		mw:	0,95		1er	0,82
0 | 1 | 2 | 3	3,0	2,8	2,8	2,6	2,7	3,0	2,6	3,0	2,8		stdabw:	0,05			

Nutzung der virtuellen Lernumgebung zum kontinuierlichen Lernen / zur Nachbereitung der Vorlesungsstunden

Die Nutzung der virtuellen Lernumgebung zur Nachbereitung der Vorlesungsstunden zeigt ein weniger einheitliches und weniger eindeutiges Bild, siehe (Tabelle 30, siehe insbesondere die stark abweichenden Korrelationskoeffizienten bzw. die hohe Standardabweichung der Korrelationen): ca. die Hälfte der Studierenden (26% + 32% = 58%) nutzt die virtuelle Lernumgebung zur Nachbereitung der Vorlesungsstunden. Die Verteilung ist mit einer relativen Entropie von 0,98 allerdings nahezu gleichverteilt.

Tabelle 30. Auswertung der Antworten auf die Frage, ob die virtuelle Lernumgebung zur Nachbereitung der Vorlesung genutzt wurde

	AG	BG	(TG)	BK	mV	oV	1er	2,5er	Σ		BG	TG	BK		oV
trifft zu	13	35	24	36	25	28	25	14	26	AG	-0,33	-0,18	-0,28	mV	-0,50
trifft eher zu	48	35	41	0	28	36	19	29	32	BG	-	0,90	-0,64		
trifft eher nicht zu	39	0	0	43	19	36	44	29	26	TG	-	-	-0,88		
trifft nicht zu	0	30	35	21	28	0	13	29	16					2,5er	
Σ (Absolutwerte)	23	20	17	14	32	25	16	7	57		mw:	-0,24		1er	0,00
0 | 1 | 2 | 3	1,7	1,8	1,5	1,5	1,5	1,9	1,6	1,3	1,7		stdabw:	0,56			

Bei den Studierenden ohne Vorkenntnissen haben ca. 2/3 der Studierenden die Frage positiv beantwortet (28% eindeutig und 36% in der Tendenz), die Verteilung der Antworten der Studierenden mit Vorkenntnissen ist auch hier mit einer relativen Entropie von 0,99 nahezu gleichverteilt. Eine Unterscheidung nach den Schularten bringt kaum fundierte Erkenntnisse, die Mehrheiten schwanken mit ca. 60/40 auf die eine oder andere Seite. An dem größten Wert der in der Tabelle dargestellten gemittelten Antwortcodierungen von 1,9 ist zu erkennen, dass die Gruppe der Studierenden ohne Vorkenntnisse die virtuelle Lernumgebung im Vergleich zu den anderen Gruppen geringfügig stärker zur Vorbereitung nutzt.

Nutzung der virtuellen Lernumgebung aus Interesse an den fachlichen Inhalten

Das Interesse der Studierenden am Fach Festigkeitslehre wurde ebenfalls als mögliche Begründung für die Nutzung der virtuellen Lernumgebung abgefragt, siehe Tabelle 31. Generell scheint dieser Begründungszusammenhang für die Nutzung der virtuellen Lernumgebung aber nicht in sehr ausgeprägter Weise vorhanden zu sein (die sprachliche Formulierung zu den gemittelten Antwortcodierungen wäre meist lediglich „in geringfügigem Maße"), zumindest findet sich kein(e) Studierende(r), die/der dieser Frage eindeutig zustimmt, sodass mit 36%+20% klaren Verneinungen eine gewisse Tendenz zum Verneinenden festzumachen ist.

Tabelle 31. Auswertung der Antworten auf die Frage, ob die virtuelle Lernumgebung aus Interesse am Fach genutzt wurde

	AG	BG	(TG)	BK	mV	oV	1er	2,5er	Σ
trifft zu	0	0	0	0	0	0	0	0	0
trifft eher zu	43	61	59	21	41	48	29	57	44
trifft eher nicht zu	43	17	18	50	28	48	21	43	36
trifft nicht zu	13	22	24	29	31	4	50	0	20
Σ (Absolutwerte)	23	18	17	14	32	23	14	7	55
0 | 1 | 2 | 3	1,3	1,4	1,4	0,9	1,1	1,4	0,8	1,6	1,2

	BG	TG	BK			oV
AG	0,69	0,70	0,72		mV	0,67
BG	-	1,00	0,17			
TG	-	-	0,21			2,5er
		mw:	0,58		1er	0,03
		stdabw:	0,30			

Allerdings ist ein gewisser Unterschied in der Unterscheidung nach den drei Schularten feststellbar: Die Absolvent*Innen des BG und TG haben ihr Maximum bei „eher ja" und geben damit verstärkt Interesse am Fach als Grund der Nutzung der virtuellen Lernumgebung an. Die Lerninhalte des Fachs sind dieser Gruppe aufgrund ihrer Bildungsbiographie in einem deutlichen Umfang bereits bekannt (siehe oben, das Fach Mechatronik es war „Profilfach" am TG), insofern läge der Rückschluss nahe, dass dieses Schulfach die Vorstellung der Absolvent*Innen von den Inhalten des Maschinenbaustudiums möglicherweise mit beeinflusst hätte. Die Absolvent*Innen des AG zeigen sich unentschieden, die des BK verneinen das Interesse am Fach als Beweggrund für die Nutzung der virtuellen Lernumgebung mit nahezu 80% doch recht deutlich.

Zwischenfazit Nutzungsanlässe Prüfungsvorbereitung, Nachbereitung der Vorlesung,
Fachinteresse

o Alle Studierenden nutzen die virtuelle Lernumgebung in der Phase der
  Prüfungsvorbereitung, wobei die Studierenden ohne Vorkenntnisse und die
  Absolvent*Innen des AG diese Aussage mit 100% der Antworten mit einem
  eindeutigen „trifft zu" bejahen.

o Ca. die Hälfte der Studierenden nutzt die virtuelle Lernumgebung zur
  Nachbereitung der Vorlesung und lernt somit eher permanent.

o Das „Interesse am Fach" als Begründung, die virtuelle Lernumgebung zu nutzen,
  ist in keiner der betrachteten Gruppen übermäßig ausgeprägt, die Absolvent*Innen
  des BG bzw. TG scheinen etwas interessierter (Anteile von 61% bzw. 59% bei
  „eher ja"), ein Anteil von ca. 80% der Absolvent*Innen des BK verneint diesen
  Begründungszusammenhang („eher nein" oder „nein").

5.1.4.2 Quantitative, (relative) Präzisierung der genannten Lernanlässe:

Bezüglich einer quantitativen, relativen Präzisierung des Begründungszusammenhangs der
Nutzung der virtuellen Lernumgebung wurden die in Tabelle 32 genannten
Auswahlmöglichkeiten abgefragt: Ebenjener Tabelle zufolge wurde die virtuellen
Lernumgebung von den Studierenden insgesamt mehrheitlich „zur Prüfungsvorbereitung und
zu ca. jeder zweiten Vorlesung" genutzt (53%). Dabei lernen Absolvent*Innen des AG
mehrheitlich „nur vor der Prüfung" (57%), wohingegen die Absolvent*Innen des TG (mit
45%) und des BK (mit sogar 100%) mehrheitlich die virtuelle Lernumgebung häufiger (zu
ca. jeder 2. Vorlesungsstunde) verwenden, was ungefähr zu den Aussagen aus Tabelle 29
und Tabelle 30 passt. Die Studierenden des BK lernt mit der bei dieser Frage größten
gemittelten Antwortcodierung von 2,0 (ebenso wie die ambitionierten Studierenden, siehe
unten) im Mittel am konstantesten.

Tabelle 32. Auswertung der Antworten auf die Frage, ob die virtuelle
Lernumgebung den vier genannten Kategorien entsprechend benutzt
wurde

	AG	BG	(TG)	BK	mV	oV	1er	2,5er	Σ		BG	TG	BK		oV
Zur Prüfungsvorbereitung und zu jeder Vorlesung	13	20	12	0	9	16	25	14	12	AG	0,71	0,79	0,15	mV	0,74
Zur Prüfungsvorbereitung und zu ca. jeder 2. Vorlesung	30	40	41	100	59	40	56	0	51	BG	-	0,93	0,77		
Nur vor der Prüfung	57	30	35	0	25	44	6	86	33	TG	-	-	0,70		2,5er
Fast gar nicht	0	10	12	0	6	0	13	0	4				mw:	0,68	1er	-0,59
Σ (Absolutwerte)	23	20	17	14	32	25	16	7	57			stdabw:	0,25		
0 | 1 | 2 | 3	1,6	1,7	1,5	2,0	1,7	1,7	1,9	1,3	1,7						

Immerhin 12% der Gesamtzahl der Studierenden lernt nahezu permanent und nutzt die virtuelle Lernumgebung „nach jeder Vorlesungsstunde und zur Prüfungsvorbereitung", somit lernt der Hauptteil der Studierenden (12% + 51% = 63%) in relativ konstanter Weise, was ebenfalls mit den Ergebnissen aus Tabelle 30 korreliert. Die Studierenden hingegen, die die virtuelle Lernumgebung „fast gar nicht" verwendet haben, kommen ausschließlich vom TG. Ihre Anzahl liegt absolut jedoch nur bei 2 Studierenden, die beide (im späteren Verlauf der Befragung) angaben, dass sie jeweils keinen Bedarf und keine Lust hatten, die Seite intensiver zu nutzen (hier nicht graphisch dargestellt, siehe Auswertung weiter unten). Es sei jedoch angemerkt, dass die Aussagen dieser beiden Studierenden bei genauer Betrachtung der Daten ihren Angaben aus Tabelle 29 widersprechen.

Die Unterscheidung der Studierenden nach ihren Vorkenntnissen bringt keine weiteren relevanten Erkenntnisse, wohl aber die Unterscheidung nach den Ambitionen bezüglich der anvisierten Note. Diejenigen Studierenden, die auf eine 1,0 zielen, verwenden die virtuelle Lernumgebung zu 25% zu jeder Vorlesung plus Prüfungsvorbereitung und zu 56% zu ca. jeder zweiten Vorlesung plus Prüfungsvorbereitung (insgesamt verorten sich also 81% in einer dieser beiden Kategorien). Die Gruppe derer, die „nur" eine Zielnote von 2,5 anvisieren, lernt, wie oben bereits erwähnt, fast ausschließlich nur vor der Prüfung und mit der geringsten gemittelten Antwortencodierung von 1,3 am wenigsten konstant, (sie weist damit eine fast umgekehrte Verteilung zu der ambitionierten Gruppe auf, siehe auch Korrelationskoeffizient von -0,59).

Zwischenfazit Quantität der Nutzung

o Die Absolvent*Innen des AG nutzen die virtuelle Lernumgebung mehrheitlich nur zur Prüfungsvorbereitung. Die Absolvent*Innen des TG lernen insgesamt mehrheitlich bereits während des laufenden Semesters, allerdings können es sich offensichtlich zwei der Absolvent*Innen des TG leisten, die Seite gar nicht zu nutzen. Die Absolvent*Innen des BK lernen sogar ausschließlich bereits während des laufenden Semesters und zur Prüfungsvorbereitung (sie lernen somit recht permanent).

o Die Studierenden mit/ohne Vorkenntnisse zeigen zueinander ein relativ ähnliches Nutzungsverhalten. Das Vorhandensein von Vorkenntnissen führt nicht dazu, dass diese Gruppe der Studierenden bspw. nur in der Prüfungsphase oder gar nicht lernt.

o Ein Anteil von 81% von der ambitionierten Studierenden (mit der Zielnote 1,0) verwendet die virtuelle Lernumgebung konstant, lernt mindestens nach jeder 2. Vorlesung (56%) oder sogar nach jeder Vorlesungsstunde (25%) und zudem jeweils zur Prüfungsvorbereitung. Die Studierenden mit der Zielnote 2,5 lernen dagegen mit einem Anteil von 86% (6 von 7 Studierenden) nur vor der Prüfung (der siebte dieser Gruppe aus lediglich 7 Studierenden lernt allerdings ebenfalls nach jeder Vorlesungsstunde und vor der Prüfung, um seine Zielnote 2,5 zu erreichen, mutmaßlich, weil er es muss).

5.1.4.3 Gründe, die gegen eine intensivere Nutzung der virtuellen Lernumgebung sprachen

Die Frage nach dem Begründungszusammenhang, warum die virtuelle Lernumgebung von den Studierenden nicht intensiver genutzt wurde, wurde ebenfalls adressiert. Es wurden u.a. die Aspekte „keine Zeit", „keine Lust" und „kein Bedarf" und „weitere Gründe" (in Verbindung mit der Möglichkeit, Text einzutragen) als Option verwendet, wobei letztere Option nur von 2 Studierenden ausgefüllt wurde und auf die Ergebnisse deshalb hier nicht eingegangen wird. Insgesamt zeigen die Antworten der Studierenden bei der Option „keine Zeit" als Grund, gegen eine intensivere Nutzung der virtuellen Lernumgebung sprach, über die vier Antwortkategorien eine recht mittig gelegene Verteilung und damit eine deutliche Häufung bei den beiden schwächeren Antworten, wobei in der Gesamtgruppe mit 56% der Antworten (39% + 17% von 46) eine leichte Tendenz zur Verneinung dieses Grundes beobachtbar ist, vgl. Tabelle 33, siehe die untermittige gemittelten Antwortcodierung von 1,3.

Tabelle 33. Auswertung der Antworten auf die Frage, ob die Studierenden keine Zeit hatten, die virtuelle Lernumgebung intensiver zu nutzen

	AG	BG	(TG)	BK	mV	oV	1er	2,5er	Σ
trifft zu	6	0	0	0	0	6	0	0	2
trifft eher zu	63	6	0	57	34	53	17	50	41
trifft eher nicht zu	6	69	73	43	52	18	67	50	39
trifft nicht zu	25	25	27	0	14	24	17	0	17
Σ (Absolutwerte)	16	16	15	14	29	17	12	4	46
0 | 1 | 2 | 3	1,50	0,81	0,73	1,57	1,21	1,41	1,00	1,50	1,28

	BG	TG	BK		oV
AG	-0,43	-0,50	0,57	mV	0,41
BG	-	1,00	0,29		
TG	-	-	0,21		2,5er
		mw:	0,19	1er	0,67
		stdabw:	0,53		

Die Korrelationskoeffizienten und damit auch die Verteilungen der einzelnen Subgruppen sind sehr unterschiedlich (siehe Standardabweichung von 0,53). Die Absolvierenden des BK zeigen sich eher unentschieden, scheint aber mit einer gemittelten Antwortcodierung von 1,57 das vergleichsweise größte Zeitproblem zu haben, ähnlich wie die Absolvent*Innen des AG, sind mit gemittelten Antwortcodierung von 1,50 genau mittig liegen. Die Absolvent*Innen des TG hingegen lehnen den Faktor „keine Zeit" mit 73%+27% und einer gemittelten Antwortcodierung von unter 0,75 „sehr deutlich" ab, ähnlich wie die ambitionierten Studierenden mit Zielnote 1,0. Den Aspekt „keine Lust" gaben insgesamt 50% (22%+28%) der 46 diese Frage beantwortenden Studierenden als Grund gegen eine intensivere Nutzung der virtuellen Lernumgebung an, wobei die Antworten in der Gesamtgruppe jedoch nahezu gleichverteilt sind (die relative Entropie ist $E_{rel} = 0{,}98$).

Die Korrelationskoeffizienten zwischen den einzelnen Gruppen divergieren ebenfalls deutlich (Standardabweichung 0,57). Der Quotient der Kontingenzkoeffizienten CC/CC_{max} des Chi-Quadrat-Tests (gedachte Nullhypothese der Unabhängigkeitsprüfung: die Werte der Zellen ist für beide jeweilige Gruppen gleich) als Kennwert für die Abhängigkeit der Spalten der Kreuztabelle ergibt im Vergleich der Gruppen AG, TG und BK den Wert 0,71, die Hypothese der Gleichheit der Zellenwerte kann also mit einer Signifikanz größer 99,9% verworfen werden), die einzelnen Gruppen weisen demnach signifikante Unterschiede auf.

Bei den Absolvent*Innen des TG konnten sich allerdings immerhin 53% der Gruppe der Absolvent*Innen des TG (40%+13%, vgl. Tabelle 34) den Faktor „keine Lust" leisten, allerdings sind die Werte mit einer relativen Entropie von $E_{rel\,TG} = 0{,}94$ ebenfalls nahezu gleichverteilt. Die Gruppe des AG spricht sich mit 69% der Antwortenden (25%+44%) noch stärker in die Richtung des Aspekts „keine Lust" aus (gemittelte Antwortcodierung von 1,9), wohingegen 79% der Gruppe der Absolvent*Innen des BK diesen Grund eindeutig und mehrheitlich negieren (gemittelte Antwortcodierung mit 0,6 < 0,75), für den Großteil der Gruppe der Absolvent*Innen des BK scheint also der Faktor „keine Lust" keine Option zu sein.

Eine Unterscheidung anhand der Vorkenntnisse ergibt keine weiteren Aufschlüsse, wohl aber die nach den Ambitionen der Studierenden: die am wenigsten ambitionierten Studierenden mit einer Zielnote von 2,5 geben zu 100% den Aspekt keine Lust an, allerdings haben lediglich vier von sieben Studierenden dieser Gruppe die Frage beantwortet.

Tabelle 34. Auswertung der Antworten auf die Frage, ob die Studierenden keine Lust hatten, die virtuelle Lernumgebung intensiver zu nutzen

	AG	BG	(TG)	BK	mV	oV	1er	2,5er	Σ			BG	TG	BK			oV
trifft zu	25	38	40	0	28	12	17	100	22		AG	-0,68	-0,46	-0,67		mV	-0,57
trifft eher zu	44	13	13	29	21	41	42	0	28		BG	-	0,96	0,08			
trifft eher nicht zu	31	19	20	0	10	29	8	0	17		TG	-	-	-0,19		2,5er	
trifft nicht zu	0	31	27	71	41	18	33	0	33					mw: -0,16		1er	-0,37
Σ (Absolutwerte)	16	16	15	14	29	17	12	4	46				stdabw: 0,57				
0 | 1 | 2 | 3	1,9	1,6	1,7	0,6	1,3	1,5	1,4	3,0	1,4								

Bezogen auf die Gesamtgruppe zeigt der Aspekt „kein Bedarf" als Grund gegen eine intensivere Verwendung der virtuellen Lernumgebung eine deutliche Tendenz, vgl. Tabelle 35: Von den diese Frage beantwortenden Studierenden geben 70% (20%+50% von 46) an, dass sie keinen weiteren Bedarf hatten, die virtuelle Lernumgebung zu nutzen. Es ist somit wohl davon auszugehen, dass das jeweils anvisierte, individuelle Lernziel (nicht Lehrziel!)

in 70% der Fälle wohl erreicht wurde. Wird diesbezüglich bspw. das (motivationspsychologische) Rubikonmodell nach Heckhausen als Bezugspunkt genommen, scheinen hier die Phasen drei und vier, die aktionale und bewertende Phase der (Lern-)Handlung in diesen Fällen somit abgeschlossen. Nach Banduras Theorie der Selbstregulation wäre nach Selbstbewertung das Einstellen der Lernhandlung erfolgt, da der Aufwand der Volition ihren Nutzen übersteigt. Die virtuelle Lernumgebung scheint demnach insgesamt bedarfsgerecht zu sein.

Vergleicht man die einzelnen Gruppen der Schularten, so zeigen insbesondere die Absolvent*Innen des BG bzw. TG eine sich unterscheidende Verteilung: Die Gruppe der Absolvent*Innen des BG bzw. TG weisen mit insgesamt bis zu 87% (27%+60%) Bejahung eine sehr hohen Anteil an positiven Antworten auf, die gemittelte Antwortcodierung ist mit dem Wert 2,1 am größten, sie haben also nur in geringfügiger Weise weiteren Bedarf. Bei den Absolvent*Innen des BK lehnt jedoch den Aspekt „kein Bedarf" ein Anteil von ca. 1/3 (29%) der Studierenden eindeutig ab (sie hätten also noch Bedarf gehabt…).

In allen drei der gerade diskutierten Aspekte „keine Zeit", „keine Lust" und „kein Bedarf" (Tabelle 33 bis Tabelle 35) korrelieren die Antworten der Absolvent*Innen des BK recht wenig mit den Antworten der Absolvent*Innen der beiden Gymnasien (vgl. auch die relativ hohen Standardabweichung der Korrelationskoeffizienten in ebenjenen Tabellen), ebenso sind die Korrelationen zwischen den Studierenden mit Vorkenntnissen und den Studierenden ohne Vorkenntnissen mit Werten von -0,48 bis 0,67 vergleichsweise gering.

Tabelle 35. Auswertung der Antworten auf die Frage, ob die Studierenden keinen Bedarf hatten, die virtuelle Lernumgebung intensiver zu nutzen

	AG	BG	(TG)	BK	mV	oV	1er	2,5er	Σ		BG	TG	BK		oV
trifft zu	13	25	27	21	24	12	17	0	20	AG	0,76	0,67	0,12	mV	0,70
trifft eher zu	44	56	60	50	55	41	50	100	50	BG	-	0,99	0,59		
trifft eher nicht zu	38	19	13	0	14	29	17	0	20	TG		-	0,67		
trifft nicht zu	6	0	0	29	7	18	17	0	11				mw: 0,63	1er	2,5er 1,00
Σ (Absolutwerte)	16	16	15	14	29	17	12	2	46				stdabw: 0,26		
0 | 1 | 2 | 3	1,6	2,1	2,1	1,6	2,0	1,5	1,7	2,0	1,8						

Querbezug

Bezüglich des Aspekts der fehlenden „Lust", die virtuelle Lernumgebung intensiver zu nutzen, ergab sich ein weiterer interessanter Aspekt: Von denjenigen Studierenden, die die virtuelle Lernumgebung „nur vor der Prüfung" genutzt haben, hatten 86% (5+7 von 14 Studierenden) keine Lust, die virtuelle Lernumgebung intensiver zu nutzen und immerhin 64% (0+9 von 14) keinen Bedarf, sie waren folglich wohl mit ihrer Lernplanung zufrieden.

Zwischenfazit: Gründe, die gegen eine intensivere Nutzung der virtuellen Lernumgebung sprechen: keine Zeit / keine Lust / kein Bedarf

o Insgesamt geben 70% der Studierenden an, keinen weiteren Bedarf gehabt, die virtuelle Lernumgebung intensiver zu nutzen, sie scheinen ihr jeweiliges Lernziel also erreicht zu haben.

o Die Absolvent*Innen des AG bejahen diesbezüglich den Aspekts „keine Zeit" und „keine Lust" (jeweils mit ca. 69%) als Grund, der dagegensprach, die virtuelle Lernumgebung intensiver zu nutzen, und bejahen ebenfalls (mit einem Anteil von 57%) den Aspekt „kein Bedarf" an (Mehrfachnennungen möglich). Ein Anteil von 45% hatte demnach „eher noch" Bedarf) -> die Absolvent*Innen des AG hatte eher ein Zeit-/Lust-Problem.

o Die Absolvent*Innen des TG negieren den Aspekt „keine Zeit" als Grund gegen eine intensivere Nutzung der virtuellen Lernumgebung deutlich (mit 100%) ab, sind beim Aspekt „keine Lust" etwas gespalten (ca. 50% zu 50%), nennen aber mit einem Anteil von 87% den Aspekt „kein Bedarf". Sie hätten mehrheitlich also noch Zeit gehabt, es war aber nicht nötig.

o Die Absolvent*Innen des BK zeigen bei allen drei Aspekten Zeit, Lust und Bedarf bezüglich der Verteilungen der Antworten im Vergleich zu den Absolvent*Innen der anderen Schularten deutlich andersartig. Sie erscheinen beim Aspekt „keine Zeit" eher gespalten (57% zu 43%, jeweils nur bei den tendenziellen Antworten (demnach scheint dieser Aspekt eine eher geringe Bedeutung gehabt zu haben), den Faktor „keine Lust" lehnen sie als Grund, die Seite intensiver zu nutzen, jedoch zu einem deutlichen Anteil entschieden ab (71% bei „trifft nicht zu"), ein Anteil von 29% der Studierenden dieser Gruppe gibt klar an, noch mehr Bedarf gehabt zu haben (29% beim eindeutigen „nein"). Sie hatten wohl eher noch Bedarf, die Option „keine Lust" stand nicht zur Debatte.

o Die Unterscheidung der Studierenden nach den Vorkenntnissen bringt bei den Optionen „keine Zeit", „keine Lust" und „kein Bedarf" jeweils keinen sehr eindeutigen Zusammenhang (die relativen Entropie von z.B. 0,83 deutet jeweils eher auf eine Gleichverteilung hin, die bejahenden und verneinenden Antworten verteilen sich oft auf ca. 50% zu 50%).

o Die Studierenden ohne Vorkenntnissen haben aber vermehrt (eher) keine Zeit (69%, mV: nur 34%), die Studierenden mit Vorkenntnissen geben zu 79% an, (eher) keinen Bedarf zu haben (oV: 53%), die virtuelle Lernumgebung intensiver zu nutzen (und waren somit wohl auf einem für sie akzeptablen Lernniveau angelangt).

o Die Unterscheidung nach der Zielnote scheint wiederum sehr eindeutig: die Studierenden mit Zielnote 1,0 verneinen zu 84% den Aspekt „keine Zeit", die Studierenden mit Zielnote 2,5 bejahen zu 100% den Aspekt „keine Lust" (im ggs. zu 59%) und ebenso 100% bei „kein Bedarf".

Es bleibt allerdings bei der Interpretation der Ergebnisse zu beachten, dass der Faktor „kein Bedarf" sowohl bspw. auf eine bessere Organisationsfähigkeit hinweisen kann, jedoch auch auf einen geringeren relativen (persönlichen) Anspruch (Zielnote).

Die Absolvent*Innen des AG sind mit 6% +63% eher bejahend, scheinen demnach mit den Absolvent*Innen des BK und den Studierenden ohne Vorkenntnisse insgesamt das vergleichsweise am stärksten ausgeprägteste Zeitproblem zu haben.

5.1.4.4 Intensität der Nutzung der virtuellen Lernumgebung zur Prüfungsvorbereitung

Die Frage nach der Intensität der Nutzung der virtuellen Lernumgebung während der Phase der Prüfungsvorbereitung wurde ebenfalls detaillierter beleuchtet. Sie wurde innerhalb der drei Gruppen in sehr ähnlicher Weise (geringe Standardabweichung der Korrelationskoeffizienten, Tabelle 36) und insgesamt mit sehr hohen Zustimmungswerten (gemittelte Antwortcodierung von 2,5 bis 3,0) beantwortet. Sie wurde von der Gesamtzahl der Studierenden von einem Anteil von 79% sogar als „sehr hoch" empfunden, von insgesamt 96% der Studierenden als „sehr hoch" oder „hoch", was die Aussage „keine Lust" und „kein Bedarf" zur intensiveren Nutzung im vorigen Abschnitt ggf. relativiert. Die Angabe einer „geringen" Nutzungsdauer zur Prüfungsvorbereitung wurde dabei zwei Absolvierenden des TG getätigt, die über einschlägige Vorkenntnisse verfügen und die Seite nicht intensiver nutzten, weil beide jeweils keinen Bedarf hatten (s.o.).

Von den Studierenden, die angaben, keine Vorkenntnisse zu haben, wurde die Intensität der Nutzung der virtuellen Lernumgebung vor der Prüfung in noch stärkerem Maße mit 96% ausschließlich als „sehr hoch" (25 von 26 Studierenden, gemittelte Antwortcodierung von (gerundeten) 3,0) angegeben. Bezeichnet man diese Gruppe als Novizen und konstatiert, dass deren Lernintensität in der Phase der Prüfungsvorbereitung mit einer gewissen Lernbereitschaft oder Motivation gleichzusetzen ist, kann diese demnach in der Phase der Prüfungsvorbereitung als „sehr hoch" bezeichnet werden.

Die Studierenden, die angaben, lediglich auf die Note 2,5 zu zielen, gaben wie bereits erwähnt in Tabelle 32 an hauptsächlich vor der Prüfung zu lernen, nach Tabelle 36 ist dann mit „sehr hoher" Intensität.

Tabelle 36. Auswertung der Antworten auf die Bitte um Stellungnahme, mit
welcher Intensität die virtuelle Lernumgebung zur Prüfungsvorbereitung
genutzt wurde

	AG	BG	(TG)	BK	mV	oV	1er	2,5er	Σ		BG	TG	BK		oV
sehr hoch	96	70	65	64	66	96	69	100	79	AG	0,97	0,95	0,86	mV	0,93
hoch	4	20	24	36	28	4	19	0	18	BG	-	1,00	0,93		
gering	0	10	12	0	6	0	13	0	4	TG	-	-	0,95		2,5er
sehr gering	0	0	0	0	0	0	0	0	0				mw: 0,95	1er	0,97
Σ (Absolutwerte)	23	20	17	14	32	25	16	7	57				stdabw: 0,04		
0 | 1 | 2 | 3	3,0	2,6	2,5	2,6	2,6	3,0	2,6	3,0	2,8						

Zwischenfazit empfundene Intensität während der Prüfungsvorbereitung

o   Alle Einzelgruppen wie auch die Gesamtgruppe der Studierenden geben eine
überwiegend „sehr hohe" Lernintensität (bis zu 100% der Studierenden der
einzelnen Gruppen) in der Phase der Prüfungsvorbereitung an.

o   Von den Novizen (vorwiegend Absolvent*Innen des AG) wird die Intensität der
Nutzung in der Phase der Prüfungsvorbereitung mit 96% der Antworten bei „sehr
hoch" als sehr stark empfunden.

o   Die weniger ambitionierten Studierenden, die lediglich die Zielnote 2,5 anvisieren
und die, wie oben erwähnt, angaben, die virtuelle Lernumgebung nur vor der
Prüfung zu verwenden, lernen zur Prüfungsvorbereitung jedoch ausschließlich mit
sehr hoher Intensität.

5.1.4.5   Fragen nach dem empfundenen Nutzen der virtuellen Lernumgebung

Für eine Lernmaßnahme (hier: die Verwendung der virtuellen Lernumgebung) elementar ist
die Frage nach deren empfundenen Nutzen. Dieser Aspekt wurde adressiert, indem danach
gefragt wurde, ob die virtuelle Lernumgebung das Lernen vereinfacht hat und ob sich das
Lernen effizienter gestaltete, letzteres, um den Zeitaspekt beim Lernen in den eher dicht
gepackten Prüfungswochen zu berücksichtigen. Bei beiden Fragen wurde um die freie
Eingabe einer Begründung gebeten. Die Frage, ob eine Lernmaßnahme das Lernen
„vereinfacht" hat, scheint auf den ersten Blick sehr trivial und ggf. auch überflüssig.
Allerdings liegt, gestützt auf den subjektiven Erfahrungen des Autors durchaus eine gewisse
Schwierigkeit darin, aufeinander abgestimmte Lernunterlagen für selbstgesteuertes Lernen
für eine bestimmte Lerngruppe passgenau zu gestalten.

Bezüglich der genannten Frage nach dem Aspekt der empfundenen Vereinfachung haben
insgesamt 87% der Studierenden (54% + 33% von 57) und einer gemittelten

Antwortcodierung von 2,4 deutlich positiv geantwortet, das Maximum der Nennung liegt in allen drei Einzelgruppen (bis auf das TG) jeweils beim eindeutigen „trifft zu". Die jeweils recht hohen Korrelationen deuten auf eine gewisse Ähnlichkeit der Verteilungen hin, vgl. jeweils Tabelle 37). Die Gruppe der Absolvent*Innen des BK trafen hierbei die eindeutigste Aussage mit 71%+29% (= 100%) positiven Aussagen von 14, die Verteilung der Absolvent*Innen des AG und schließlich des BG sind jeweils etwas weniger deutlich positiv, doch insgesamt immer noch deutlich bejahend.

Tabelle 37. Auswertung der Antworten auf die Frage, ob die virtuelle Lernumgebung das Lernen vereinfacht hat

	AG	BG	(TG)	BK	mV	oV	1er	2,5er	Σ		BG	TG	BK		oV
trifft zu	52	45	35	71	47	64	38	71	54	AG	0,99	0,89	0,97	mV	0,87
trifft eher zu	35	35	41	29	41	24	44	29	33	BG	-	0,93	0,95		
trifft eher nicht zu	9	10	12	0	6	8	0	0	7	TG	-	-	0,76		
trifft nicht zu	4	10	12	0	6	4	19	0	5				mw: 0,92	2,5er	
Σ (Absolutwerte)	23	20	17	14	32	25	16	7	57			stdabw: 0,08		1er	0,71
0|1|2|3	2,3	2,2	2,0	2,7	2,3	2,5	2,0	2,7	2,4						

Vergleicht man die Anteile der Aussagen der Studierenden mit und ohne Vorkenntnisse miteinander, so ist der Anteil der die Frage eindeutig bejahenden Studierenden in der Gruppe der Noviz*Innen mit 64% etwas höher, allerdings zeigen sich in dieser Gruppe auch 8% + 4% von 25 kritische Stimmen (hier: drei Studierende, demnach Absolvent*Innen des AG oder BG). Die Studierenden mit Vorkenntnissen kommen ebenfalls auf einen Anteil von 88% bejahender Antworten, allerdings ist die Verteilung mit 41%-Punkten bei der Tendenz „eher ja" etwas verhaltener. Diese etwas schwächere deutliche Bejahung könnte in der aufgrund ihrer Vorbildung „antrainierten" persönlichen mentalen Repräsentation der jeweiligen physikalischen Konstrukte begründet sein, die nach Endres (2022) zu einer gewissen höheren kognitiven Belastung führen könnten, was hier aber lediglich mutmaßend konstatiert werden kann und hier nicht weiter belegbar ist. Es fällt jedoch auf, dass sowohl bei den Studierenden mit als auch bei jenen ohne Vorerfahrung vier respektive drei Studierende dabei sind, die in der virtuellen Lernumgebung (z.T. nur tendenziell) keine Vereinfachung sehen.

Der Aspekt der Effizienz wurde im Vergleich zu den in Tabelle 37 dargestellten Ergebnissen sehr ähnlich beantworten, siehe Tabelle 38. Die Anteile der eindeutig positiven Bekenntnisse sind etwas geringer, liegen aber immer noch bei ca. 85% für die Gesamtgruppe und für die Gruppe der Noviz*Innen, erneut bei 100% bei den Absolvent*Innen des BK und sinkt in keiner Gruppe unter 75% Zustimmung. Die Absolvent*Innen des TG beurteilen den Aspekt der Effizienz in geringem Maße zurückhaltender (mit immerhin ca. 1/4 an verneinenden Aussagen, gemittelter Antwortcodierung von 2,0, was aufgrund Vorkenntnisse der Gruppe verwundert, ebenso und in sehr ähnlichem Maße die Absolvent*Innen des AG.

Tabelle 38. Auswertung der Antworten auf die Frage, ob die virtuelle
Lernumgebung das Lernen effizienter gemacht hat

	AG	BG	(TG)	BK	mV	oV	1er	2,5er	Σ			BG	TG	BK			oV
trifft zu	48	45	35	43	38	56	25	57	46		AG	0,94	0,81	0,79		mV	0,85
trifft eher zu	30	35	41	57	44	32	56	43	39		BG	-	0,93	0,91			
trifft eher nicht zu	17	10	12	0	13	8	0	0	11		TG	-	-	1,00			2,5er
trifft nicht zu	4	10	12	0	6	4	19	0	5				mw:	0,90		1er	0,65
Σ (Absolutwerte)	23	20	17	14	32	25	16	7	57			stdabw:	0,08				
0 | 1 | 2 | 3	2,2	2,2	2,0	2,4	2,1	2,4	1,9	2,6	2,2								

Die Unterscheidung der Studierenden nach ihren Ambitionen zeigt, dass die weniger ambitionierten Studierenden sowohl bei der empfundenen Lernerleichterung wie auch bei der empfundenen Effizienz die virtuelle Lernumgebung positiver einschätzen als die Gruppe der ambitionierten Studierenden und auch jeweils positiver als der Gesamtheit der untersuchten Studierenden. Es könnte hieraus der Schluss gezogen werden, dass die virtuelle Lernumgebung ggf. vor allem das Lernen für die weniger ambitionierten Studierenden befördert hat. Da jedoch auch die ambitionierten Studierenden immer noch die virtuelle Lernumgebung bezüglich der des Aspekts „Vereinfachung des Lernens" (mit 38% + 44% = 82%) und Lerneffizienz (mit 25% + 56% = 81%) deutlich positiv beurteilten, kann die jeweils fast 100%ige Bejahung bei den weniger ambitionierten Studierenden hingenommen werden.

Zwischenfazit Lernerleichterung und Effizienz

o   Insbesondere Absolvent*Innen des BK (als Inhaber des schwächsten der hier
    vertretenen Bildungsabschlüsse) wie auch diejenigen Studierenden, die über keine
    Vorkenntnisse verfügen, empfinden die virtuelle Lernumgebung bezüglich den
    Aspekte Lernerleichterung und Effizienz in deutlichem Maße (zu 100% bis ca.
    90%) als positiv.

o   Diejenigen Studierenden, die über Vorkenntnissen verfügen, empfinden die
    virtuelle Lernumgebung ebenfalls in deutlichem Umfang (88% bzw. 82%) als
    Lernerleichterung bzw. als effizient.

o   Ein Anteil von immerhin 12% bzw. 16% der Gesamtzahl der Studierenden
    verneint die Frage, vor allem aus der Gruppe derer mit Vorkenntnissen
    (Absolvent*Innen des TG) wie auch aus der Gruppe der Absolvent*Innen des AG,
    was einer Anzahl von 7 bzw. 9 Studierenden entspricht, die diesbezüglich
    (tendenziell) negativ antworten.

5.1.4.6 Offen formulierte Frage nach einer Begründung der getroffenen Auswahl

In der offen formulierten Frage nach der Begründung der in Tabelle 37 und Tabelle 38 dargestellten Aussagen (wobei von Studierenden sowohl Mehrfachnennungen als auch keine Nennungen vorlagen) wurden insgesamt 118 Einträge vorgenommen, von diesen konnten 109 Einträge wie in der Tabelle 39 dargestellt zusammengefasst werden.

Die Kategorisierung der von den Studierenden genannten Antworten war dabei teilweise nicht trennscharf zu vollziehen, unter der Kategorie „Kompaktheit / Themen gut zu finden" fielen bspw. Äußerungen wie „alles auf einer Internetseite", „Links gut", „themenspezifisch zu finden", „gezielte Information", „man muss nicht lange suchen" etc., die teilweise ggf. auch anderen Kategorien hätten zugeordnet werden können. Der hier vorgenommenen Kategorisierung folgend, lassen sich die Antworten insgesamt am häufigsten unter den Themen Übersichtlichkeit, Kompaktheit, Selbständigkeit und den Attributen jederzeit/überall zusammenfassen, die demnach den bejahenden Antworten Tabelle 37 und Tabelle 38 zugeordnet werden können. In Tabelle 39 sind die von den jeweiligen Gruppen am häufigsten genannten Begründungen grün hervorgehoben. (Es konnten von den insgesamt 118 Nennungen nur drei negative Antwortkategorien zusammengefasst werden, die jedoch nur in einer sehr geringen Anzahl von Nennungen vorlagen (das „Auftreten kleinerer Fehler" mit insgesamt 3 Nennungen, das Ablenkungspotential mit 2 Nennungen und das Nicht-Vorhandensein einer Interaktivität mit einer Nennung), die jeweils den verneinenden Antworten aus Tabelle 37 zugeordnet werden können. Es gab zudem die wohl eher neutrale Antwort, dass es egal sei, wie man den Stoff präsentiert bekomme, was jedoch nicht der persönlichen Auffassung des Autors entspricht.)

Weitere Bemerkungen der Studierenden, die den in Tabelle 39 aufgeführten Antwortkategorien nicht zugeordnet bzw. oben nicht erwähnt wurden kamen jeweils nur in sehr geringerer Anzahl vor und werden deshalb hier vernachlässigt.

Anmerkungen zur Darstellung in Tabelle 39

Die absoluten Zahlen der o.g. Tabelle sind kursiv dargestellt, die relativen Zahlen in % sind nicht kursiv dargestellt. Die 109 Nennungen aller Studierenden verteilen sich mit 37 + 32 + 34 = 103 Nennungen nach den Schularten (die sechs Nennungen der Studierenden des BG, die nicht auf dem TG waren, sind in der Auflistung der Schularten nicht aufgeführt), mit 63 + 46 = 109 Nennungen nach den Vorkenntnissen und setzen sich aus den Werten 20 + 19 + 18 … = 109 der einzelnen Nennungen der 7 Kategorien der Gesamt-Spalte zusammen. Es fehlen zu den insgesamt 118 Antworten neun diesen Kategorien nicht zuordenbare Antworten. Durch die Rundung der relativen Werte können bei Rechenoperationen Ungenauigkeiten entstehen.

Tabelle 39. Auswertung der Antworten auf die Frage, warum die virtuelle
Lernumgebung das Lernen (nicht) vereinfacht bzw. effizienter gestaltet
hat, Tabelle 37 und Tabelle 38

	AG (%)	TG (%)	BK (%)	mV (%)	oV (%)	1,0er (%)	2,5er (%)	Σ abs
Übersichtlichkeit	19	28	12	22	13	45	16	20
Kompaktheit / gut zu finden	8	16	18	19	15	35	16	19
Selbständiges Lernen / Eigenes Tempo	22	13	18	16	17	10	42	18
online: jederzeit/überall	22	6	24	13	22	-	-	18
Verständlichkeit	11	13	21	11	17	-	11	15
Strukturiertheit	14	19	-	11	11	-	16	12
Steigerung der Schwierigkeit	5	6	9	8	4	10	-	7
Gesamt (in %)	100	100	100	100	100	100	100	-
Absolute Anzahl der Nennungen pro Gruppe	37	32	34	63	46	20	19	109

S5 * mV/oV: mit bzw. ohne Vorkenntnisse, 1,0er/2,5er: die Note 1,0 bzw. 2,5 als
Zielnote angebend, Σ abs: Gesamt in absoluten Anzahl.

Betrachtung der einzelnen in Tabelle 39 dargestellten Gruppen

Von der Gesamtzahl der Studierenden werden die vier Aspekte Übersichtlichkeit,
Kompaktheit bzw. Themen gut zu finden, Selbständiges Lernen bzw. eigenes Tempo sowie
die Aspekte online: jederzeit/überall mit einem Anteil von fast 69% am häufigsten genannt.
Eine genaue Analyse der am häufigsten genannten Antworten der jeweiligen Subgruppen
soll hier nicht erfolgen, allerdings soll auf gewisse Besonderheiten eingegangen werden:

Die Absolvent*Innen des AG betonen eine gewisse Autonomie des Lernens (Kategorien
Selbständiges Lernen / eigenes Tempo und online: jederzeit/überall). Ausgerechnet die
Absolvent*Innen des TG (mit ihren dezidierten Vorkenntnissen) favorisieren die
Übersichtlichkeit und Strukturiertheit, die Absolvent*Innen des BK, die von Seiten des
Autors die Hauptzielgruppe der starken Strukturierung der Lernmaßnahme war, geben diesen
Aspekt überhaupt nicht an.

Der Aspekt der Verständlichkeit wird von den Absolvent*Innen des BK (mit dem nominell
geringsten Bildungsniveau) mit einem Anteil von 21% und der Gruppe derer ohne
Vorkenntnisse mit 17% vergleichsweise häufig genannt. Möglicherweise scheint hier ein
Grundbedürfnis der beiden Gruppen zu liegen, was durch das Angebot eines niedrigen
Einstiegsniveaus und nicht zu hohen Grad der Steigerung der Aufgabenschwierigkeiten

bedingt sein könnte. Der Aspekt der Kompaktheit / „Themen gut zu finden" wie auch die Übersichtlichkeit wird von der Gruppe Absolvent*Innen des TG und den Studierenden mit Vorkenntnissen sehr häufig genannt. Ursache könnte das Verhalten der gezielten Suche der Vertreter*Innen dieser beiden Gruppen mit Vorkenntnissen nach dem eigenen Einstiegsniveau sein, die bei anderen Gruppen ggf. weniger relevant ist.

Die Unterscheidung nach den Vorkenntnissen der Studierenden bringt keine weiteren Erkenntnisse, wohl aber die nach der Zielnote: Studierende, die mit der Angabe der Zielnote von 2,5 auf die schlechteste genannte Note zielen, mit sehr klarem Anteil von 42% (8 von 19 Nennungen) die Selbständigkeit, das eigene Tempo und damit die Flexibilität des Lernens. Noch um einiges häufiger als die Gruppe der Absolvent*Innen des TG bzw. die Gruppe derer mit Vorkenntnisse nennen diejenigen, die auf die Note 1,0 zielen, mit erstaunlich hohem Anteil von insgesamt 70% den Aspekt der Übersichtlichkeit (45%) und der Kompaktheit (35%).

Zwischenfazit Häufigste Begründungen zu den Aspekten Lernerleichterung und der Effizienz

o Die Absolvent*Innen des AG betonen eine gewisse Autonomie des Lernens (Kategorien Selbständiges Lernen / eigenes Tempo und online: jederzeit/überall).

o Von den Absolvent*Innen des TG werden die Aspekte Übersichtlichkeit und Strukturiertheit mit insgesamt >40% der Nennungen am häufigsten genannt.

o Die Gruppe der Absolvent*Innen des BK und diejenigen ohne Vorkenntnisse nennen mit 21% bzw. 17% den Aspekt der leichten Verständlichkeit am häufigsten.

o Die Studierenden mit Vorkenntnissen nennen die Aspekte Übersichtlichkeit und Kompaktheit / „gut zu finden"

o Noch um einiges häufiger als die Gruppe der Absolvent*Innen des TG bzw. die Gruppe derer mit Vorkenntnisse nennen diejenigen, die auf die Note 1,0 zielen, mit erstaunlich hohem Anteil von insgesamt 70% den Aspekt der Übersichtlichkeit (45%) und der Kompaktheit (35%).

o Die Gruppe der weniger ambitionierten Studierenden (Zielnote 2,5) schätzt mit einem Anteil von 42% den Aspekt des Selbständigen Lernens und des eigenen Lerntempos.

5.1.5 Fragen zum Aufbau der virtuellen Lernumgebung: Grobstruktur, Hierarchisierung, Dimensionalität

Bei der Errichtung der virtuellen Lernumgebung wurde insbesondere Wert auf eine deutliche Strukturierung der Lerninhalte und Übungsaufgaben sowie auf die Hierarchisierung ebendieser Übungsaufgaben bezüglich ihrer schwierigkeitserzeugenden Merkmale gelegt. Es wurde davon ausgegangen, dass eine klare Hierarchisierung bei der Bestimmung des jeweiligen Einstiegniveaus und des Zielniveaus durch die Studierenden behilflich sei. Basis dieser Hierarchisierung war eine für ebendiese Gruppe von Studierenden möglichst passgenaue Definition der bezüglich ihrer kognitiven Last bezwingbaren Schrittweiten zwischen den Schwierigkeitsniveaus der einzelnen Übungsaufgaben, die zwar auf der Grundlage der Analyse der Inhalte der Bildungspläne, aber in gewissem Maße auch anhand der Erfahrungen mit den Studierenden aus den Vorgängersemestern erfolgen musste.

Nachdem im vorherigen Abschnitt bereits, zunächst in Form einer offenen Frage, die Begründung eines etwaig empfundenen Nutzens der virtuellen Lernumgebung adressiert wurde, wurden einige Aspekte jedoch nochmals gezielt abgefragt, die Ergebnisse dieser Abfrage werden im Folgenden dargestellt. Im Detail wurden abgefragt, ob die *Grobstruktur* der virtuellen Lernumgebung (Unterteilung der Themen) als hilfreich im Sinne von sinnvoll empfunden wurde, ob die *Hierarchisierung* der Aufgaben in verschiedene Niveaustufen als generell sinnvoll empfunden wurde, ob diese beim Lernen geholfen hat, ob die Hierarchisierung dabei geholfen hat, das *Einstiegsniveau* zu finden und das persönliche *Zielniveau* und Lernziel klarer zu bestimmen.

Diese genannten Aspekte wurden meist von allen Studierenden, unabhängig von ihren jeweiligen Bildungsbiographien oder ihrem Vorwissen in sehr ähnlicher Weise und überwiegend als hilfreich, angemessen oder positiv beurteilt (die Korrelationskoeffizienten der Tabellen (Tabelle 40 bis Tabelle 42 liegen meist deutlich über 0,90, die Standardabweichungen der Korrelationskoeffizienten liegt meist sogar unter 0,05, die gemittelten Antwortcodierungen sind mit einem minimalen Wert in allen drei Tabellen von 2,4 bis 2,9 sehr hoch). Dabei waren die tendenziell bejahenden und eindeutig bejahenden Antworten jeweils bei Anteilen zwischen ca. 85% und 100% der Studierenden, teilweise erreichten sogar die eindeutig bejahenden Antworten Anteile um 80%, wie erwähnt, unabhängig vom Bildungsgang, aber auch unabhängig von den Vorkenntnissen, unabhängig von der Intensität und Zweck der Nutzung und auch unabhängig davon, ob zur intensiveren Nutzung keine Zeit, Lust oder Bedarf angegeben wurde etc.

5.1.5.1 Grobstruktur und generelle Hierarchisierung der Aufgaben

Grobstruktur

Im Detail wurde die Versuch der Strukturierung der Startseite und der einzelnen Themen der virtuellen Lernumgebung von 100% der 57 Studierenden und somit auch aller Subgruppierungen als hilfreich empfunden, vgl. Tabelle 40.

Tabelle 40. Auswertung der Antworten auf die Frage, ob die Studierenden die Struktur der Startseite und der einzelnen Themen der virtuellen Lernumgebung als hilfreich empfanden

	AG	BG	(TG)	BK	mV	oV	1er	2,5er	Σ
trifft zu	87	60	53	86	75	80	81	43	77
trifft eher zu	13	40	47	14	25	20	19	57	23
trifft eher nicht zu	0	0	0	0	0	0	0	0	0
trifft nicht zu	0	0	0	0	0	0	0	0	0
Σ (Absolutwerte)	23	20	17	14	32	25	16	7	57
0 ǀ 1 ǀ 2 ǀ 3	2,9	2,6	2,5	2,9	2,8	2,8	2,8	2,4	2,8

	BG	TG	BK		oV
AG	0,86	0,75	1,00	mV	1,00
BG	-	0,98	0,87		
TG	-	-	0,76		2,5er
		mw:	0,87	1er	0,60
		stdabw:	0,10		

Die Absolvent*Innen des AG bejahen die Frage am deutlichsten (87%), ähnlich die Absolvent*Innen des BK und die Gruppe derer ohne Vorerfahrung mit jeweils ca. 86%. Die Absolvent*Innen des TG sind mit 53% um ca. 20 Prozentpunkte deutlich weniger eindeutig bejahend, sie empfinden also diese Art der Strukturgebung oder generell die Strukturgebung weniger stark als hilfreich, vielleicht, weil sie aufgrund ihres Vorwissens weniger drauf angewiesen sind.

Hierarchisierung der Aufgaben generell

Die Hierarchisierung der Aufgaben in verschiedene Niveaustufen empfanden ebenfalls 100% der Befragten als hilfreich, wobei insgesamt 75% von 57 Studierenden dies eindeutig bejahten. Die Korrelationskoeffizienten aller Gruppen liegen im arithmetischen Mittel bei 0,98, siehe Tabelle 41, die gemittelten Antwortcodierungen meist bei 2,7 bis 2,9. Unterscheidet man zwischen Studierenden mit und ohne Vorwissen, ergeben sich ebenfalls nahezu identische Anteile und ein Korrelationskoeffizient von 1,00. Die Absolvent*Innen des TG stechen in positiver Richtung etwas heraus mit 88% eindeutigem Zuspruch, mutmaßlich nutzen diese die Hierarchisierung wie beabsichtigt zum passgenauen Einstieg oder zum Überspringen von bestimmten Übungsaufgaben. Die Studierenden mit Zielnote 1,0 zeigen sich dezent kritischer.

Tabelle 41. Auswertung der Antworten auf die Frage, ob die Studierenden die „Hierarchisierung der Aufgaben in verschiedene Niveaustufen" als sinnvoll empfanden

	AG	BG	(TG)	BK	mV	oV	1er	2,5er	Σ		BG	TG	BK		oV
trifft zu	74	80	88	71	75	76	50	71	75	AG	0,99	0,97	1,00	mV	1,00
trifft eher zu	26	20	12	29	25	24	50	29	25	BG	-	0,99	0,99		
trifft eher nicht zu	0	0	0	0	0	0	0	0	0	TG	-	-	0,96		
trifft nicht zu	0	0	0	0	0	0	0	0	0					2,5er	
Σ (Absolutwerte)	23	20	17	14	32	25	16	7	57			mw:	0,98	1er	0,86
0	1	2	3	2,7	2,8	2,9	2,7	2,8	2,8	2,5	2,7	2,8	stdabw:	0,01	

Schrittweite der Steigerung der Aufgabenschwierigkeit, schwierigkeitserzeugenden Merkmale

Von entscheidender Bedeutung bei der Erstellung der Übungsaufgaben ist die Frage nach den schwierigkeitserzeugenden Merkmalen der jeweiligen Aufgaben und das Einhalten einer ungefähr gleichbleibenden Steigerung der Schwierigkeit der jeweiligen Übungsaufgaben. Auch ist eine angemessene Steigerungsrate Voraussetzung für die Zufriedenheit mit der Umsetzung der Hierarchisierung. Um dies abzufragen, und um eine Unzufriedenheit mit der Umsetzung der Hierarchisierung als Grund für eine etwaige Ablehnung der Maßnahme auszuschließen, wurden die Studierenden diesbezügliche befragt.

Eine zu klein empfundene Schrittweite hätte mit Überspringen von Übungsaufgaben begegnet werden können. Bei einer als zu groß empfundenen Schrittweiten zwischen den Übungsaufgaben war in der Umsetzung der virtuellen Lernumgebung vorgesehen, dass durch das Zur-Verfügung-Stellen von Verlinkungen zu Excel-Sheets (zur Überprüfung der Ergebnisse) bereits bekannte, aber noch als zu schwierig empfundene Übungsaufgaben „mit anderen Zahlen" wiederholend berechnet und geübt werden und Lerninhalte gefestigt werden können. Der Aspekt des wiederholenden Übens wurde weiter unten in der Befragung adressiert, siehe hierzu Abschnitt 5.1.7.2.

Bezüglich der Befragung nach der Umsetzung der Schrittweiten kann festgehalten werden, dass keiner der Studierenden die Aufgaben als zu kleinschrittig empfand (vgl. Tabelle 42) und somit diesbezüglich die Gefahr der Langeweile wohl nicht empfunden wurde. Nur 7% der Gesamtzahl der Studierenden (insgesamt vier Personen) empfanden die Schrittweite als zu großschrittig, wobei davon insgesamt drei Absolvent*Innen des BK und ein Absolvent*In des BG (nicht vom TG) waren. Bezüglich des BK kann das allgemein niedrigere Niveau der technischen und mathematischen Vorbildung als Begründung vermutet werden, ggf. kann das latente Konstrukt der Intelligenz, die im Rahmen dieser Arbeit jedoch nicht „gemessen" wurde, die aber möglicherweise mit der Schulart korreliert, als Begründungsmuster dienen. Die Absolvent*Innen des AG und des TG scheinen (mit einem Anteil der Antworten von

100% in der Rubrik „angemessen") trotz im Falle des AG fehlender Vorkenntnisse bezüglich der Schrittweiten zwischen den Aufgaben gut zurecht zu kommen, ebenso trifft dies mit 93% auf die Großzahl (53) der Studierenden generell zu.

Tabelle 42. Auswertung der Antworten auf die Frage, ob die Schrittweite bei der Steigerung der Schwierigkeiten der Übungsaufgaben angemessen war

	AG	BG	TG	BK	mV	oV	1er	2,5er	Σ		BG	TG	BK		oV
zu großschrittig	0	5	0	21	9	4	0	0	7	AG	1,00	1,00	0,95	mV	1,00
angemessen	100	95	100	79	91	96	100	100	93	BG	-	1,00	0,97		
zu kleinschrittig	0	0	0	0	0	0	0	0	0	TG	-	-	0,96		2,5er
Σ (Absolutwerte)	23	20	17	14	32	25	16	7	57	stdabw: 0,02		mw: 0,98		1er	1,00

Die Studierenden mit bzw. ohne Vorkenntnisse beurteilen diesen Aspekt (mit zwei respektive drei Antworten) recht ähnlich, ebenso die ambitionierten und die weniger ambitionierten Studierenden. Es sei erwähnt, dass die Ordinalskala hier nicht aufsteigend ist, demnach macht der Wert der gemittelten Antwortcodierungen, wie er oben verwendet wurde, hier keinen Sinn.

Zwischenfazit Grobstruktur, Hierarchisierung generell, Schrittweite

o Die Absolvent*Innen des AG (die meist keine Vorkenntnisse haben) und die des BK (mit dem geringsten qualifizierenden Bildungsabschluss) empfanden die getroffenen Maßnahmen zur Strukturierung der Lerninhalte mit einem Anteil von jeweils ca. 87% eindeutiger und 13% tendenzieller Bejahung (und einer gemittelten Antwortcodierung von jeweils mindestens 2,7) am deutlichsten als positiv.
Die Absolvent*Innen des TG empfinden diese Strukturierung deutlich weniger eindeutig als positiv (53% eindeutiger und 47% tendenzieller Bejahung), sie scheinen möglicherweise auf diese Strukturierungen weniger angewiesen zu sein.

o Eine Hierarchisierung von Aufgaben generell wird insgesamt von 75% der Studierenden als eindeutig positiv empfunden, insbesondere von den Studierenden des TG mit 88%, die dies aufgrund ihrer Vorkenntnisse möglicherweise zum Überspringen von Aufgaben verwenden.

o Die Schrittweite zwischen den Übungsaufgaben als Voraussetzung einer gelingenden Hierarchisierung im konkreten Fall wird von nahezu allen (93% der) Studierenden nahezu unabhängig von ihrer jeweiligen Gruppenzuordnung als angemessen empfunden. Die verbleibenden 7% (vier Studierende) hätten mit den „Wiederholungsaufgaben" mit Hilfe der Excel-Sheets allerdings eine weitere, noch kleinschrittigere Lernmöglichkeit.

Allerdings gaben genau diese vier Studierenden zu der in Tabelle 61 dargestellten Frage an, die für diese Fälle konzipierten Excel-Vorlagen gar nicht verwendet zu haben, weil sie hierzu „kein Bedarf" oder „keine Lust" hatten.

5.1.5.2 Hierarchisierung der Aufgaben: Einstiegsniveau und Zielniveau

Die Frage, ob die Hierarchisierung in verschiedene Niveaus hilfreich war, um den Lerneinstige zu finden, wurde von den Studierenden zwar immer noch positiv aber im Vergleich zu den beiden Fragen oben nicht mehr ganz so eindeutig positiv beantwortet: Von den 57 Studierenden empfanden die Hierarchisierung der Aufgaben 86% der Befragten zu diesem Zwecke als hilfreich (56% und 30%, siehe Tabelle 43), die eindeutige Bejahung bei einem Anteil von 56% und einer gemittelten Antwortcodierung von 2,4 für die Gesamtgruppe im Vergleich zu der Tabelle 40 oder Tabelle 41 etwas weniger stark aber immer noch deutlich positiv ausgeprägt.

Tabelle 43. Auswertung der Antworten auf die Frage, ob die Hierarchisierung der Aufgaben in verschiedene Niveaustufen das Finden des Einstiegsniveaus vereinfacht hat

	AG	BG	(TG)	BK	mV	oV	1er	2,5er	Σ
trifft zu	52	40	41	86	63	48	69	71	56
trifft eher zu	39	40	35	0	19	44	19	29	30
trifft eher nicht zu	9	20	24	14	19	8	13	0	14
trifft nicht zu	0	0	0	0	0	0	0	0	0
Σ (Absolutwerte)	23	20	17	14	32	25	16	7	57
0 | 1 | 2 | 3	2,4	2,2	2,2	2,7	2,4	2,4	2,6	2,7	2,4

	BG	TG	BK		oV
AG	0,93	0,91	0,69	mV	0,76
BG	-	0,98	0,52		
TG	-	-	0,61		2,5er
		mw:	0,77	1er	0,96
		stdabw:	0,18		

Die Interpretation der Ergebnisse kann aus den Antworten nicht eindeutig erfolgen. Deutlich positiv aus den dargestellten Gruppen heraus sticht die der Absolvent*Innen des BK (siehe auch die sich deutlich unterscheidenden Korrelationskoeffizienten dieser Gruppe in Tabelle 43), die mit 86% eindeutig positiven Antworten diesen Aspekt deutlich für sich bejahen und damit ggf. auf ein grundsätzliches Problem ihrer Gruppe hinweisen: Dieser Aspekt des Findens eines passenden (ggf. niedrigen) Einstiegs passt in gewisser Weise zu der Betonung des Aspekts der „Verständlichkeit" aus Tabelle 39 und zu der mutmaßlich, in Relation zu den anderen Gruppen niedrigeren Bildungsabschlusses. Allerdings äußert sich die Gruppe der Absolvent*Innen des AG, die den vergleichsweise höchsten Bildungsanschluss innehaben, mit 52% + 39% = 91% jedoch ebenfalls deutlich (wenn auch eher tendenziell) bejahend.

Gleiche Betrachtung und eine umgekehrte Mutmaßung kann auch bezüglich der Unterscheidung nach den Vorkenntnissen erfolgen, bei der die Studierenden mit Vorkenntnissen 63% ebenfalls eine deutliche, eindeutig bejahende Antwort aufzeigen. Möglicherweise nutzen die Studierenden dieser Gruppe die Hierarchisierung dazu, gezielt (und auf höherem Niveau) in Themen einzusteigen, die sie bereits aus ihrer Bildungsbiographie kennen, wobei auch dieser Aspekt noch überprüft werden müsste. Die Gruppe der Studierenden ohne Vorkenntnissen äußert sich jedoch, ähnliche wie bei der Gruppe der Absolvent*Innen des AG, mit 48%+44%= 92% ebenfalls mit einem deutlichen Anteil (auch tendenziell) bejahender Antworten, auch ihnen scheint die Hierarchisierung bezüglich eines passgenauen Einstiegs zu helfen.

Die beiden Extreme bezüglich der Zielnoten, diejenigen, die die Note 1,0 und auf die schlechteste genannte Zielnote von 2,5 anvisierten, bejahen jeweils ebenfalls zu einem deutlichen Anteil diesen Aspekt des Einstiegsniveaus.

Zwischenfazit Einstiegs-/Zielniveau

o Explizit danach gefragt, bejahen die Studierenden (sowohl die Gesamtzahl der Studierenden wie auch alle Untergruppen) eine Hierarchisierung der Aufgaben, um einen geeigneten Einstieg in die Lernaufgaben oder um ihr jeweiliges Zielniveau zu finden, mit einem Anteil von ca. 86% respektive 98% fur die tendenzielle und die eindeutige Bejahung der Aussagen deutlich.
   Die Frage, welcher Einstieg in den einzelnen Gruppen jeweils gewählt wurde und wie im weiteren Verlauf fortgeschritten wurde, bleibt hier jedoch offen.

o Die Absolvent*Innen des BK votieren sogar mit 86% eindeutiger Bejahung auf die besonders deutlich, die Studierende mit Zielniveau 2,5 zeigen eine 100%ige (71% eindeutige und 29% tendenzielle) Zustimmung.

5.1.5.3 Der Aspekt der Linearität der Darstellung im Vergleich zu einer 2-dimensionalen Anordnung

Strukturgebung in Form einer 2-dimensionalen Anordnung, im Gegensatz zu der linearen Anordnung der derzeit gängigen Lernplattformen (z.B. moodle):
Weiter oben wurde bereits der Aspekt der Grobstruktur der virtuellen Lernumgebung abgefragt. Grundgedanke der hier verwendeten virtuellen Lernumgebung ist die Annahme, dass durch eine 2-dimensionale Anordnung von Themen und Lern-Elementen und der damit verbundenen und Strukturierung eine gewisse didaktische Wirkung bspw. der Zugehörigkeit bestimmter Inhalte, der Abstufung von Schwierigkeiten etc. erzeugt werden kann. Diese 2-dimensionale Anordnung steht im Gegensatz zu der in den derzeitigen üblichen Lernplattformen umgesetzten nahezu ausschließlich linearen Möglichkeit der Anordnung

und ist somit die Grundlage eines Vergleichs mit der den Studierenden bekannten moodle-Plattform. Ob demnach eine solche Art der Anordnung, wie sie bspw. in Form von „SOL-Lernlandkarten" umgesetzt wird, von den Studierenden als sinnvoll erachtet wird, wurden in den folgenden Abschnitten geprüft.

Generell wird, wie in Tabelle 44 dargestellt, eine solche 2-dimensionale Anordnung von 94% der Studierenden als eindeutig (61%) bzw. tendenzielle (33%) hilfreich eingestuft, die gemittelten Antwortcodierungen sind mit Werten größer 2,4 deutlich positiv. Nur drei Studierende (5% von 57 Studierenden) äußern sich mit der Antwort „eher nein" etwas skeptischer, davon zwei vom AG und eine(r) vom TG.

Tabelle 44. Auswertung der Antworten auf die Frage, ob eine 2-dimensionale Anordnung generell als hilfreich empfunden wird

	AG	BG	(TG)	BK	mV	oV	1er	2,5er	Σ		BG	TG	BK			oV
trifft zu	70	60	53	50	47	80	44	100	61	AG	0,99	0,95	0,83		mV	0,71
trifft eher zu	26	30	35	50	47	16	50	0	33	BG	-	0,98	0,87			
trifft eher nicht zu	4	10	12	0	6	4	6	0	5	TG	-	-	0,93			2,5er
trifft nicht zu	0	0	0	0	0	0	0	0	0			mw:	0,93		1er	0,38
Σ (Absolutwerte)	23	20	17	14	32	25	16	7	57			stdabw:	0,06			
0 | 1 | 2 | 3	2,7	2,5	2,4	2,5	2,4	2,8	2,4	3,0	2,6							

Die Absolvent*Innen des BK äußern sich mit 57% + 43% etwas verhaltener (dafür aber geschlossen) positiv, die anderen Gruppierungen äußern sich etwas eindeutiger zur deutlichen Bejahung. Allerdings scheint dieser Unterschied nicht in relevanter Größenordnung, insgesamt sind die jeweiligen eindeutig oder tendenziell positiven Antworten bei 88% bis 100%. Aus dieser Gruppe heraus sticht die Gruppe der Studierenden ohne Vorkenntnisse, die, ähnlich wie die Absolvent*Innen des AG, diese 2-dimensionale Art der Strukturgebung als deutlich hilfreich empfinden.

Vergleich mit anderen Lernplattformen mit linearer Anordnung (wie bspw. moodle, ilias etc.)

In Zusammenhang der Arbeit war das Urteil der Studierenden von Interesse, ob die Strukturierung prinzipiell auch mit Hilfe einer Lernplattformen wie moodle möglich gewesen wäre, oder ob ein gewisser Mehrwert durch die hier verwendete Strukturierung abgeleitet werden kann. Die Lernplattform moodle kennen die Studierenden dabei aus der Schulzeit, definitiv jedoch aus den anderen Kursen in allen Semestern ihrer Studienzeit an der DHBW. Insofern ist davon auszugehen, dass eine gewisse Bandbreite der Nutzungsformen der moodle-Plattform als Vergleich für eine Beurteilung vorhanden ist, was aber im Rahmen dieser Arbeit nicht näher abgefragt wurde.

Die Studierenden kamen insgesamt mit einem Anteil von 56% zu dem Urteil, dass eine Strukturierung mit moodle bzw. vergleichbaren Plattformen nicht in gleichem Umfang möglich gewesen wäre, allerdings ist das Votum nicht ganz so eindeutig: das Maximum der Antworten liegt mit 45% für die Gesamtgruppe bei der tendenziellen Verneinung, die gemittelten Antwortcodierungen der Gesamtgruppe liegt mit 1,5 genau mittig, eindeutig nein votieren lediglich 11%.

Die Verteilung der Antworten der Absolvent*Innen der einzelnen Schularten (siehe Tabelle 45) ist jeweils relativ symmetrisch (und dabei manchmal leicht links- bzw. leicht rechtslastig). Die gemittelten Antwortcodierungen schwanken demnach mit +/- 0,1 Skalenwerte um den Mittelwert 1,5. Die Korrelationskoeffizienten zwischen den Verteilungen der Schularten-Gruppen sind ebenso sehr ähnlich (Standardabweichungen der Korrelationskoeffizienten von 0,05).

Tabelle 45. Auswertung der Antworten auf die Frage, ob die Strukturierung der Inhalte ebenso auch mit moodle hätte vollzogen werden können

	AG	BG	(TG)	BK	mV	oV	1er	2,5er	Σ		BG	TG	BK		oV
trifft zu	13	11	13	21	17	12	7	0	15	AG	0,98	0,97	0,95	mV	0,50
trifft eher zu	30	28	33	29	40	16	50	14	29	BG	-	0,98	0,96		
trifft eher nicht zu	43	56	53	36	37	56	29	57	45	TG	-	-	1,00		2,5er
trifft nicht zu	13	6	0	14	7	16	14	29	11				mw: 0,97	1er	0,18
Σ (Absolutwerte)	23	18	15	14	30	25	14	7	55			stdabw: 0,02			
0 | 1 | 2 | 3	1,4	1,4	1,6	1,6	1,7	1,2	1,5	0,9	1,5						

Einen deutlichen Unterschied wird sichtbar bei der Differenzierung der Studierenden nach ihren Vorkenntnissen, der Korrelationskoeffizient zwischen diesen beiden Verteilungen liegt lediglich bei 0,50. Die Studierenden mit Vorkenntnisse sind mit 57% knapp mehrheitlich (17%+40%) und einer gemittelten Antwortcodierung von 1,7 „knapp" der Meinung, dass die Linearität der moodle-Plattform in vergleichbarem Maße strukturgebend sei, wohingegen die Studierenden ohne Vorkenntnisse dies mit immerhin 72% (56%+16%) und einer gemittelten Antwortcodierung von 1,2 eher verneinen.

Zwischenfazit 2-dimensionale Anordnung / moodle-Plattform

- o Eine 2-dimensionale Anordnung der Lerninhalte (wie bspw. bei einer SOL-Lernlandkarte) wird von 93% der Studierenden als hilfreich (eindeutig oder tendenziell) empfunden, die Studierenden ohne Vorkenntnisse unterstützen diese Maßnahme der Strukturgebung mit einem Anteil von 80% eindeutiger Bejahungen sehr deutlich.

229

o   Die Studierenden ohne Vorkenntnisse empfinden eine Umsetzung als virtuelle
    Lernumgebung bezüglich der 2-dimensionalen Darstellung als vorteilhaft im
    Vergleich zu der Linearität der moodle- Plattform. Für Studierende mit
    Vorkenntnissen scheint dieser Aspekt nicht so wichtig zu sein, sie scheinen mit der
    Linearität der Darstellung von Lernplattformen vergleichbar zu der der Gruppe
    hinlänglich bekannten moodle-Plattform ebenso zurecht zu kommen.
    eine 2-dimensionale Form der Darbietung scheint demnach insbesondere für
    Novizen geeignet.

5.1.6   Usability

Fragen   bezüglich   der   Benutzerfreundlichkeit,   Einfachheit   der   Navigation,
Kontaktmöglichkeit mit dem Dozierenden bei ggf. auftretende Fragen, Lesbarkeit und zur
Passung mit den eigenen (in der Fragestellung nicht weiter präzisierten) Ansprüchen an eine
virtuelle Lernumgebung und wurden, um etwaige Defizite besser einschätzen zu können,
ebenfalls abgefragt. Sie wurden von allen Studierenden insgesamt positiv beantworten, die
Korrelation zwischen der drei Gruppen beträgt zwischen 0,85 und 1,00 (wobei die Werte
meist bei ca. 0,95 bis 0,97 lagen) und die abgefragten Items in allen Fällen zu mehr als 95%
positiv bewertet wurden. Da die Fragen zur Usability im Rahmen dieser Arbeit nicht relevant
erscheinen, wird hier nicht weiter auf sie eingegangen.

5.1.7   Nutzung der einzelnen Elemente der virtuellen Lernumgebung

Jede Themenseite der virtuellen Lernumgebung bestand aus zwei wesentlichen Teilen, dem
Theorieteil, in dem explizierende und weiterführende Informationen zum Thema dargeboten
wurden sowie ein Anwendungteil, in dem Übungsaufgaben (inkl. Lösungen und weiterer
Anregungen zur Variation der Aufgaben, die Excel-Sheets zur Überprüfung der Aufgaben,
falls sie mit anderen Zahlen zum wiederholenden Üben gerechnet wurden und teilweise mit
interaktiven Tools (Geogebra) zur selbstgesteuerten Exploration angeboten wurden.

5.1.7.1   Theorieteile der virtuellen Lernumgebung

Der Theorieteil bestand, wie oben einführend erwähnt, aus dem Skript (das als Präsentation
im pdf-Format verlinkt zur Ansicht/Download auf der virtuellen Lernumgebung angeboten
wurde), einem „vertonten Skript" als vom Autor kommentierte Bildschirmaufnahme des
„normalen" Skripts (dieses Video der Bildschirmaufnahme war teilweise angereichert mit
Notizen / kleinen Skizzen, die mit einem elektronischen Stift während der Aufnahme und der

Explikation der Inhalte entwickelt wurden (das vertonte Skript sollte möglichst analog zu der in der Vorlesung erfolgten Darbietung sein), sowie aus weiteren Erklärvideos, die im Netz von verschiedenen, frei zugänglichen Quellen nach Sichtung durch den Autor als sinnvoll und für das Niveau und die Inhalte der Vorlesung geeignet empfunden wurden, die entweder „das gleiche" aber anders erklärten oder andere, erklärende Informationen zu verwandten Themen (z.B. zur Werkstoffkunde, zu mathematischen Aspekten der Lösungswege etc.) enthielten.

Sowohl die Skripte wie auch die „vertonten Skripte" waren dabei an der mutmaßlich schwächsten Studierenden ausgerichtet und sehr darauf aus, die physikalischen-technischen Zusammenhänge auf vergleichsweise einfache Art und Weise zu erklären und Darstellungsformen, die ggf. von Studierenden als verwirrend wahrgenommenen werden könnten, bei der Herleitung ebenjener physikalischen Konzepte didaktisch zu reduzieren.

5.1.7.1.1 Verwendung der Skripte

Verwendung der Skripte: Häufigkeit

Die Gesamtheit der Studierenden verwenden mit einem Anteil von 84% die Skripte „sehr oft" (51%) oder „oft" (33%), siehe Tabelle 46. Immerhin 16% der 55 die Frage beantwortenden Studierenden (demnach neun Personen) verwenden die Skripte jedoch kaum. Bezüglich der allgemeinen Frage, wie häufig die Skripte beim Lernen verwendet wurden, offenbart die Unterscheidung der Studierenden nach der besuchten Schulart ein gewisses Gefälle vom nominal höchsten zum nominal niedrigsten Bildungsabschluss: von den Studierenden des AG verwendet ein Anteil von 91% das (die Theorie eher explizierende) Skript sehr oft oder oft (gemittelte Antwortcodierung: 2,5), von den Absolvent*Innen des BG sind es immerhin 89% (jeweils mit dem Maximum bei der Antwort „sehr oft"), die Absolvent*Innen des BK haben ihr Maximum bei der „eher oft" bzw. „kaum" und einer gemittelten Antwortcodierung von lediglich 1,9.

Eine Unterscheidung nach den Vorkenntnissen zeigt, dass die Studierenden ohne Vorkenntnisse das (auf Explikation der physikalischen Konzepte zielende) Skript zu einem Anteil von 100% benutzen (64% „sehr oft", 36% „oft", wie erwähnt besteht die Gruppe zu ca. 75% aus Absolvent*Innen des AG), die gemittelte Antwortcodierung beträgt immerhin 2,6 nahezu das Maximum von 3,0, die Studierenden mit Vorkenntnissen (vorwiegend TG- und BK-Absolvent*Innen) bekennen hingegen zu deutlichen Anteil (30%), das Skript nicht zu nutzen. Sie scheinen, möglicherweise aufgrund ihrer Vorkenntnisse, weniger auf Explikation denn auf den Aspekt des Übens zu zielen.

Tabelle 46. Auswertung der Antworten auf die Frage, wie häufig die Skripte beim Lernen verwendet wurden

	AG	BG	(TG)	BK	mV	oV	1er	2,5er	Σ
sehr oft	61	56	47	29	40	64	69	43	51
eher oft	30	33	40	36	30	36	19	29	33
kaum	9	11	13	36	30	0	13	29	16
gar nicht	0	0	0	0	0	0	0	0	0
Σ (Absolutwerte)	23	18	15	14	30	25	16	7	55
0 | 1 | 2 | 3	2,5	2,4	2,3	1,9	2,1	2,6	2,6	2,1	2,3

	BG	TG	BK		oV
AG	0,99	0,93	0,46	mV	0,71
BG	-	0,97	0,54		
TG	-	-	0,66		2,5er
		mw:	0,76	1er	0,82
		stdabw:	0,22		

Verwendung der Skripte: Verständlichkeit

Erkennbar an den hohen Korrelationskoeffizienten und der Lage der Maxima der einzelnen Verteilungen in Tabelle 47 kann konstatiert werden, dass die Studierenden in sehr ähnlichem Maße das Skripte als „eher verständlich" einstuften. Die Beurteilungen der Studierenden ergeben die gleiche Reihenfolge wie in Tabelle 46: die Studierenden mit der nominell höchsten Schulbildung, die Absolvent*Innen des AG (gemittelte Antwortcodierung: 2,24) kommen mit dem Skript eine Nuance besser zurecht als die des BG, und beide Gruppen besser als die Absolvent*Innen vom BK (gemittelte Antwortcodierung: 2,00). Somit lässt sich eine recht logisch wirkende Parallele ableiten zwischen Tabelle 46 und Tabelle 47: je nach Empfinden der Verständlichkeit werden die Skripte wohl auch verwendet werden.

Tabelle 47. Auswertung der Antworten auf die Frage, ob die Lerninhalte durch die Skripte verständlich erklärt wurden

	AG	BG	(TG)	BK	mV	oV	1er	2,5er	Σ
trifft zu	33	17	20	0	13	28	25	29	20
trifft eher zu	57	83	80	100	88	64	75	71	75
trifft eher nicht zu	10	0	0	0	0	8	0	0	4
trifft nich zu	0	0	0	0	0	0	0	0	0
Σ (Absolutwerte)	21	18	15	10	24	25	12	7	49
0 | 1 | 2 | 3	2,24	2,17	2,20	2,00	2,13	2,20	2,25	2,29	2,16

	BG	TG	BK		oV
AG	0,92	0,94	0,84	mV	0,96
BG	-	1,00	0,98		
TG	-	-	0,97		2,5er
		mw:	0,94	1er	1,00
		stdabw:	0,05		

Zwischen den Studierenden ohne Vorerfahrung und mit Vorerfahrung sind keine nennenswerten Unterschiede bezüglich des Verständnisses zu verzeichnen (was ggf. für eine angemessene didaktische Reduktion der Explikation spricht). Ebenso nur in Nuancen unterscheiden sich die ambitionierten Studierenden mit Zielnote 1,0 von denen weniger ambitionierten mit Zielnote 2,5. Auch hier ist ein Quervergleich von Tabelle 46 und Tabelle 47 interessant, die Studierenden mit Zielnote 2,5 empfinden zwar die Inhalte der Skripte als verständlich, verwenden sie aber vergleichsweise wenig (mutmaßlich, weil ihre Zielnote von

2,5 ein subjektiv eher weniger hoch gestecktes Ziel ist, (ein Eindruck, der sich weiter unten in diesem Abschnitt bestätigt).

Verwendung der Skripte: zur Vorbereitung, zur Nachbereitung, zur Prüfungsvorbereitung und aus Interesse am Fach, zur Bereinigung von Unklarheiten

Auf die folgenden Tabellen (Tabelle 48 bis Tabelle 51) soll nicht im Detail eingegangen werden, es werden lediglich einige Besonderheiten angesprochen.

Keine der Gruppen verwenden die Skripte in Zusammenhang mit dem unter dem Button „IC" (für Inverted Classroom) klickbaren Fragen, die zu den aus Sicht des Autors entscheidenden Stellen des Skripts zur Vorbereitung der jeweiligen Vorlesungen erstellt und verlinkt wurden, siehe Tabelle 48. Möglicherweise wurden die Unterlagen hierzu als ungenügend, unpassend zu wenig auffällig etc. empfunden, möglicherweise sind die Studierenden aber auch nicht bereit, den entsprechenden Vorbereitungsaufwand zu betreiben, dieser Begründungszusammenhang wurde hier nicht weiter beleuchtet.

Tabelle 48. Auswertung der Antworten auf die Frage, ob die Skripte zur Vorbereitung der Vorlesungsstunden verwendet wurden

	AG	BG	(TG)	BK	mV	oV	1er	2,5er	Σ			BG	TG	BK			oV
trifft zu	0	13	13	0	8	0	0	0	4		AG	0,59	0,64	0,89		mV	0,58
trifft eher zu	0	0	0	0	0	0	0	0	0		BG	-	1,00	0,88			
trifft eher nicht zu	68	31	33	50	33	71	30	40	51		TG	-	-	0,91			2,5er
trifft nich zu	32	56	53	50	58	29	70	60	44				mw:	0,82		1er	0,97
Σ (Absolutwerte)	19	16	15	10	24	21	10	5	45			stdabw:	0,15				
0 | 1 | 2 | 3	0,7	0,7	0,7	0,5	0,6	0,7	0,3	0,4	0,6								

Zur Nachbereitung hingegen werden die Skripte von allen Studierenden wie auch von allen Subgruppen verwendet, das Maximum der gegebenen Antworten liegt jeweils bei den tendenziell bejahenden Antworten, siehe Tabelle 49.

Tabelle 49. Auswertung der Antworten auf die Frage, ob die Skripte zur Nachbereitung verwendet wurden

	AG	BG	(TG)	BK	mV	oV	1er	2,5er	Σ			BG	TG	BK			oV
trifft zu	11	44	33	0	21	22	42	0	21		AG	0,15	0,41	0,92		mV	0,82
trifft eher zu	47	44	53	50	50	43	25	60	47		BG	-	0,94	-0,04			
trifft eher nicht zu	32	0	0	30	13	26	0	40	19		TG	-	-	0,30			2,5er
trifft nich zu	11	11	13	20	17	9	33	0	13				mw:	0,45		1er	-0,62
Σ (Absolutwerte)	19	18	15	10	24	23	12	5	47			stdabw:	0,37				
0 | 1 | 2 | 3	1,6	2,2	2,1	1,3	1,8	1,8	1,8	1,6	1,8								

Am intensivsten findet die Vorbereitung demnach bei den Absolvent*Innen des BG bzw. TG statt (gemittelte Antwortcodierung von 2,2), die, wie bereits mehrfach erwähnt, über den technisch versierteste Vorbildung verfügen. Die Absolvent*Innen des BK zeigen sich bezüglich der Verwendung der Skripte auch bei der Nachbereitung etwas zurückhaltender (mit einem Wert von 1,3 zeigen sie die geringste gemittelte Antwortcodierung).

Das Interesse am Fach, vgl. Tabelle 50, als Grund für die Verwendung der Skripte offenbart ebenfalls bei den meisten Gruppen eine Tendenz zur tendenziellen Bejahung. Eher deutlich ist diese bei den Absolvent*Innen des BG bzw. TG und bei den Studierenden mit Vorkenntnissen.

Tabelle 50. Auswertung der Antworten auf die Frage, ob die Skripte aus Interesse am Fach verwendet wurden

	AG	BG	(TG)	BK	mV	oV	1er	2,5er	Σ			BG	TG	BK		oV
trifft zu	0	0	0	0	0	0	0	0	0	AG		0,59	0,61	0,82	mV	0,93
trifft eher zu	38	81	80	50	63	48	40	57	55	BG		-	1,00	0,88		
trifft eher nicht zu	48	19	20	30	29	39	30	43	34	TG		-	-	0,89		
trifft nich zu	14	0	0	20	8	13	30	0	11				mw:	0,80	1er	0,70
Σ (Absolutwerte)	21	16	15	10	24	23	10	7	47			stdabw: 0,15				
0	1	2	3	1,2	1,8	1,8	1,3	1,5	1,3	1,1	1,6	1,4				

Den Anlass der Prüfungsvorbereitung wiederum wird von allen Studierenden deutlich bejaht (Tabelle 51), die gemittelten Antwortcodierungen liegen sehr nahe an ihrem Maximum von 3,0. Besonders die Absolvent*Innen des AG, die Studierenden ohne Vorkenntnisse wie auch die Absolvent*Innen des BK bekennen sich sehr deutlich zu den eindeutig bejahenden Antworten, ebenso die weniger ambitionierten Studierenden, die „lediglich" auf die Note 2,5 zielen, die, wie oben gesehen, aber auch meist die virtuelle Lernumgebung nur in der akuten Prüfungsvorbereitung verwenden.

Tabelle 51. Auswertung der Antworten auf die Frage, ob die Skripte zur Prüfungsvorbereitung verwendet wurden

	AG	BG	(TG)	BK	mV	oV	1er	2,5er	Σ			BG	TG	BK		oV
trifft zu	90	56	47	80	58	92	50	100	75	AG		0,77	0,58	0,99	mV	0,80
trifft eher zu	10	44	53	20	42	8	50	0	24	BG		-	0,97	0,85		
trifft eher nicht zu	0	0	0	0	0	0	0	0	0	TG		-	-	0,70		
trifft nich zu	0	0	0	0	0	0	0	0	0				mw:	0,81	1er	0,58
Σ (Absolutwerte)	21	18	15	10	24	25	12	7	49			stdabw: 0,14				
0	1	2	3	2,9	2,6	2,5	2,8	2,6	2,9	2,5	3,0	2,8				

Ein noch deutlicheres Votum kann bezüglich der Verwendung zum Zwecke der Bereinigung von Unklarheiten verzeichnet werden, bei der die eindeutige Bejahung bei einem Anteil von 80% bis 100% liegt und die gemittelten Antwortcodierungen zwischen 2,8 und dem maximal möglichen Wert von 3,0 liegen, siehe Tabelle 52. Sprich: bei Unklarheiten wird quasi immer und von allen auf das Skript zurückgegriffen.

Tabelle 52. Auswertung der Antworten auf die Frage, ob die Skripte zur gezielten Bereinigung von Unklarheiten verwendet wurden

	AG	BG	(TG)	BK	mV	oV	1er	2,5er	Σ		BG	TG	BK		oV
trifft zu	81	100	100	80	92	84	83	100	88	AG	0,97	0,97	1,00	mV	0,99
trifft eher zu	19	0	0	20	8	16	17	0	12	BG	-	1,00	0,97		
trifft eher nicht zu	0	0	0	0	0	0	0	0	0	TG	-	-	0,97		2,5er
trifft nich zu	0	0	0	0	0	0	0	0	0						
Σ (Absolutwerte)	21	18	15	10	24	25	12	7	49			mw:	0,98	1er	0,98
0 | 1 | 2 | 3	2,8	3,0	3,0	2,8	2,9	2,8	2,8	3,0	2,9			stdabw:	0,01		

Zwischenfazit: Nutzung der Skripte, sortiert nach Gruppen

Tabelle 46 bis Tabelle 52 sind aus Sicht des Autors vor allem aufschlussreich, wenn man sie für die einzelnen Gruppen getrennt betrachtet. Es werden hierbei die anfangs eingeführten sprachlichen Bezeichnungen für die gemittelten Antwortcodierungen verwendet.

Gesamtzahl der Studierenden (Werte gerundet auf 5, alle Zahlenwerte in %):

Inhalte verständlich erklärt	20 +75	trifft zu + trifft eher zu	deutlich
Häufigkeit der Verwendung	50 + 35	sehr oft und eher oft	sehr deutlich
zur Stundenvorbereitung	5 + 0	trifft zu + trifft eher zu	sehr geringfügig
zur Stundennachbereitung	20 + 45	"	deutlich
aus Interesses am Fach	0 + 55	"	geringfügig
zur Prüfungsvorbereitung	75 + 25	"	sehr deutlich
bei Verständnisproblemen	90 + 10	"	sehr deutlich

o Die Inhalte wurden von der Gesamtgruppe der Studierenden in deutlichem Ausmaß als verständlich erklärt empfunden, die Skripte wurden in sehr deutlichem Umfang verwendet, dabei sehr geringfügig zur Vorbereitung, jedoch deutlich zur Nachbereitung der Vorlesungsstunden, in geringfügiger Weise aus Interesse am Fach, Hauptanlässe (jeweils in sehr deutlichem Ausmaß): Prüfungsvorbereitung und Klärung von Verständnisproblemen.

Absolvent*Innen des AG (Werte gerundet auf 5, alle Zahlenwerte in %):

Inhalte verständlich erklärt	35 + 55	trifft zu + trifft eher zu	deutlich
Häufigkeit der Verwendung	60 + 30	sehr oft und eher oft	sehr deutlich
zur Stundenvorbereitung	0 + 0	trifft zu + trifft eher zu	sehr geringfügig
zur Stundennachbereitung	10 + 45	"	deutlich
aus Interesses am Fach	0 + 40	"	geringfügig
zur Prüfungsvorbereitung	90 + 10	"	sehr deutlich
bei Verständnisproblemen	80 + 20	"	sehr deutlich

o   Die Absolvent*Innen des AG kommen mit den Skripten am besten zurecht, sie verwenden sie im Vergleich zu den Absolvent*Innen der anderen Schularten am häufigsten. Die Aspekte der Stundenvorbereitung, -nachbereitung und der Aspekt des Interesses am Fach spielen kaum eine Rolle. Ähnlich wie bei den Absolvent*Innen des BK scheinen lediglich die Anlässe der Prüfungsvorbereitung (gemittelte Antwortcodierung von 2,9) und der Klärung von Verständnisproblemen ein Grund für die Verwendung der Skripte zu sein.

Absolvent*Innen des TG

Inhalte verständlich erklärt	20 + 80	trifft zu + trifft eher zu	deutlich
Häufigkeit der Verwendung	50 + 40	sehr oft und eher oft	sehr deutlich
zur Stundenvorbereitung	13 + 0	trifft zu + trifft eher zu	sehr geringfügig
zur Stundennachbereitung	35 + 55	"	deutlich
aus Interesses am Fach	0 + 80	"	deutlich
zur Prüfungsvorbereitung	45 + 55	"	sehr deutlich
bei Verständnisproblemen	100 + 0	"	maximal

o   Die Absolvent*Innen des TG kommen mit den Skripten ebenfalls gut zurecht (20% eindeutige und 80% tendenzielle Bejahungen (=100%) auf die Frage, ob die Inhalte verständlich erklärt wurden), sie verwenden die Skripte ihrer subjektiven Wahrnehmung zufolge ebenfalls vergleichsweise häufig (47% eindeutige und 40% tendenzielle Bejahung =87%). Der Aspekt der Stundenvorbereitung spielt wie bei allen anderen Gruppen ebenfalls eher keine Rolle, der Anlass der Nachbereitung hingegen eine deutliche (33% + 53% = 86%), ebenso wird in vergleichsweise deutlichem Ausmaß (mit 80% tendenzieller Bejahung) das Interesses am Fach als Grund für die Nutzung angegeben. Der Anlass der Prüfungsvorbereitung wird in sehr deutlichem Ausmaß angegeben, dass 100% der Absolvent*Innen des TG die Frage nach der Benutzung der Skripte bei Verständnisproblemen die eindeutige bejahende Antwort wählten, legt die Deutung nahe, dass die Skripte hauptsächlich zu ebenjenem Zwecke verwendet wurden.

Absolvent*Innen des BK

Inhalte verständlich erklärt	0 + 100	trifft zu + trifft eher zu	deutlich
Häufigkeit der Verwendung	30 + 35	sehr oft und eher oft	deutlich
zur Stundenvorbereitung	0 + 0	trifft zu + trifft eher zu	sehr geringfügig
zur Stundennachbereitung	0 + 50	"	geringfügig
aus Interesses am Fach	0 + 50	"	geringfügig
zur Prüfungsvorbereitung	80 + 20	"	sehr deutlich
bei Verständnisproblemen	80 + 20	"	sehr deutlich

o Die Absolvent*Innen des BK empfinden die Skripte zwar als verständlich erklärt (0% eindeutige aber 100% tendenzielle Bejahungen, was einer vergleichsweise geringeren Bejahung gleichkommt), entsprechend verwenden die Absolvent*Innen des BK die Skripte vergleichsweise wenig. Die Aspekte der Stundennachbereitung und insbesondere der -vorbereitung spielen kaum eine Rolle, ebenso wenig das Interesse am Fach als Begründung für die Nutzung der virtuellen Lernumgebung. Ähnlich wie bei den Absolvent*Innen des AG scheinen lediglich die Anlässe Prüfungsvorbereitung und Klärung von Verständnisproblemen ein Grund für die Verwendung der Skripte zu sein.
Gruppe der Absolvent*Innen mit der insgesamt geringfügigsten Nutzung der Skripte.

Unterscheidung nach den Vorkenntnissen

o Die Studierenden mit und ohne Vorkenntnissen empfinden die Skripte jeweils als verständlich erklärt, die Studierenden oV verwenden die Skripte häufiger, sie verwenden sie nur sehr geringfügig zur Vorbereitung der Vorlesungen, jeweils knapp deutlich jedoch zur Nachbereitung der Stunden (Anteil von 40% + 30%). Das Interesse am Fach ist nur geringfügig ausgeprägt, der Anlass der Prüfungsvorbereitung ist bei den Studierenden ohne Vorkenntnisse sehr deutlich (92% beim eindeutigen „trifft zu", gemittelte Antwortcodierung von 2,9), die Verwendung der Skripte zur Klärung von Verständnisproblemen ist im Vergleich zu allen anderen Gruppen ähnlich.

Unterscheidung nach den Ambitionen/Zielnoten

o Die Studierenden mit hohen (Zielnote 1,0) und vergleichsweise geringen Ambitionen (Zielnote 2,5) empfinden Skripte jeweils in (knapp) sehr deutlichem Maße (gemittelte Antwortcodierung größer 2,25) als verständlich erklärt. Der Aspekt der Stundenvorbereitung spielt jeweils kaum eine Rolle, der Aspekt der Nachbereitung streut bei den ambitionierten Studierenden stark: Einige

Studierende mit 1er Ambitionen (42% dieser Gruppe) bereiten die Vorlesungsstunden nach, die weniger ambitionierten Studierenden tun dies in deutlich geringerem Ausmaß. Der Anlass der Prüfungsvorbereitung ist bei den Studierenden mit hohen Ambitionen sehr stark (100% beim eindeutigen „trifft zu"), der der Bereinigung von Unklarheiten wiederum ähnlich ausgeprägt.

5.1.7.1.2 Verwendung der externen Erklärvideos: Häufigkeit

Die verlinkten, externen Erklärvideos wurden (zur Verwunderung des Autors mit Anteilen zwischen 78% und teilweise bis zu 100% bei „kaum" bzw. „gar nicht") vergleichsweise wenig verwendet, vgl. Tabelle 53, obwohl zu jedem Thema mindestens eines bis vier (erklärende, zusätzlich Informationen anbietende) Videos als Link vorlagen, die durch den Autor „vorausgewählt" waren und somit qualitativ aus Sicht des Autors einem gewissen Anspruch genügten. Lediglich ca. 1/5 der Absolvent*Innen des AG und des BK (von der Gesamtzahl der Studierenden nur 1/7) verwenden die Videos „eher oft" oder gar „sehr oft", auch die Studierenden ohne Vorerfahrung zeigen sich gegenüber denjenigen mit Vorerfahrung bei der Nutzung der Erklärvideos etwas offener (8% + 12% bei „sehr oft" bzw. „eher oft"), siehe Tabelle 53. Mit gemittelten Antwortcodierungen von 1,1 und 1,3 zeigt die Gruppe der Absolvent*Innen des BK und die Studierenden mit geringerer Zielnote („2,5er") die größte Offenheit gegenüber den angebotenen externen Videolinks.

Tabelle 53. Auswertung der Antworten auf die Frage, wie häufig die Erklärvideos beim Lernen verwendet wurden

	AG	BG	(TG)	BK	mV	oV	1er	2,5er	Σ		BG	TG	BK		oV
sehr oft	9	0	0	0	0	8	0	0	4	AG	0,99	0,99	0,87	mV	1,00
eher oft	13	0	0	21	10	12	0	29	11	BG	-	0,99	0,85		
kaum	48	67	60	64	63	52	69	71	58	TG	-	-	0,77		2,5er
gar nicht	30	33	40	14	27	28	31	0	27				mw: 0,91	1er	0,73
Σ (Absolutwerte)	23	18	15	14	30	25	16	7	55				stdabw: 0,08		
0 | 1 | 2 | 3	1,0	0,7	0,6	1,1	0,8	1,0	0,7	1,3	0,9						

Mit einem Anteil von 62% bis 86 % finden zwar alle jeweiligen Gruppen der Studierenden Erklärvideos generell hilfreich (erneut ist ein gewisses Gefällt im Bildungsabschluss zu erkennen: die Absolvent*Innen des BK scheinen hierbei mit einer gemittelten Antwortcodierung von 2,2 etwas aufgeschlossener zu sein, (86%) im Vergleich zu den Absolvent*Innen des AG (62%), siehe Tabelle 54. Allerdings zeigen sich auch die Studierenden mit geringeren Ambitionen generell offener gegenüber der Verwendung von Erklärvideos, möglicherweise, weil sie ihrem Lernweg (vorwiegend übendes Lernen kurz vor der Prüfung entgegenkommen, siehe weiter unten). Die Studierenden ohne

Vorkenntnisse und die ambitionierten Studierenden zeigen mit einer gemittelten Antwortcodierung von 1,7 bzw. 1,6 die geringsten Werte, sie sind aber insgesamt immer noch positiv gegenüber den Erklärvideos eingestellt.

Tabelle 54. Auswertung der Antworten auf die Frage, ob die Studierenden Erklärvideos generell hilfreich finden

	AG	BG	(TG)	BK	mV	oV	1er	2,5er	Σ
trifft zu	33	39	35	36	41	29	21	40	36
trifft eher zu	29	33	35	50	44	24	43	60	36
trifft eher nicht zu	29	11	12	14	6	38	14	0	19
trifft nich zu	10	17	18	0	9	10	21	0	9
Σ (Absolutwerte)	21	18	17	14	32	21	14	5	53
0 | 1 | 2 | 3	1,9	1,9	1,9	2,2	2,2	1,7	1,6	2,4	2,0

	BG	TG	BK		oV
AG	0,54	0,49	0,75	mV	0,04
BG	-	0,98	0,81		
TG	-	-	0,86		2,5er
		mw:	0,74	1er	0,83
		stdabw:	0,17		

Der in Form einer geschlossenen Frage angebotene Grund für eine ggf. positive Einstellung gegenüber der hier angebotenen externen Erklärvideos, dass diese mehrmals klickbar und damit (ggf. punktuell) beliebig wiederholbar sind (vgl. Tabelle 55), wurde von der Gesamtzahl der Studierenden ebenso wie von allen Einzelgruppen deutlich unterstützt, was vor allem von den Studierenden ohne Vorkenntnisse mit 91% eindeutiger Bejahungen und den Studierenden mit geringeren Ambitionen geschätzt wird. Die Absolvent*Innen des BK zeigen sich diesbezüglich etwas verhaltener.

Tabelle 55. Auswertung der Antworten auf die Frage, ob die angebotenen Videolinks deshalb als hilfreich empfunden wurden, weil sie mehrmals klickbar und damit gezielt wiederholbar sind.

	AG	BG	(TG)	BK	mV	oV	1er	2,5er	Σ
trifft zu	90	64	60	30	45	91	14	100	61
trifft eher zu	10	36	40	70	55	9	86	0	39
trifft eher nicht zu	0	0	0	0	0	0	0	0	0
trifft nich zu	0	0	0	0	0	0	0	0	0
Σ (Absolutwerte)	10	11	10	10	20	11	7	6	31
0 | 1 | 2 | 3	2,9	2,6	2,6	2,3	2,5	2,9	2,1	3,0	2,6

	BG	TG	BK		oV
AG	0,89	0,84	0,21	mV	0,54
BG	-	1,00	0,63		
TG	-	-	0,70		2,5er
		mw:	0,71	1er	-0,17
		stdabw:	0,25		

Der ebenfalls in Form einer geschlossenen Frage angebotene Grund für diese positive Einstellung, dass der Vorteil der Videos darin bestünde, dass der gleiche Sachverhalt nochmals jedoch anders erklärt werde, wurde ebenfalls von der Gesamtzahl der Studierenden und allen Gruppen bejaht, allerdings sind die Zustimmungswerte allgemein im Vergleich zu dem vorgenannten Aspekt etwas weniger eindeutig bejahend, siehe Tabelle 56. Die Absolvent*Innen des BK zeigen sich erneut etwas verhaltener. Es sei jedoch angemerkt, dass die beiden letztgenannten Fragen jeweils nur von 31 Studierenden (von denen, die die hier angebotenen Videolinks zumindest punktuell verwendeten) und damit von einer vergleichsweise geringen Anzahl der befragten Studierenden beantwortet wurde.

Tabelle 56. Auswertung der Antworten auf die Frage, ob die angebotenen Videolinks deshalb als hilfreich empfunden wurden, weil sie das gleiche aber anders erklären

	AG	BG	(TG)	BK	mV	oV	1er	2,5er	Σ		BG	TG	BK		oV
trifft zu	50	56	50	0	22	54	14	33	35	AG	0,99	1,00	0,35	mV	0,67
trifft eher zu	50	44	50	70	61	46	86	67	55	BG	-	0,99	0,21		
trifft eher nicht zu	0	0	0	30	17	0	0	0	10	TG	-	-	0,35		2,5er
trifft nich zu	0	0	0	0	0	0	0	0	0				mw: 0,65	1er	0,94
Σ (Absolutwerte)	12	9	8	10	18	13	7	6	31				stdabw: 0,35		
0 | 1 | 2 | 3	2,5	2,6	2,5	1,7	2,1	2,5	2,1	2,3	2,3						

Zwischenfazit: Nutzung der Erklärvideos

o Die Erklärvideos werden zwar von einem Anteil von 72% der Studierenden generell als hilfreich empfunden, werden aber in dem vorliegenden Fall von ihnen meist „kaum" oder „gar nicht" verwendet. Möglicherweise, weil die angebotenen Skripte (und deren Vertonung) in ausreichendem Maße die zu vermittelnden Inhalte erklären konnten, sodass eher diese beiden Medien verwendet wurden, ggf. aber auch, weil von bestimmten Gruppen die explizierenden Medien als weniger relevant für das persönliche Lernverhalten erachtet werden (siehe weiter unten).

o Für die Absolvent*Innen des BK zeigen sich im Vergleich zu den Absolvent*Innen der anderen Schularten bezüglich der Nutzung der hier angebotenen, vorausgewählten externen Erklärvideos etwas offener, ebenso wie die Studierenden, die eine weniger ambitionierte Zielnote angegeben haben.

5.1.7.1.3 Quervergleich: Verwendung der Skripte zusammen mit den oder anstatt der externen Erklärvideos?

Die Frage, ob die Links zu den angebotenen externen Erklärvideos zur Explikation der Zusammenhänge besser geeignet waren als die auf der virtuellen Lernumgebung angebotenen Skripte (und deren Vertonungen) wurde ebenfalls adressiert, wobei 93% der diese Frage beantwortenden Studierenden (nur 29 Studierende, diejenigen, die die Links mindestens ein Mal verwendet haben) diese Frage ablehnend beantworteten, siehe Tabelle 57.

Somit erscheint die oben dargestellte, eher verhaltene Verwendung der externen Erklärvideos erklärbar. Erstaunlicherweise verneinen die Studierenden des BK diese Frage besonders deutlich (gemittelte Antwortcodierung von lediglich 0,7), obwohl sie, wie oben dargestellt, die Skripte ebenfalls in vergleichsweise zurückhaltendem Maße verwenden.

Tabelle 57. Auswertung der Antworten auf die Frage, ob die angebotenen Links zu externen Erklärvideos deshalb als hilfreich empfunden wurden, weil sie den Sachverhalt besser erklären konnten als die dargebotenen Skripte

	AG	BG	(TG)	BK	mV	oV	1er	2,5er	Σ
trifft zu	0	0	0	0	0	0	0	0	0
trifft eher zu	0	22	25	0	11	0	0	0	7
trifft eher nicht zu	100	78	75	70	72	100	100	100	83
trifft nich zu	0	0	0	30	17	0	0	0	10
Σ (Absolutwerte)	10	9	8	10	18	11	7	4	29
0 |1 | 2 | 3	1,0	1,2	1,3	0,7	0,9	1,0	1,0	1,0	1,0

	BG	TG	BK		
AG	0,96	0,94	0,90	mV	0,98
BG	-	1,00	0,81		
TG	-	-	0,78		2,5er
		mw:	0,90	1er	1,00
		stdabw:	0,08		

Für eine weiterführende Betrachtung des Lernverhaltens ist jedoch der Vergleich mehrerer der hier dargestellten Tabellen sinnvoll (Tabelle 57, Tabelle 46, Tabelle 47, Tabelle 53 und Tabelle 54), deren Inhalte in leicht veränderter Form in Abbildung 28 gegenübergestellt sind.

Nach Abbildung 28, bezüglich der Gesamtzahl der Studierenden, dunkelblaue Kreise:

Laut der dort dargestellten Tabelle werden Erklärvideos zwar von 72% der Studierenden als (eher) hilfreich empfunden, die hier angebotenen externen Videos werden aber von 85% der Studierenden „kaum" oder „gar nicht" benutzt (Tabelle oben rechts in Abbildung 28), wohingegen die Skripte (inklusive deren Vertonung) nach der Tabelle Mitte rechts in ebenjener Abbildung von 84% der Studierenden „eher oft" oder „sehr oft" verwendet wurden, mutmaßlich, weil 93% der Studierenden zu der Aussage gelangten, dass die Erklärvideos die Lerninhalte in diesem konkreten Fall im Vergleich zu den Skripten nicht besser erklären konnten (Tabelle Mitte links in Abbildung 28) und die Skripte von 96% der Studierenden als die Lerninhalte (eher) verständlich erklärend empfanden.

Die detailliertere Betrachtung der Rohdaten (hier nicht dargestellt) und damit der einzelnen Antworten der Gesamtzahl der Studierenden offenbart, dass von den 28 Studierenden (51% von 55 Studierenden, siehe Tabelle 46) , die die Skripte „sehr oft" verwendet haben, nur wenige Studierende auch die Videos sehr oft (zwei) oder eher oft (eine*r) verwendet haben, der Rest gab an, die Videos kaum (17 Studierende) oder gar nicht (8 Studierende) zu verwenden (hier nicht bildlich dargestellt). Eine sehr ähnliche Aussage kann getroffen werden über die 19 Studierenden, die die Skripte „eher oft" verwendet haben. Jeweils beide

Medien werden nur von fünf Studierenden (9% der 57 Befragten) „sehr oft" oder „eher oft" verwendet.

Die Betrachtung der einzelnen Untergruppen offenbart keine weiteren Auffälligkeiten. Eine genaue Analyse der Rohdaten der einzelnen Antworten der Absolvent*Innen zeigt jedoch ein scheinbares Paradoxon: Fünf der 14 Absolvent*Innen des BK gaben an, die Skripte kaum und die Videos hingegen (in Teilen) „eher oft" verwendet zu haben (wobei von diesen fünf alle angaben, Erklärvideos generell als sinnvoll zu empfinden), obwohl alle fünf angaben, dass sie die Skripte jeweils verständlich und im Vergleich zu den Videos als die Lerninhalte besser erklärend empfanden. Wie weiter unten z.T. noch dargestellt, verwenden diese fünf Studierenden hauptsächlich die eher Übungsaufgaben oft oder mehrheitlich sogar sehr oft, sie scheinen demnach eher anwendend zu lernen und sind ggf. weniger auf das Verständnis der Herleitung der physikalischen Zusammenhänge aus.

Videos generell hilfreich?

	AG	BG	(TG)	BK	mV	oV	1er	2,5er	Σ
trifft zu / trifft eher zu	62	72	71	86	84	52	64	100	(72)
trifft eher nicht zu / trifft nich zu	38	28	29	14	16	48	36	0	28
Σ (Absolutwerte)	21	18	17	14	32	21	14	5	53
0 | 1 | 2 | 3	1,9	1,9	1,9	2,2	2,2	1,7	1,6	2,4	2,0

Videos: relative Häufigkeit Nutzung

	AG	BG	(TG)	BK	mV	oV	1er	2,5er	Σ
sehr oft / eher oft	22	0	0	21	10	20	0	29	15
kaum / gar nicht	78	100	100	79	90	80	100	71	(85)
Σ (Absolutwerte)	23	18	15	14	30	25	16	7	55
0 | 1 | 2 | 3	1,0	0,7	0,6	1,1	0,8	1,0	0,7	1,3	0,9

Videos besser als Skript?

	AG	BG	(TG)	BK	mV	oV	1er	2,5er	Σ
trifft zu / trifft eher zu	0	22	25	0	11	0	0	0	7
trifft eher nicht zu / trifft nich zu	100	78	75	100	89	100	100	100	(93)
Σ (Absolutwerte)	10	9	8	10	18	11	7	4	29
0 | 1 | 2 | 3	1,0	1,2	1,3	0,7	0,9	1,0	1,0	1,0	1,0

Skripte: relative Häufigkeit Nutzung

	AG	BG	(TG)	BK	mV	oV	1er	2,5er	Σ
sehr oft / eher oft	91	89	87	64	70	100	88	71	(84)
kaum / gar nicht	9	11	13	36	30	0	13	29	16
Σ (Absolutwerte)	23	18	15	14	30	25	16	7	55
0 | 1 | 2 | 3	2,5	2,4	2,3	1,9	2,1	2,6	2,6	2,1	2,3

Skripte verständlich?

	AG	BG	(TG)	BK	mV	oV	1er	2,5er	Σ
trifft zu / trifft eher zu	90	100	100	100	100	92	100	100	(96)
trifft eher nicht zu / trifft nich zu	10	0	0	0	0	8	0	0	4
Σ (Absolutwerte)	21	18	15	10	24	25	12	7	49
0 | 1 | 2 | 3	2,2	2,2	2,2	2,0	2,1	2,2	2,3	2,3	2,2

Abbildung 28. Zusammenfassender Vergleich von fünf Tabellen: Tabelle 46, Tabelle 47, Tabelle 53, Tabelle 54 und Tabelle 57

Zwischenfazit: Skripte zusammen mit den oder anstatt der externen Erklärvideos?

o Die meisten Studierenden verwenden die Skripte und deren Vertonung eher oft oder sehr oft (84%) und die hier angebotenen externen Erklärvideos kaum oder gar nicht (85%), obwohl Erklärvideos generell als hilfreich empfunden werden, mutmaßlich, weil insgesamt 96% der Studierenden die Lerninhalte als durch die Skripte verständlich erklärt empfanden.

o Wenn die Studierenden die Skripte „sehr oft" oder „eher oft" verwenden, werden die Erklärvideos in fast allen Fällen „kaum" oder „gar nicht" verwendet. Beide Medien werden nur von fünf Studierenden (9% der 57 Befragten) „sehr oft" oder „eher oft" verwendet.

o Es gab nur 3 Studierende, die die externen Videos „eher oft" oder „oft" verwendet haben und die Skripte kaum oder gar nicht. Zum Nachvollziehen der Explikationen werden Skripte folglich überwiegend <u>anstatt</u> der Erklärvideos verwendet.

o Manche Studierende lernen eher, indem sie die zur Verfügung gestellten Übungsaufgaben anwendend berechnen, siehe weiter unten.

5.1.7.2 Anwendungsteile der virtuellen Lernumgebung

Im Anwendungsteil der virtuellen Lernumgebung wurden vorwiegend Übungsaufgaben und zu bestimmten Themen angefertigte (oder frei zugänglichen) Geogebra-Animatinen angeboten. Die Übungsaufgaben bestehen jeweils aus der Aufgabenstellung, einigen darin aufgeführten Variationsempfehlungen sowie einem detaillierten ausformulierten Lösungsweg. Die Formulierung der Aufgaben der Variationsempfehlungen waren nach Leuders et al. im Sinne des „sinnvollen" Übens konzipiert (bspw. „Verdoppeln Sie den Durchmesser und erklären Sie die dadurch verursachte Auswirkung auf das Ergebnis". Anhand der verlinkten Excel-Vorlagen konnte das von den Studierenden mit den veränderten Eingabewerten errechnete Ergebnis überprüft werden (der Rechenweg war, da es sich um Aufgabe mit eher wiederholendem Charakter handelte, aus den Lösungswegen der jeweiligen Aufgaben ersichtlich). Der Übungsteil sah zudem zu bestimmten Themen Geogebra-Animationen vor, die in bestimmten Aufgaben adressiert wurden und einen interaktiven Zugang zu den Lerninhalten bieten sollten.

5.1.7.2.1 Übungsaufgaben

Bezüglich der Nutzung der Übungsaufgaben ergab sich ein recht einheitliches Bild: 97% der Studierenden (55% + 42%) verwendeten die Übungsaufgaben „sehr oft" oder „oft" zum

Lernen, die gemittelten Antwortcodierungen liegen mit Werten von >2,1 sehr oft im sehr deutlich bejahenden Bereich. Studierende ohne Vorkenntnisse, die Absolvent*Innen des AG und die weniger ambitionierten Studierenden gaben mit Anteilen zwischen 80% und 86% an, die Aufgaben „sehr oft" zu verwenden, siehe Tabelle 58. Lediglich zwei Studierende, beide Absolvent*Innen des TG verwendeten die Aufgaben kaum oder gar nicht.

Tabelle 58. Auswertung der Antworten auf die Frage, wie häufig die Übungsaufgaben beim Lernen verwendet wurden

	AG	BG	(TG)	BK	mV	oV	1er	2,5er	Σ		BG	TG	BK			oV
sehr oft	83	33	33	36	33	80	25	86	55	AG	0,42	0,43	0,43		mV	0,44
eher oft	17	56	53	64	60	20	63	14	42	BG	-	1,00	0,98			
kaum	0	11	13	0	7	0	13	0	4	TG	-	-	0,97		2,5er	
gar nicht	0	0	0	0	0	0	0	0	0			mw: 0,71			1er	0,16
Σ (Absolutwerte)	23	18	15	14	30	25	16	7	55			stdabw: 0,28				
0 | 1 | 2 | 3	2,8	2,2	2,2	2,4	2,3	2,8	2,1	2,9	2,5							

Quantität der Übungsaufgaben

Auf die Frage danach, wie viele der insgesamt 65 Übungsaufgaben die Gesamtzahl der Studierenden verwendet haben (siehe Tabelle 59), gaben immerhin 16% der diese Frage beantwortenden 55 Studierenden an, alle 65 Aufgaben gerechnet zu haben, weitere 60% der Studierenden haben ca. 2/3 der Aufgaben gerechnet (demnach haben 76% mehr als 2/3 der Aufgaben gerechnet). Bei den Absolvent*Innen des BK waren es insgesamt sogar 90%, die mehr als 2/3 der Aufgaben rechneten, wobei 29% der Absolvent*Innen des BK alle Aufgaben gerechnet haben und 71% „nur" ca. 2/3 der Aufgaben.

Tabelle 59. Auswertung der Antworten auf die Frage, wie viele der insgesamt 65 Übungsaufgaben beim Lernen verwendet wurden

	AG	BG	(TG)	BK	mV	oV	1er	2,5er	Σ		BG	TG	BK			oV
alle	22	0	0	29	17	16	25	43	16	AG	0,84	0,77	0,92		mV	0,97
ca. 2/3	52	61	53	71	53	68	50	57	60	BG	-	0,98	0,69			
ca. 1/3	22	28	33	0	23	12	13	0	18	TG	-	-	0,55		2,5er	
kaum	4	11	13	0	7	4	13	0	5			mw: 0,79			1er	0,91
Σ (Absolutwerte)	23	18	15	14	30	25	16	7	55			stdabw: 0,14				
0 | 1 | 2 | 3	1,9	1,5	1,4	2,3	1,8	2,0	1,9	2,4	1,9							

Die Absolvent*Innen des BK hatten demnach wohl ein eher großes Bedürfnis, eine Vielzahl an Übungsaufgaben zu rechnen (gemittelte Antwortcodierung von 2,3) und demnach anwendend zu üben. Eine noch stärkere Tendenz geben die weniger ambitionierten Studierenden mit Zielnote 2,5 an (gemittelte Antwortcodierung von 2,4), wobei diese nach ihrer Angabe die Skripte und Erklärvideos vergleichsweise wenig verwenden, siehe oben und demnach wohl verstärkt lediglich auf die Berechnung der Aufgaben lediglich in der Phase der Prüfungsvorbereitung setzen. Auch die Studierenden ohne Vorkenntnisse verwenden die Übungsaufgaben mit einer gemittelten Antwortcodierung von 2,0 eher häufig. Bei den Absolvent*Innen des TG hingegen hat es sich immerhin ein Anteil von 46% erlaubt, nur ein ca. 1/3 der Aufgaben (33%) oder sogar gar keine (13%) Übungsaufgaben zu rechnen.

Der oben bereits diskutierte Aspekt der von den Studierenden anvisierten Zielnote im Fach FL, die für die Gesamtgruppe der Studierenden den Mittelwert 1,72 ergab und sich zwischen den betrachteten Gruppen nur um wenige Zehntelnoten unterschied, legt der Verdacht nahe, dass die Absolvent*Innen des TG, um die gleiche Zielnote zu erreichen (wie bei der Konzeption der virtuellen Lernumgebung geplant) die Aufgaben gezielt gerechnet bzw. manche Aufgabe übersprungen zu haben, wohingegen die Absolvent*Innen des BK darauf setzten, möglichst viele Übungsaufgaben zu rechnen.

Die Frage, ob die Aufgaben dabei geholfen haben, die Theorie besser zu verstehen, beantworteten 96% der Studierenden eindeutig positiv (58%) oder tendenziell positiv (38%), wobei auch hier die Absolvent*Innen des BK und des AG wie auch die Novizen mit einem Anteil eindeutiger Zustimmung von bis zu 74% antworteten, siehe Tabelle 60. Die generell hohen zustimmenden Werte unterstreichen die Wichtigkeit des Angebots der Übungsaufgaben, vor allem bei denjenigen Studierenden, die nicht vom TG kommen.

In ähnlicher Weise wurden die Fragen, ob die Studierenden Aufgaben als verwirrend empfunden hatten, ob Aufgaben und Lösungswege als verständlich empfunden wurden, ob die Anzahl und Verteilung der Aufgaben als angemessen empfunden wurde beantwortet, auch hier lag beim Gesamtteil der Studierenden wie auch bei allen Untergruppen der Anteil der diese Frage bejahenden Studierenden 80% bis 90%.

Tabelle 60. Auswertung der Antworten auf die Frage, ob die Aufgaben dabei halfen, die Theorie besser zu verstehen Lernen verwendet wurden

	AG	BG	(TG)	BK	mV	oV	1er	2,5er	Σ		BG	TG	BK		oV
trifft zu	74	33	33	64	50	68	50	71	58	AG	0,35	0,35	0,92	mV	0,80
trifft eher zu	17	67	67	36	50	24	50	0	38	BG	-	1,00	0,68		
trifft eher nicht zu	9	0	0	0	0	8	0	29	4	TG	-	-	0,68		2,5er
trifft nich zu	0	0	0	0	0	0	0	0	0				mw: 0,66	1er	0,37
Σ (Absolutwerte)	23	18	15	14	30	25	16	7	55			stdabw: 0,25			
0 | 1 | 2 | 3	2,7	2,3	2,3	2,6	2,5	2,6	2,5	2,4	2,5						

Zwischenfazit: Nutzung der Übungsaufgaben und Theorieverständnis durch Anwendung

o Die Übungsaufgaben werden von den Studierenden mit einem Anteil von 95% „sehr oft" (55%) oder „eher oft" (40%) verwendet.

o Ein Anteil von 76% der Studierenden hat 2/3 oder mehr der insgesamt 65 Übungsaufgaben gerechnet.

o Vor allem die Novizen (die Absolvent*Innen des AG) und die Absolvent*Innen des BK verwenden mit einem Anteil von 100% die Aufgaben „sehr oft" oder „eher oft".

o Die Absolvent*Innen des BK zeigen ein starkes Bedürfnis, viele Aufgaben zu rechnen, 90% rechnen 2/3 oder mehr der 65 Aufgaben.

o Von den Absolvent*Innen des TG verwenden fast die Hälfte (46%) die Aufgaben kaum oder gar nicht, möglicherweise, weil Aufgaben gezielt übersprungen werden.

o Alle Studierenden mit Zielnote 2,5 geben an, 2/3 der Übungsaufgaben oder mehr gerechnet zu haben, allerdings hat diese Gruppe die erklärenden Medien (Skripte, Erklärvideos) vergleichsweise wenig verwendet, sodass der Eindruck entsteht, dass hauptsächlich lediglich Übungsaufgaben in der Prüfungsvorbereitungsphase gerechnet wurden.

o Alle Studierenden geben an, dass sie durch die Aufgaben die Theorie besser verstehen, insbesondere die Absolvent*Innen des AG, des BK und diejenigen ohne Vorkenntnisse (64% bis 74% eindeutige Bejahung).

o Die generell hohen zustimmenden Werte unterstreichen die Wichtigkeit des Angebots der Übungsaufgaben, vor allem bei denjenigen Studierenden, die nicht vom TG kommen.

5.1.7.2.2 Excelvorlagen zum wiederholenden Üben

Das Angebot der Excelvorlagen war zum einen dazu gedacht, eine Übungsaufgabe nochmals mit anderen Zahlen berechnen und mit Hilfe der Excel-Vorlage das Ergebnis (bei gleichem Rechenweg) überprüfen zu können, um den Studierenden ein noch kleinschrittigeres, wiederholend-übendes Lernen zu ermöglichen, für den Fall, dass eine Aufgabe subjektiv als zu schwierig empfunden wurde. Zum anderen sollten sie die Möglichkeit bieten, den Variationsempfehlungen der Aufgabenstellungen entsprechend, wie oben bereits erwähnt, im Sinne des Leuders'schen „intelligenten Übens", Kapitel 3.5.5 gewisse funktionelle

Zusammenhänge der Aufgabenstellung zu prüfen (z.B. den Effekt des Verdoppelns eines der Eingabewerte etc.).

Dabei wurden die Excelvorlagen lediglich vereinzelt „eher oft" genutzt (siehe Tabelle 61), von einem Anteil von 11% der befragten Studierenden, was einer absoluten Anzahl von lediglich 6 Studierenden entspricht (anteilig von den Absolvent*Innen des BK am häufigsten, 3 Personen), aber überwiegend „kaum" (31%) oder sogar „gar nicht" (58%). Dieser etwas gering wirkende Anteil von 11% + 31% = 42% der Gesamtzahl der Studierenden, der in absoluten Zahlen 23 Studierenden (6 + 17 Personen) entspricht, kann aber auch positiv gedeutet werden: immerhin 23 (ein Anteil von 42%) Studierende (immerhin ein Anteil von 42%) mussten bzw. wollten von dem Angebot eines noch kleinschrittigeren, wiederholend übenden Lernens Gebrauch machen, wenn auch bei 17 Personen (31% von 55) nur punktuell („kaum"), bei 6 Personen aber doch des Öfteren. Vor allem die Studierenden ohne Vorkenntnisse haben mit einem Anteil von 60% (8% + 52%) die Excel-Sheets verwendet. Wie an den gemittelten Antwortcodierungen zu sehen ist, ist die Verwendung in der Gruppe der Absolvent*Innen des AG und bei der Gruppe der Studierenden ohne Vorkenntnisse am größten, ebenso bei den Studierenden, die eine Zielnote von lediglich 2,5 anvisieren, in denen der Bedarf, wiederholend zu üben, am größten scheint. Ein Anteil von 68% der 49 diese Frage beantwortenden Studierenden an, „keinen Bedarf" für die (weitere) Nutzung der Excel Sheets gehabt zu haben, was hier nicht grafisch dargestellt wurde.

Tabelle 61. Auswertung der Antworten auf die Frage, wie häufig die Excelvorlagen beim Lernen verwendet wurden

	AG	BG	(TG)	BK	mV	oV	1er	2,5er	Σ			BG	TG	BK			oV
sehr oft	0	0	0	0	0	0	0	0	0		AG	0,88	0,80	0,41		mV	0,50
eher oft	9	6	7	21	13	8	6	0	11		BG	-	0,99	0,77			
kaum	48	33	27	0	13	52	25	57	31		TG	-	-	0,86			2,5er
gar nicht	43	61	67	79	73	40	69	43	58					mw: 0,78		1er	0,68
Σ (Absolutwerte)	23	18	15	14	30	25	16	7	55					stdabw: 0,18			
0|1|2|3	0,7	0,4	0,4	0,4	0,4	0,7	0,4	0,6	0,5								

Zwischenfazit: Nutzung der Excel-Vorlagen zum wiederholenden Üben

o Die Excel-Vorlagen wurden 42% der Studierenden (punktuell) verwendet.

o Von einem Anteil von 11% der befragten Studierenden (6 Personen) wurden die Excel-Vorlagen hingegen „eher oft" (dabei war der Anteil der Absolvent*Innen des BK am größten), von 31% der Befragten (17 Studierende) wurden sie „kaum" verwendet), „gar nicht" von verbleibenden 58%.

247

o Von den 23 Absolvent*Innen des AG hatten 13 punktuell Bedarf, wiederholend zu üben, somit war die Nachfrage in dieser Gruppe der Absolvent*Innen am größten.

o Von den Studierenden ohne Vorkenntnisse hatten deutlich mehr Studierende (60%) Bedarf als bei den Studierenden mit Vorkenntnissen (26%), letztere hatten den geringsten Bedarf.

5.1.7.2.3 Geogebra-Aufgaben zur explorativen und interaktiven Verwendung

Das Angebot der Geogebra-Animationen, die wie erwähnt zur explorativen und interaktiven Verwendung gedacht waren, wurden von allen Studierenden vorwiegend gar nicht genutzt (67% der Studierenden), die gemittelten Antwortcodierungen zeigen sehr gering Werte von <0,4, nahe am minimalen Wert von 0,0, siehe Tabelle 62. Möglicherweise hätten diese mehr in die Aufgabenstellung mit einbezogen werden können. Letzteres, weil 67% der Studierenden angaben, dass der Sinn ihrer Nutzung unklar gewesen sei, allerdings empfanden ebenfalls 67% der Studierenden die Geogebra-Animationen generell als nicht oder wenig hilfreich (jeweils hier nicht dargestellt).

Tabelle 62. Auswertung der Antworten auf die Frage, wie häufig die Geogebra-Tools beim Lernen verwendet wurden

	AG	BG	(TG)	BK	mV	oV	1er	2,5er	Σ		BG	TG	BK		oV
sehr oft	0	0	0	0	0	0	0	0	0	AG	0,96	0,99	0,98	mV	1,00
eher oft	0	0	0	0	0	0	0	0	0	BG	-	0,99	1,00		
kaum	26	39	33	36	33	32	44	29	33	TG	-	-	1,00		2,5er
gar nicht	74	61	67	64	67	68	56	71	67			mw:	0,99	1er	0,93
Σ (Absolutwerte)	23	18	15	14	30	25	16	7	55			stdabw:	0,01		
0 | 1 | 2 | 3	0,3	0,4	0,3	0,4	0,3	0,3	0,4	0,3	0,3						

Zwischenfazit: Nutzung der interaktiven Geogebra-Animationen

o Die interaktiven Geogebra-Animationen wurden von 67% der Studierenden gar nicht verwendet, ein ebenso großer Anteil der Studierenden empfanden jedoch ihren generellen Nutzen als fraglich.

o Die ambitionierten Studierenden waren überdurchschnittlich offen gegenüber den Geogebra-Animationen, allerdings immer noch nur in geringfügigem Maße

5.1.7.2.4 Quervergleiche:

Nutzung der einzelnen Lernangebote der virtuellen Lernumgebung im Gesamten

Zum Vergleich der Häufigkeit der Nutzung der verschiedenen Lernangebote der virtuellen Lernumgebung werden in Abbildung 29 die Tabellen Tabelle 46 (Skripte), Tabelle 53 (Erklärvideos), Tabelle 58 (Übungsaufgaben) und Tabelle 61 (Excel-Sheets) erneut aufgeführt (die Nutzung der Geogebra-Animationen wurde hier aufgrund der oben dargestellten, fehlenden Relevanz nicht berücksichtigt). Zur Unterscheidung bestimmter Gruppen wurden dunkelblaue (Gesamtheit der Studierenden), mittelblaue (die Absolvent*Innen des BK) und hellblaue Ellipsen (Studierende ohne Vorkenntnisse) verwendet.

Wie in Abbildung 29 dargestellt, werden von der Gesamtheit der Studierenden (dunkelblaue Ellipsen) die Skripte als explizierendes Medium (insgesamt 84% der Studierenden nutzen diese „sehr oft" oder „eher oft", Tabelle oben links in Abbildung 29) gegenüber den Erklärvideos (insgesamt nur 15% „sehr oft" oder „eher oft", Tabelle oben rechts) bevorzugt. Gleiches gilt in nahezu identischer Verteilung für die Übungsaufgaben (Tabelle unten links) und deren wiederholend-übende Möglichkeit der Binnendifferenzierung, die Excel-Sheets (Tabelle unten rechts).

Ein Vergleich der Werte bei den gemittelten Antwortcodierungen zeigt, dass für fast alle Gruppen ebenjene Werte für die Verwendung der Übungsaufgaben am größten sind. Demnach sind die Übungsaufgaben das am meisten bevorzugte Lernmittel. Besonders deutlich ist dies der Fall bei den Studierenden, die lediglich auf eine 2,5 zielen, die demnach mit einem Wert von 2,9 maximal auf diese Form des Lernens fokussieren (dies, wie oben gezeigt, nahezu ausschließlich in der Phase ihrer Prüfungsvorbereitung). Die Absolvent*Innen des AG und die Studierenden ohne Vorkenntnisse verwenden Aufgaben und Skripte stark (gemittelte Antwortcodierungen jeweils 2,5 bis 2,8), auch die Absolvent*Innen des BK setzen (im Vergleich zu der Verwendung der Skripte) deutlich stärker auf die Übungsaufgaben, obwohl die Skripte wie erwähnt stark didaktisch reduziert waren und vorwiegend für diese Gruppe mit dem nominell geringsten Bildungsstand konzipiert wurden.

Die Studierenden ohne Vorkenntnisse (hellblaue Ellipsen) verhalten sich sehr ähnlich, sie verwenden die Skripte als einzige untersuchte Subgruppe ausschließlich „sehr oft" oder „eher oft" (64% + 36% = 100%, Tabelle oben links in Abbildung 9), sie verwenden in noch stärkerem Maße auch die Übungsaufgaben „sehr oft" oder „eher oft" mit (80% + 20% = 100%, Tabelle unten links in Abbildung 29) und nehmen auch mit 8% und 52% (2 und 13 Personen von 25) das Angebot des wiederholend-übenden Lernens per Excel-Vorlagen in Anspruch (Tabelle unten rechts). Sie zeigen somit, dass hierzu sowohl ein gewisser Bedarf aber auch eine gewisse Bereitschaft innerhalb dieser Gruppe vorhanden ist.

Verwendung der Skripte

	AG	BG	(TG)	BK	mV	oV	1er	2,5er	Σ
sehr oft	61	56	47	29	40	64	69	43	51
eher oft	30	33	40	36	30	36	19	29	33
kaum	9	11	13	36	30	0	13	29	16
gar nicht	0	0	0	0	0	0	0	0	0
Σ (Absolutwerte)	23	18	15	14	30	25	16	7	55
0 |1 | 2 | 3	2,5	2,4	2,3	1,9	2,1	2,6	2,6	2,1	2,3

Verwendung der Erklärvideos

	AG	BG	(TG)	BK	mV	oV	1er	2,5er	Σ
sehr oft	9	0	0	0	0	8	0	0	4
eher oft	13	0	0	21	10	12	0	29	11
kaum	48	67	60	64	63	52	69	71	58
gar nicht	30	33	40	14	27	28	31	0	27
Σ (Absolutwerte)	23	18	15	14	30	25	16	7	55
0 |1 | 2 | 3	1,0	0,7	0,6	1,1	0,8	1,0	0,7	1,3	0,9

Verwendung der Übungsaufgaben

	AG	BG	(TG)	BK	mV	oV	1er	2,5er	Σ
sehr oft	83	33	33	36	33	80	25	86	55
eher oft	17	56	53	64	60	20	63	14	42
kaum	0	11	13	0	7	0	13	0	4
gar nicht	0	0	0	0	0	0	0	0	0
Σ (Absolutwerte)	23	18	15	14	30	25	16	7	55
0 |1 | 2 | 3	2,8	2,2	2,2	2,4	2,3	2,8	2,1	2,9	2,5

Verwendung der (wiederholenden) Excel-Sheets

	AG	BG	(TG)	BK	mV	oV	1er	2,5er	Σ
sehr oft	0	0	0	0	0	0	0	0	0
eher oft	9	6	7	21	13	8	6	0	11
kaum	48	33	27	0	13	52	25	57	31
gar nicht	43	61	67	79	73	40	69	43	58
Σ (Absolutwerte)	23	18	15	14	30	25	16	7	55
0 |1 | 2 | 3	0,7	0,4	0,4	0,4	0,4	0,7	0,4	0,6	0,5

Abbildung 29. Zusammenfassender Vergleich der Nutzung verschiedener Lernangebote, analog zu den vier bereits oben dargestellten Tabellen (Tabelle 46, Tabelle 53, Tabelle 58 und Tabelle 61)

Das Lernen aus den Skripten wird von den Absolvent*Innen des BK (mittelblaue Ellipsen) jedoch eher abgelehnt (nur 29% + 36% = 67% bei „sehr oft" oder „eher oft", Tabelle oben links in Abbildung 29), obwohl alle der diese Frage beantwortenden Mitglieder dieser Gruppe, wie in Tabelle 47 dargestellt, die in den Vorlesungen zur Explikation verwendeten Skripte für verständlich deklariert (100% bei „trifft eher zu"). Stattdessen wurden mehr die Erklärvideos verwendet (21% bei „eher oft" in der Tabelle oben rechts in Abbildung 29), obwohl diese von der Gruppe als in dem konkreten Fall gar nicht so hilfreich empfunden wurde (s.o.). 100% dieser Gruppe setzen auf die Übungsaufgaben (Tabellen unten links in Abbildung 29), wobei, wie oben ergänzend zu Tabelle 58 dargestellt, 29% der Absolvent*Innen des BK alle Aufgaben und 71% „nur" ca. 2/3 der Aufgaben gerechnet haben. Die Absolvent*Innen des BK hatten demnach ein eher großes Bedürfnis, eine Vielzahl an Übungsaufgaben zu rechnen und demnach anwendend zu üben. Ein gewisser Teil (21%, (3 Personen) dieser 14 Mitglieder der Gruppe) verwendeten hierbei die wiederholenden Excel-Sheets.

Wie oben bereits erwähnt, lernen die weniger ambitionierten Studierenden hauptsächlich zur Prüfungsvorbereitung, verwenden dann zwar, wie Abbildung 29 zeigt, die Aufgaben relativ oft, allerdings verwenden sie auch die anderen Medien (Skripte, Erklärvideos, Excelvorlagen) vergleichsweise wenig.

Zwischenfazit: Quervergleich: Nutzung der einzelnen Lernangebote der virtuellen
Lernumgebung im Gesamten

o Die Gesamtheit der Studierenden fokussieren auf die Verwendung der Skripte und auf die Verwendung der Aufgaben. Erklärvideos und Excelvorlagen spielen insgesamt eine untergeordnete Rolle.

o Die Übungsaufgaben sind in nahezu allen untersuchten Gruppen das Medium, das am häufigsten zum Lernen verwendet wird.

o Studierenden ohne Vorkenntnisse fokussieren noch stärker als die Gesamtgruppe auf die Verwendung der Skripte (64% „sehr oft" und 36% „eher oft" = 100%) und sie verwenden ebenfalls in noch stärkerem Maße auch die Übungsaufgaben (80% „sehr oft" und 20% „eher oft" = 100%), allerdings nehmen sie auch mit einem Anteil von 8% und 52% (immerhin 2 und 13 Personen von 25) das Angebot des wiederholend-übenden Lernens per Excel-Vorlagen in Anspruch. Insofern ist innerhalb dieser Gruppe diesbezüglich sowohl ein gewisser Bedarf zur wiederholenden Übung wie auch eine gewisse Bereitschaft vorhanden.

o Die Absolvent*Innen des BK verwenden im Vergleich zu den Absolvent*Innen der anderen Schularten die Skripte deutlich weniger: nur 29% verwenden die Skripte „sehr oft", 36% verwenden sie „eher oft" (insgesamt 67%). Dies obwohl erstens, die didaktische Reduktion der Aufbereitung der Lerninhalte bereits an dem (zwar anhand der Analyse der Bildungspläne der Schule in begründeter Weise angenommenen aber dennoch nicht gemessenen, demnach mutmaßlichen) eher geringen Vorwissen dieser Gruppe orientiert war, zweitens, alle Studierenden dieser Gruppe die Frage nach der Verständlichkeit der in den Vorlesungen zur Explikation verwendeten Skripte tendenziell bejahend deklarierten (100% bei „eher ja").
Stattdessen wurden (auf geringem Niveau) in vergleichsweise stärkerem Umfang Erklärvideos verwendet (21% bei „eher oft"), obwohl diese von der Gruppe als in dem konkreten Fall gar nicht so hilfreich empfunden wurde (s.o.).
Bezüglich der Übungsaufgaben hatten die Absolvent*Innen des BK ein eher großes Bedürfnis, eine Vielzahl an Übungsaufgaben zu rechnen und demnach anwendend zu üben (29% der Absolvent*Innen des BK rechneten alle Aufgaben und 71% „nur" ca. 2/3 der Aufgaben, = 100%). Ein gewisser Teil (21%, 3 Personen dieser 14 Mitglieder der Gruppe) verwendeten hierbei die wiederholenden Excel-Sheets.
Die Absolvent*Innen des BK verwenden zum Lernen verstärkt anwendende und weniger explizierende Medien.

o Die weniger ambitionierten Studierenden verwenden die Übungsaufgaben vergleichsweise intensiv, die anderen (explizierenden) Medien vergleichsweise wenig. In Anbetracht dessen, dass diese Gruppe ihren Fokus vorwiegend auf die unmittelbare Phase der Prüfungsvorbereitung legen, scheint dieses Verhalten schlüssig.

5.1.7.3 Nutzung der einzelnen Lernangebote der virtuellen Lernumgebung im Einzelnen

Um die Nutzung der Lernunterlagen genauer zu untersuchen, ist eine Differenzierung nach den einzelnen Nutzungsweisen notwendig, die im Folgenden ausgeführt (aber grafisch nicht dargestellt) wird.

5.1.7.3.1 Gesamtzahl der Studierenden

Zusammenhang häufige Nutzung Skripte und Aufgaben

Die Aufgaben „sehr oft" verwendet haben 31 (von 57) Studierende, 14 von ihnen (25% der Gesamtzahl der Studierenden) verwenden auch die Skripte „sehr oft", 10 „eher oft" und 7 „kaum" und keiner „gar nicht".

Lediglich 2 von 57 Studierenden haben die Aufgaben „kaum" verwendet, immerhin 9 Studierende haben die Skripte „kaum" verwendet, alle 11 hatten Vorerfahrung. Gegenüber den Skripten wurden die Aufgaben also bevorzugt verwendet. Die beiden Studierenden, die die Aufgaben kaum verwendet haben, haben dann aber die Skripte sehr oft verwendet.

Die Skripte „sehr oft" verwendet haben 28 (von 57) Studierende (s.o.), 14 von ihnen (von der Gesamtzahl 25%) haben auch die Aufgaben „sehr oft" verwendet, fast alle von ihnen (11 Personen hatten keine Vorkenntnisse. 12 von den genannten 28 haben die Aufgaben „eher oft" verwendet und 2 kaum.

Die Skripte kaum verwendet haben 9 von 57 Studierenden (16%), 7 davon haben aber die Aufgaben „sehr oft" (die anderen beiden „eher oft") verwendet, 3 die Excel-Vorlagen „eher oft". Alle 9 hatten Vorerfahrung!

Ein Anteil von 77% der Gesamtzahl der Studierenden (44 von 57) verwenden entweder das Skript oder die Aufgaben (oder beides) „sehr oft".

Zusammenhang häufige Nutzung Skripte und Videos

Diejenigen Studierende, die die Skripte „sehr oft" oder „eher oft" verwendet haben (47 von 57) haben nahezu ausschließlich die Videos „kaum" oder „gar nicht" verwendet.

Wie erwähnt habe 28 Studierende (ein Anteil von 49%) die Skripte „sehr oft" verwendet. Nur 2 dieser 28 Studierenden, haben auch die Videos „sehr oft" verwendet (beide Absolvierende des AG), 1 „eher oft", der Großteil „kaum" oder „gar nicht" (17 und 8).

5.1.7.3.2 Studierenden mit und ohne Vorkenntnisse

Studierende mit Vorkenntnissen

Von den 30 Studierenden mit Vorkenntnissen verwenden 19 (63%) die Aufgaben oder die Skripte „sehr oft", davon 10 (33%) verwenden die Aufgaben „sehr oft", 12 (40%) die Skripte und 3 von ihnen (10% der Studierenden mit Vorkenntnisse) verwenden beides „sehr oft". Die Aufgaben werden von 2 Studierenden kaum verwendet, beide verwenden dafür jedoch die Skripte „sehr oft". Das Skript hingegen wird von 9 Studierenden kaum, 7 von ihnen machen dafür aber die Aufgaben „sehr oft", die verbleibenden 2 machen die Aufgaben „eher oft".

Studierende ohne Vorkenntnisse

Von den 25 Studierenden ohne Vorkenntnissen verwenden 25 (100%) die Aufgaben oder die Skripte „sehr oft", davon 20 (80%) verwenden die Aufgaben „sehr oft", 16 (64%) die Skripte, 11 von ihnen (44% der Studierenden ohne Vorkenntnisse) verwenden beides „sehr oft".

Die Aufgaben werden von 5 eher oft verwendet, diese verwenden alle das Skript sehr oft, die Skripte werden von 9 Studierenden „eher oft" verwendet, diese verwenden die Aufgaben dann sehr oft. Keiner der Studierenden ohne Vorkenntnisse verwenden die Skripte oder Aufgaben „kaum" oder „gar nicht" an, ebenso verwendet keiner der Studierenden ohne Vorkenntnisse die Skripte und die Aufgaben jeweils nur „eher oft". Die genannte Gruppe erscheint insgesamt recht fleißig zu sein.

Zwischenfazit: Quervergleich: Zusammenhang Nutzung Skripte und Aufgaben

o Mit einem Anteil von 79% der Gesamtgruppe (45 von 57) wurden die Aufgaben (31 Personen) und/oder die Skripte (28 Personen) „sehr oft" verwendet, 14 davon (25% der Gesamtzahl) wurde beides „sehr oft" verwendet. Von diesen 14 Studierenden, die beides sehr oft verwendet haben, waren 11 Personen Studierende ohne Vorkenntnisse.

o Gegenüber den Skripten wurden die Aufgaben bevorzugt verwendet: nur 2 von 57 Studierenden haben die Aufgaben „kaum" verwendet, immerhin 9 von 57 Studierenden haben die Skripte „kaum" verwendet, alle 11 waren Studierende mit Vorerfahrung.

o Die Skripte kaum verwendet haben 9 von 57 Studierenden (16%), 7 davon haben dann aber die Aufgaben „sehr oft" verwendet, 3 die Excel-Vorlagen, alle 9 hatten Vorerfahrung (s.o.).

o Von den 25 Studierenden ohne Vorerfahrung verwenden alle (100%) die Skripte oder die Aufgaben „sehr oft", 11 von ihnen (44%) verwenden beides sehr oft, die anderen das jeweils andere „eher oft". „Kaum" oder „gar nicht" gibt es nicht.

o Von den 30 Studierenden mit Vorerfahrung verwenden nur (63%) die Skripte oder die Aufgaben „sehr oft", nur 3 von ihnen (10%) verwenden beides sehr oft. Wird eines der Medien kaum verwendet, wird das andere sehr oft verwendet (dabei wird die Verwendung der Aufgaben bevorzugt).

5.1.7.3.3 Querbezüge: Individualität der Antworten

Anhand der Tabelle 63 kann beispielhaft gezeigt werden, wie individuell sich die Antworten im Detail ergeben, wenn mehrere Parameter einbezogen werden. Aufgeführt sind die detaillierten Antworten aller 14 Studierenden auf die oben bereits dargestellte Frage, aus welchem Grund die virtuelle Lernumgebung nicht intensiver genutzt wurde bei dem Aspekt „kein Bedarf" die Skalenstufen „eher nein" (9 Studierende) und „nein" (5 Studierende) gewählt haben (siehe zweitletzte Spalte unten rechts), die also nach eigener Aussage noch Bedarf gehabt hätten, weiter zu lernen. Es wurden hier nur 2 weitere Begründungen abgefragt, die Aspekte keine Zeit und keine Lust. Betrachtet man die einzelnen Antworten der jeweiligen Studierenden, so gibt es nach Tabelle 63 bspw. eine(n) Studierende(n), die/der explizit angab, „keine Zeit" mehr für die intensivere Nutzung der virtuellen Lernumgebung gehabt zu haben (Nr. 14, Absolvent*In des AG), bei dem/der der Aspekt keine Lust ebenfalls eine Rolle spielte, weniger jedoch der Aspekt kein Bedarf. Andere Absolvent*Innen der gleichen Schulart (hier des AG), bspw. Nr. 37, negieren den Aspekt „keine Zeit" und „kein Bedarf" jedoch, hebt aber eher den Aspekt „keine Lust" hervor. So findet sich bereits bei diesen 14 Studierenden bei diesen 4 Parametern (Schulart, „keine Zeit", „keine Lust", „kein Bedarf") nur zwei Personen (Nr. 28 und 56), bei denen eine identische Kombination der Einträge verzeichnet werden kann, wobei der Faktor Vorkenntnisse und Zielnote (als weiteres Potenzial unterschiedlicher Eintragungen) bspw. hier noch gar nicht mit einbezogen wurden.

Die Begründungszusammenhänge stellen sich demnach als hochgradig individuell heraus. Nimmt man bspw. die Antworten der Tabelle 37 und Tabelle 38 hinzu, beantworten aber dennoch die Studierenden mit einem Gesamtanteil von ca. 85% bis 95% die Frage nach der Effizienz und der Lernerleichterung durch die virtuelle Lernumgebung positiv.

Gleiches lässt sich bspw. für die Häufigkeit der Nutzung der einzelnen Elemente der virtuellen Lernumgebung z.B. während der Vorlesungszeit und der Phase der Prüfungsvorbereitung ausführen: Auch dort ergeben sich hochgradig individuelle Benutzungsmuster, wenn man mehrere Parameter gemeinsam betrachtet, die aber in der Summe, bspw. der hier unter dem Kapitel der Usability lediglich angerissenen Antworten (Verständlichkeit der Explikation, Strukturiertheit, Abgestimmtheit der einzelnen Elemente, ein geringes Potenzial zur Verwirrung, etc.) mit einem Anteil von über 90% bis tlw. 100% (tendenziell oder eindeutig) positiven Beurteilungen der Lernintervention führten.

Tabelle 63. Beispielhafte Darstellung der Rohdaten bezüglich des Begründungszusammenhangs, der gegen eine intensivere Nutzung der virtuellen Lernumgebung sprach, hier alle Studierenden, die bei „kein Bedarf" die Skalenstufe „eher nein" bzw. „nein" wählten.

Um die Lernwebsite intensiver zu nutzen, hatte ich...

Lfd. Nr.	2	6	14	18	19	27	28	35	37	41	42	45	56	57		
Absolvnet*In des...	TG	AG	AG	AG	TG	TG	BK	AG	AG	BK	AG	AG	BK	BK		
...keine Zeit																
trifft zu			1										1		1	2
trifft eher zu		1		1		1	1	1			1	1			19	40
trifft eher nicht zu	1								1	1				1	19	40
trifft nich zu					1						1				8	17
...keine Lust																
trifft zu		1									1				10	21
trifft eher zu				1	1				1		1			1	13	28
trifft eher nicht zu							1								8	17
trifft nich zu	1				1	1	1				1			1	16	34
...keinen Bedarf																
trifft zu															9	19
trifft eher zu															24	51
trifft eher nicht zu	1			1	1	1	1		1		1	1			9	19
trifft nich zu		1					1			1			1	1	5	11

Somit rückt die Notwendigkeit des Charakters einer Lernintervention als ein Lernangebot in den Fokus der Betrachtung: Manche üben, abhängig von ihren Ambitionen, Vorkenntnissen, kognitiven Belastungsgrenzen, (Lern-)Gewohnheiten, individuellen Prioritätensetzungen etc. mit verschiedensten Begründungsmustern mehr oder weniger regelmäßig, kaum, sehr viel, teilweise auch nur mit geringer Auslastung. Wichtig ist jedoch aber vor allem, dass die Möglichkeit, das jeweils individuell notwendig erscheinende Lernmedium zur Verfügung zu stellen, um individuelles und passgenaues Lernen zu ermöglichen.

So ergaben sich bei der genauen Analyse der Antworten der in Abbildung 28 bereits dargestellten Ergebnisse zum Vergleich der Nutzung der verschiedenen Lernangebote insgesamt 47 verschiedene Kombinationen bei den 5 betrachteten Parametern Schulabschluss, Häufigkeit der Nutzung der Skripte, Erklärvideos, Aufgaben und Excel-Vorlagen bei 10 Dopplungen. Wohlbemerkt bei nur 57 Studierenden!

Zwischenfazit: Individualität der Antworten

o Die Nutzung der einzelnen Lernangebote ist nach Betrachtung der einzelnen Antworten der Studierenden hochgradig individuell:
Allein bei einem Vergleich von 5 Parametern (3 Schulabschluss, Häufigkeit der Nutzung der Skripte, Erklärvideos, Aufgaben und Excel-Vorlagen mit jeweils 4 Antwortoptionen) konnten bei 57 Studierenden 47 verschiedene Kombinationen und jeweils 10 einfache Dopplungen beobachtet werden.

5.1.8 Selbstwirksamkeitsempfinden der Studierenden

Es wurde für das Semester TMB19A unabhängig von der obigen Befragung ein Test zur Selbstwirksamkeit (Self Efficacy) durchgeführt. Für diesen Test wurden die zehn Items nach Schwarzer und Jerusalem (1999) im Folgenden mit SE 1 bis SE 10 bezeichnet) teilweise leicht modifiziert, um die Selbstwirksamkeit bezogen auf die momentane Studiensituation und auf vergangenen Lernerfahrungen zu messen. Die vier Antwortkategorien wurden von Schwarzer/Jerusalem übernommen: „trifft zu", „trifft eher zu", „trifft eher nicht zu" und „trifft nicht zu". Das Verfahren nach Schwarzer/Jerusalem sieht vor, den einzelnen Antwortkategorien die Punktzahlen 1 für „trifft nicht zu" bis 4 für „trifft zu" zuzuweisen, eine Punktesumme von ca. 30 zeuge nach der Schwarzer/Jerusalem bei diesen zehn Fragen für eine durchschnittliche Selbstwirksamkeitsglauben.

Das Semester TMB19A besteht aus 28 Studierenden, zehn davon Absolvent*Innen des AG und jeweils neun Absolvent*Innen des BG bzw. BK. Eine Zuordnung zu der Zielnote konnte leider nicht vorgenommen werden, da die Daten anonym erfasst wurden. Es konnten auf die unten dargestellten Fragen die folgenden Ergebnisse zusammengefasst werden:

SE1   Wenn sich Widerstände auftun, gelingt es mir, mich durchzusetzen.
        Alle Studierende mit sehr ähnlicher Tendenz zum Glauben an das eigene
        Durchsetzungsvermögen (6 - 21 - 1 - 0), Maximum bei 3 Punkten.

SE2   Wenn ich mich darum bemühe, kann ich auch schwierige Probleme lösen.
        Die Studierenden sind bezüglich ihrer Problemlösefähigkeit eher zuversichtlich
        (3 - 24 - 1 - 0), deutliches Maximum bei 3 Punkten

SE 3   Es gelingt mir, meine Ziele zu verwirklichen.
        Die Studierenden zeigen einen sehr ähnlichen, tendenziellen Glauben an ihre
        Fähigkeit, Ziele umsetzen zu können (7 - 17 - 4 - 0), Maximum bei 3 Punkten.

SE 4:   In unerwarteten Situationen weiß ich immer, wie ich mich verhalten soll.
        Insgesamt eher indifferent, Absolvent*Innen des AG und TG mit Tendenz zu
        „trifft eher nicht zu", Absolvent*Innen des BK diesbezüglich mit etwas mehr
        Vertrauen, insgesamt (0 - 14 - 14 - 0), genau symmetrisch mittig.

SE 5:   Mit überraschenden Ereignissen komme ich gut zurecht.
        Die Studierenden geben an, mit unerwarteten Situationen eher gut zurecht zu
        kommen (2 - 21 - 5 - 0), Maximum bei 3 Punkten.

SE 6:   Schwierigkeiten sehe ich gelassen entgegen, weil ich Vertrauen in meine
        Fähigkeiten habe.
        Die Studierenden sehen sich eher gelassen bezüglich möglicher Schwierigkeiten
        (2 - 20 - 6 - 0), Maximum bei 3 Punkten.

SE 7:   Was auch immer in meinem Studium passieren wird, ich werde damit schon
        klarkommen.
        Die Studierenden sehen sich bezüglich ihres Studiums eher gelassen (7 - 19 - 2 -
        0), Maximum bei 3 Punkten.

SE 8:   Es gelingt mir, für jedes Problem eine Lösung zu finden.
        Die Studierenden geben tendenziell an, für jedes Problem eine Lösung zu finden
        (4 - 18 - 5 - 1), Maximum bei 3 Punkten.

SE 9   Wenn etwas Neues auf mich zukommt, weiß ich meist, wie ich damit umgehen
        muss.
        Die Studierenden haben Vertrauen darin, mit Neuem umzugehen (1 - 22 - 5 - 0),
        Maximum bei 3 Punkten.

SE10 Wenn ein Problem auftaucht, kann ich es aus eigener Kraft meistern.
Die Studierenden zeigen ebenfalls Vertrauen darin, Probleme aus eigener Kraft lösen zu können (4 - 23 - 1 - 0), Maximum bei 3 Punkten.

Wie an Maxima der einzelnen Fragen SE 1 bis SE 10, die ausnahmslos bei der Antwortpunkzahl 3 lagen, schon absehbar, ist der Mittelwert der Summen der Punktzahlen der Studierenden bei 29,6, die Standardabweichung beträgt 2,35. Eine Varianzanalyse auf Basis der Zuordnung der Studierenden zu den einzelnen Schularten AG, BG und BK ergibt keine signifikanten Ergebnisse, ebenso nicht die Unterteilung der Zuweisung nach den Vorkenntnissen. Die Absolvent*Innen des AG zeigen sich bei den ggf. philosophisch etwas heikleren Fragen wie die Frage SE 8: „Es gelingt mir, für jedes Problem eine Lösung zu finden" etwas verhaltener.

Wie erwähnt war die Unterteilung nach den Zielnoten aufgrund der getrennten Datenerhebung leider nicht möglich. Die Ergebnisse der Varianzanalyse sind in Tabelle 64 dargestellt, in der die Mittelwerte mit MW, die Standardabweichungen mit Std.Ab. und die Gesamtzahl der Studierenden mit ges abgekürzt wurden. Der größte F-Wert der einzelnen Gruppenvergleiche für ein Signifikanzniveau von 95% sowie weitere statistische Parameter sind für die Analyse von 2 bzw. 3 Gruppierungen rechts in der Tabelle dargestellt, sie wurden jeweils aus Bortz/Schuster (2010, S: 591 ff.) entnommen.

Tabelle 64. Ergebnisse verschiedener Varianzanalysen zur

	AG	TG	BK	mV	oV	ges
MW	28,9	29,4	30,7	30,1	29,2	29,6
Std.Ab.	2,4	2,4	1,9	2,5	2,1	2,3

F-Wert (3) **1,38** nicht signifikant   (3) Signifikanzniveau 95% bei F = 3,39
N=28, Zähler-df: 2, Nenner-df: 25

F-Wert (2) **2,57** nicht signifikant   (2) Signifikanzniveau 95% bei F = 4,23
N=28, Zähler-df: 1, Nenner-df: 26

Zwischenfazit: Selbstwirksamkeitsempfinden

o Die Studierenden zeigen ein zu erwartendes Selbstwirksamkeitsempfinden (Mittelwert der Punktsummen bei 10 Fragen nach Schwarzer/Jerusalem bei 29,6.

o Eine Analyse der Varianzen ergibt keine signifikanten Ergebnisse bezüglich der Unterscheidung zwischen den Gruppen der Absolvent*Innen der einzelnen Schularten wie auch zwischen den Gruppen mit und ohne Vorkenntnisse, die Unterteilung nach der Zielnote konnte nicht untersucht werden.

5.1.9 Zusammenfassung des Kapitels 5.1 und Rückbezug auf die Forschungsfrage

Die hier aufgeführte Zusammenfassung wurde in Form der folgenden Tabelle 65 dargestellt, welche die in den einzelnen Unterkapitel 5.1.1 bis 5.1.8 aufgeführten Ergebnisse (in der dort dargestellten Reihenfolge) zusammenfasst. Eine Diskussion der Ergebnisse erfolgt in Kapitel 6.

5.1.10 Diskussion und Reflexion der Vorgehensweise des UT 1

Kritisch anzumerken für diesen Untersuchungsteil ist die für eine quantitative Untersuchung (scheinbar) geringe Anzahl der an der Befragung teilnehmenden Personen. Es sei an dieser Stelle jedoch angemerkt, dass es nicht Ziel der Untersuchung war, eine repräsentative Studie z.B. für die Grundgesamtheit aller an der der gesamten DHBW oder an weiteren Hochschulen in Deutschland eingeschriebenen Maschinenbau-Studierenden durchzuführen. Es war vielmehr Ziel der Befragung, in explorativer Weise einen Eindruck davon zu erhalten, ob in der Grundgesamtheit der beiden hier untersuchten Kurse (z.B. unter Beachtung von Korrelationskennwerten) Unterschiede bezüglich im Umgang der Lernenden mit der virtuellen Lernumgebung zu identifizieren sind und ob sich gewisse Tendenzen bezüglich der getroffenen unabhängigen Variablen ermitteln lassen. Dies jedoch nicht mit dem Ziel, bezüglich aller der gestellten Fragen mathematisch (und quantitativ) ableitbare Wahrheiten zu generieren. Auch sollte (z.B. anhand von Streuungskennwerten) ermittelt werden, ob angesichts der Heterogenität der Gruppe die vermutete Vielfalt der Vorgehensweisen der Studierenden (in explorativer Weise) bestätigt werden konnte, um daraus Rückschlüsse auf relevante Aspekte der Gestaltung von Lernumgebungen zu erlangen (und bspw. Hinweise auf die Beantwortung der Frage nach der Sinnhaftigkeit von Lernvideos oder Wiederholungsaufgaben zu erlangen).

Insofern ist es vielmehr relevant, dass in beiden Gruppen unter den insgesamt befragten 57 Studierenden eine maximale Rücklaufquote von 100% erreicht werden konnte, wobei, wie oben bereits erwähnt, lediglich zwei Studierende (jeweils mit Waldorfabschluss oder der schweizerischen Matura) nicht zu den untersuchten Subgruppen zugeordnet werden konnten, sodass sich angesichts der vorliegenden 100%-Prüfung der Grundgesamtheit die Frage nach der Repräsentativität bezüglich dieser Gruppe gar nicht stellt.

Es sei auch angemerkt, dass diese hohe Beteiligung nicht unter (implizitem) Druck und vor allem anonym erfolgte, und lediglich verbal in einem persönlichen Hinweis formuliert wurde, dass „ich" als Dozent versucht habe, eine „gute" Lernveranstaltung für die Studierenden zu gestalten, mir die Studierenden einen großen Gefallen machen würden, wenn sie an der („leider recht langen") Evaluation dieser Lehrveranstaltung teilnehmen würden. Es erfolgte, verbal und schriftlich formuliert, der dringende Apell, „möglichst ehrlich" und ggf. schonungslos zu antworten.

Mit dem gewählten Zeitpunkt der Untersuchung (retrospektiv und zeitlich sehr nah an den letzten Semesterprüfungen, demnach nach der Erhebung und Bekanntgabe der Noten) sollten zum einen gewährleisten, dass die Erinnerungen an das eigene Lernverhalten noch ‚frisch' waren, zum anderen aber sollte den Studierenden das Resultat ihrer Bemühungen (in Form der erzielten Note) bewusst sein.

Tabelle 65. Ergebnisse der multivariablen Untersuchung des Lernverhaltens der Studierenden im Umgang mit der virtuellen

N = 57	Lfd. Nr.	AG*	TG*	BK*	Mit/ohne Vorkenntnisse	Ambition/Zielnote
Allgemeines						
Subjektive Beweggründe und Einstellungen	1	Nahezu alle haben sich sehr bewusst für Studium entschieden, alle halten sich für talentiert in den Fächern Mathematik und Physik, alle sind interessiert am Modulfach und erachten es für ihre persönliche Zukunft als wichtig. Alle empfinden ihr Studium als anspruchsvoll aufgrund der Komplexität der Inhalte, des Tempos der Vermittlung und tlw. aufgrund der fehlenden Mathekenntnisse, letzteres insbes. BK. Die Studierenden gehen davon aus, sich für ihr Studium anstrengen zu müssen.				
Schulische Vorbildung	2	Fühlen sich weder gut noch schlecht vorbereitet	Fühlen sich gut vorbereitet	Fühlen sich schlecht vorbereitet (Mathe, s.o.)		
Ambitionen	3			Am ambitioniertesten (Mw Zielnote 1,55)		
Nutzung PC/Laptop/Tablet	4			Etwas weniger PC-affin		
Nutzung der virtuellen Lernumgebung (LU)	5	mehrheitlich nur zur Prüfungsvorbereitung	mehrheitlich bereits während des laufenden Semesters und zur Prüfungsvorbereitung (permanentes Lernen)	ausschließlich bereits während des laufenden Semesters und zur Prüfungsvorbereitung (permanentes Lernen)	keine besonderen Unterschiede	1,0: tlw. sogar nach jeder Vorlesungsstunde und zur Prüfungsvorbereitung 2,5: nahezu ausschließlich vor der Prüfung (ein Ausreißer)

Fortsetzung von Tabelle 65, Ergebnisse der Untersuchung des Lernverhaltens der Studierenden im Umgang mit der virtuellen LU

N = 57	Lfd. Nr.	AG*	TG*	BK*	Mit/ohne Vorkenntnisse	Ambition/Zielnote
Allgemeines						
Gründe gegen eine intensivere Nutzung	6	70% hatten keinen weiteren Bedarf, die virtuelle Lernumgebung intensiver zu nutzen (jeweiliges Lernziel wohl erreicht)				
	7	hatten eher ein Zeit-/Lust-Problem	hatten Zeitreserven, aber kein Bedarf	haben eher ein Zeit-, aber explizit kein Lust-Problem (scheinen gefordert)	oV: 60% keine Zeit, mV 80% kein Bedarf	1,0: hatten Zeitreserven, aber kein Bedarf 2,5: 100% keine Lust, 100% kein Bedarf
Lernerleichterung und Effizienz der virtuellen LU	8	Nahezu alle Studierenden (87%) empfinden die virtuelle Lernumgebung bezüglich Lernerleichterung und Effizienz als (eher) positiv				
	9			deutlich, eindeutig positiv (70%)	oV: deutlich eindeutig positiv (65%)	
Häufigste Begründung	10	Selbständiges Lernen, eigenes Tempo, jederzeit/überall	Übersichtlichkeit, Strukturiertheit	leichte Verständlichkeit	mV: Übersichtlichkeit, Kompaktheit / Themen leicht zu finden	1,0: Übersichtlichkeit und Kompaktheit 2,5: Selbständiges Lernen und eigenes Lerntempo

Fortsetzung von Tabelle 65, Ergebnisse der Untersuchung des Lernverhaltens der Studierenden im Umgang mit der virtuellen LU

N = 57	Lfd. Nr.	AG*	TG*	BK*	Mit/ohne Vorkenntnisse	Ambition/Zielnote
Virtuelle LU generell						
Grobstruktur, Hierarchisierung generell, Schrittweite, 2-dimensionale Anordnung	12	Schrittweite zwischen den Übungsaufgaben empfanden 95% als angemessen. Strukturierung 75%, Hierarchisierung 75% eindeutig positiv, nahezu alle, um Lerneinstieg oder Zielniveau zu finden. Fast alle: 2-dim Anordnung als hilfreich empfunden.				
	13	Strukturierung 85% eindeutig positiv	Hierarchisierung 90% eindeutig positiv	85% Strukturierung, um den Lerneinstieg zu finden	oV: Strukturierung eindeutig positiv 2-dim Anordnung eindeutig positiv	1,0: Strukturierung eindeutig positiv. 2,5: Strukturierung eindeutig positiv, 2-dim Anordnung eindeutig positiv

Fortsetzung von Tabelle 65, Ergebnisse der Untersuchung des Lernverhaltens der Studierenden im Umgang mit der virtuellen LU

N = 57	Lfd. Nr.	AG*	TG*	BK*	Mit/ohne Vorkenntnisse	Ambition/Zielnote
Theorieteile						
Verwendung der Skripte	15	Skripte haben Inhalte verständlich erklärt, meist sehr häufig verwendet, kaum zur Vorbereitung, mittelstark zur Nachbereitung, wenig aus Interesse am Fach, Hauptanlässe generell: Prüfungsvorbereitung und Klärung von Verständnisproblemen				
	16	Inhalte verständlich, Verwendung: sehr häufig Zur Vorbereitung: gar nicht, zur Nachbereitung: gelegentlich Hauptanlässe: Prüfungsvorbereitung und Klärung von Verständnisproblemen	Inhalte verständlich Verwendung: sehr häufig Zur Vorbereitung: kaum Zur Nachbereitung: häufig Hauptanlässe: Prüfungsvorbereitung und Klärung von Verständnisproblemen	Inhalte verständlich Verwendung: weniger häufig, Zur Vorbereitung: gar nicht, zur Nachbereitung: kaum Hauptanlässe: Prüfungsvorbereitung und auch Klärung von Verständnisproblemen	Inhalte verständlich Verwendung: mV etwas weniger häufig, Zur Nachbereitung: jeweils häufig, oV: zur Prüfungsvorbereitung sehr häufig, Klärung Verständnisproblemen ähnlich stark	Inhalte verständlich Verwendung: 1,0: Skripte sehr häufig, 2,5: eher wenig Zur Nachbereitung: 1,0: deutlich ausgeprägt, 2,5 eher wenig, Zur Prüfungsvorbereitung: 2,5: sehr häufig, 1,0: weniger häufig (kein Bedarf s.o.)
Verwendung der Erklärvideos	17	Werden zwar generell als hilfreich empfunden (70% Gesamtgruppe), werden hier aber meist „kaum" oder „gar nicht" verwendet				
	18			generell etwas offener	oV: generell etwas offener	2,5: generell etwas offener

Fortsetzung von Tabelle 65, Ergebnisse der Untersuchung des Lernverhaltens der Studierenden im Umgang mit der virtuellen LU

N = 57	Lfd. Nr.	AG*	TG*	BK*	Mit/ohne Vorkenntnisse	Ambition/Zielnote
Theorieteil						
Skripte UND Videos	19	Skripte werden eher oft bzw. sehr oft (zu 85%) verwendet, die externen Erklärvideos kaum oder gar nicht (zu ebenfalls 85%), Die Skripte werden überwiegend anstatt der Erklärvideos verwendet				
Anwendungsteil						
Übungsaufgaben	21	95% der Studierenden verwenden Übungsaufgaben „sehr oft" oder „eher oft" , 75% haben 2/3 oder mehr der insgesamt 65 Übungsaufgaben gerechnet Alle Studierenden verstehen durch die Aufgaben die Theorie besser				
	22	Verwenden Aufgaben ausschließlich „sehr oft" oder „eher oft" .	Meist oft, Hälfte TG verwenden die Aufgaben kaum oder gar nicht	Alle verwenden die Aufgaben „sehr oft" oder „eher oft" , rechnen viele Aufgaben (90%: 2/3 oder mehr).	-	2,5: haben 2/3 oder mehr der Übungsaufgaben gerechnet, hauptsächlich Übungsaufgaben in der Prüfungsvorbereitung
	23	Theorie durch Aufgaben besser verständlich	-	Theorie durch Aufgaben besser verständlich	oV: Theorie durch Aufgaben verständlich	-

Fortsetzung von Tabelle 65, Ergebnisse der Untersuchung des Lernverhaltens der Studierenden im Umgang mit der virtuellen LU

N = 57 Anwendungsteil	Lfd. Nr.	AG*	TG*	BK*	Mit/ohne Vorkenntnisse	Ambition/Zielnote
Excel / wiederholendes Lernen	24	40% der Studierenden hat (punktuell) die Excelvorlagen verwendet, sprich: hatten Bedarf, wiederholend zu üben.				
	25	Hälfte hatte punktuell Bedarf	Ein Drittel hatte punktuell Bedarf	Ein Viertel hatte punktuell Bedarf, diese jedoch eher oft	oV: 60% hatten Bedarf, mV: nur 25%	-
Geogebra	26	Wurde von nahezu allen als nicht hilfreich erachtet				
Quervergleich	27	Gesamtheit der Studierenden fokussieren auf Verwendung der Skripte und Aufgaben. Erklärvideos und Excel-Vorlagen spielen insgesamt eine untergeordnete Rolle.				
Lernelemente im Allgemeinen	28	-	-	Verwenden Skripte deutlich weniger (obwohl didaktisch stark reduziert und die Verständlichkeit bejaht wurde). Statt dessen vermehrt Erklärvideos, Vielzahl an Aufgaben 21% wiederholend übend	oV: Verwenden Skripte und Aufgaben stärker, 60% wiederholend übend	2,5: Verwenden die Aufgaben sehr intensiv, (allerdings nur zur Prüfungsvorbereitung, s.o.), andere Medien eher wenig
Quervergleich	29	Ein Anteil von ca. 80% der Gesamtgruppe verwendet die Aufgaben (55%) und/oder die Skripte (50%) „sehr oft" , 25% der Gesamtgruppe verwendet beides „sehr oft" . Die Aufgaben werden gegenüber den Skripten bevorzugt verwendet!				

Fortsetzung von Tabelle 65, Ergebnisse der Untersuchung des Lernverhaltens der Studierenden im Umgang mit der virtuellen LU

N = 57	Lfd. Nr.	AG*	TG*	BK*	Mit/ohne Vorkenntnisse	Ambition/Zielnote
Anwendungs- teil						
Aufgaben UND Skripte	**30**				oV: 100% verwenden Skripte o̲d̲e̲r̲ Aufga- ben „sehr oft" , 44% verwenden beides „sehr oft" -> Fleiß mV: 65% verwenden Skripte o̲d̲e̲r̲ Aufga- ben „sehr oft" , nur 10% verwenden beides „sehr oft" . (wenn eines kaum, dann das andere sehr oft)	
Individualität	**31**	Die Nutzung der einzelnen Lernangebote ist bei Betrachtung der einzelnen Antworten der Studierenden hochgradig individuell. In fast allen oben betrachteten Einzelgruppen sind Ausreißer mit fast konträren Antworten zu verzeichnen.				
Selbst- wirksamkeit	**32**	Studierenden zeigen ein normales Selbstwirksamkeitsempfinden (ca. 30 Punkte im Test nach Schwarzer/ Jerusalem): Eine Analyse der Varianzen ergibt keine signifikanten Unterschiede				

* Abkürzungen: AG/TG/BG: Allgemeines/Berufliches/Technisches Gymnasium, BK: Berufskolleg, mV/oV: mit/ohne Vorkenntnisse, mw: Mittelwert, LU: Lernumgebung.

5.2 Ergebnisse des Untersuchungsteils 2

Wie im Kapitel zur Methodologie beschrieben, wurde zur Untersuchung der beiden Forschungsfragen F3 und F4 zum einen die Resultate der Studierenden bei zwei Leistungstests (Testat und Prüfung) verwendet, wobei dort jedoch nicht nur die erzielten Ergebnisse, sondern auch die Art und Weise analysiert wurde, wie die Studierenden die Aufgaben der Leistungstests lösten. Durch diese Analyse lässt sich Frage F3 beantworten. Zudem wurden die Studierenden aufgefordert, während ihrer jeweiligen Vorbereitung auf das Testat nach 4 Wochen Explikation ein hier als „Lern-Logbuch" bezeichnetes Dokument zu „führen", das ebenfalls ausgewertet wurde, wobei auf diese Lerntagebücher noch im weiteren Verlauf eingegangen wird. Bei der Anwendung der nach den hier diskutierten Kriterien erstellten digitalen Lernumgebung müssten demnach durch die Studierenden verschiedene Lernwege (die sich in der unterschiedlichen Abfolge der Verwendung der Lernunterlagen manifestiert) gewählt worden sein, die sich durch die Analyse dieser Lerntagebücher erschließen lassen müssten, was zur Beantwortung der Frage F4 führt.

Allgemeine Anmerkung zu den untersuchten Gruppen und zur Untersuchung

Zur Klärung der oben genannten Fragen wird der Studienjahrgang TMB22A im Verlauf des ersten Semesters eng begleitet. Dieser Jahrgang besteht aus 23 Studierenden, von denen elf vom Allgemeinen Gymnasium, sechs vom Technischen Gymnasium und weitere sechs vom Berufskolleg an die Hochschule gelangten. Es wurde zu Beginn der ersten Vorlesungsstunde ein Test (Vortest) durchgeführt, danach erfolgten eine Phase der Explikation (vier Wochen mit jeweils einer Vorlesungseinheit à 90 Minuten), an deren Ende ein Testat geschrieben wurde. (Dabei wurde betont, dass die Ergebnisse dieses Vortests nicht in die Berechnung der Semesternote eingeht). Zur Erhöhung der Motivation bezüglich des Testats wurde vereinbart, dass das Ergebnis des Testats nur dann (zu einem Anteil von 25%) mit der Note der Semesterabschlussprüfung verrechnet werde, wenn es besser als das Ergebnis der Prüfung ausfallen würde.

Darstellung des Vortests zur Ermittlung des Vorwissens

Die das Vorwissen der Studierenden adressierenden Aufgaben waren an den laut dem Bildungsplan für die Schulen zu erwartenden Kenntnissen der Absolvent*Innen orientiert und bestanden aus den in Abbildung 30 dargestellten Fragen aus dem Bereich der Festigkeitslehre. Nach Bildungsplan besteht die Vorerfahrung bei den Absolvent*Innen des TG nach Teilnahme am Profilfach Mechatronik in einer detaillierten Kenntnis ca. 50% der in der betrachteten Lehrveranstaltung vermittelten Vorlesungsinhalte. Bei den

1 Eine Stange (z.B. eine Abschleppstange) mit kreisförmigem Querschnitt hat einen Durchmesser von D = 10 mm. Die Streckgrenze des Werkstoffs beträgt 185 N/mm², die Sicherheit soll 1,5 betragen. Sie wird in Achsrichtung mit einer Zugkraft von F = 15000 N belastet.

a) Berechnen Sie die vorhandene Spannung in der Stange <u>sowie</u> die zulässige Spannung.

b) Berechnen Sie, wie dick die Stange mindestens sein muss, damit sie der Belastung standhält.

2 Erklären Sie, was bei der Berechnung der Torsionsspannung τ_t das sog. „polare Widerstandsmoment" W_{pol} eines Querschnitts ist.

Abbildung 30. Fragen zum Teil C des Vortests, Festigkeitslehre

---

Festigkeitslehre 1, Testat		DHBW
TMB22A, 02.02.'23 Name: _____ Matr.Nr._____		Duale Hochschule Baden-Württemberg

1. Ein kurzes Rohrstück mit dem Außendurchmesser D_a = 26 mm und der Wandstärke s = 4 mm wird durch eine Druckkraft F = 35000 N belastet.

Berechnen Sie die Druckspannung im Bauteil.   3 P

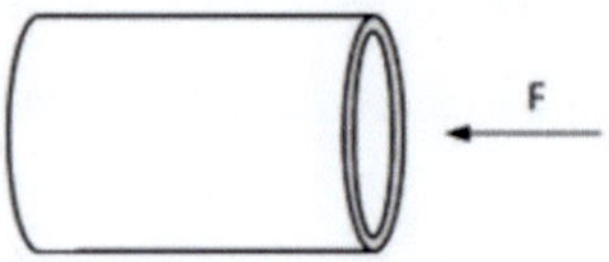

2. Ein Stab aus einem Rechteckprofil mit der Höhe h = 15 mm und der Breite b = 40 mm wird durch eine Zugkraft F belastet. Die Streckgrenze R_e des Profilwerkstoffs ist R_e = 420N/mm².

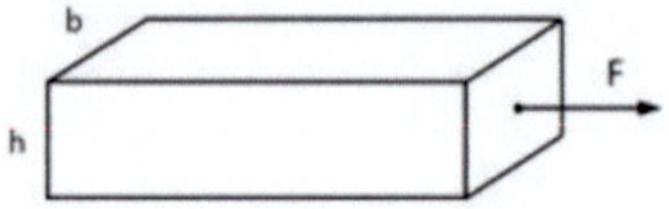

Berechnen Sie die maximale Zugkraft F_{max} des Stabes, wenn die Sicherheit gegen Fließen S_F = 1,5 betragen soll.   3 P

3. Es sollen drei Bleche wie rechts dargestellt mit insgesamt 4 Bolzen verbunden werden. An den Blechen wirkt eine Zugkraft von F = 10000 N.

Die Dicke s des mittleren Blechs beträgt s = 10 mm, die Bleche außen sind jeweils 7 mm dick.

Es sind zudem die folgenden Werkstoffparameter bekannt (alle Bauteile sind aus dem gleichen Werkstoff hergestellt):
τ_{aB} = 250 N/mm², S_B = 2, p_{zul} = 80 N/mm²

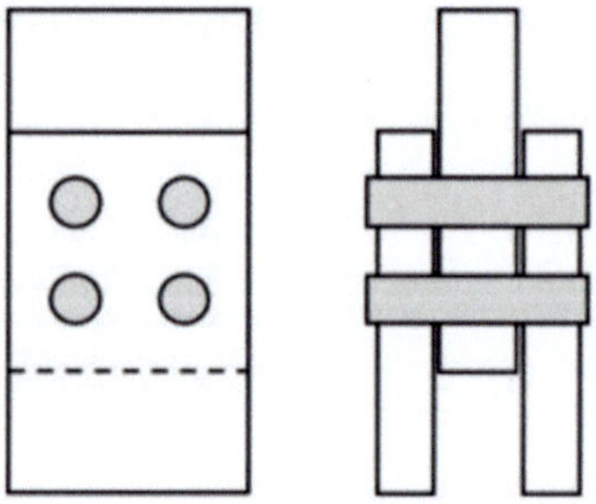

a) Berechnen Sie den erforderlichen Durchmesser D_{erf} der Bolzen. Runden Sie auf ganze mm.   8 P

b) Als eine Variante wurde überlegt, dass der Bolzendurchmesser auf D = 6 mm festgelegt wird und die Anzahl n der Bolzen entsprechend angepasst wird.
Berechnen Sie die erforderliche Anzahl der Bolzen.   4 P

c) Als eine dritte Variante wurde überlegt, dass die drei Bleche auch geklebt werden könnten. Die Überlappungsfläche der Bleche ist jeweils auf 30 x 25 mm² begrenzt, die Fließgrenze im Klebstoff höchstens τ_{aF} = 45 N/mm², es soll die Sicherheit von S_F = 1,5 verwendet werden. Führen Sie den Spannungsnachweis durch.   3 P

Abbildung 31. Fragen des Testats nach 4 Wochen einführender Explikation

Absolvent*Innen des BK sind in deutlich geringem Maße technische Kenntnisse vorhandenen, der Spannungsbegriff definiert als „Kraft pro Fläche" müsste aber bekannt sein (Kenntnisse bezüglich der Biege- oder Torsionsspannung sind hier nicht zu erwarten).

Ähnliche Kenntnisse können bei denjenigen Studierenden vorausgesetzt werden, die einen 3,5-jährigen Lehrberuf mit vorwiegend technischer Ausrichtung (wie Industrie-mechaniker*Innen, Werkzeugmechaniker*Innen, Zerspanungsmechaniker*Innen etc.) erfolgreich abgeschlossen haben. Die Absolvent*Innen des AG kennen zwar die jeweiligen physikalisch-technischen Konzepte nicht, allerdings waren die Fragen so gestellt, dass ein bestimmter Anteil der Aufgaben aus der Aufgabenstellung hätte abgeleitet werden können. Von den Absolvent*Innen des TG waren nach Einschätzung des Verfassers 100% der Fragen beantwortbar, von den Absolvent*Innen des BK ca. 50%, von denen des TG ca. 25%.

Testat

Die Fragen des Testats sind in Abbildung 31 dargestellt. Das Testat wurde an den in den ersten vier Wochen vermittelten Kenntnissen orientiert. Diese entsprechen der einfachen Definition des Spannungsbegriffs als Kraft pro Fläche, jeweils als Zug- oder Druck- oder Scherbeanspruchung. Der Begriff der Flächenpressung wurden ebenfalls eingeführt, jeweils mit ebenso einfachen physikalischem Konzept als über der Fläche konstant verteilter Spannung. Der Begriff der Dimensionierung, des Festigkeitsnachweises und der Tragfähigkeitsberechnung wurden ebenfalls eingeführt, zuzüglich bestimmter Grundzügen der Werkstoffkennwertbildung.

5.2.1 Vorgehensweise der Studierenden bei der Bearbeitung der Testat- und Prüfungsaufgaben, Frage F3

5.2.1.1 Auswertung der Ergebnisse des Vortests und des Testats, F3

Die Ergebnisse des Vortests und des Testats sind (bezogen auf den jeweiligen Maximalwert) in der folgenden Abbildung 32, rechts aufgeführt. Jeder Punkt der Graphik entspricht einem/einer Studierenden, wobei diese anhand der Schularten ihrer Studienzugangsberechtigung farblich gekennzeichnet wurden. Die farblich hinterlegten Bereiche der beiden Graphiken können wie folgt interpretiert werden: wenn Ergebnisse der Studierenden im roten Bereich liegen, waren deutliche Vorkenntnisse vorhanden, allerdings wurde in den vier Wochen bis zum Testat wenig dazugelernt. Punkte im grünen Bereich bedeuten, dass wenig Vorkenntnisse vorhanden waren, jedoch viel dazugelernt wurde, grau hinterlegt der dazwischenliegende Bereich. Lägen viele Punkte im roten Bereich würde dies darauf hindeuten, dass Lernen (gemessen an den geprüften Inhalten) eher verhindert wurde.

Sind viele Punkte im grünen Bereich, hat ein gewisses Lernen stattgefunden, Punkte im grauen Bereich würden die Schlussfolgerung nahelegen, dass nur die Studierenden mit hohen Vorkenntnissen gute Testatnoten erzielen konnten, dass hingegen das Lernen bei Studierenden ohne Vorkenntnisse behindert wurde.

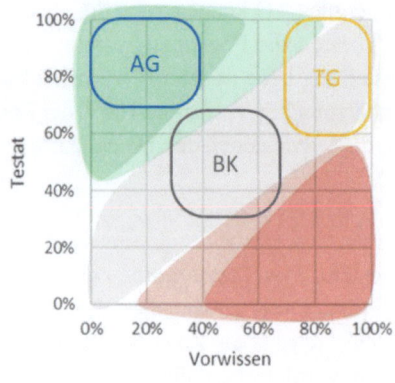 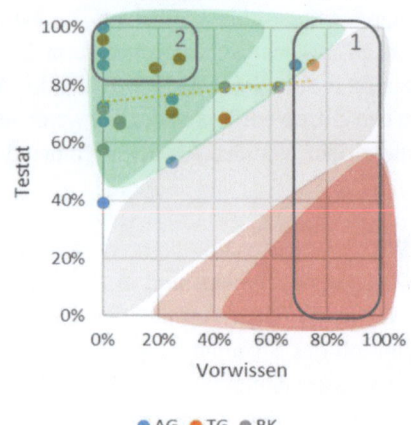

Abbildung 32. Ergebnisse der Absolvent*Innen der einzelnen Schularten bei Vortest und Testat

Die in Abbildung 32 links dargestellten farbigen Rahmen deuten die Zone an, in denen die Ergebnisse vom Verfasser erwartet wurden: die Studierenden des TG haben aufgrund des Bildungsplans der Technischen Gymnasien nominell die höchsten Vorkenntnisse, zudem wurden alle im Testat geprüften Inhalte bereits in der Schule (zumindest in Grundzügen) behandelt, sodass bezüglich Testat und Vorwissen jeweils hohe Werte zu erwarten waren. Die Absolvent*Innen vom AG haben nominell wenig bis keine Vorkenntnisse, allerdings wurde aufgrund der laut Bildungsplan vergleichsweise weitreichenden Kenntnisse in Physik und Mathematik (und ggf. der als vergleichsweise hoch erwarteten kognitiven Kapazität) davon ausgegangen, dass die Testatnoten entsprechend gut ausfalle würden. Die Absolvent*Innen des BK wurden in einem Bereich dazwischen erwartet, mit mittleren Vorkenntnissen und mittlerem Potenzial bezüglich der Testatnote.

Die Tatsache, dass die Punkte in Abbildung 32 rechts auf den jeweiligen Achsen eine gewisse Bandbreite aufweisen, deutet darauf hin, dass die jeweiligen Tests nicht zu schwierig oder zu einfach waren. Dass jedoch wenig Ergebnisse im dort grau umrandeten und mit der Ziffer 1 versehene Bereich lagen, lässt die Frage nach dem Verbleib der Studierenden mit den guten Vorkenntnissen offen, erfreulich hingegen aus Sicht der Studierenden ist, dass sechs von 23 Studierenden in dem ebenfalls grau umrandeten aber mit der Ziffer 2 versehenen Bereich Ergebnisse erzielen konnten, dass also trotz sehr geringer Vorkenntnisse gute bis sehr gute Noten im Testat erzielt wurden. (Die Bezeichnung der Noten von sehr gut über gut und befriedigend bis ausreichend ist linear zwischen den Grenzen 100% und 50% der Notenskala verteilt).

Abbildung 33 zeigt die Ergebnisse getrennt nach den einzelnen Schularten. Viele der Absolvent*Innen des AG konnten trotz weniger bis nicht vorhandener fachspezifischer Vorkenntnisse im Testat (bei großer Bandbreite) teilweise sehr gut abschließen (der Studierende mit (0% | 40%) schied übrigens vor der Semesterprüfung auf eigenen Wunsch aus). Die Absolvent*Innen des TG schließen im Testat mit nahezu 70% der Punkte und besser als Gruppe recht gut ab, die Absolvent*Innen des BK schließen beim Testat im mittleren Bereich ab. Damit entsprechen die erzielten Ergebnisse der Absolvent*Innen des AG und BK in etwa den in Abbildung 32 links erwarteten Bereichen, die Absolvent*Innen des TG liegen zwar bezüglich der Testatnote in dem vorhergesagten Bereich, nicht aber bezüglich Vorkenntnisse, ebenso die Absolvent*Innen des BK. Keine der Einzelgruppen schloss jedoch mit einem Signifikanzniveau von mehr als 95% besser oder schlechter ab, weder das Gesamtergebnis noch die einzelnen Fragen des Testats oder der Prüfung betreffend. Die Rangkorrelation für die gesamte Gruppe ist gering.

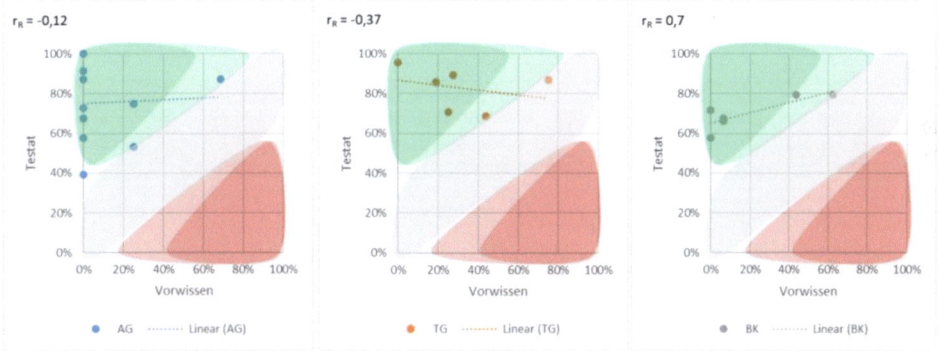

Abbildung 33. Ergebnisse bei Vortest und Testat, getrennt nach den einzelnen
Schularten

5.2.1.2 Definition unterschiedlicher Vorgehensweisen bei der Lösung von Aufgaben

Es soll im Folgenden untersucht werden, wie die Studierenden die Lösung der Aufgaben durchführen. Aufgaben können stets auf verschiedene Weisen gelöst werden. Bei der Vermittlung der Lerninhalte auf dem hier noch sehr einfachen Niveau wurde sehr stark auf eine stark schematisierte Herangehensweise geachtet. Eine solche stark schematische Herangehensweise soll am Beispiel der Aufgabe 2 des Testats erläutert werden (siehe Abbildung 31): Sowohl bei Dimensionierungsaufgaben wie auch bei Festigkeitsnachweisen oder Tragfähigkeitsberechnungen etc. wird stets von der typischen Ungleichung ausgegangen, dass die vorhandene Spannung kleiner sein muss als die zulässige Spannung.

$$\sigma_{vorh} \; < \; \sigma_{zul} \tag{1}$$

Sowohl bei der Explikation der Inhalte in der Vorlesung wie auch bei den Lösungsvorschlägen der Übungsaufgaben wurde auf eine stark schematisierte Vorgehensweise zurückgegriffen. Diese sieht vor, den (auf diesem Niveau noch immer gleichen) Ansatz zunächst darzustellen, wie üblich nach der gesuchten Größe umzuformen und anschließend die gegebenen Zahlenwerte einzusetzen. Nach Erfahrung des Verfassers besteht bei den Studierenden stets eine gewisse Verwechslungsgefahr zwischen den vorhandenen Spannungen, linke Seite der Ungleichung in Gleichung (1) und der zulässigen Spannung, rechte Seite der Ungleichung, weshalb diese stark schematische Vorgehensweise bei den Explikationen im Skript und in der Vorlesung gewählt wurde. Diese ist in den Gleichungen (2) bis (4) auf einem hier sehr einfachen Niveau dargestellt. Es gilt somit für die besagte Testataufgabe 2 der Ansatz:

$$\frac{F}{A} < \frac{R_e}{S_F} \qquad \text{mit} \qquad A = h \cdot b \tag{2}$$

Einsetzen der Fläche liefert Gleichung (3):

$$\frac{F}{h \cdot b} < \frac{R_e}{S_F} \tag{3}$$

Weiteres Umformen für die laut Testataufgabe 2 Berechnung der Tragfähigkeit des gegebenen Querschnitts ergibt Gleichung (4):

$$F < \frac{R_e \cdot h \cdot b}{S_F} \tag{4}$$

Einsetzen der Zahlenwerte aus der Testataufgabe 2, siehe Abbildung 31, ergibt die Lösung für die maximale Kraft in Aufgabe 2:

$$F < \frac{420 \cdot 15 \cdot 40}{1,5} \, N = 168 \, kN \tag{5}$$

Eine alternative Lösung kann aber auch eher intuitiv erfolgen, indem beispielsweise zuerst aus den gegebenen Werten aus der Testataufgabe 2 die zulässige Spannung berechnet wird. Zulässig für den in der Aufgabe gegebenen Werkstoff wäre demnach noch eine maximale Spannung von:

$$\sigma_{zul} = \frac{420}{1,5} \, {N}/{mm^2} = 280 \, {N}/{mm^2} \tag{6}$$

Mit der Kenntnis der vorhandenen Fläche:

$$A = h \cdot b = 15 \, mm \cdot 40 \, mm = 600 \, mm^2 \tag{7}$$

kann intuitiv geschlossen werden, dass, wenn nach Gleichung (6) jeder Quadratmillimeter 280 N aushalten kann, folglich 600 dieser Quadratmillimeter das 600-fache, eine Kraft F von

$$F = 280 \, N \cdot 600 = 168 \, kN \tag{8}$$

aushalten könnten, was dem Ergebnis aus Gleichung (5) entspricht.

Somit sind für die Auswertung der Vorgehensweise bei der Lösung von Aufgaben beispielhaft zwei Möglichkeiten definiert: eine eher schematische Vorgehensweise und die eher intuitive Vorgehensweise. Natürlich können auch andere intuitive Lösungswege zum Ziel führen, zudem sind auch weitere, eher schematische Lösungswege denkbar, wobei die Übergänge teilweise nicht völlig trennscharf beurteilt werden können.

5.2.1.3 Auswertung der der Vorgehensweisen bei der Lösung der Testataufgaben

Bei der Auswertung des Testats wurden zunächst die Lösungen aller Einzelaufgaben nach den Aspekten ‚(eher) schematisch' oder ‚(eher) intuitiv' klassifiziert. Wenn die Mehrzahl der fünf Testataufgaben (demnach drei, vier oder fünf der fünf) schematische gelöst wurden, wurde das Gesamtattribut „schematisch" vergeben, wenn die Mehrzahl der fünf Testataufgaben intuitiv gelöst wurden, wurde das Gesamtattribut „intuitiv" vergeben, andernfalls wurde die Vorgehensweise mit „sowohl als auch" bezeichnet.

In Tabelle 66 sind die nominal skalierten Ergebnisse dieser Auswertung für die Studierenden des Semesters geordnet nach den Schularten der zuvor besuchten Schulen als Kontingenztabelle dargestellt. Es fällt auf, dass die Absolvent*Innen des BK nach vier Wochen Lernzeit ihre Aufgaben nahezu ausschließlich schematisch lösen (so, wie es anhand der Lösungsvorschläge zu den Aufgaben in dem für diese Studierenden teilweise bekannten Lernstoff ausgeführt wurde). Die Absolvent*Innen des TG hingegen (die laut Vortests und laut Bildungsplan über ein gewisses Vorwissen verfügen) lösen die Aufgaben fast ausschließlich intuitiv, die Absolvent*Innen des AG lösen die Aufgaben mehrheitlich schematisch (sechs von elf), einige Studierenden dieser Gruppe zeigen situationsbedingt sowohl den intuitiven als auch den schematische Lösungsweg („sowohl als auch"). Berechnet man für diese Tabelle den Kontingenzkoeffizienten nach Pearson, erhält man für Chi^2 den Wert 15,36 bei einer Signifikanz von 99,4%. Die (gedachte) Nullhypothese, die Merkmale Vorgehensweise und Schulart seien unabhängig voneinander, muss somit verworfen werden. Das Verhältnis aus Kontingenzkoeffizient ($CC = 0,63$) zu maximalem Kontingenzkoeffizient ($CC_{max} = 0,82$) beträgt $CC/CC_{max} = 0,77$, was nach Assenmacher (2010, S. 179) auf einem „ausgeprägten" kausalen Zusammenhang hindeutet.

Tabelle 66. Kontingenztabelle der Merkmale Vorgehensweise und Schulart, Testataufgaben

Testat	AG	TG	BK	ni.
intuitiv	1	5	0	6
sowohl als auch	4	0	1	5
schematisch	6	1	5	12
n.j	11	6	6	23

Wie optisch anhand der (von Excel definierten) Einfärbung ebenfalls zu erkennen ist, sind die Verteilungen zwischen den Absolvent*Innen des AG und des BK sehr ähnlich. Berechnet man lediglich für diese zwei Schularten den Kontingenzkoeffizienten, so ergibt sich für Chi^2 der Wert 1,55, was bei einem Freiheitsgrad von 2 lediglich einem Signifikanzniveau von lediglich 78,5% entspricht (die Tabellenwerte wurden aus Backhaus (2000, S. 657) entnommen und linear interpoliert), die gedachte Nullhypothese, die Merkmale

Vorgehensweise und Schulart seien unabhängig voneinander, kann also lediglich mit einer Signifikanz von 78,5% verworfen werden. Das Verhältnis aus Kontingenzkoeffizient ($CC = 0,29$) zu maximalem Kontingenzkoeffizient ($CC_{max} = 0,71$) beträgt hier lediglich $CC/CC_{max} = 0,41$, was einem „schwach ausgeprägten" kausalen Zusammenhang entspricht. Die Absolvent*Innen des BK und des AG zeigen demnach eine ähnliche Vorgehensweise.

In Abbildung 34 ist die gleiche Thematik dargestellt, allerdings auf der Basis der Beurteilung der einzelnen Testataufgaben der Studierenden. Die hellblaue Farbe repräsentiert die schematische Vorgehensweise, die Farbe Orange repräsentiert die intuitive Vorgehensweise. Die beiden Diagramme auf der linken Seite der Abbildung zeigen eine ähnliche Verteilung, 78% der von den Absolvent*Innen des BK bearbeiteten Aufgaben wurden schematisch gelöst (respektive 61% bei den Absolvent*Innen des AG), hingegen wurden 72% der von den Absolvent*Innen des TG bearbeiteten Aufgaben wurden intuitiv gelöst.

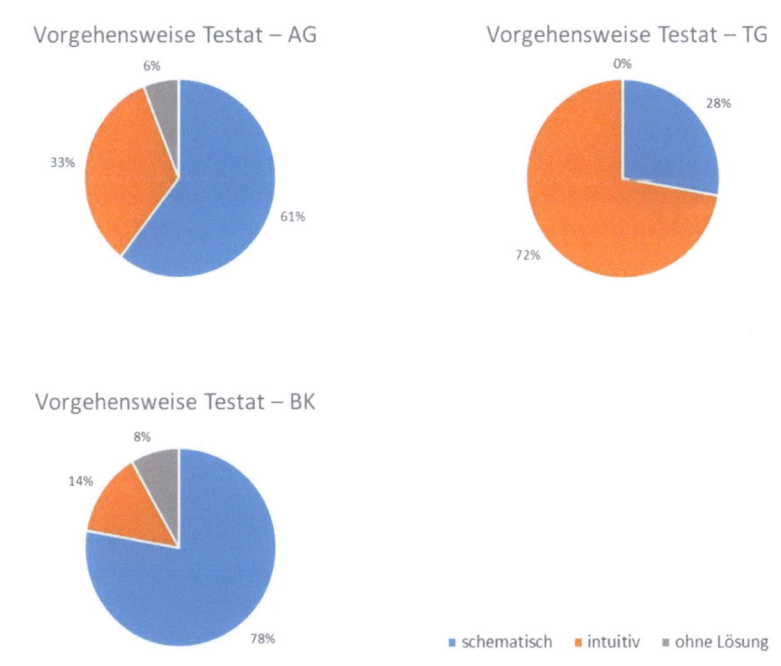

Abbildung 34. Vorgehensweise bei der Bearbeitung der Testataufgaben

Der grau gefärbte Anteil repräsentiert Aufgaben, mit deren Bearbeitung nicht begonnen wurde. Auch hier bleibt es bei der oben getätigten Aussage, die Absolvierenden des BK und des AG lösen vorwiegend schematisch, die des TG vorwiegend intuitiv (dunkelblauer Anteil).

Differenziert man die Vorgehensweise der Studierenden bei der Lösung der Testataufgaben nach ihren anhand des Vortests bestimmten Vorkenntnissen, vgl. Tabelle 67 (die Abkürzung VW- steht für ‚Vorwissen kaum/nicht vorhanden', die Abkürzung VW+ entsprechend für ‚Vorwissen vorhanden'), lässt sich eine ähnliche Tendenz feststellen. (Aufgrund der geringen Anzahl der Studierenden wurde bezüglich des Vorwissens auf eine dichotome Nominalskala ‚vorhanden'/'nicht vorhanden' zurückgegriffen). Wenn im Vortest kein Vorwissen vorhanden war, scheint im Testat eine schematische Vorgehensweise bevorzugt zu werden (8 von 13 Studierenden ohne Vorkenntnisse). War bezüglich des Vorwissen ein gewisses Maß an eine Performanz möglich, kommen nach den Daten aus Tabelle 67 bei der Lösung der Testataufgaben verstärkt auch intuitive Vorgehensweisen zum Einsatz. Der Wert für Chi^2 beträgt 5,05 bei einem Signifikanzniveau von lediglich 93,5% (die Tabellenwerte wurden erneut aus Backhaus (2000, S. 657) entnommen und linear interpoliert), die gedachte Nullhypothese, die Merkmale Vorgehensweise und Vorwissen seien unabhängig voneinander, kann demnach lediglich mit einer Signifikanz von 93,5% verworfen werden. Das Verhältnis aus Kontingenzkoeffizient (CC = 0,44) zu maximalem Kontingenzkoeffizient (CC_{max} = 0,71) beträgt hier lediglich CC/CC_{max} = 0,62, was einem gewissen kausalen Zusammenhang impliziert. Es sei jedoch darauf hingewiesen, dass die einzelnen Erwartungswerte m_{ij} aufgrund der geringen Anzahl Studierenden des betrachteten Jahrgangs (23 der 23 Studierenden haben am Testat teilgenommen) den in Bortz & Schuster (2010, S. 138 ff.) gegebenen Mindestwert von m_{ij} = 5 teilweise nicht erreichen (m_{22} entspricht dem Minimum der hier berechenbaren Erwartungswerte und liegt bei m_{22} = 2,2) sodass zwar gewisse Tendenzen für diesen Studienjahrgang ermittelt werden können, die Allgemeingültigkeit der Rückschlüsse jedoch statistisch angezweifelt werden kann.

Tabelle 67. Kontingenztabelle der Merkmale Vorwissen und Vorgehensweisen: Testataufgaben

	VW-	VW+	ni.
intuitiv	1	5	6
sowohl als auch	4	1	5
schematisch	8	4	12
n.j	13	10	23

Eine Interpretation der Daten liegt jedoch nahe: Studierende mit gewissen Vorkenntnissen haben möglicherweise ein initiales Gefühl eines möglichen Lösungsansatzes und verfolgen diesen weiter, sie müssen also nicht auf das Schema des Lösungsansatzes zurückgreifen,

Studierende ohne Vorkenntnisse bevorzugen die ‚sicher' erscheinende Variante der schematischen Vorgehensweise.

5.2.1.4 Auswertung der Vorgehensweisen bei der Lösung der Prüfungsaufgaben

Die gleiche Unterscheidung, wie sie in Abschnitt 5.2.1.3 für die Testate beschrieben wurde, wurde auch für die Lösungen der Prüfungen durchgeführt. Auch hier wurden wieder die Lösungen der Einzelaufgaben nach den Aspekten ‚(eher) schematisch' oder ‚(eher) intuitiv' klassifiziert. Auch hier wurde, wenn die Mehrzahl der fünf Prüfungsaufgaben (drei, vier oder fünf der fünf) schematische gelöst wurden, wurde das Gesamtattribut „schematisch" vergeben, wenn die Mehrzahl der fünf Testataufgaben intuitiv gelöst wurden, wurde das Gesamtattribut „intuitiv" vergeben, andernfalls wurde die Vorgehensweise mit „sowohl als auch" bezeichnet.

Die Ergebnisse für die Vorgehensweisen in der Semesterprüfung sind in Tabelle 68 dargestellt. Wie ebenfalls zunächst optisch anhand der (von Excel definierten) Einfärbung zu erkennen ist, sind hinsichtlich der Semesterprüfung die Verteilungen zwischen den Absolvent*Innen aller drei Schularten sehr ähnlich. Der Kontingenzkoeffizient dieser 3x3-Matrix ergibt für Chi^2 einen Wert von lediglich 1,34, was bei einem Freiheitsgrad von 3 lediglich einem Signifikanzniveau von lediglich 19,9% entspricht (die Tabellenwerte wurden aus Backhaus (2000, S. 657) entnommen und linear interpoliert), die gedachte Nullhypothese, die Merkmale Vorgehensweise und Schulart seien unabhängig voneinander, kann also lediglich mit einer Signifikanz von 19,9% verworfen werden. Das Verhältnis aus Kontingenzkoeffizient (CC = 0,24) zu maximalem Kontingenzkoeffizient (CC$_{max}$ = 0,82) beträgt hier lediglich CC/CC$_{max}$ = 0,29, was einem sehr schwach ausgeprägten kausalen Zusammenhang entspricht. In der Semesterprüfung zeigen also die Absolvent*Innen aller Schularten eine sehr ähnliche Vorgehensweise.

Vergleicht man die Vorgehensweisen der Studierenden bei der Lösung der Aufgaben in Testat (Tabelle 66) und Semesterprüfung (Tabelle 68) ist insgesamt eine deutliche Veränderung dieser Vorgehensweise hin zu einem schematischen Vorgehen zu beobachten. Der Spaltenvektor ni. aus Tabelle 66 (hier als Zeilenvektor dargestellt: (6 5 12)), verändert sich in Tabelle 68 zu (0 3 19). Demnach gibt es keine Studierenden mehr, deren Herangehensweise zur Lösung der Aufgaben überwiegend intuitiv ist. Diese Veränderung wird vor allem von den Absolvent*Innen des TG beeinflusst, die bei der Lösung der Aufgaben von einer nahezu rein intuitiven Vorgehensweise im Testat (als Zeilenvektor: (5 0 1)) zu einer nahezu rein schematischen Vorgehensweise (0 1 5) in der Prüfung übergegangen sind. Die Gruppe der Absolvent*Innen des AG lassen eine ähnliche Tendenz zur schematischen Vorgehensweise (von (1 4 6) nach (0 2 8)) erkennen, gleiches gilt für die Gruppe der Absolvent*Innen des BK, die die Aufgaben in der Semesterprüfung mit (0 0 6) nun rein schematisch lösen (im Testat war die Verteilung (0 1 5)). Auch hier sei jedoch darauf hingewiesen, dass die einzelnen Erwartungswerte m_{ij} aufgrund der geringen Anzahl Studierenden des betrachteten Jahrgangs (22 der 22 Studierenden haben an der Prüfung teilgenommen) den in Bortz & Schuster (2010, S. 138 ff.) gegebenen Mindestwert von $m_{ij} = 5$ teilweise nicht erreichen, sodass zwar gewisse Tendenzen für diesen Studienjahrgang ermittelt werden können, die Allgemeingültigkeit der Rückschlüsse jedoch statistisch angezweifelt werden kann.

Tabelle 68. Kontingenztabelle der Merkmale Vorgehensweise und Schulart, Semesterprüfung

Prüfung	AG	TG	BK	n_i
intuitiv	0	0	0	0
sowohl als auch	2	1	0	3
schematisch	8	5	6	19
n_j	10	6	6	22

Von den vier zu ihrer Vorgehensweise qualitativ befragten Studierenden hatten, wie oben dargestellt, zwei die Testataufgaben intuitiv gelöst. Beide Studierenden haben bezüglich der Lösung der Prüfungsaufgaben einen Wechsel hin zur schematischen Vorgehensweise vollzogen. Die Person, die über Vorkenntnisse verfügte und bei den Testaten noch intuitiv löste, begründete ihren Wechsel der Vorgehensweise mit der gestiegenen Komplexität der Aufgaben. Es wurde bemerkt, dass „spätestens" bei den Aufgaben zum Thema der zusammengesetzten Beanspruchung verstärkt die Musterlösungen konsultiert wurden, da nicht übereinstimmende Endergebnisse sowie Schwierigkeiten beim Finden einer ersten Idee auftraten. Die andere ehemals intuitiv lösende Person äußerte sich leider wenig aufschlussreich.

5.2.2 Vorgehensweise der Studierenden bei der Verwendung der Übungsaufgaben zur Vorbereitung des Testats, F4

Es soll in diesem Abschnitt die Vorgehensweise der Studierenden bei der Vorbereitung auf Leistungsnachweise untersucht werden. Es wurde hierzu der Leistungsnachweis ‚Testat' dem Leistungsnachweis ‚Semesterprüfung' vorgezogen, weil davon auszugehen ist, dass bei der Semesterprüfung eine größere Anzahl potenziell störender Einflussfaktoren vorliegen kann. Einer dieser Einflussfaktoren auf die Vorgehensweise kann demnach bspw. eine anteilige Verrechnung der erzielten Noten mit anderen Prüfungsleistungen sein (vgl. Ergebnisse Kapitel 5.3.3), insbesondere ist jedoch durch eine gestiegene Anzahl der Prüfungsleistungen zum Semesterende eine komplexere Lernplanung nötig, die demnach auch eine größere

Störanfälligkeit in Bezug auf nicht nach Plan verlaufenden Prüfungsvorbereitungen in anderen Fächern und der dadurch ggf. nötigen Abwägung eines geringsten Schadens für die Gesamtprüfungsleistung im jeweiligen Semester beinhalten kann. Davon ist bei der Vorbereitung auf das besagte Testat demnach nicht auszugehen, es sind ab der ersten Vorlesung vier Wochen Zeit zur Vorbereitung des Testats, ohne die genannten Einflüsse.

5.2.2.1 Lernmaterialen der virtuellen Lernumgebung

Soll die Vorgehensweise der Studierenden untersucht werden, ist eine Beschreibung der den Studierenden zur Verfügung stehenden Lernmaterialien und der virtuellen Lernumgebung sinnvoll. Wie in Kapitel 4.4 ausgeführt, besteht die virtuelle Lernumgebung aus zwei Hauptelementen, den explizierenden Elementen (Skripte, Videos etc.) und aus auf eigenständige Anwendung durch die Studierenden zielenden Elementen. Dieser anwendende Teil besteht aus Übungsaufgaben (dabei waren alle Aufgaben detaillierten und teilweise kommentierten Lösungswegen (Lösungsvorschläge) versehen zur eigenständigen Kontrolle der Rechnung), wobei die Übungsaufgaben nach Niveau sortiert wurden (Hierarchisierung). Das Schema dieser Hierarchisierung ist dabei stets das gleiche (sie ist beispielhaft für das Thema Zugbeanspruchung in Abbildung 35 dargestellt).

In der linken Spalte sind als leicht klassifizierte Aufgaben, in der mittleren Spalte sind mittelschwere Aufgaben, in der rechten Spalte sind schwierige Aufgaben, jeweils gemessen am für die Prüfung relevanten Niveau. Demnach befindet sich in der Darstellung oben links die leichteste Aufgabe und unten rechts die schwierigste zu einem jeweiligen Thema. Es wurde darauf geachtet, dass die Niveausprünge möglichst konstant sind (auf Basis der Analyse der schwierigkeitserzeugenden Merkmale aller Aufgaben). Zur weiteren Strukturierung wurden so genannte Sternchenaufgaben definiert, deren Bearbeitung vom Verfasser empfohlen wurde mit der Begründung, dass in diesen Sternchenaufgaben relevante Aspekte eines Themas thematisiert wurden. Um den Studierenden, falls gewünscht, eine kleinschrittigere Vorgehensweise zu ermöglichen, wurden alle Aufgaben als Excel-Sheet hinterlegt, sodass die jeweils gleiche Aufgabe mit anderen Zahlen gerechnet und das Ergebnis numerisch überprüft werden konnte.

Ziel war, den Studierenden eine gewisse Flexibilität bezüglich der Vorgehensweise zu gewähren (in der Weise, dass bspw. Studierende mit ausgeprägten Vorkenntnissen in bestimmten Themenbereichen ggf. Aufgaben überspringen oder bspw. nur schwierige Aufgaben rechnen konnten).

Im Rahmen der hier betrachteten Frage F4 war nun von Interesse, wie die Studierenden bei ihrer Vorbereitung vorgehen würden, ob bspw. die Absolvierenden des BK vorzugsweise eine bestimmte Vorgehensweise bezüglich der Abfolge der berechneten Aufgaben wählen und ob diese sich grundlegend unterscheidet von der Vorgehensweise anderer Gruppen.

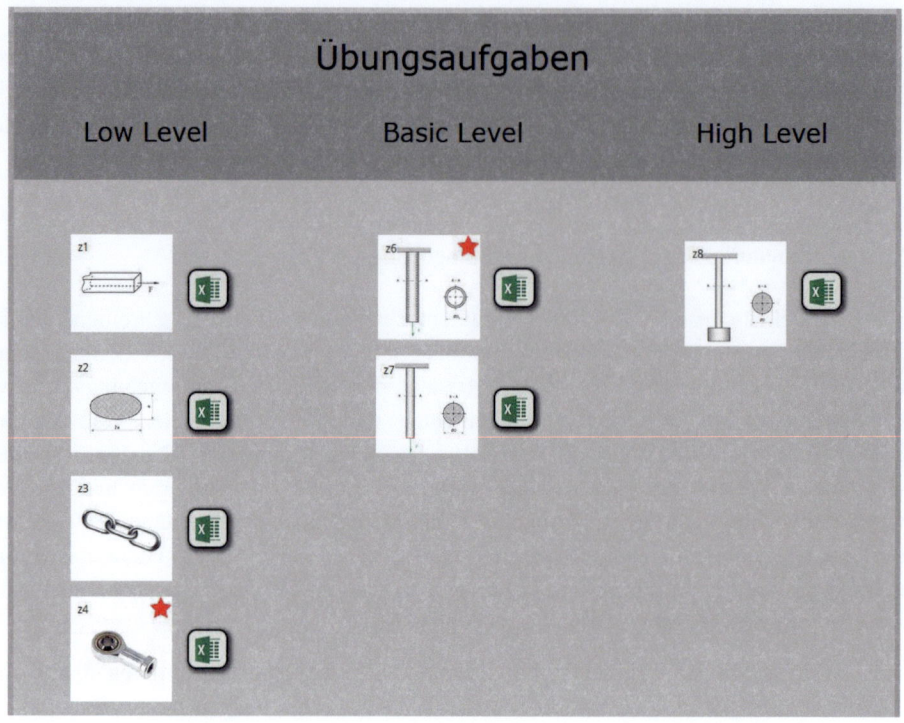

Abbildung 35. Graphische Nutzeroberfläche der virtuellen Lernumgebung,
Übungsaufgaben zum Thema Zugbeanspruchung

5.2.2.2 Vorgehensweise der Untersuchung und „Lern-Logbuch"

Um die Vorgehensweise der einzelnen Studierenden zu bestimmen, wurden das folgende
Setting gewählt: Den 24 an der ersten Vorlesung teilnehmenden Studierenden wurde
zunächst die virtuelle Lernumgebung vorgestellt (inklusiver der Erklärung bezüglich des
Umgangs mit den Übungsaufgaben). Im Anschluss daran wurde den Studierenden erläutert,
dass nach vier Wochen ein erstes freiwilliges Testat erfolgen würde, die zu einem Anteil von
30% in die Prüfungsnote einfließen wird. Zudem wurde den Studierenden jeweils ein „Lern-
Logbuch" ausgehändigt. Dieses Lern-Logbuch ist für das in Abbildung 35 dargestellte
Thema beispielhaft in Abbildung 36 aufgeführt: Es besteht aus den auf der virtuellen
Lernumgebung verwendeten Icons der Aufgaben, neben diesen Icons sollte die Reihenfolge
und das Datum eingetragen werden, wann die entsprechenden Aufgaben gerechnet wurde,
zudem sollte anhand der Smileys eine kurze Einschätzung erfolgen, wie die Lösung der
Aufgabe subjektiv wahrgenommen wurde: positiv, neutral oder negativ.

Thema Zug

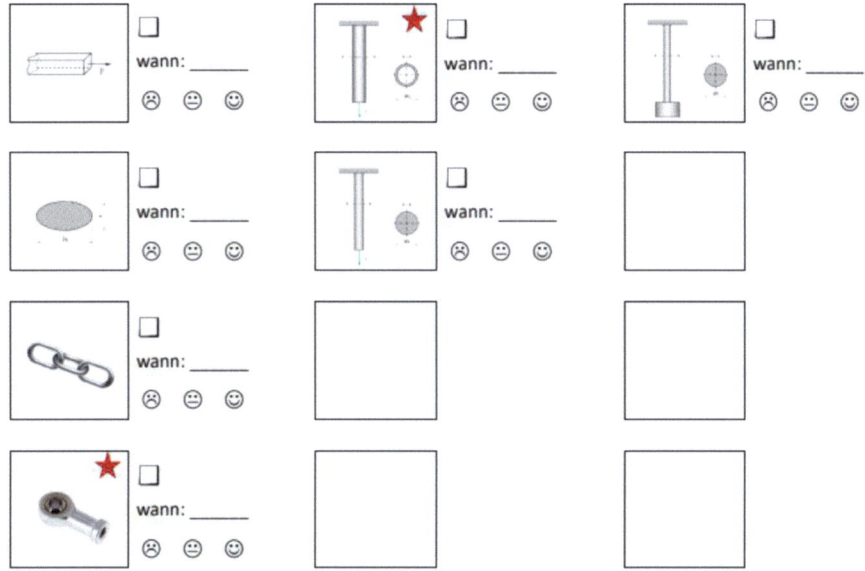

Abbildung 36. Lernfortschritt zum Thema Zugbeanspruchung

Aus diesem stets gleichen Schema der Anordnung der Aufgaben ergeben sich verschiedene Möglichkeiten der Vorgehensweise bei der Berechnung der Übungsaufgaben, die in Abbildung 37 dargestellt ist. Zum Thema 1, bspw. das Thema Zugbeanspruchung, können zunächst alle Aufgaben von leicht nach schwierig in der Reihenfolge der Schwierigkeitssteigerung berechnet werden, bevor das nächste Thema, hier Thema 2, bearbeitet wird. Diese Vorgehensweise wird hier chronologisch genannt. Eine weitere, alternativ chronologische Vorgehensweise ist in der zweiten Spalte der Abbildung dargestellt, indem bspw. zunächst alle Themen auf einfachem Niveau, dann alle Themen auf mittlerem Niveau etc. bearbeitet werden. (Diese Vorgehensweise war vom Verfasser nicht beabsichtigt, sie wurde aber von einem Studierenden, durchaus mit Erfolg, so angewandt).

Die dritte Spalte, beschrieben als „chronologisch mit Wiederholungen", würde bspw. vorliegen, wenn bestimmte Aufgaben mehrfach gerechnet würden, falls also den Lernenden bestimmte Aufgaben, aus welchen Gründen auch immer, als wiederholenswert erscheinen sollten. Die letzte hier genannte dargestellte Spalte stellt ein intuitives Springen zwischen den Aufgaben dar. Dieses Springen kann in logischer Reihenfolge von einfach nach schwierig erfolgen, es kann aber auch das „Zurückspringen" zu leichteren Aufgaben beinhalten, beispielsweise, wenn von den Lernenden erkannt wurde, dass bestimmte Inhalt doch noch nicht so verstanden wurden wie zunächst eingeschätzt.

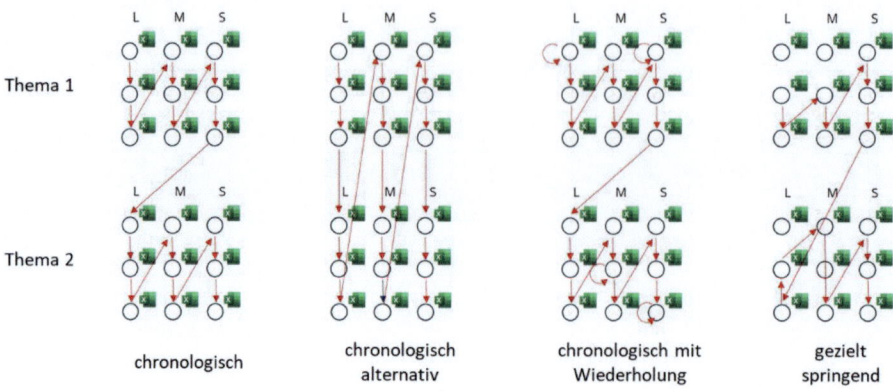

Abbildung 37. Mögliche Vorgehensweise bei der Bearbeitung der Aufgaben

5.2.2.3   Auswertung der Angaben des Lern-Logbuchs

Anhand der Angabe des Datums der von den Studierenden berechneten Übungsaufgaben konnten Rückschlüsse auf die Vorgehensweise bei der Prüfungsvorbereitung gezogen werden. Dabei zeigten sich bei den Studierenden drei charakteristische Vorgehensweisen: manche Studierenden gingen sehr (oder eher) chronologisch vor, sie begannen mit dem ersten Thema bei der leichtesten Übungsaufgabe und arbeiteten sich entlang der vorgegebenen Hierarchisierung „chronologisch" bis zur schwierigsten Aufgabe des letzten Themas vor (siehe Abbildung 37, linkes Muster), andere sprangen gezielt zwischen den Aufgaben und manchmal auch zwischen den Themen hin und her, (siehe rechtes Muster in der genannten Abbildung). Manche Studierenden fingen zunächst chronologisch an und änderten dann ihre Vorgehensweise und sprangen zwischen den Schwierigkeitsniveaus und/oder Themen. Der Verdacht liegt nahe, dass diese Vorgehensweise mit dem Vorwissen korreliert, dass bspw. Studierende mit viel Vorwissen sehr gezielt nur die Aufgaben aussuchen, die sie für ihr Niveau als passend erachten, während die Novizen sehr chronologisch vorgehen könnten. Wie sich nach Auswertung der 18 ausgefüllten Lerntagebücher zeigte, konnte bei den Studierenden diesbezüglich kein Zusammenhang verzeichnet werden, vgl. Tabelle 69.

Die Werte n_{ij} der Kontingenztabelle oben entsprechen recht genau den jeweiligen Erwartungswerten m_{ij}, einer anteiligen Gleichverteilung, was in einem sehr geringen Chi^2-Wert von 0,12 resultiert (der dem Signifikanzniveau zur Verwerfung der gedachten Nullhypothese der Unabhängigkeit der Merkmale von lediglich 4% entspricht). Auch hier sei darauf verweisen, dass die Erwartungswerte m_{ij} der absoluten Häufigkeiten angesichts der geringen Teilnehmerzahl erneut unter dem empfohlenen Wert von 5,0, was die Aussagekraft der Ergebnisse infrage stellt.

Tabelle 69. Kontingenztabelle der Merkmale Vorgehensweise Vorbereitung und Vorwissen

	VW-	VW+	ni.
chronologisch	4	3	7
erst chronoligisch, dann gezielt	3	2	5
gezielt	3	3	6
n.j	10	8	18

Bezüglich der Dauer der Lernvorbereitung lässt sich, ähnlich zu den Ergebnissen des Untersuchungsteils 1 feststellen, dass die Vorbereitungszeit der Absolvent*Innen des BK auf das Testat mit durchschnittlich 2,3 Wochen am längsten ist, die der Absolvent*Innen des TG am kürzesten (1,5 Wochen) und die der Absolvent*Innen des AG mit 1,8 Wochen dazwischenliegt. Die Zuordnung zu den einzelnen Gruppen ist jedoch nicht von hoher Signifikanz (T-Test), es gibt jeweils deutliche Ausreißer, die nicht unbedingt (ausschließlich) mit den hier anhand des Vortests gemessenen Vorkenntnissen zu tun haben.

Werden weitere Parameter mit einbezogen, so scheint eine nahezu individuelle Verteilung der Vorgehensweisen vorzuliegen, vgl. Tabelle 70. Die Bandbreite der Angaben zu den einzelnen Parameter ist dabei teilweise recht groß: die Zeit zur Vorbereitung auf das Testat (dieses wurde vier Wochen nach der ersten Vorlesungsstunde geschrieben) schwankte zwischen maximal 3 Wochen und minimal 0,5 Wochen (3 Tagen), teilweise wurden 100% der angebotenen Aufgaben bearbeitet, im entgegengesetzten Fall wurden lediglich 8 von 22 bearbeitet, das Maximum der doppelt berechneten Aufgaben lag bei acht, wobei jedoch die meisten Studierenden für dieses Testat von einer doppelten Berechnung bestimmter Aufgaben absahen. Die in Tabelle 70 tabellarisch dargestellten Zusammenhänge werden in Abbildung 39 zusätzlich zur Abhängigkeit zwischen der jeweiligen Note in Testat und Vortest dargestellt. Um die teilweise deutlichen Unterschiede bezüglich der Vorgehensweisen der Studierenden bei ihrer Vorbereitung auf den Leistungstest darzustellen, seien hier einige Fälle gegeneinander kontrastiert:

Die in Tabelle 70 mit der laufenden Nummer 1 bezeichnete Person zeigte eine sehr einfache Vorgehensweise: sie lernte sowohl bezüglich der Themen wie auch innerhalb der

Themengebiete streng chronologisch, demnach hielt sie sich zum einen an die Reihenfolge der behandelten Themen, sie lernte vom Thema Zug über Druck, Absicherung über die „kombinierten Aufgaben" (abgekürzt mit komb. Aufg.) und zum anderen innerhalb der Themen entlang der vorgenommenen Hierarchisierung der Aufgaben. Sie berechnete in den 2 Wochen Lernzeit lediglich eine der 22 angebotenen Aufgaben nicht und berechnete keine der Aufgaben doppelt, war mit dem Lernfortschritt zufrieden und erzielte die Testatnote 1,4.

Die mit der laufenden Nummer 6 bezeichnete Person suchte sich die Aufgaben innerthematisch sehr gezielt aus, meist auf mittlerem Niveau, sprang jedoch zwischen den Themen hin und her, sie ließ trotz einer Lernzeit von 1,5 Wochen insgesamt 9 von 22 Aufgaben aus, obwohl sie im Vortest keine der Fragen beantworten konnte, und war mit der Note von 2,3 eher im mittleren Leistungsspektrum. Die mit der Nummer 9 versehene Person erzielte mit einer sehr ähnlichen „Taktik" die Note 1,0, nahm sich nur eine Woche Zeit für die Vorbereitung, hatte jedoch als Absolvent*In des TG auch die höchste Punktzahl im Vortest.

Die in Zeile 10 dargestellte Person fing zunächst chronologisch an und wechselte zunehmend in einen springenden Modus, dabei wiederholte sie in einer Lernzeit von 2 Wochen 8 Aufgaben, wobei eine Testatnote von 1,2 erzielt werden konnte. Die Personen in Zeile 13 und 14 zeigten dabei eine weitere Variante bezüglich ihrer Vorgehensweise: sie lernten recht chronologisch, allerdings sprangen sie in den Themen: beiden berechneten zuerst in der implizierten Reihenfolge alle leichten Aufgaben des Themas Zug, dann alle leichten Aufgaben des Themas Druck, Absicherung usw., sie gingen dann über zu mittelschweren Aufgaben des Themas Zug, etc.

Ein Aspekt, der nahezu alle Studierenden eint, ist die Tatsache, dass der erzielte Lernfortschritt überwiegend deutlich positiv beurteilt wurde (Spalte „Bew" in Tabelle 70), sodass der Rückschluss naheliegt, dass die jeweils ausgesuchte Strategie wohl subjektiv überwiegend als zielführend empfunden wurde.

Schlussfolgerung

Abgesehen von dem genannten Merkmal des Vorwissens, dem oben kein alleiniger Zusammenhang zu der von den Studierenden gewählten Vorgehensweise nachgewiesen werden konnte, das aber dennoch ein Einflussfaktor unter vielen sein könnte, sind auch weitere Einflussfaktoren denkbar. So ist wohl davon auszugehen, dass das latente Konstrukt der Intelligenz, wie auch immer dieses für den hier betrachteten Bereich definiert werden müsste, einen gewissen Einfluss auf das Lernverhalten (bspw. die Weite der sich zugetrauten Sprünge zwischen den einzelnen Aufgaben) haben könnte. Ebenso könnten die bisherigen, in den vorausgegangenen Bildungsinstitutionen angeeigneten Lerngewohnheiten, das Ausmaß an Selbstwirksamkeitsempfinden der Studierenden, die Motivation der Studierenden (wobei das Selbstwirksamkeitsempfinden nach Auswertung der Untersuchung in Kapitel

5.1.8 bei den Studierenden recht „normal" ausgeprägt und die Motivation nach Auswertung der Untersuchung in Kapitel 5.3.3 insgesamt eher hoch zu sein scheint), das etwaige individuelle Sicherheitsbedürfnis der Lernenden (das ggf. durch eine möglichst vollständige Bearbeitung der Lernunterlagen erzeugt werden könnte), die Abstimmung mit anderen Lernenden innerhalb einer möglichen Lerngruppe und/oder die jeweils mehr oder weniger erfolgreiche Lernplanung und Lernregulation angesichts etwaiger störender (ggf. privater) Einflüsse etc.

Unabhängig von der genauen Begründung dieser sehr individuellen Vorgehensweisen der Lernenden, scheint jedoch aufgrund der Vielfalt der gewählten Lernabfolgen eine zu enge Einschränkung der Vorgehensweise der Studierenden beim Design von Lernumgebungen (wie sie bspw. durch die in Abbildung 38 dargestellten und aus Meder (2010) entnommenen Abfolge von Lernmaterialien dargestellt ist) weniger zielführend. Es scheint demnach (in Anlehnung an die nach Knoll (2005) mögliche unendliche Anzahl der Bifurkationspunkte innerhalb der jeweiligen Bildungsbiographien) bei der Konzeption von Lernumgebungen vielmehr geboten, durch bestimmte Maßnahmen eine wie oben vorgefundene, individuelle, selbstgesteuerte (und subjektiv erfolgreiche) Vorgehensweisen zu ermöglichen und Abweichungen vom initial geplanten Vorgehen zuzulassen.

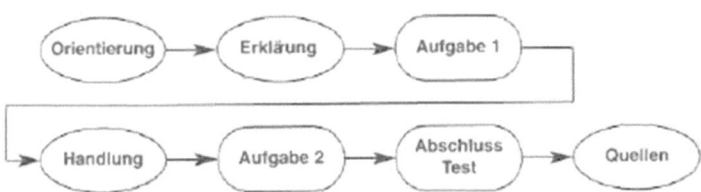

Abbildung 38. Mögliches lineares Design mediengestützten Lernens, entnommen
aus Meder (2010)

Insofern scheint eine wie in Abbildung 38 dargestellte, stark vorgeschriebene Anordnung von Lernarrangements eher abwegig. (Es sei abschließend angemerkt, dass Meder die in Abbildung 38 illustrierte Darstellung dieser grundsätzlich möglichen Vorgehensweisen einer Webdidaktik a.a.O. zu Zwecke der Erstellung einer Ontologie erstellte und diese nicht als universell gültige Designempfehlung gedacht war, sodass die oben getätigte Aussage nicht als Kritik an der Meder'schen Ontologie zu verstehen ist.)

5.2.3 Diskussion und Reflexion der Vorgehensweise des UT 2

Auch für diesen Untersuchungsteil konnte eine nahezu 100%ige Rücklaufquote des untersuchten Kurses TMB22A erhalten werden. Es gab lediglich ein Studierenden, der aufgrund der Anerkennung einer Prüfungsleistungen, die er an einer anderen Hochschule erbracht hatte, nur in der ersten Stunde an der Vorlesung teilnahm.

Auch hier war es nicht das Ziel, durch quantitative Auswertung mathematische Gesetzmäßigkeiten des Verhaltens der Subgruppen einer größeren Grundgesamtheit zu deduzieren, sondern vielmehr die etwaige Vielfältigkeit des Verhalten bezüglich des Umgangs mit den Aufgaben in der Lernphase auf das Testat oder in der Art und Weise der Lösung der Testat- oder Prüfungsaufgaben zu explorativ zu beleuchten.

Auch hier wurde der Versuch unternommen, durch hohe Transparenz und persönlich Ansprache für die Teilnahme an den einzelnen Maßnahmen zu werben, bspw. mit dem mehrmals formulierten Versprechen, dass der Vortest der ersten Vorlesungsstunde keinesfalls eine Relevanz für die Notengebung zum Semesterende hätte, dass die Befragung im Rahmen einer Forschungsfrage erfolge und „ich als Dozent" sehr dankbar wäre, wenn möglichst alle an der Studie teilnehmen würden, ich aber natürlich weder jemanden zwingen könne noch wolle, dass die Frage nach dem individuellen Verhalten auch für die Teilnehmenden eine sehr spannende wäre etc.

Bezüglich des Testats wurde der Versuch unternommen, die Motivation zur Teilnahme zu steigern, indem, wie oben erwähnt, die Verrechnung mit der Endnote versprochen (und natürlich auch eingehalten) wurde, allerdings sollte die Verrechnung der Noten nur erfolgen, wenn die Note des Testats besser ausfallen würde als die Note der Semesterendprüfung. Dass diese Untersuchung somit zwangsläufig nun nicht mehr anonym ausfallen konnte, hatte aus Sicht des Verfassers keinen negativen Einfluss auf das Verhalten der Lernenden.

Tabelle 70. Übersicht über die Lernvorgehensweisen der 18 untersuchten Studierenden unter Einbeziehung weiterer Parameter

Nr.	SA	NM	Ausb.	Nov	Lz	Vorgehensweise Themen	Vorgehensweise innerthematisch	nb	do	Bew	NT
1	AG	3		69%	2	streng chronologisch	von einfach zu schwierig	1	-	gut	1
2	AG	3,3		25%	3	streng chronologisch	von einfach zu schwierig, am Ende wiederholend die schwierigsten Aufgaben	-	3	gut	2
3	AG	1,3			2	streng chronologisch	von einfach zu schwierig, am Ende wiederholend die schwierigsten Aufgaben	-	5	gut	1
4	AG	1,3			3	erst chronologisch, dann springend	sehr gezielt: Zug: leicht, mittel, schwierig, dann zurück: eine Aufgabe mittel, dann Thema Druck, ausgewählte Aufgaben, dann kurz zurück Thema Zug, Thema dann Absicherung einige Aufgaben Niveau mittel, dann einfaches Niveau, dann kombinierte Aufgaben chronologisch, am Ende Aufgaben aus allen Themen aufgefüllt	-	-	oft gut	1
5	AG	2			2	streng chronologisch	streng chronologisch	-	-	k.A.	1
6	AG	1,3			2	eher springend: Zug, Druck, kombinierte Aufgaben, Absicherung, Zug, Absicherung	sehr gezielt, meistens erst mittleres Niveau, dann gesprungen	9	-	k.A.	2
7	AG	5,3	Zw.mec.		1	streng chronologisch	sehr chronologisch, keine Sprünge	1	-	gut	3

Fortsetzung von Tabelle 70, Übersicht über die Lernvorgehensweisen der 18 untersuchten Studierenden

Nr.	SA	NM	Ausb.	Nov	Lz	Vorgehensweise Themen	Vorgehensweise innerthematisch	nb	do	Bew	NT
8	TG	1,7		75%	1	mittel & schwer Zug, mittel Druck, mittel & schwer. Abscherung, dann kombinierte Aufgaben, dann springend / auffüllend: auch leichte Aufgaben	springend: Anfang Mittelniveau mit positiver Selbsteinschätzung, dann hin und her	2	-	gut	1
9	TG	2,3		44%	1	Sehr zielgerichtet. Kaum Zug, mittleres Niveau Druck, ebenso Abscherung, schwieriges Niveau kombinierte Aufgaben	gezielt springend, dabei eher chronologisch	14	-	gut	2
10	TG	4,7	Mech.		2	chronologisch Zug, Druck, Abscherung, kombinierte Aufgaben, dann 2 Wiederholungen, dann erneut weitere kombinierte Aufgaben	erst chronologisch, zwischendurch wiederholend springend	2	8	k.A.	1
11	TG	2,3	Wz.mec.	28%	3	streng chronologisch	sehr chronologisch	2	-	k.A.	1
12	TG	4,7		19%	1	streng chronologisch	sehr chronologisch	3	-	k.A.	2
13	BK	-	IM-M	6%	3	jeweils eher chronologisch, innerthematisch mit geringfügigen Sprüngen: erst Zug leicht/mittel/schwer, dann 2 Wiederholungsaufgaben, dann Druck leicht, dann Abscherung leicht, dann Druck mittel, dann Abscherung mittel, dann kombinierte Beanspruchung leicht/mittel/schwierig.		2	2	oft gut	3

Fortsetzung von Tabelle 70, Übersicht über die Lernvorgehensweisen der 18 untersuchten Studierenden

Nr.	SA	NM	Ausb.	Nov	Lz	Vorgehensweise Themen	Vorgehensweise innerthematisch	nb	do	Bew	NT
14	BK	3		6%	3	eher chronologisch Zug, Druck, Abscherung, kombinierte Aufgaben, aber immer erst alle einfachen, dann alle mittleren, am Ende die schwierigen und themenübergreifend springend	chronologisch alle einfachen, dann alle mittleren, am Ende die schwierigen Aufgaben	2	-	k.A.	2
15	BK	2,5	Prod.des	44%	3	streng chronologisch	gesprungen bei Zug (einfach, mittel, schwierig), dann themenweise chronolog.	-	-	gut	2
16	BK	1	Kfz.mec.		3	streng chronologisch	Zug & Druck sehr gewissenhaft, frei gesprungen. Druck ebenfalls ausgewählte Aufgaben, Abscherung nur eine, kA alle	8	-	gut	2
17	BK	1	Prod.des		2	streng chronologisch	streng chronologisch	1	-	gut	2
18	BK	1		63%	1	streng chronologisch	sehr gezielt: 3 Zug (leicht, mittel, schwer), 2 druck (leicht, mittel), 3 Abscherung (leicht und mittel), 2 kA (mittel, schwierig)	12	-	k.A.	1

* In der Tabelle verwendete Abkürzungen: SA: Schulart (darin AG: Allgemeinbildendes Gymnasium, TG: Technisches Gymnasium, BK: Berufskolleg), NM* Letzte Mathenote der qualifizierenden Schulart, Ausb: Ausbildung (darin Zweiradmechaniker, Mechatroniker, Werkzeugmechaniker, Indus-triemechaniker-Meister, Produktdesigner, Kfz-Mechatroniker), Nov: Novizen (Ergebnis des Vortests in %), Lz: Lernzeit in Wochen zur Vorberei-tung des Testats, komb. Aufg.: Themengebiet „kombinierte Aufgaben" , nb: Anzahl der nicht bearbeiteten Aufgaben (von 22 zu diesen Themen angebotenen Übungsaufgaben), do: Anzahl der doppelt gerechnete Aufgaben (von 22 zu diesen Themen angebotenen Übungsaufgaben), Bew: Bewertung des Lernfortschritts anhand der angekreuzten Smileys im Lern-Logbuch, NT: Note im diese Lerneinheit abschließenden Testat

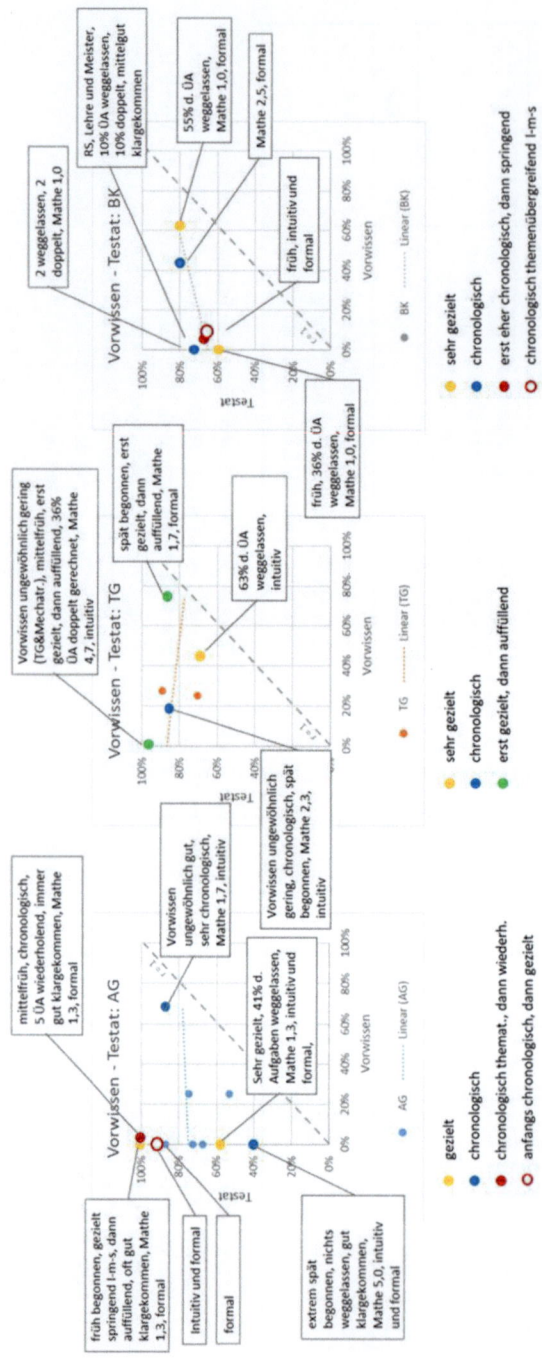

Abbildung 39. Bildliche Darstellung der in Tabelle 70 erfolgten Auswertung, sortiert nach den qualifizierenden Schularten

5.3   Ergebnisse des Untersuchungsteils 3

5.3.1   Vorgehensweise des Untersuchungsteil 3

Die Vorgehensweise des Untersuchungsteil 3 erfolgte, wie in Kapitel 3.6 dargestellt, in zwei Schritten. Sie umfasst eine mit Hilfe eines standardisierten Fragebogens durchgeführte und quantitativ ausgewertete Befragung von Studierenden zu den von ihnen empfundenen (ggf. kritischen) Lernanforderungen (vgl. Kapitel 2.2.3) im ersten Schritt. Anhand dieser Ergebnisse sollte im Rahmen der weiteren Untersuchung im darauffolgenden Schritt eine explorative Befragung einiger in bestimmter Weise auffälliger Studierender durchgeführt werden.

Voruntersuchung

Um die Relevanz der in Abschnitt 2.2.3 dargestellten potenziell ‚kritischen Lernanforderungen' für die Studierenden zu bestimmen, wurden an einem DHBW-Standort aus dem Studiengang Maschinenbau in mehreren aufeinanderfolgenden Studienjahrgängen insgesamt 64 Studierende befragt. Für den Bezugszeitraum der Antworten wurde das erste Studienjahr gewählt, was an dem ausgewählten DHBW-Standort in diesem Studiengang den ersten drei Semestern entspricht. (Die Vorlesung beginnt in diesem Studiengang im ersten Semester Anfang jeweils im Januar und endet im dritten Semester Ende Dezember, die zeitliche Differenz zu den 1,5 Jahren der drei Semester entsprechen zwei Praxisphasen, die diesem Zeitraum vorangehen bzw. folgen). Die Lernenden wurden in der Befragung gebeten, das Modulfach zu nennen, das ihnen in diesem Zeitraum als für sie am schwierigsten erschien. Auf dieses Fach bezogen wurden sie aufgefordert, die in der Tabelle 6 aufgeführten potenziell kritischen Lernanforderungen auf einer Skala von 1 (hat mir keine Probleme bereitet) bis 9 (hat mir sehr große Probleme bereitet) zu bewerten. Die Befragung erfolgte retrospektiv jeweils zum Ende des 3. Semesters, sie bezog sich auf alle in diesem Zeitraum besuchten Vorlesungen. Diese Vorlesungen wurden von den einzelnen Lehrpersonen meist ‚konventionell' gehalten: die Vorlesung erfolgt frontal, die Anzahl der Studierenden in dem Vorlesungsraum beträgt ca. 20 bis 30 Studierende, die Explikationen wurden ausschließlich mit Hilfe einer Präsentationssoftware dargeboten, ein Tutorium ist nicht vorgesehen, es existiert jeweils ein Skript in elektronischer Form, das den Studierenden, zuzüglich einer bestimmten Anzahl von Übungsaufgaben und Altklausuren inklusive ihrer Lösungen unter Verwendung des Lernmanagementsystems ‚moodle' angeboten wird.

Die Klärung der Frage, welche Studierenden als stark belastet bezeichnet werden können erfolgt in Abschnitt 5.3.2. Die im Rahmen dieser Voruntersuchung erzeugten Daten wurden mit Hilfe der deskriptiven Statistik ausgewertet. Eine Clusteranalyse anhand der erhobenen Daten wurde ebenfalls durchgeführt, beides ist im genannten Abschnitt 5.3.2 dargestellt.

Folgeuntersuchung

Die Folgeuntersuchung sieht eine qualitative Befragung der stark belasteten Studierenden vor. Die Befragung dieser Folgeuntersuchung (die explorative Gewinnung der Daten) erfolgte mit Hilfe ‚leitfadenorientierter Interviews‘, die bei einer Online-Konferenz mit den jeweils Befragten geführt wurden. Der verwendete Leitfaden ist in Abbildung 51 in Abschnitt 5.3.3 dargestellt, die Auswahl der Erzählaufforderungen und der optionalen Aspekte wird im gleichen Abschnitt begründet.

Die inhaltliche Analyse der Interviews erfolgte unter Anwendung einer qualitativen Inhaltsanalyse nach Mayring (2010). Retrospektiv trat eine gewisse empirische Sättigung ein, nachdem sieben Studierende interviewt wurden. Die Auswahl dieser Studierenden erfolgte nach dem Prinzip der minimalen und maximalen Kontrastierung anhand der Ergebnisse der Voruntersuchung.

5.3.2 Ergebnisse der Voruntersuchung

Allgemeine Anmerkung zu den untersuchten Gruppen

Die Untersuchung zur empfundenen Belastung der Studierenden erfolgte anhand der Semester TMB18A bis TBM21A/B, wobei insgesamt 63 Fragebogen ausgewertet werden konnten. Wie in Kapitel 2.2.2 ausgeführt, wurden unter Berücksichtigung der Erkenntnisse von Derboven und Winkler (2014) von den anfangs 32 „kritischen Studienanforderungen" die von Bosse und Trautwein (2014) explorativ ermittelt wurden, vom Verfasser dieser Arbeit 20 „kritische Lernanforderungen" generiert, die mutmaßlich für die hier betrachtete Gruppe relevant erschienen (vgl. Kapitel 2.2.2). Die Studierenden wurden, wie in Abschnitt 5.3.1 bereits einleitend bemerkt, gebeten, die einzelnen Items auf einer neunstufigen Likert-Skala so einzuschätzen, dass der Skalenwert 1 zu wählen war, wenn der genannte Aspekt für den Studienerfolg der Studierenden oder ihren Studienfortgang als völlig unkritisch erachten wurde und mit dem Skalenwert 9, wenn sie den betreffenden Aspekt als sehr kritisch im Sinne von ‚das Studium ernsthaft gefährdend‘ einschätzen würden. Wie sich nach der Befragung herausstellte, wurde die Kategorie der Sozialen Interaktion von den teilnehmenden Studierenden in deutlichem Maße als sehr unkritisch empfunden. Zudem wurden lediglich bestimmte Items der verbleibenden drei Kategorien als stark belastend empfunden. Die pro Kategorie für die Gesamtgruppe der Studierenden nach dem arithmetischen Mittel am höchsten bewerteten drei der insgesamt 20 Items (diese drei werden im Folgenden als „Hauptitems" bezeichnet) wurden, um die Datenmenge zu reduzieren, pro Studierende(n) durch Bildung des arithmetischen Mittels, zu einem latenten Konstrukt zusammengefasst, folglich dem latenten Konstrukt der Selbstorganisation (SO), der Selbsteinschätzung (SE) und des Inhalts (I). Die so definierten drei Hauptitems der drei latenten Konstrukte sind in Tabelle 71 genannt.

Tabelle 71. Die jeweils drei am höchsten bewerteten Items (Hauptitems) pro Kategorie

Latentes Konstrukt	Am höchsten bewertete drei Items
Inhalt	Menge der Lerninhalte
	Der Explikation der Lerninhalte folgen
	Niveau der Lerninhalte
Selbstorganisation	Lernen zeitlich strukturieren
	Lebensbereiche miteinander vereinbaren
	Lernmodus finden
Selbsteinschätzung	Eigenen Leistungsstand einschätzen
	Leistungsanforderungen einschätzen
	Leistungsvermögen einschätzen

Die Rangkorrelationen der die drei latenten Konstrukte bildenden Hauptitems sind in Tabelle 72 dargestellt. Die Korrelationskoeffizienten nehmen dabei relevante Größen an, sind allerdings von einer linearen Funktion im Sinne der Mathematik (Korrelation 1,0) weit entfernt. Dabei wurden die im Bereich der Sozialwissenschaften als relevant erachtete Größenordnungen[38] der Korrelationen (größer 0,4 resp. 0,2) wurden in grün resp. gelb hinterlegt. Es sei angemerkt, dass die drei Hauptitems der Kategorie ‚Inhalt' deutlich (mit Werten von 0,45 bis 0,63 bei Verwendung des Rangkorrelations-koeffizienten) und somit in relevantem Umfang korrelieren.

Im Sinne einer Faktoranalyse kann somit das latente Konstrukt ‚Inhalt' als aus den drei konstituierenden Items reduziert angesehen werden (vgl. Backhaus et. al. 2000, S. 253ff.)

---

[38] Nach den Empfehlungen aus der Vorlesung „Quantitative Forschungsmethoden in den Sozialwissenschaften" der PH Freiburg im WS 2022/23, geleitet von Dr. Klaiber, wurden (positive) Korrelationen von >0,4 im Bereich der Sozialwissenschaften als relevant erachtet, Werte < 0,2 als irrelevant.

Bezüglich der verbleibenden beiden hier definierten latenten Konstrukte SO und SE trifft dies für die gewählten drei insgesamt am kritischsten bewerteten Items nicht zu, die Werte liegen jeweils nicht ausschließlich oberhalb der Grenze von 0,4. (Für beide latenten Konstrukt der Selbstorganisation und der Selbsteinschätzung könnte jeweils mit einem 2-dimensionalen Konstrukt weiter verfahren werden, was hier jedoch zu keinen weiteren Erkenntnissen führte. Folglich wurde, um die Einheitlichkeit der Vorgehensweise zu wahren, und weil die Reduktion der Daten mittels Faktoranalyse nicht das primäre Ziel dieser Arbeit war, mit jeweils dreidimensionalen Konstrukten weiter verfahren.) Die geringen Rangkorrelationen des Konstrukts SE verwundern dabei etwas, scheinen doch die Elemente Leistungsstand, Leistungsvermögen und Leistungsanforderungen einschätzen eng miteinander verknüpft zu sein.

Tabelle 72. Rangkorrelationen der die drei latenten Konstrukte bildenden
Hauptitems

Hauptitems Inhalt*		
	Expl.	Niveau
Menge	0,45	0,63
Expl.	-	0,53

Hauptitems SO*		
	Leb.ber.	L.mod.
zeitl.St.	0,16	0,64
Leb.ber.	-	0,09

Hauptitems SE*		
	Lei.anf.	Lei.ver.
Lei.st.	0,10	0,57
Lei.anf.	-	0,28

S6 * die in Tabelle 72 vorgenommenen Abkürzungen sind an die Hauptitems der
Tabelle 71 angelehnt

Für die Studienjahrgänge TMB21A und TMB21B (gekennzeichnet durch die Buchstaben Hx und Ix in Abbildung 40) wurde zunächst eine Clusteranalyse durchgeführt. Es ist zu beachten, dass in der genannten Abbildung noch weitere Studierende, die nicht aus den beiden Studienjahrgängen angehörten, abgebildet sind. Diese hierarchisierende Clusteranalyse wurde auf Basis der euklidischen Distanz als Unähnlichkeitsmaß mit den drei in der Abbildung 40 dargestellten Dimensionen durchgeführt, die Fusionierung erfolge anhand des Verfahrens „Linkage zwischen den Gruppen", vgl. Schendera 2010, S.3 ff.). Als Ergebnis der Clusteranalyse konnten auf der letzten Stufe des Verfahrens neben einigen Ausreißern drei Clusterzentren identifiziert werden. Zudem konnte der Radius des Raumes errechnet werden, der (bei der noch als sinnvoll zu erachteten Clusterbildung) die einzelnen Fälle des Clusters einschließt. Beides ist in Abbildung 40 in gelber Farbe dargestellten. Wie dort zu erkennen ist, kann diese Clusterbildung vor allem der trennschärferen Bestimmung der Ausreißer dienen, die ggf. für eine weitere Befragung interessant sind.

5.3.2.1 Auswertung der einleitenden Befragung zur empfundenen Belastung der Studierenden

In Abbildung 40 und Abbildung 41 sind die Ergebnisse der oben beschriebenen Datenreduktion dargestellt, jeder Punkt der Punktwolke entspricht der gemittelten Bewertung eines Studierenden bezüglich der drei beschriebenen latenten Konstrukte Inhalt, Selbsteinschätzung, Selbstorganisation. Die Bewertungen der Studierenden beziehen sich wie dargestellt auf <u>alle</u> in den ersten drei Studiensemestern besuchten Lehrveranstaltungen. Der grau hinterlegte Würfel in der Abbildung umfasst den Raum der möglichen Antworten, ein Punkt mit den Raumkoordinaten (1|1|1) in der Ecke rechts unten des grau hinterlegten Würfels beschreibt einen in allen bezüglich aller drei latenten Konstrukten minimal belasteten Studierenden, ein Punkt mit den Raumkoordinaten (9|9|9) in der Ecke links oben des Würfels geringfügig repräsentiert einen Studierenden, der in allen betrachteten Belangen maximal belastet (und somit in der Nähe eines Studienabbruchs zu verorten) ist.

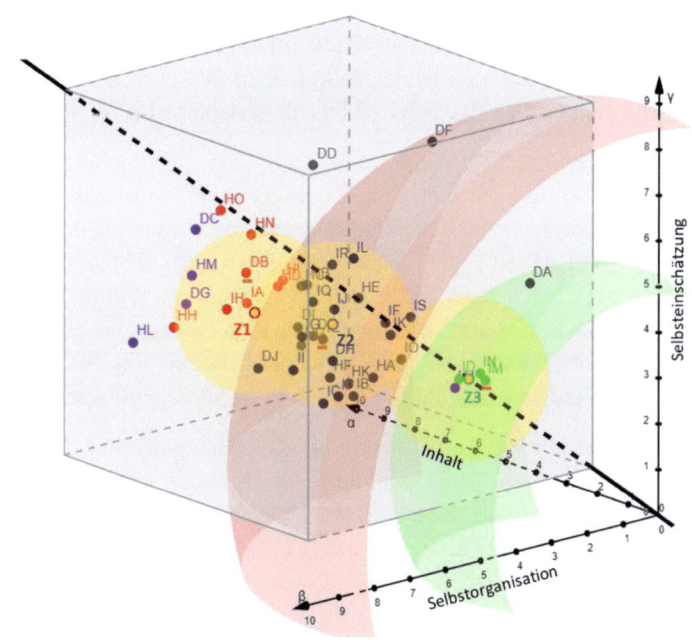

Abbildung 40. Punktwolke des Ausmaßes der Belastung der Studierenden aus dem Semester TMB20A und TMB21A, inkl. Cluster, Clusterzentren und Ausreißer

Die gestrichelt eingezeichnete Raumdiagonale Abbildung 40 repräsentiert eine bezüglich aller latenter Konstrukte gleich starker Belastung, beispielsweise mit den mit den Raumkoordinaten (4,1|4,1|4,1). Die gelb angedeuteten Kugeln bzw. Kreise sind drei Bereiche, innerhalb derer sich die Bewertungen der Studierenden zu einem Cluster zusammenfassen lassen (der Durchmesser der Kreise/Kugeln wurde entsprechend der euklidischen Distanz der letzten vom Verfasser der Arbeit als sinnvoll erachteten Fusionierung bei d = 3,3 Skalenabständen gewählt). Die Ausreißer (Bewertungen der Studierenden, deren Abstände zum Minimum (1|1|1) am größten sind), die folglich bezüglich aller drei Kategorien am stärksten belastet und potenziell für eine weitere Befragung interessant sind, werden als lila Punkte dargestellt. Die roten und grünen Kugeln repräsentieren Grenzen zwischen leichter, mittlerer und starker Belastung (diese Grenzen sind (in Ermangelung eines solchen) nicht auf der Basis breiten wissenschaftlicher Diskurses diesbezüglich, sondern nach begründeten Annahmen des Verfassers dieser Arbeit gelegt). Die innerhalb dieser Kugeln liegenden Bewertungen der Studierenden sind jeweils grün, grau oder rot dargestellt, grüne Punkte stellen demnach eher unkritische Belastungen dar, graue und rote Punkte entsprechen mittleren bzw. hohen Belastungen. Der maximal auftretende Abstand von dem Punkt mit den Raumkoordinaten (1|1|1) wurde durch den Studierenden „HL" erreicht, er beträgt 10,25 Skalenabstände (und beträgt damit 74% des maximal möglichen Abstandes zwischen den beiden Eckpunkten des grauen Würfels (dem Punkt (1|1|1) und dem Punkt (9|9|9)) von 13,86 Skalenabständen („Wurzel 3 mal 8 Skalenabstände").

Für eine genauere Betrachtung der einzelnen Koordinatenpunkte ist eine Projektion in die durch die jeweiligen Koordinatenachsen aufgespannten Ebene sinnvoll, die in Abbildung 41 dargestellt ist. (Die gestrichelten Linien markieren in dieser Abbildung die Dreiteilung des möglichen Bereichs zwischen 1 und 9, sie liegen demnach bei den Werten 3,67 und 6,33. Die rot und grün dargestellten Kreise der Abbildung haben den Radius „Wurzel 2 mal 3,67" resp. „Wurzel 2 mal 6,33", entsprechend der Diagonalen der Quadrate mit den Seitenlängen 3,67 bzw. 6,33. Der gleiche Radius wurde für die Kugeln in Abbildung 40 gewählt).

In beiden Darstellungen können Kommawerte als Koordinatenwerte auftreten, da es sich jeweils um aus drei einzelnen Items gemittelte Werte handelt. Die Rangkorrelationen zwischen den in Abbildung 41 dargestellten, gemittelten Bewertungen der latenten Konstrukte der Studierenden liegt bei Werten von 0,31 (I-SO), 0,29 (I-SE) und 0,36 (SE-SE), allesamt Werte, die auch im Bereich der Sozialwissenschaften auf keine relevante Korrelation[39] hinweisen.

---

[39] Nach den Empfehlungen aus der Vorlesung „Quantitative Forschungsmethoden in den Sozialwissenschaften" der PH Freiburg im WS 2022/23, geleitet von Dr. Klaiber, wurden (positive) Korrelationen von >0,4 im Bereich der Sozialwissenschaften als relevant erachtet, Werte < 0,2 als irrelevant.

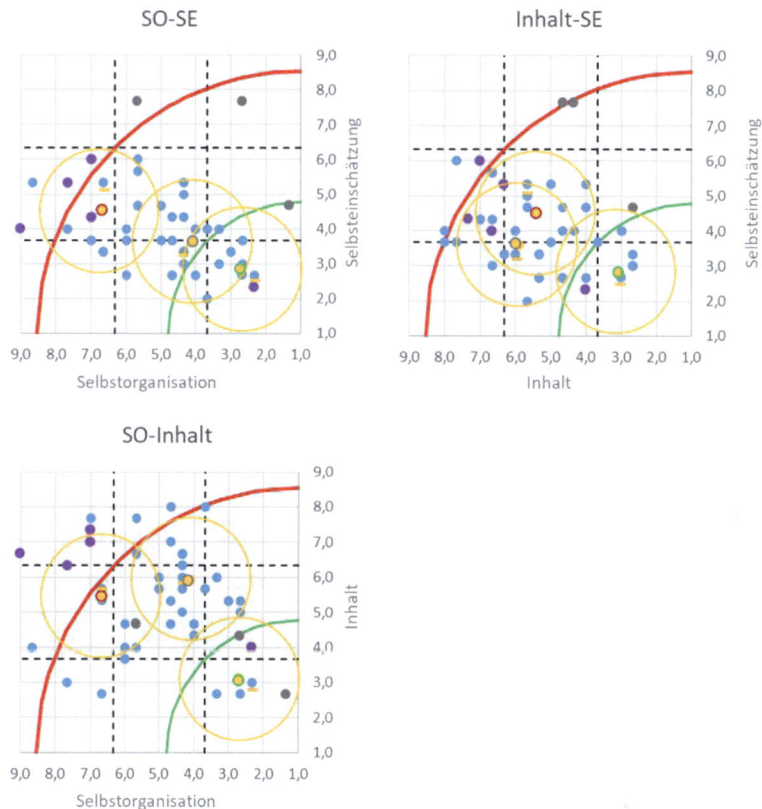

Abbildung 41. Projektion der Punktwolke aus Abbildung 40 in den jeweiligen
Ebenen

5.3.2.2 Erste Erkenntnisse aus den Befragungen bezüglich der empfundenen Belastungen: Verteilung und Korrelation der empfundenen Belastungen

Wie zu Beginn dieses Kapitels 5.3 erwähnt, wurden aus den von Bosse und Trautwein (2014) identifizierten Items 20 für den hier betrachteten Teilbereich ihrer Untersuchung als potenziell relevant erachtet. Eine detaillierte Analyse der Daten konnten zwar gewisse Rangkorrelationen gefunden werden, als Grundtenor der Analyse der abgegebenen Einschätzungen nahezu aller Items war jedoch eine sehr starke Heterogenität, fast

Individualität bezüglich des jeweils untersuchten Items zu verzeichnen. Dies trifft sowohl auf die (zusammengefassten) Kategorien zu (was aufgrund der Zusammenlegung auch ein Artefakt sein könnte), es betrifft aber auch die einzelnen Items. Beispielhaft sei in Abbildung 42 im Rahmen dieser zusammenfassenden Darstellung der Mittelwert aller Items der drei Kategorien Inhalt (I), Selbstorganisation (SO) und (Selbst-)Einschätzung (SE) dargestellt. Auf der Abszisse sind die einzelnen Stufen der Likert-Skala dargestellt, auf der Ordinate die relative Häufigkeit der gegebenen Antworten in Prozent (bei üblicher Rundung der rationalen Zahlenwerte auf natürliche und einer Grundgesamtheit von N = 63).

Deutung der dargestellten Ergebnisse:

- Die Bewertungen zur Kategorie Inhalt streuen stark (E_{rel} = 0,88), dabei leichte Tendenz der Bewertungen zum stark belasteten Bereich.

- Bewertungen zur Kategorie SO streuen sehr stark (E_{rel} = 0,96), Bewertungen nahezu gleichverteilt.

- Bewertungen zum Konstrukt SE streuen ebenfalls stark (E_{rel} = 0,86), Tendenz zum niedrig belasteten Bereich.

- Jedoch: keine ausgeprägten Korrelationen, keine signifikanten Ergebnisse (nach Varianzanalyse)

Abbildung 42. Arithmetisches Mittel der zu den drei Kategorien von den Studierenden abgegebenen Bewertungen der subjektiv empfundenen Belastung (kritischen Studienanforderungen)

Wie dort zu sehen ist, weisen die Bewertungen der Studierenden (alle 63 Studierende der an der Befragung teilnehmenden untersuchten Studienjahrgänge) zu allen drei Kategorien eine sehr große Streuung auf. In der Kategorie SO ist eine relative Entropie (als Kennwert für die Ähnlichkeit der Verteilung zur Gleichverteilung) von E_{rel} = 0,96 errechnet, was dem

Maximalwert der relativen Entropie von 1,0 und der damit gekennzeichneten Gleichverteilung sehr habe kommt. Allerdings ist die Streubreite der verbleibenden beiden Verteilung zur Kategorie SE und I mit relativen Entropiewerten von 0,86 und 0,88 ebenfalls sehr groß. Es können die in der Abbildung dargestellten Tendenzen festgestellt werden, allerdings sind keine ausgeprägten Rangkorrelationen zu verzeichnen, sprich: Studierende, die in der Kategorie Inhalt stark belastet sind, sind dies nicht zwangsläufig in den Kategorien Selbstorganisation oder (Selbst-) Einschätzung. Eine Varianzanalyse z.B. hinsichtlich der Unterscheidung nach den Schularten bringt nur sehr wenig signifikante Ergebnisse (Details siehe folgender Abschnitt 5.3.2.3).

In Abbildung 43 sind die Verteilungen der Beurteilungen der jeweils drei Hauptitems dargestellt. Es soll in dieser Abbildung lediglich ein Eindruck vermittelt werden von der jeweiligen Breite der Verteilung und dem teilweise nahezu gleichverteilten Charakter (die relativen Entropien sind ähnlich zu den zu Abbildung 42 genannten und variieren für alle

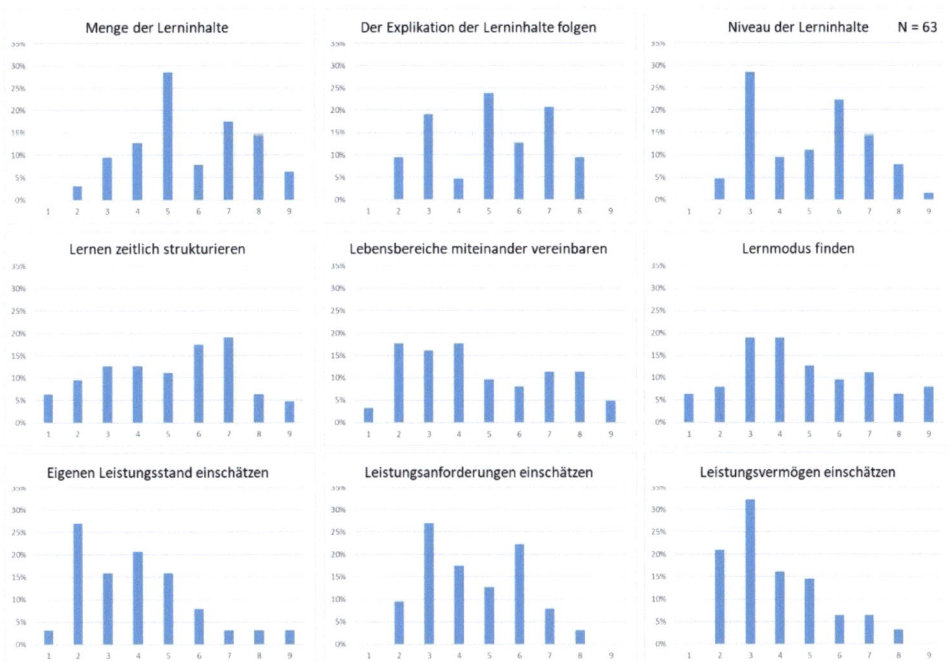

Abbildung 43. Vergleich der Verteilungen der jeweils drei Hauptitems der drei
Kategorien für die N = 63 untersuchten Studierenden, Angaben in %
als Anteil von jeweils 63

neun Hauptitems zwischen den Werten 0,79 und 0,96 bei einem Mittelwert von 0,88). Es sei bemerkt, dass, obwohl die Verteilungen innerhalb der Kategorien (bspw. die Items ‚Lebensbereiche vereinbaren' und ‚Lernmodus finden') sehr ähnlich erscheinen, die Rangkorrelationen der Einzelwerte teilweise gering sind (in diesem Fall liegen sie, wie Tabelle 72 zu entnehmen ist, lediglich bei $r_R = 0,09$.

Die Rangkorrelationen wurden einleitend im Abschnitt 6.5 bereits kurz angedeutet, sollen aber im Folgenden in aller Kürze nochmals für die befragten $N = 63$ Studierenden thematisiert werden. Auch diese unterstreicht die sehr hohe Bandbreite der von den Studierenden abgegebenen Bewertungen der sie belastenden Faktoren. In Abbildung 44 werden einige Rangkorrelationen zwischen einigen ausgewählten Hauptitems dargestellt.

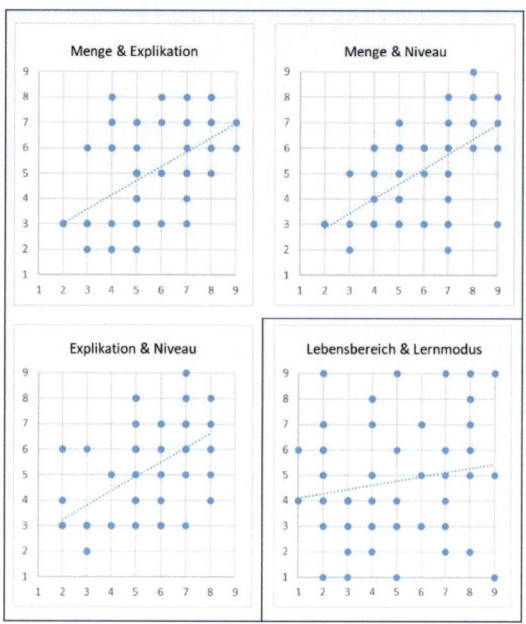

Abbildung 44. Beispiele einiger (Rang-)Korrelationen zwischen ausgewählten
Hauptitems

Die oben in Tabelle 72 mit besonders hohen Werten aufgefallenen Korrelationen des latenten Konstrukts ‚Inhalt' von $r_R = 0,45$ bis $r_R = 0,63$ sind in der genannten Abbildung oben links, oben rechts und unten links dargestellt. In dieser Darstellung als Punktwolke erscheinen die genannten Rangkorrelationen nicht besonders stark zu sein. Noch stärker ist dieser Eindruck bei der geringsten Korrelation zwischen den einzelnen Hauptitems aus Tabelle 72, diejenige zwischen dem Item ‚Lebensbereich vereinbaren' und dem Item ‚Lernmodus finden', die in der genannten Tabelle nur mit dem Wert von $r_R = 0,09$ angegeben wurde, und in der Abbildung unten rechts dargestellt sind. Vor allem in der letztgenannten sind nahezu alle möglichen Kombinationen enthalten und, salopp formuliert, nahezu ‚alle Ecken des Diagramms besetzt'.

Mögliche Ableitungen

Aus den zu Abbildung 42 bis Abbildung 44 diskutierten Ergebnissen kann für die Planung von Lerninterventionen (in die vorwiegend die Items der Kategorie ‚Inhalt', aber auch weitere Items mit einbezogen werden können) abgeleitet werden, dass sowohl bezüglich der Bewertung nahezu aller einzelnen Items, aber auch bezüglich ihrer jeweiligen arithmetischen Zusammenfassungen von einer sehr starken Heterogenität, nahezu von einer Individualität innerhalb der Gruppe der Studierenden auszugehen ist. Zudem sind bei nahezu allen neun Hauptitems einige Studierende mit Bewertungen aus den hoch belasteten Bereichen (z.B. von 8 oder 9) vorhanden, denen möglicherweise durch gezielte didaktische Maßnahmen in der Darbietung und Strukturierung der Lerninhalte von Seiten der Hochschule „geholfen" werden kann.

Es sei hier angemerkt, dass das hier verfolgte Ziel für die Untersuchung der Untersuchungsteile 1 und 3, die Lerninhalte so zu explizieren und darzustellen, dass sie möglichst von allen Studierenden jeweils erfolgreich erschlossen werden können, durchaus kritisch diskutiert werden kann: Es mag mit einer gewissen (aus Sicht des Verfassers jedoch jedem didaktischen Bestreben widersprechenden) Berechtigung ebenso die These vertreten werden, dass, salopp formuliert, ein zukünftiger Ingenieur bzw. eine zukünftige Ingenieurin als Beweis seiner/ihrer Befähigung dazu in der Lage sein müsse, sich auch ‚schlecht erklärte' Lerninhalte aneignen zu können. Allerdings stellt sich, diesen Gedankengang fortführend dann auch die Frage, warum die Explikationsbemühungen aller Lehrveranstaltungen denn überhaupt stattfinden, zumal die Ansprüche des der Note 1,0 entsprechenden Zielniveaus auch mit „guter" Erklärung hoch sein können.

5.3.2.3 Varianzanalyse hinsichtlich der Unterscheidung nach den Schularten des qualifizierenden Abschlusses und nach der der dort erzielten Mathe-/Abschlussnote

Es lag der Verdacht nahe, dass bei den Studierenden die Schulart des qualifizierenden Abschlusses oder die dort erzielten Noten in Zusammenhang stehen könnten zu den empfundenen Belastungen and der Hochschule (es wurden hierbei die von den Studierenden erzielte Note im Fach Mathematik der Abschlussklasse sowie die erzielte Gesamtnote des jeweiligen Schulabschlusses als potenzielle relevant erachtet).

Bei der Gruppe der Studierenden der Studienjahrgänge TMB21A/B, von der mit insgesamt 34 Studierenden nahezu alle an der Befragung teilnahmen, wurde, neben der Bewertung der ‚kritischen Lernanforderungen‘ nach Bosse und Trautwein (hier auch Bosse-Trautwein-Kriterien genannt), um die Angabe dieser Daten gebeten und im Anschluss eine Varianzanalyse durchgeführt. Dabei ergaben sich nur wenige Erkenntnisse, aus denen Implikationen erfolgen können, der nach Bortz und Schuster (2010, S. 206 ff.) durchgeführte F-Test erreichte nur selten ein Signifikanzniveau von 95% (die Signifikanzniveaus wurden, in erster Näherung, aus den a.a.O, S. 591 entnommenen Tabellenwerten des F-Tests linear interpoliert).

Die Absolvent*Innen des BK hatten signifikant bessere Abschluss- und Mathenoten (bspw. arithmetisches Mittel der Abschluss- und Mathenote von ca. 1,5 im Vergleich zur Note von ca. 2,3 für die anderen Absolvent*Innen der anderen Schularten, Signifikanzniveau: 99,9%). Bezüglich der oben definierten latenten Konstrukte Inhalt, Selbstorganisation und Selbsteinschätzung ergaben sich (bei Annahme eines Schwellenwerts von 95%) nur als schwach signifikant zu bezeichnenden Zusammenhänge, die Absolvent*Innen des AG hatten mit einer Signifikanz von 81% etwas mehr Probleme damit, ihr jeweiliges Lernen zu organisieren (Mittelwert für die Absolvent*Innen des AG (Mw_{AG}): $Mw_{AG} = 5,3$ zu $Mw_{Rest} = 4,5$ bezüglich der Kategorie SO). Bezüglich der weiteren, hier untersuchten Bosse-Trautwein-Kriterien zeigten die Absolvent*Innen des BK deutlich unkritischere Bewertungen dabei, den ‚Lernmodus‘ zu finden, was zu den Angaben der Studiensemester TMB18A und TMB19A passt, die aufgrund der Nutzung der virtuellen Lernumgebung, die in Kapitel 5 ausführlich diskutiert wurde passt. Die Mittelwerte für die Absolvent*Innen des BK lagen bei $Mw_{BK} = 3,7$ im Vergleich zu $Mw_{Rest} = 5,3$, waren also um 1,5 Skalenwerte ‚unkritischer‘, allerdings lediglich bei einer Signifikanzniveau von 87%).

Eine vergleichende Darstellung der absoluten Zahlen der einzelnen Bewertungen der Studierenden zum Item „Niveau der Lerninhalte bewältigen" (bei N = 34 Studierenden), unterschieden nach den Schularten des qualifizierenden Abschlusses ist in Abbildung 45 dargestellt. Die Darstellung zeigt anschaulich, dass sich die Verteilungen nicht deutlich unterscheiden, was für viele der betrachteten Items in sehr ähnlicher Weise zutraf. Die Mittelwerte der Verteilungen in der genannten Abbildung liegen jeweils im Bereich von ca. 5,0, die Standardabweichungen im Bereich von ca. 2,0 Skalenabständen (mit leichten Abweichungen), somit bleibt lediglich festzustellen, dass die Bandbreite insgesamt von 2, unkritisch bis 9, sehr kritisch reicht, und dass es bei den Absolvent*Innen aller Schularten stark belastete Studierende bezüglich nahezu aller Items gibt.

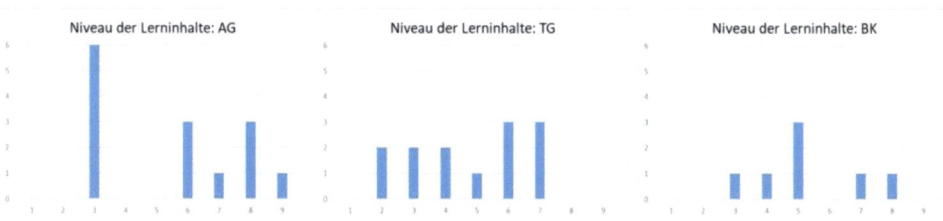

Abbildung 45. Vergleichende Darstellung (in absoluten Zahlen bei N = 34 Studierenden) der einzelnen Bewertungen der Studierenden zum Item „Niveau der Lerninhalte bewältigen", unterschieden nach den Schularten des qualifizierenden Abschlusses

Wie zu Beginn dieses Abschnitts erläutert, wurden neben der oben dargestellten Unterscheidung nach den Schularten des qualifizierenden Abschlusses die identische Analyse auch bezüglich der im Abschlussjahrgang erzielten Mathenote (im Folgenden mit N_M abgekürzt) und der Abschlussnote durchgeführt. Es mussten hierzu Grenzen festgelegt werden, welche die Mathe- bzw. Abschlussnoten in drei Teile teilt. Diese Grenzen wurden so gelegt, dass sie die Gruppe in drei in Etwa gleich große Teile unterteilten, für die hier dargestellten Unterscheidung nach der Mathenote des Schulabschlusszeugnisses waren dies die Grenznoten von 1,55 und 2,25: bei diesen Grenznoten hatten 13 der 34 teilnehmenden Studierenden eine bessere Mathenote als 1,55, elf Studierende hatten eine schlechtere Mathenote als 2,25 und 10 Studierende lagen im Bereich zwischen diesen beiden Noten.

Ein exemplarischer Auszug der Ergebnisse dieser Betrachtung sind in Abbildung 46 dargestellt, erneut wird, um die Vergleichbarkeit zur Abbildung 45 zu ermöglichen, hier der gleiche Item ‚Niveau der Lerninhalte' in den ersten drei Semestern diskutiert. Links in der sind die Studierenden, deren Mathenote im Abschlusszeugnis besser als 1,55 war, rechts die Studierenden, bei denen diese Note schlechter als 2,25 war, in der Mitte die Studierenden, deren Mathenote zwischen diesen Grenzen lag.

Auch hier sind Ergebnisse ähnlich zu den oben bereits diskutierten: in zwei der drei Gruppen finden sich Studierende, die im kritischen Bereich belastet sind (Bewertungen von 7, 8 oder 9). Es ist keinesfalls so, dass die Bewertungen der Studierenden mit einer Mathenote von < 1,5 deutlich ‚weiter links' im Diagramm liegen, die Absolvierenden mit mittlerer Mathenote empfinden nach Abbildung 46, mittleres Diagramm, dieses Item insgesamt als am unkritischsten. Die Streuung der Bewertungen des genannten Items ist erneut in allen drei Gruppen recht groß, sie reicht wie oben von 2 bis 9 Punkten auf der neunstufigen Likert-Skala. Die Rangkorrelationskoeffizienten sind in einer ähnlichen Größenordnung wie bei der Gesamtgruppe aller Studierenden (also ca. 0,1), insofern kann auch hier von einer großen

Heterogenität innerhalb der Gruppe gesprochen werden. Das Diagramm weist keine grundlegenden Unterschiede auf, wenn die Abschlussnoten als Basis gewählt werden.

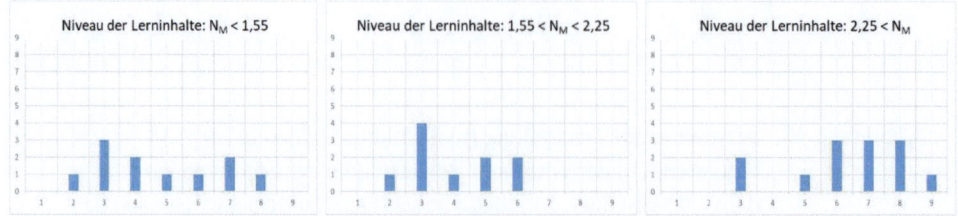

Abbildung 46. Vergleichende Darstellung (in absoluten Zahlen bei N = 34 Studierenden) der einzelnen Bewertungen der Studierenden zum Item „Niveau der Lerninhalte bewältigen", unterschieden nach den Noten im Fach Mathematik des Abschlusszeugnisses

Die Tatsache, dass die jeweiligen Abschlussnoten an verschiedenen Schularten erlangt wurden, könnte, wenn man von Niveauunterschieden zwischen den 3 Schularten AG, TG und BK ausgeht, die Ergebnisse verfälschen. Aus diesem Grunde wurden in Abbildung 47 sowohl die Abschlussarten als auch Mathenoten in die Diagramme eingetragen.

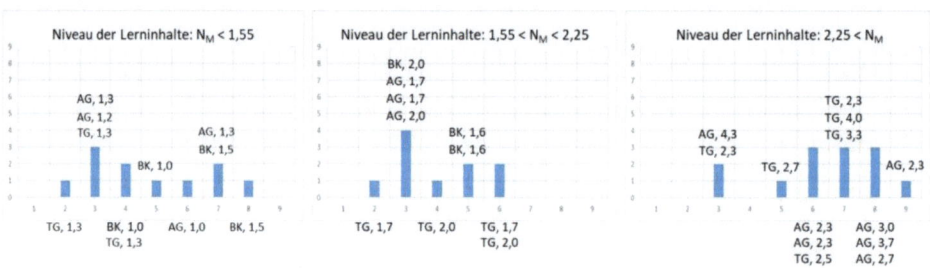

Abbildung 47. Vergleichende Darstellung (in absoluten Zahlen bei N = 34 Studierenden) der einzelnen Bewertungen der Studierenden zum Item „Niveau der Lerninhalte bewältigen", unterschieden nach den Noten im Fach Mathematik des Abschlusszeugnisses, inklusive Angabe der Schularten und Mathenoten

Auch der Einbezug dieses Zusammenhangs ergibt kein klares Bild, in allen Diagrammen sind stets auch widersprüchliche Ergebnisse zu finden: die/der einzige Studierende mit der Bewertung 9 kommt vom AG (hat also den mutmaßlich höchsten Bildungsabschluss und in Mathe die Note 2,3 im Abschlusszeugnis), ein anderer Studierender des AG mit der Mathenote 4,3 (entsprechend 4 Notenpunkten und somit einem die Versetzung gefährdenden Unterkurs im letzten Halbjahr der Kursstufe) bewertet das Item ‚Niveau der Lerninhalte in den ersten drei Semestern' jedoch mit lediglich 3 Punkten, also eher unkritisch (jeweils rechtes Diagramm in Abbildung 47). Eine/einer der beiden Absolvent*Innen des BK mit der unkritischsten Bewertung bezüglich des Niveaus der Lerninhalte von 3 Punkten hatte mit der Note 2,0 die schlechteste Mathenote unter den BK-Absolvent*Innen (mittleres Diagramm in der genannten Abbildung). Eindeutige Zusammenhänge sind demnach nicht ersichtlich.

5.3.2.4 Prüfungsdruck

Entsprechend der Darstellung der von Bosse und Trautmann ermittelten kritischen Studienanforderungen (vgl. Tabelle 5) wurde im Rahmen dieser Untersuchung auch das Item „mit Prüfungsdruck umgehen" abgefragt. Da sich dieses Item keiner der hier verwendeten Kategorien Inhalt, Selbstorganisation oder (Selbst-)Einschätzung zuordnen ließ und sich dieses Item, falls Studierenden sich daraus starker belastet fühlen, in recht direkter Weise auf den Studienerfolg auswirken kann, soll es im Rahmen dieser Zusammenfassung kurz dargestellt werden. Die Frage, ob das Item Prüfungsdruck als 4., wesentlich Dimension erhoben werden kann, wurde in Form einer Clusteranalyse überprüft, die aber zu keiner wesentlichen Änderung der Cluster führte. Zur Frage der Dimensionalität sei auf den Abschnitt 5.3.3 verwiesen.

Wenn das Item des Prüfungsdrucks bei der Gesamtgruppe der Studierenden aus allen Semestern (64 Studierende) jeweils mit den anderen Hauptitems verglichen wurde, konnten in nahezu <u>allen</u> Fällen nur sehr geringe Rangkorrelation von ca. 0,3 verzeichnet werden. Wie bei allen anderen Items wurde auch für dieses Item eine Varianzanalyse bezüglich der drei besuchten Schularten der Absolvent*Innen durchgeführt. Es ergab sich hierbei kein signifikanter Zusammenhang (das Signifikanzniveau des F-Tests lag für das Item Prüfungsdruck bei lediglich 34%). Bei den Studierenden des Studiensemesters TMB21A/B lagen die absoluten Zahlenwerte aller Gruppen im Mittel bei 4,4 Skalenpunkten und damit im mittleren Bereich, allerdings war die Standardabweichung mit 2,1 recht hoch und die Verteilung damit recht breit und somit die Heterogenität entsprechend hoch.

Aufschlussreicher ist die Unterteilung der Studierenden nach der Mathe-Abschluss-Schulnote. Die drei entsprechenden Verteilungen des Items Prüfungsdrucks sind in Abbildung 48 dargestellt. Anhand der Verteilung ist zu erkennen, dass die Gruppe mit mittleren Mathenoten mit dem Prüfungsdruck am besten zurechtkommt. Eine Varianzanalyse nach den nach ihrer jeweiligen Abschlussklasse erzielten Mathenoten sortierten Gruppen ergab hingegen einen signifikanten Zusammenhang (Signifikanzniveau von 95%).

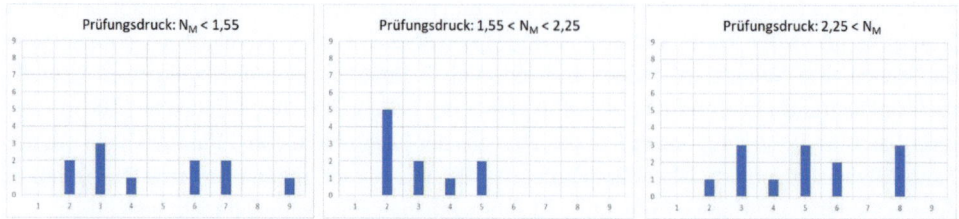

Abbildung 48. Vergleichende Darstellung (in absoluten Zahlen bei N = 34 Studierenden) der einzelnen Bewertungen der Studierenden zum Item „mit Prüfungsdruck umgehen", unterschieden nach Mathe-Abschluss-Schulnoten

5.3.2.5 Korrelationen und Varianzanalyse bezüglich der Mathe-Eingangsnote

Eine Untersuchung auf eine Korrelation z.B. der Mathenote im Jahr des Schulabschlusses oder der Schulabschlussnote mit den einzelnen Items ist naheliegend. Die Ergebnisse sind in Tabelle 73 dargestellt, die Färbung der Felder entspricht der Einteilung nach den bereits eingeführten Grenzen 0,2 und 0,4. Wie dort zu sehen ist, ergeben sich hohe Rangkorrelationen von z.B. 0,8 lediglich zwischen einem das zugehörige latente Konstrukt bildende Item und dem latenten Konstrukt selbst, was jedoch mathematisch bedingt ist, siehe blaue Boxen in Tabelle 73. Bereits erwähnt wurden die in den roten Boxen hervorgehobenen Rangkorrelationen, die den Zusammenhang zwischen den ein latentes Konstrukt bildenden Hauptitems darstellt, die für die Kategorie Inhalt recht hoch sind.

Die in den grau hinterlegten Bereichen dargestellten Werte, welche den Zusammenhang einzelner Kategorien untereinander oder zwischen einer Kategorie und den jeweiligen Hauptitems einer anderen Kategorie darstellen, sind aus Sicht des Verfassers mit Vorsicht zu interpretieren: Das Hauptitem „den Explikationen der Vorlesung folgen", das die Kategorie Inhalt zu einem Drittel mitbeeinflusst, wird mit der Kategorie der Selbstorganisationsfähigkeit oder ihren einzelnen Hauptitems wenig zu tun haben, folglich wird dies die Korrelation zu der Kategorie schwächen. Besser geeignet scheint der Vergleich der ausgewählten Items, der in den pink dargestellten Boxen erfolgt.

Tabelle 73. Rangkorrelationskoeffizienten der Studienjahrgänge TMB21A/B, N = 34

TMB21A/B beide	Latentes Konstrukt			Inh			SO			SE			Prüf.	Eingangsnoten	
	Inh	SO	SE	Pensum meistern	Inh. Folgen	Niveau be- wältigen	zeitl. Strukturi- eren	Lebens- bereiche vereinb.	Lern- modus finden	Leist. stand ein- schätzen	Leist. Anf. ein- schätzen	Leist.- verm. ein chätzen	mit Prüf. Druck umgehen	Abschl.- Note (AbN)	Mathe- Note (MN)
Inhalt I	-	0,14	0,33	0,80	0,78	0,89	0,11	0,12	-0,10	-0,08	0,56	0,23	0,40	0,16	0,48
Selbstorganisation SO	0,14	-	0,50	0,36	-0,03	0,07	0,83	0,48	0,78	0,55	0,19	0,42	0,32	-0,05	0,10
(Selbst-) Einschätzung SE	0,33	0,50	-	0,41	0,12	0,29	0,38	0,48	0,24	0,74	0,64	0,81	0,59	-0,16	-0,08
Lernpensum meistern	0,80	0,36	0,41	-	0,45	0,63	0,37	0,16	0,09	0,16	0,47	0,26	0,37	0,04	0,39
Inhalte folgen	0,78	-0,03	0,12	0,45	-	0,53	-0,03	-0,11	-0,13	-0,22	0,35	0,11	0,16	0,18	0,39
Niveau bewältigen	0,89	0,07	0,29	0,63	0,53	-	0,00	0,18	-0,14	-0,10	0,56	0,19	0,39	0,12	0,37
Lernen zeitl. Strukturieren	0,11	0,83	0,38	0,37	-0,03	0,00	-	0,16	0,64	0,46	0,08	0,35	0,26	0,02	0,08
Lebensbereiche vereinbaren	0,12	0,48	0,48	0,16	-0,11	0,18	0,16	-	0,09	0,44	0,25	0,38	0,42	-0,10	0,02
Lernmodus finden	-0,10	0,78	0,24	0,09	-0,13	-0,14	0,64	0,09	-	0,29	0,09	0,19	0,07	0,03	0,05
Leistungsstand einschätzen	-0,08	0,55	0,74	0,16	-0,22	-0,10	0,46	0,44	0,29	-	0,10	0,57	0,25	-0,35	-0,23
Leistungsanforderungen einsch.	0,56	0,19	0,64	0,47	0,35	0,56	0,08	0,25	0,09	0,10	-	0,28	0,32	0,05	0,20
Leistungsvermögen einsch.	0,23	0,42	0,81	0,26	0,11	0,19	0,35	0,38	0,19	0,57	0,28	-	0,67	-0,03	-0,14
Prüfungsdruck meistern	0,40	0,32	0,59	0,37	0,16	0,39	0,26	0,42	0,07	0,25	0,32	0,67	-	0,06	0,11
Abschlussnote Schule (AbN)	0,16	-0,05	-0,16	0,04	0,18	0,12	0,02	-0,10	0,03	-0,35	0,05	-0,03	0,06	-	0,59
Mathenote Schule (MN)	0,48	0,10	-0,08	0,39	0,39	0,37	0,08	0,02	0,05	-0,23	0,20	-0,14	0,11	0,59	-

Ein sehr ähnliches Bild zeigt sich bei der Auswertung fast aller weiterer Items, auch hier sind die Absolvent*Innen mit mittleren Noten jeweils am besten, teilweise in sehr signifikantem Ausmaß, siehe Tabelle 74.

Tabelle 74. Darstellung der Mittelwerte (Mw) der Beurteilungen der Mitglieder der drei nach der Mathenote sortierten Gruppen, zzgl. Kennwerte der Varianzanalyse in den Kategorien und (Haupt-)Items

Kategorien und Hauptitems		Kennwerte		Mw sortiert nach Mathenote		
		F-Wert	Sig.niv.	1,55	<>	2,25
I		6,3	>99%	5,1	4,4	6,4
SO		2,8	92%	5,5	3,8	5,1
SE		4,1	96%	4,5	3,3	3,8
I1	Lernpens bew	4,8	98%	5,4	4,6	6,6
I2	Veranst.inh. Fol	4,2	97%	4,5	4,3	6,1
I3	Fachl.Niv.	5,5	>99%	4,7	4,0	6,4
SE1	Leist.Anf. Erk	2,5	90%	4,3	3,6	5,0
SE2	Leist.st. Sch.	2,3	87%	4,2	3,4	3,1
SE3	Leist.verm. Sch.	5,8	>99%	4,5	2,5	3,4
SO1	zeitl. Strukt.	3,6	96%	5,7	3,4	5,2
SO2	Leb.ber. vereinb	0,9	45%	5,0	3,7	4,8
SO3	Lernmodus	0,4	20%	5,3	4,4	5,0
P	Prüf.Druck	3,4	95%	4,7	3,0	5,1

Die Tendenzen der dargestellten Ergebnisse sind dabei sinnvoll interpretierbar: bezüglich der Hauptitems und der Kategorie des Inhalts sind diejenigen mit schlechter Mathenote am stärksten gefordert, ebenso wie bezüglich des Prüfungsdrucks, allerdings scheinen die Studierenden mit mittleren Mathenoten in der Abschlussklasse hinsichtlich der hier jeweils befragten empfundenen Belastung bezüglich (fast) aller Items am „entspanntesten" zu sein, möglicherweise aufgrund geringerer Erwartungen. Auf eine Vertiefung dieser Betrachtung durch weitere, quantitative oder qualitative Befragung wurde im Rahmen dieser Arbeit verzichtet.

5.3.3 Ergebnisse der qualitativen Befragung, Forschungsfrage F5

Der Begriff des Lernverhaltens wurde hier der Verwendung des Begriffs der Lernstrategie vorgezogen, weil der Begriff der Lernstrategie bereits recht eng gefasst ist und von verschiedenen Autor*Innen beschrieben wurde, siehe zusammenfassend Kapitel 6.5 dargestellt. Diese Offenheit der Herangehensweise steht dabei im Einklang mit der im Rahmen der für die Beantwortung dieser Forschungsfrage angewandten explorativen Vorgehensweise. Das von den Studierenden gezeigte Lernverhalten kann jedoch ggf. bestimmten Lernstrategien zugeordnet werden. Von besonderem Interesse war hierbei das Verhalten der Studierenden, für den Fall des Auftretens etwaiger Störungen ihres jeweiligen Lernprozesses, vor allem in Bezug auf die Kategorien des hier verwendeten Didaktischen Strukturmodells (vgl. Abbildung 14).

5.3.3.1 Auswahl der zu interviewenden Studierenden

Kennwerte für die subjektiv empfundene Belastung, Dimensionalität

Um den im folgenden Abschnitt verwendeten Ansatz zu begründen und die Vorgehensweise zu erklären, sei auf die Darstellung in Abbildung 49 verweisen, deren Projektion in den verschiedenen Ebenen in Abbildung 50 dargestellt ist. Wie oben bereits ausgeführt, wurden aus der Befragung der Studierenden über bestimmte Aspekte der von ihnen ggf. empfundenen Belastung zu drei Kategorien jeweils drei Hauptitems abgeleitet. Die über die neunstufige Likert-Skala zugewiesenen Zahlenwerte werden (Haupt-) Itemwert genannt. Aus diesen jeweils drei Hauptitemwerten wurde der arithmetische Mittelwert für die jeweiligen drei Kategorien bestimmt, dieser Wert wird Kategoriewert genannt. Die so ermittelten Kategoriewerte sind in der Abbildung als ein Punkt in einem 3-dimensionalen Raum dargestellt, die Punktwolke entspricht demnach den Beurteilungen aller Studierenden. Der eine minimale Belastung für die Studierenden repräsentierende Punkt wäre demnach der Punkt mit den Koordinaten (1|1|1) für die Kategorien Inhalt, Selbstorganisation und (Selbst-) Einschätzung, der eine maximale Belastung repräsentierende Punkt hätte demnach die Koordinaten (9|9|9).

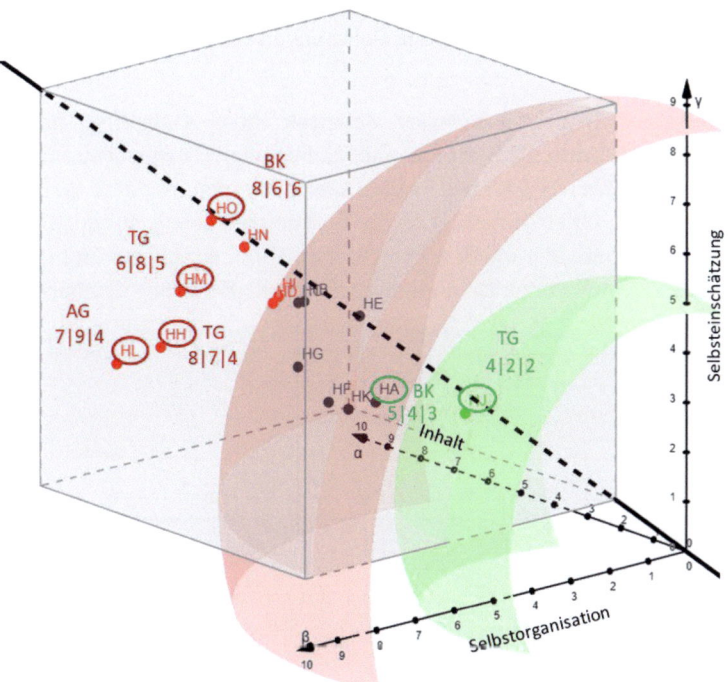

Abbildung 49. Punktwolke des Ausmaßes der Belastung der Studierenden des
Semesters TMB21A

Um nun nur <u>einen</u> Kennwert für die „empfundene Belastung" der Studierenden zu erhalten, müssen diese drei Koordinatenwerte weiter reduziert werden. Unter der einfachen Annahme, dass alle Kategorien einen gleichen Beitrag zu einer für den Studienerfolg kritischen Überforderung leisten können und demnach gleich zu gewichtet sind, bleiben dennoch verschiedene Möglichkeiten der Kennwertbildung gegeben. Der wohl einfachste Kennwert wäre der aus den drei Kategoriewerten gebildete arithmetische Mittelwert. Dieser Mittelwert entspräche dann (da die drei Hauptitemwerte ebenfalls bereits aus arithmetisch gemittelten Werten bestehen) dem arithmetischen Mittel aller neun Hauptitemwerte, wobei jedes Hauptitem mit der gleichen Gewichtung gewertet würde. Die Belastung aus den drei Kategoriewerten (4|4|4) entspräche dann der gemittelten Belastung von 4,0. Diesen Wert interpretierend, läge diese Belastung sowohl in allen drei Hauptkategorien wie auch als Mittelwert unterhalb des mittleren Skalenwerts von 5,0, demnach wäre sie ungefähr mittig mit Tendenz zur geringen Belastung. Die errechnete Belastung (9|1|2) (als drei Kategoriewerte) ergäbe allerdings ebenfalls die gleiche arithmetisch gemittelte Belastung von 4,0, würde also bezüglich ihres Kennwerts ebenfalls eine tendenziell eher geringe Belastung suggerieren, allerdings läge die Belastung in der hier erstgenannten Kategorie bei dem Wert 9.

Der Definition der Skalen nach wäre demnach diese Kategorie „für den weiteren Studienerfolg äußerst kritisch". Wäre ein/eine Studierende(r) beispielweise mit der Kategorie des Inhalts völlig überfordert und würde demnach den Wert 9 angeben, wäre es möglicherweise egal, ob er/sie bezüglich der Selbsteinschätzung mit der Bewertung von 1 sehr gut aufgestellt wäre, der durch arithmetisches Mittel errechnete (mit dem Wert 4 eher geringe) Gesamt-Kennwert repräsentiert diese eher hohe Belastung demnach nicht.

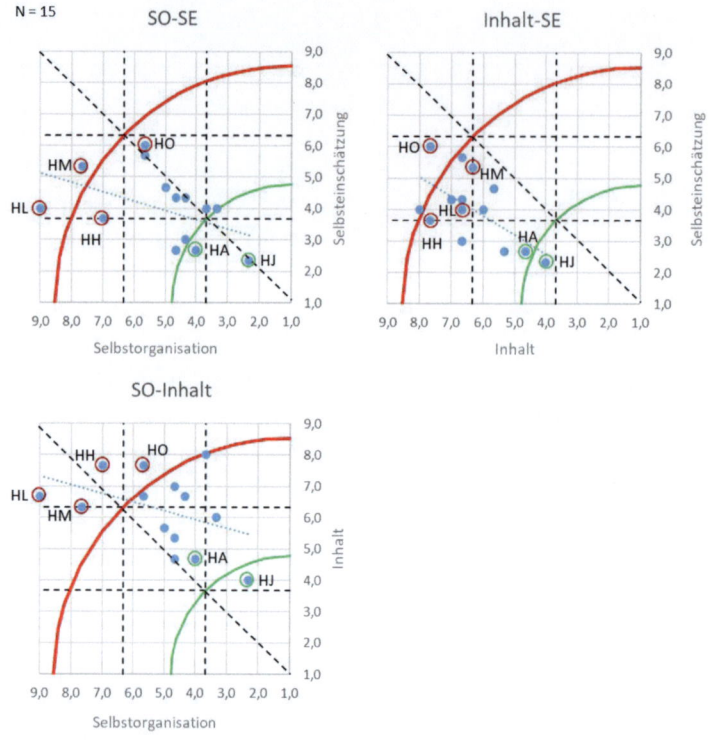

Abbildung 50. Projektion der Punktwolke aus Abbildung 49 in den jeweiligen Ebenen

Gesucht ist also ein Kennwert, der einzelne, hohe Bewertungen stärker berücksichtigt, wobei weiter angenommen wird, dass jede der neun Hauptitems mit gleicher Gewichtung zu einer möglichen Überforderung beitragen kann (was als erste Annahme zunächst gerechtfertigt erschien). Durch die Wahl des geometrischen Abstandes kann ebendies in gewissem Umfang berücksichtigt werden: Im hier 3-dimensionalen Raum lassen sich somit zur quantitativen Beschreibung der „Lage der Punkte" ebensolche Abstände (zum Beispiel vom Punkt (0|0|0)) definieren, „per Pythagoras" ermitteln und vergleichen. Dieser Kennwert wäre dann, den dreidimensionalen Raum weiterhin vorausgesetzt, für den oben genannten Punkt (4|4|4) der Abstand d_{3D} = 6,93 Skalenwerte (per Pythagoras ermittelt), für den Punkt (9|1|2) ergibt sich der Abstand d_{3D} = 9,27 Skalenwerte. Das Maximum läge bei 15,59 für den Punkt (9|9|9), das Minimum für den Punkt (1|1|1) bei 1,73. Da 9,27 > 6,93 ist, wird diese wie oben abgeleitete stärkere Belastung auch durch den Kennwert repräsentiert.

Wählt man anstatt dem Nullpunkt (0|0|0) das Minimum (1|1|1) als Bezugspunkt, so kann auch der Abstand des Punktes von diesem Minimum als Kennwert gewählt werden. Der maximale Abstand vom Punkt (1|1|1) (zum Punkt (9|9|9) hin, in der Abbildung als gestrichelte Raumdiagonale angedeutet) beträgt mit dieser Definition somit $d_{3D\,max} = 8 \cdot 3^{0,5} = 13,8$ Skalenwerte, der minimale Abstand beträgt folglich 0. Dieser Abstand vom Minimum läge bei für den Punkt HL mit den (gerundeten) Koordinaten von (7|9|4) für Inhalt, Selbstorganisation und (Selbst-) Einschätzung bei $d_{3D\,HL}$ = 10,4 (was 76% des maximal möglichen Abstands entspricht).

Da jedoch jede Kategorie aus drei Hauptitems bestehen, entspricht jeder „Punkt" eigentlich der (nicht darstellbaren) Abbildung eines 9-dimensionalen Konstrukts. Auch im Neundimensionalen ist jedoch die euklidische Mathematik anwendbar, auch hier gilt als Rechtfertigung die Annahme, dass bereits <u>ein</u> sehr belastendes Item eine gewisse Relevanz haben kann, demnach kann auch hier ein 9-dimensionaler Kennwert des geometrischen Abstands vom „Punkt" (1|1|1|1|1|1|1|1|1) im dann neundimensionalen Raum definiert werden. Der maximale Abstand von diesem Punkt zu der am weitesten entfernten „Ecke", dem Punkt (9|9|9|9|9|9|9|9|9) beträgt somit $d_{9D} = 8 \cdot 9^{0,5} = 24$. Der Studierende HL aus Abbildung 49 hat (die Reihenfolge der Hauptitems ist hier egal), die neun Bewertungen (7|5|8|9|9|9|6|3|3) abgegeben. Somit liegt der Abstand im neundimensionalen Raum von $d_{9D,\,HL}$ = 18,1 vor, was 75% der maximalen Belastung entspricht, der Unterschied zwischen dem 3D-Kennwert und dem 9D-Kennwert ist hir also nicht sehr groß. Es sei an dieser Stelle angemerkt, dass diese Kennwertbildung zwar mathematisch exakt erfolgen kann, in ihrer Präzision bezüglich der Aussagekraft zur Belastung der Studierenden vielleicht nicht überschätzt werden sollte, dass sie aber vor allem für vergleichende Aussagen bezüglich der Belastungsangaben der Studierenden im Sinne *einer* von mehreren möglichen Arten Reduktion der Komplexität durchaus verwendet werden kann.

Bezeichnung der in Abbildung 49 dargestellten „Punkte"

Wie bereits erwähnt, repräsentieren die in der genannten Abbildung dargestellten Punkte die Bewertungen der neun Hauptitems durch die Studierenden. Deren Bezeichnung besteht aus zwei Buchstaben, der erste Buchstabe repräsentiert einen Studienjahrgang oder eine befragte Gruppe, der zweite Buchstabe eine Person dieser Gruppe in der Reihenfolge, wie die Beurteilungsbögen abgegeben wurden.

Auswahl der Interviewpartner

Die Auswahl der für die qualitative Befragung in Frage kommenden Studierenden erfolgt nach dem Prinzip des maximalen Kontrasts. Als eine geeignete Dimension dieser Kontrastbildung waren somit zum einen der oben definierte, neundimensionale Abstand zum Minimum gewählt, zudem wurden jedoch einzelne auch Kategoriewerte gewählt und als weitere Dimension, das ebenfalls abgefragte Item der Prüfungsangst, da davon ausgegangen wurde, dass auch diese einen relevanten Einfluss auf den Studienerfolg haben könnte. Die Schulart, an der der qualifizierende Abschluss erlangt wurde, wurde ebenfalls berücksichtigt, sofern dies aufgrund der Befragungsergebnisse möglich war.

Von den seit dem Studierendenjahrgang TMB2018A insgesamt N = 63 befragten Studierenden waren manche an der Hochschule nicht mehr verfügbar, teilweise befanden sie sich im Auslandspraktikum. Die beiden Studienjahrgänge TMB21A und B mit insgesamt N = 34 Studierenden, die durch die Anfangsbuchstaben H und I repräsentiert sind, waren zum Zeitpunkt der Befragung verfügbar (die Studierenden der Charge D mit teilweise interessanten Kategoriewerten) waren zum Zeitpunkt der Befragung leider nicht mehr verfügbar. Die Studierenden mit den Kürzeln H und I decken jedoch ebenfalls fast den gesamten von allen anderen Studierenden aufgespannten Antwortraum ab, insofern wird von einem nicht allzu großen Verlust an Information ausgegangen.

Es wurden für eine weitere Betrachtung in Form einer qualitativen Befragung (leitfadengestütztes Interview) die in Tabelle 75 aufgeführten Studierenden ausgewählt. Es sind dort die Zahlenwerte für die drei Kategorien, für das Item Prüfungsangst, zudem alle Hauptitemwerte sowie der neundimensionale Abstand zum Minimum aufgeführt. Die Studierenden HM, HL, HH und HO wurden gewählt aufgrund ihrer vergleichsweise großen Distanz zum Minimum (der Wert von 18 bei dem/der Studierenden HL war der Maximalwert dieser Gruppe). Die Abstände dieser vier Studierenden mit eher starker Belastung vom Minimum waren dabei in einer ähnlichen Größenordnung und „jeweils im roten Bereich" der Abbildung 49. Dabei hatten die Studierenden HO und HH jeweils hohe Werte in der Kategorie Inhalt, die Studierenden HM und HL jeweils hohe Werte in der Kategorie SO und insbesondere der/die Studierende HL einen hohen Wert beim Item Prüfungsangst. Die Studierenden HJ und HA konnten ebenfalls für eine weitere Befragung gewonnen werden, sie hatte mit $d_{9D,HJ} = 8$ resp. 9 eine sehr kleine Distanz zum Minimum (HJ repräsentierte den minimalen Abstand dieser Gruppe). In der ersten Gruppe waren alle Schularten vertreten. Der Studierende HA war mit $d_{9D,HA} = 9,2$ der am wenigsten belastete Absolvent eines BK und nahm ebenfalls an der Befragung teil. Diese sechs Studierenden wurden in Form einer qualitativen Befragung zu ihrem Lernverhalten befragt. Die durch Fettdruck hervorgehobenen Parameter der Tabelle waren für die Auswahl demnach ausschlaggebend, die grau gedruckten Werte sind lediglich zur Information aufgeführt.

5.3.3.2 Leitfadengestütztes Interview

Es wurde in Anlehnung an Rosenthal (2014, S. 139) mit „explorativem Anliegen" und mit dem Ziel der Beforschung der „Perspektive der Befragten" das leitfadengestützte Interview zur Generation von Daten gewählt. Der Leitfaden zum Interview wurde nach Helfferich (2014) erstellt. Die für diesen Bereich angepasste Version ist in der hier so benannten Abbildung 51 zusammenfassend dargestellt. Es sind 8 Leitfragen formuliert, die in allen Interviews thematisiert wurden, zuzüglich weiterer möglicher Aspekte, die im Verlauf des Gesprächs thematisiert werden konnten. Hierbei lag der Fokus auf einem offenen Interviewverlauf, um dem Interviewten mehr Möglichkeit zur Entfaltung seiner/ihrer Perspektive zu geben, ohne den Gesprächsfluss in allzu starker Weise zu stören (vgl. Rosenthal, S. 140). Die Grundlage der in dieser Abbildung genannten „möglichen Aspekte" sind in Abschnitt 3.5 dargestellt. Sie betreffen somit im Wesentlichen die im hier verwendeten didaktischen Strukturmodell (vgl. Abbildung 14) zwischen den dort aufgeführten Dimensionen bestehende Interrelationen und den diesen Interrelationen zuzuordnenden potenziellen Störeinflüssen.

Die Interviews wurden mittels dem Tool Big Blue Button (Konferenz-Software, im Folgenden mit BBB abgekürzt) online am PC durchgeführt. Einleitend wurden die Studierenden über den Zweck der Arbeit informiert, die Anonymität bezüglich der Veröffentlichung der Daten, die Freiwilligkeit der Teilnahme, die elektronische Aufzeichnung der Tonspur des Interviews etc. In einem Fall wurde aufgrund eines mutmaßlich defekten Mikrofons während des Interviews auf das Mobiltelefon ausgewichen, wobei die Tonaufnahme ohne Unterbrechung über Lautsprecherfunktion des Handys fortgeführt werden konnte. In einem weiteren Fall wurde die Tonspur des Interviewten leider nicht aufgenommen. Das vom Verfasser dieser Arbeit daraufhin erstellte Gesprächsprotokoll wurde der interviewgebenden Person anschließend zugeschickt mit der Bitte um Revision und etwaige Angleichung des vom Verfasser wahrgenommenen Inhalts an dessen „subjektive Wahrheit" (a.a.O., S. 561). Die in diesem tool bereitgestellte Möglichkeiten des „geteilten" Bildschirms wurden genutzt, indem zur Einführung (vor Beginn der Aufnahme) einige der in der quantitativen Befragung erhobenen Daten (ähnlich wie Abbildung 49 dargestellt) besprochen wurden. Nach Helfferich (2014, 560) wurde der Leitfaden als „systematisch angewandte Vorgabe zur Gestaltung des Interviewablaufs" verwendet, wobei es vorkam, dass, dem Gesprächsfluss folgend, auf ggf. erst später geplante oder neu aufkommende Aspekte der Befragung jeweils eingegangen wurde, um die a.a.O. postulierte Maxime: „so offen wie möglich, so strukturiert wie nötig" zu berücksichtigen. Die Befragten wurden zu Beginn des Gesprächs und im Zuge der Informationen zur Anonymisierung explizit und wie von Helferring gefordert auf größtmögliche Offenheit gebeten: es wurde nochmals darauf hingewiesen, dass die diesen Interviews zwangsläufig immanente, ehemals vorhandene Rollenverteilung Dozent – Studierender nun nicht mehr gelte, dass keine Informationen intern weitergegeben werden, sämtliche genannten Personen und Fächer anonymisiert würden, dass auch die vom Verfasser der Arbeit gehaltenen Fächer bzw. dessen Wirken als Lehrperson Objekt ggf. kritisierender Antworten sein könnten, dass es ausschließlich um die „Rekonstruktion subjektiver Konzepte" (a.a.O., S. 563) gehen würde. Die Tonaufnahmen wurden im Anschluss an die Interviews transkribiert.

5.3.3.3 Darstellung der Ergebnisse

Im Rahmen der leitfadengestützten Interviews wurden die in Tabelle 75 aufgeführten Studierenden befragt. Die Studierenden HJ und HA waren dabei vergleichsweise wenig belastet, die verbleibenden vier Studierenden zeigten sich auf der Grundlage der in diesem Kapitel dargestellten Annahmen stärker belastet. Der Studierende HL wurde nach Nichtbestehen mehrerer Prüfungen zum Ende des 3. Semesters exmatrikuliert. Die Person HA wurde für die Interviews ausgesucht, weil sie die am wenigsten belastete Absolvent*In des Berufskollegs war. Gemäß der Verteilung der Punktwolke in Abbildung 49, erschien die Auswahl von zwei Studierenden nahe am Minimum von (1|1|1) als ausreichend, aus dem sich in drei Dimensionen öffnenden Raum wurden weitere vier Studierende gewählt, in den einzelnen Raumrichtungen möglichst weit weg vom Minimum lagen (und zudem noch an der Hochschule verfügbar und für ein Interview zu gewinnen waren).

Die Ergebnisse der Befragung sind in Tabelle 76 dargestellt, die am Ende dieses Kapitels 5 aufgeführt ist. Die einzelnen Phänomene konnten nach axialer Codierung die folgenden zehn Bereiche eingeteilt werden: 1) Lernverhalten, 2) Lernmittel, 3) Gut-Beispiele im jeweils schwierigsten Fach, 4) Einstellungen, 5) Lernfortschritt, 6) Blockaden, 7) Mathevorlesung, 8) Vorbereitung Schule, 9) Gut-Beispiele und 10) Weitere Kritik. Diese Bereiche sind in Tabelle 76 grau hinterlegt, jedem Bereich sind zur Übersicht die von den jeweiligen Studierenden als am schwierigsten empfundenen Fächer aufgeführt. Es wurden von den Studierenden die Fächer A, C und E ausgewählt. Aus Gründen des Datenschutzes sind diese Bezeichnungen verschlüsselt. In den hier veröffentlichten Transkriptionen wurde diese Verschlüsselung ebenfalls beibehalten, die Lehrperson des Faches E wurde demnach Lehrperson E genannt etc. In diesem Zusammenhang mussten bestimmte Aussagen zensiert werden, was jeweils entsprechend bezeichnet wurde.

Tabelle 75. Zusammenstellung der für die Auswahl relevanten Dimensionen*

Bez	SA	Kategorien			Item	Hauptitems									ED
		I	SO	SE	P	I1	I2	I3	SO1	SO2	SO3	SE1	SE2	SE3	d_{D9}
HJ	TG	4	2	2	2	4	2	6	2	1	4	3	2	2	8
HA	BK	5	4	3	2	5	4	5	6	2	4	3	3	2	9
HM	TG	6	8	5	6	7	5	7	7	8	8	8	4	4	17
HL	AG	7	9	4	8	7	5	8	9	9	9	6	3	3	18
HO	BK	8	6	6	6	8	7	8	7	8	2	5	6	7	17
HH	TG	8	7	4	3	8	8	7	7	-	7	6	3	2	15

S7   *   Abkürzungen: Bez: Bezeichnung, SA: Schulart, I: Kategorie Inhalt, SO: Kategorie Selbstorganisation, SE: Kategorie (Selbst-) Einschätzung, P: Item Prüfungsangst, I1 etc. Hauptitem gemäß Tabelle 71, ED: Euklidische Distanz (9D)

Die oben genannte neun Bereiche werden hier in den Unterkapiteln 5.3.3.3.2 bis 5.3.3.3.11 zusammenfassend aufgeführt und kommentiert.

5.3.3.3.1 Schwierigstes Fach

Es wurden von den sechs Befragten insgesamt drei Fächer als schwierigstes Fach genannt, allesamt berechnungsintensive Fächer. Diese Fächer entsprachen auch denen, die in einer quantitativen Befragung auch weiterer Jahrgänge ebenfalls benannt wurden, dort wurden jedoch auch noch weitere Fächer genannt (hier nicht dargestellt). Einer der Studierenden empfand ein Fach, in dem primär Wissen auswendig gelernt werden sollte, als „schwierig" in dem Sinne, dass es schwierig war, sich zu motivieren (auswendig lernen sei generell unnötig, man vergesse doch sowieso schnell wieder und man könne dann ja googeln, wenn man es mal brauchen sollte).

5.3.3.3.2 Lernverhalten

Gewichtung:

In dem Fach, in dem die Noten verrechnet werden, wird dies von allen im Lernverhalten berücksichtigt, die Studierenden zeigen aber nach subjektiver Aufwand-Nutzen-Analyse unterschiedliche Priorisierungen: manche lernen bspw. primär das Fach, zu dem sie einen leichteren Zugang finden (Zeitaspekt/Effizienz), manche lernen auch im weniger gewichteten Fach viel, um für die Verrechnung einen möglichst großen „Puffer" zu haben, manche lernen primär und teilweise fast ausschließlich das stärker gewichtete Fach und wollen im schwächer gewichteten Fach lediglich ein paar Punkte mitnehmen.

Lernbeginn und Vorgehensweise

Fast alle lernen ca. 6 Wochen vor Beginn der Prüfungswoche, teilweise wurde 4 Wochen vor der Prüfungswoche begonnen, verbunden mit einem Scheitern (exmatrikuliert), teilweise wurde 4 bis 5 Wochen vorher begonnen und die Fächer erfolgreich absolviert.

Bezüglich der Reihenfolge der Themen wurde meist chronologisch vorgegangen, etwa zur Mitte des Semesters (s.o.) wurden die Übungsaufgaben von Themen, die zu Beginn des Semesters gelehrt wurden, bearbeitet. Meist wurden zuerst Übungsaufgaben gerechnet (diese seien generell meist etwas einfacher und didaktisch geordnet), dann im weiteren Verlauf ggf. auch Altklausuren. Eine Person fokussierte schnell auf die Altklausuren, weil eine gewisse Ähnlichkeit zur kommenden Prüfung (v.a. bezüglich der Frage, wie Aufgaben gestellt sind, welche Stoffmenge zu leisten ist etc.) erwartet wurde.

Alle sechs Befragten haben Aufgaben wiederholt gerechnet, die schwierigen Aufgaben werden teilweise sehr oft wiederholt, in einem Fall zehn oder mehr mal. Manche lernen Formeln und Ansätze explizit auswendig (z.B. mit Hilfe von Karteikarten), um in der Prüfung bez. der Anwendung der Formelsammlung Zeit zu sparen. Vereinzelt wurden zwar bestimmte Übungsaufgaben in der Phase der Prüfungsvorbereitung „mit der Stoppuhr auf Zeit" gerechnet. Bei vielen Studierenden wurde jedoch die Zeitknappheit während der Prüfung als weniger problematisch empfunden, da beim Lösen der Prüfungsaufgaben primär das Verständnis für die Aufgabe bzw. die geeignete Idee für den Lösungsansatz fehlte, weshalb in der Prüfungsvorbereitung meist nicht „auf Zeit" gerechnet wurde.

Sozialform

Vier der sechs befragten Studierenden lernten in Lerngruppen, alle vier lernten dabei zuerst alleine und anschließend, z.B. „zur Klärung von Fragen" in einer Lerngruppe. Die Lerngruppen von zwei dieser vier diese Sozialform nutzenden Befragten erwiesen sich als „eher" resp. „sehr uneffektiv". Die Begründung war jeweils, dass innerhalb der Gruppe mehrfach keine gegenseitige Hilfe mehr möglich war, weil alle an der gleichen Stelle scheiterten und nicht weiterkamen. Eine Person lernte (erfolgreich) ausschließlich alleine, die Person, die nach dem 3. Semester exmatrikuliert wurde, lernte ebenfalls ausschließlich alleine und bezeichnete dies als „wahrscheinlich größten Fehler" während ihres Studiums.

Entwicklung/Regulation

Die meisten befragten Studierenden äußern eine gewisse Regulation ihres Lernverhaltens, wenn dies nach Überprüfung für nötig erachtet wurde (trail and error). Dies betrifft meist ein gewisses Verfeinern der Lerntechniken auf Basis ihrer ersten Erfahrungen (sofern der erste „Error" nicht zu gravierend ausfiel.)

Dieses Verfeinern betrifft den Lernbeginn, das Management der knappen Lernzeit (dabei steht v.a. die Effektivität im Vordergrund, mit der wenigen Zeitreserven den maximalen Output zu erzielen), auch die Art des Lernens (Auswendig lernen vs. Anwenden), auch die Abstimmung wann und in welchem Fach in Gruppen zu lernen ist vs. wann alleine zu lernen ist.

Grundsätzlich wird davon berichtet, dass im ersten Semester noch recht viele Fehler auftraten: zu spät angefangen, zu viel auswendig gelernt, Fokus auf die „falschen" Fächer, draufloslernen ohne Planung, ohne Lernzeiten und Pausen zu setzten etc. Beide der befragten TG-Schüler hatten dabei ihre ersten Probleme eher im 2. Semester, weil von ihnen das erste Semester aufgrund der Vorkenntnisse aus der Schule als eher leicht empfunden wurde.

Tricks/Erfolgsrezept:

Fast alle Befragten gaben an, dass das mehrfache Rechnen von schwierigen Aufgaben eines ihrer Erfolgsrezepte war, eine Person schien dies in sehr ausgeprägter Weise zu betreiben (mehrere Aufgaben bis zu 10-mal rechnen) und bezeichnete dies als reine Fleißarbeit. Eine Person (die am wenigsten belastete Person) nannte zudem das Nachvollziehen der persönlichen Vorlesungsnotizen und das mehrfache, auf-Zeit-Rechnen von Altklausuren als wichtig.

5.3.3.3 Lernmittel

Lernmittel Übungsaufgaben (ÜA)

Übungsaufgaben werden von allen befragten Studierenden als sehr wichtiges/effektives oder als das wichtigste/effektivste Lernmittel gesehen. Sie werden oft verwendet, um die Anwendung der jeweiligen physikalischen Konzepte eines Stoffgebiets zu erlernen, oft als Vorbereitung darauf, um anschließend mit den meist zur Verfügung gestellten Altklausuren „auf Wettkampfniveau" zu üben. Grund dieser Vorgehensweise ist eine erhoffte didaktische Ordnung der Übungsaufgaben im Vergleich zu den Altklausuren. Dabei wird stets die Wichtigkeit von für die Studierenden verständlichen (idealerweise mit Erklärungen versehenen) Lösungen betont.

Lernmittel Altklausuren

Altklausuren werden ebenfalls als sehr wichtiges Lernmittel erachtet, wie bereits erwähnt meist um wettkampfnahes Üben zu gewährleisten, um ein Gefühl für den Aufbau der Prüfung zu erlangen, insbesondere die Art und Weise, wie die Aufgaben von der jeweiligen Lehrperson gestellt werden, die Art der Verteilung der Schwierigkeiten, Umfang der Aufgaben. Ein Studierender betonte die Wichtigkeit bezüglich des Inhalts der jeweils zu erstellenden Formelsammlungen.

Lernmittel Skript

Das Skript wurde in dem jeweils als am schwierigsten empfundenen Fach als Lernmittel eher weniger verwendet, dies auch, wenn die Explikationen im Skript explizit als gut empfunden wurden.

Lernmittel Videos

In einem Falle gab es in dem als am schwierigsten empfundenen Fach von der Lehrperson zur Verfügung gestellte Lehrvideos. Diese wurden jedoch von den Befragten, obwohl sie die Videos als gut gemacht, die Inhalte gut erklärend und insofern als generell hilfreich empfunden wurden, nicht verwendet. Begründung war jeweils, dass sich von diesen Videos im Vergleich zu dem ebenfalls als sehr gut gemachten eingeschätzten Skript bzw. zu der als in sehr guter Weise explizierenden Vorlesung kein nennenswerter Mehrwert versprochen wurde, dass das Problem der eigenständigen Anwendung der Theorie in Form der Übungsaufgaben (s.u.) hierdurch nicht gelöst würde.

Fremdmaterial

Die Studierenden haben in nahezu allen Fällen auf Fremdmaterial zurückgegriffen. Dieses Fremdmaterial war dabei leicht zu erlangen, wurden meist über Google oder YouTube gefunden, oft bestimmte Beispielaufgaben zu bestimmten Themen, Erklärungen etc. Zudem wurde oft auf Bücher zurückgegriffen, auf Portale von Verlagen, in denen ähnliche Aufgaben oder Unterlagen zu finden waren. Die dort gefundenen Unterlagen und Themen wurden als nahezu deckungsgleich eingeschätzt.

5.3.3.3.4 Gut-Beispiele im jeweils schwierigsten Fach

In dem als am schwierigsten empfundenen Fach wurden bestimmte Lernelemente als positiv wahrgenommen. Es wurde von allen Studierenden (obwohl unterschiedliche Fächer als jeweils am schwierigsten empfunden wurden) dargestellt, dass auch komplexe Inhalte jeweils gut oder sehr gut erklärt wurden. Teilweise wurde zudem der logische Aufbau des Skriptes gelobt, die Übungsaufgaben teilweise ebenfalls, auch wurde bspw. die Anbindung an die Prüfungsinhalte als stimmig eingeschätzt.

5.3.3.3.5 Einstellungen

Die Studierenden berichten von der Zeitknappheit während des Studiums, der Dichte des Stoffs, der mentalen Belastung durch den Leistungsdruck und einem Spagat zwischen Familie und Beruf. Für eine Person sind mehrere dieser Faktoren deutlich relevant, die anderen Personen scheinen damit zurecht zu kommen.

Motivation und Durchhaltevermögen

Die Motivation und das Durchhaltevermögen sind, bis auf die mit HL codierte Person, bei allen gut oder sehr gut ausgeprägt. Die am wenigsten belastete Person zeigt sich sehr motiviert, ehrgeizig und leistungsorientiert (sie wolle „viel machen, damit man zufrieden" sei, bekundet eine deutliche Selbstdisziplin, äußert auch, dass sie dabei nicht allzu verbissen sei und einen gewissen Ausgleich in Sinne einer Work-Life-Balance suche. Die stärker belasteten Studierenden sind jedoch, mit Ausnahme der bereits erwähnten Person HL, ebenso motiviert und ausdauernd, sie wollen ihr Studium „unbedingt erfolgreich" abschließen, nehmen dafür einen deutlichen Lernaufwand in Kauf, lernen teilweise nach den Vorlesungen und wochenends „10 Stunden am Tag", sind „stundenlang an einem Aufgabenblatt", teilweise, ohne wirklich weiterzukommen, rechnen wie bereits erwähnt Aufgaben zehn oder mehr Mal. Im Vergleich zu dem wenig belasteten Studierenden, dessen Lernbemühungen vergleichsweise schnell erfolgreich zu sein scheinen (seine Aussagen lassen sich diesbezüglich darauf reduzieren, dass man in den „Verstehens-Fächern" hauptsächlich Intelligenz und Fleiß benötige, um erfolgreich zu studieren), erscheint das Durchhaltevermögen der stärker belasteten Studierenden, deren Lernbemühungen in deutlich ausgeprägterem Maße von lediglich zäh erkämpften Teilerfolgen und diesbezüglich einer gewissen Frustration geprägt sind, umso bemerkenswerter. Lediglich die mit HL codierte Person zeigt erneut eine andere Einstellung: sie gibt an, nur motiviert zu sein, „wenn es Spaß macht" [wörtliches Zitat], dass sie nur Aufwand betreiben würde, wenn die Lerninhalte schnell zu verstehen wären (die Person nennt einen Zeitraum von „ca. 20 Minuten", in der ein gewisser Lernfortschritt subjektiv zu erkennen sein müsse, bevor ihre Lernbemühungen unterbrochen oder aufgegeben werden). Ebendiese Person gibt an, dass ihr das Studium „psychisch und physisch zugesetzt" [wörtliches Zitat] habe, da sie den Lerndruck nicht gewohnt sei.

Selbstwirksamkeit

Die weniger stark belasteten Studierenden äußern sich eher selbstbewusst, den Anforderungen mit Fleiß und Aufwand gewachsen zu sein (Stress gehört eben dazu), die stärker belasteten Studierenden zeigen sich diesbezüglich etwas zurückhaltender und erkennen an, trotz starker Bemühung teilweise an gewisse Grenzen gestoßen zu sein.

5.3.3.3.6 Beurteilung des persönlichen Lernfortschritts

Obwohl auch in den als am schwierigsten empfundenen Fach gewisse Lernmittel positiv beurteilt wurden, wurde die Frage nach dem Lernfortschritt in nahezu allen Fällen negativ beantwortet. Dem Empfinden der (eher) belasteten Studierenden nach wurde beim Versuch, sich auf die Prüfung vorzubereiten (was wie oben dargestellt primär dem Rechnen von Aufgaben gleichkam), oft und teilweise verzweifelt „gestochert", das Lernen wurde als „zähes, stundenlanges Kauen" beschrieben, oftmaliges zurückpaddeln. Lediglich der am geringsten belastete Studierende gab an, dass die Übungsinhalte zwar anspruchsvoll gewesen seien, dass er das Studium aber als machbar einschätzen würde.

5.3.3.3.7 Lernblockaden

Bei der Auswertung der Interviews stellte heraus, dass es bei allen Befragten zu Situationen kam, in denen das Lernen deutlich erschwert wurde oder gar unmöglich war. Diese im Folgenden als Lernblockaden bezeichnete Zustand war bei dem am wenigsten belasteten Studierenden am geringsten ausgeprägt, bei den stärker belasteten Studierenden zeigten sich teilweise deutliche bis unüberwindbare Lernblockaden. Bezüglich der einzelnen Lernelemente stellte sich dies wie folgt dar:

Explikation/Vorlesung

Die Vorlesung wurde zwar wie oben dargestellt als insgesamt gut und verständlich dargestellt, es wurden jedoch teilweise (und in eher geringem Ausmaß) die hohe Anzahl unterschiedlicher Ansätze und Themen innerhalb eines Fachs, die fehlende Trennschärfe zwischen den einzelnen Themen oder die generell als hoch empfundene Komplexität der Inhalte mancher Modulfächer kritisiert.

Skript

Die Skripte wurden generell ebenfalls eher wenig stark kritisiert, teilweise dahingehend, dass zu viel nutzlose Informationen oder Herleitungen dargeboten wurden, zu viele Formeln.

Letzteres wurde jedoch vor allem von der Person bemängelt, die sich insgesamt überfordert zeigte, deren Lernverhalten jedoch als möglicherweise nicht ausreichend bezeichnet werden kann (chronisch zu spät begonnen, „immer hinterhergehinkt", zu viel stress, keine Pausen, viele Nachschreibtermine etc.). Bezogen auf ein anderes Fach wurde von mehreren Studierenden kritisiert, dass das Skript ohne die persönlichen, während der Vorlesung erfolgten Aufzeichnungen als eigentlich nutzlos bezeichnet wurde.

In einem anderen Fach wurde das Skript als veraltet bezeichnet und es wurde vor allem bemängelt, dass das Skript nicht in die Vorlesung einbezogen (insofern als separate Einheit ohne Bezug zu den anderen Lernmitteln und damit mit geringem Nutzen wahrgenommen) wurde.

Übungsaufgaben und Lösungen

In einem Fach wurde lediglich von einem gewissen empfundenen Chaos bezüglich der Aufgaben berichtet dahingehend, dass die Lösungen unklar gewesen seien (es hätten alle Studierenden wie auch die Lehrperson gefühlt ständig ein anderes Ergebnis berechnet).

In einem anderen Fach waren die Schwierigkeiten bezüglich der Übungsaufgaben ungleich gravierender („saumäßig fiese" bzw. „unlösbare" Aufgaben) und wurden in nahezu allen Interviews thematisiert: Dabei wurde vor allem ein deutlicher Komplexitätssprung zwischen Erklärungen in Skript bzw. Vorlesung einerseits und den Übungsaufgaben andererseits berichtet. Mit der gleichen Häufigkeit wurde bemängelt, dass die Lösungen zu den Aufgaben nicht nachvollzogen werden konnten. Bezüglich der Lösungen seien teilweise nur Zahlenwerte gegeben worden, teilweise seien auch die Lösungen zu komplex gewesen insofern, dass (ohne weitere Erklärung) zu viele Schritte gleichzeitig vollzogen worden seien.

In einem weiteren Fach wurden die Aufgaben als zu umfangreich und zu verschachtelt empfunden. Die Lehrpersonen sollten besser mehrere, kleinere Aufgaben bspw. mit Aufgabenteil a), b), c) erstellen anstatt einer großen Aufgabe mit aufeinander aufbauenden und in verschiedenen Fallbetrachtungen differenzierenden Aufgabenteilen a) bis j). Infolgedessen seien die Studierenden bei den Übungsaufgaben sehr oft „hängengeblieben", hätten auch nach mehrmaligem Probieren keinen Einstieg gefunden und sich teilweise stundenlang mit der gleichen Aufgabe beschäftigt.

Von dem Studierenden, der eine geringe Belastung angab, wurden diese Aspekte zwar ebenfalls benannt, allerdings wurden sie weitaus weniger drastisch und insgesamt durchaus als bewältigbar dargestellt. Dadurch, dass dieser Studierende deutlich schneller (oder überhaupt seine Lernprobleme lösen konnte (z.B. durch Nacharbeit in den persönlichen Aufschrieben) herrschte bei ihm eher die Vorstellung vor, dass eine gewisse Komplexität zum Studium eben dazu gehöre, dass man sich natürlich ein wenig reinarbeiten müsse, dann aber alles doch eben machbar sei. Eben jene Person führte für sich eine gewisse

„Veranlagung" [wörtliches Zitat] für die Mathematik an und die Tatsache, dass ihm dies schon immer gelegen hätte, dass er eine gewisse Zielstrebigkeit und Lerndisziplin hätte. Im gleichen Fach wurde jedoch den stark belasteten Kommiliton*Innen ein ungleich höheres Maß an Durchhaltevermögen bei zudem ausbleibendem Lernerfolg abverlangt.

Prüfung

Bezüglich der Prüfungen zeigte sich ein ähnliches Bild: die stark belasteten Studierenden bemängelten erneut die hohe Komplexität zum einen und den Komplexitätssprung im Vergleich zu den Erklärungen des Skripts und der Vorlesung zum anderen, zudem wurde eine gewisse Unabsehbarkeit und Uneinschätzbarkeit bezüglich der Inhalte bemängelt. Man erkenne, die Aufgaben der Altklausuren vergleichend, wenig vertraute oder ähnliche Aufgaben, es gäbe eine unendliche Vielzahl von völlig unterschiedlichen Aufgaben. Die weniger belastete Person kam diesbezüglich wiederum zu einem anderen Urteil: die Prüfungen seien zwar anspruchsvoll gewesen, aber irgendwie doch auch ok.

Als ein weiterer Aspekt wurde bezüglich der Prüfungen bemängelt, dass dort nur mehrere gleich schwere Aufgaben abverlangt würden, von denen man folglich zwei vollständig bearbeiten können müsse, um die Prüfung zu bestehen. Es wurde geäußert, dass z.B. ein eher leichter Aufgabenteil als Einstieg begrüßenswert wäre, vorwiegend, um ein bisschen Sicherheit zu bekommen, und dass das „Aussieben" erst mit den anderen Prüfungsaufgaben erfolgen solle. Ebenso wurde vorgeschlagen, eine Prüfungsaufgabe zum Abwählen und sozusagen als Puffer zu lassen. Aufgrund des hohen Einstiegsniveaus in die Aufgaben würde man Zeit verlieren, weil man nicht in die Aufgaben reinkäme, was den Erfolgsdruck während der Prüfung verstärken würde. In einem Fall wurde ein nicht eingehaltenes Versprechungen bezüglich der abzufragenden Inhalte der Prüfung bemängelt, das von der Lehrperson ggf. auch versehentlich nicht beachtet wurde, was für die Lernenden dennoch große Auswirkung gehabt hätte.

Passung

Dies abstrahierend, ergab sich vor allem für die stärker belasteten Studierenden eine gewisse Problematik bezüglich der mangelnden Passungen und den damit verbundenen Komplexitätssprüngen. Diese mangelnde Passung wurde zwischen Vorlesung und Skript, Skript/Vorlesung und Übungsaufgaben, Skript/Vorlesung und Prüfungsaufgaben, Übungsaufgaben und Prüfungsaufgaben sowie Übungsaufgaben und Lösungen wahrgenommen.

Primär schwierigkeitserzeugendes Merkmal

Die oben ausgeführten Aspekte zusammenfassend wurden primär schwierigkeits-erzeugendes Merkmal von den befragten Studierenden teilweise im gleichen Fach unterschiedliche Aspekte genannt: z.B. als verwirrend wahrgenommene Ansätze in den Skripten, eine viel zu große Anzahl an Formeln (wobei dabei vor allem unklar gewesen sei, welche Formel wichtig bzw. wann welche zu verwenden sei), die Ungewissheit bezüglich des Niveaus der Prüfung, generell das hohe Maß an Abstraktheit. Auch der am wenigsten belastete Studierende moniert die hohe Komplexität und das fehlende Vorstellungsvermögen bezüglich der physikalischen Konzepte. Einer der Studierenden nannte die für sich unklare Vorgehensweise beim Lösen der Aufgaben („viel gestochert", keinen Einstieg gefunden). Die fehlende Abstimmung zwischen den Übungsaufgaben bzw. der späteren Prüfung zum Skript wurde ebenfalls in einem Fach bemängelt in der Weise, dass es den beschriebenen Komplexitätssprung zwischen den Erklärungen des Skripts und den Aufgaben gegeben hätte.

Lernproblematik/Lernbockaden

Aus dieser Problematik der mangelnden Passung, der generell empfundenen Komplexität der Inhalte und den damit verbundenen, von den Studierenden zu leistenden Komplexitätssprüngen ergab sich bei mehreren der befragten Studierenden eine gewisse Hilflosigkeit. Es fehlte den Studierenden an eigenen Mitteln, die Aufgaben zu lösen, die jeweiligen Lerngruppen konnte bei mehreren der befragten Studierenden ebenfalls nicht weiterhelfen (die Befragten waren dabei nicht in der gleichen Lerngruppe), es wurden zwar jeweils unterschiedlichste Fremdmaterialien (Fachliteratur, Erklärvideos, Onlinehilfen, Portale etc., siehe oben) herangezogen, deren Einbeziehung trug jedoch ebenfalls nicht zum weiteren Verständnis bei. Es wurden die „Kursstreber" [wörtliches Zitat] zu Hilfe gebeten, die jedoch ebenfalls nicht helfen konnten (oder mutmaßlich nicht wollten, wie ein Studierender bemerkte), es wurden mehrfach Lehrpersonen per Mail kontaktiert (bis die Studierenden den Eindruck hatten, dass diese Möglichkeit überreizt war), deren Erklärungen zwar meist als hilfreich und nachvollziehbar empfunden wurden, die jedoch einen deutlichen Zeitverzug im eigenen Lernplan zur Folgen hatten. Mit den Aussagen „viel versucht, wenig verstanden" oder „oft hängengeblieben" könnte diese Problematik zusammengefasst werden.

Insgesamt stellt sich durch dieses wiederholte, stets langwierige und erfolglose Probieren bei vielen der befragten stark belasteten Studierenden eine gewisses Gefühl Ohnmacht ein. Eine der befragten Person führte dies als entscheidenden Grund dafür an, permanent (und frühzeitig) vom eigentlichen Lernvorhaben „abgedriftet" zu sein (wobei diese Person, wie oben bereits angedeutet, vergleichsweise wenig ausdauernd bzw. belastbar schien).

5.3.3.3.8 Bezüge zum Fach Mathematik

Die Wichtigkeit des Fachs Mathematik wurde von allen Studierenden betont, ebenso wie die als herausragend empfundenen Vermittlung der Lerninhalte („ultramäßig genial erklärt", wörtliches Zitat). Bemängelt wurde allerdings mehrfach die fehlende Anbindung an die anderen berechnungsintensiven Fächer: oft seien diese Fächer dem Modulfach Mathematik voraus. Sowohl bezüglich der Herleitungen der physikalischen Konzepte wie auch bezüglich der Übungsausgaben würden teilweise Kenntnisse vorausgesetzt, die im Fach Mathematik noch nicht expliziert worden seien. Das Verständnis der Herleitungen mag davon ggf. eher wenig betroffen zu sein (dies wurde nicht thematisiert, ein Nachvollziehen-Können von Erklärungen mag allerdings nicht so anspruchsvoll sein), allerdings sei die eigenständige Umsetzung in Form der durchzuführenden Berechnung der Aufgaben nur in begrenztem Maße möglich gewesen. Beispielhaft wurde die allgemeine Integration („plus C am Ende") genannt wie die Behandlung von Flächen- und Volumenintegralen und Vektorfeldern.

5.3.3.3.9 Vorbereitung durch die Schule und Mathe-Vorkurs

Die Vorbereitung durch die Schule wurde von der interviewten Person, die ihre Studienberechtigung eine Allgemeine Hochschulreife nicht am TG erlangt hatte, positiv bewertet. Die Absolvent*Innen des TG empfanden die Vorbereitung durch die Schule sogar als sehr gut, sie hätten in verschiedenen Fächern des ersten Semesters in deutlichem Maße auf Vorkenntnisse zurückgreifen können, was das Lernen deutlich erleichtert habe. Eine Person dieser Gruppe äußerte sich sogar dahingehend, dass sie in der Annahme, dass dieser Lernvorteil auch im zweiten Semester anhalten würde, den Lernaufwand im zweiten Semester deutlich unterschätzt und zu spät mit der Prüfungsvorbereitung angefangen hätte.

Die Studierenden, die vom BK an die Duale Hochschule kamen, berichteten von deutlichen Lücken, vor allem im Fach Mathematik, die auch durch den Mathematik-Vorkurs nicht aufgefüllt werden konnten. An dieser Stelle scheint ein deutliches Potenzial zu bestehen. Die Diskrepanz zwischen den Kompetenzen der Studierenden und den Lernangeboten schien beträchtlich, vor allem bei der Gruppe der Absolvent*Innen des BK. Auf Details der Befragung zu diesem Thema soll im Rahmen dieser Arbeit nicht weiter eingegangen werden.

5.3.3.3.10 Gut-Beispiele

Es wurden von den Studierenden im Verlauf der Interviews Fächer genannt, in denen positive Beispiele zum Vergleich angeführt wurden. So wurden, wie oben bereits erwähnt, die Lerninhalte das Modulfachs Mathematik als sehr gut erklärt empfunden, zudem wurde im gleichen Fach aber von einer anderen Person der Aufbau, die Struktur, das Zusammenspiel von Übungen, Klausuren und Vorlesung als exzellent dargestellt.

Der Aspekt der Strukturierung der Lerninhalte wurde von allen diesbezüglich befragten Studierenden als wichtig empfunden, als positives Beispiel wurde neben dem Fach Mathematik zum einen ein weiteres Modulfach des dritten Semesters, aber auch das hier diskutierte Modulfach Festigkeitslehre des ersten Semesters, in dem die virtuelle Lernumgebung angewandt wurde, genannt. Auch das Angebot leichter Aufgaben „zum Einstieg" in die noch unbekannten Themengebiete, das sich einschätzen können bezüglich der referenzierten (und eingehaltenen Prüfungsniveaus) wurde mehrfach genannt. Eine so konzipierte Lernmöglichkeit wurde von einem Studierenden als die Ermöglichung des aktiven, selbstgesteuerten und funktionierenden Lernens dargestellt, im Gegensatz zu dem eher passiven, stark durch Lernhindernisse bestimmten Lernens in den als schwierig empfundenen Fächern.

Als eine eher die Studienorganisation betreffende Maßnahme wurde in dem Modulfach, in dem die virtuelle Lernumgebung entwickelt wurde, eine bestimmte Vorgehensweise erprobt: Es wurde nach 4 Vorlesungswochen ein freiwilliges Testat angeboten, das mit einem Anteil von 30% nur dann in die Endnote des Modulfachs einberechnet wurde, wenn die Testat-Note nicht schlechter als die Prüfungsnote ausfiel. Dieses „Feature" wurde von allen diesbezüglich befragten Studierenden zum einen als motivierend, zum anderen als Aufforderung zum frühzeitigen Lernen und damit als Maßnahme zur Entzerrung des als besonders herausfordernd wahrgenommenen Zeitraums der Prüfungsvorbereitung empfunden.

5.3.3.3.11 Weitere Kritik

Von manchen Studierenden wurden Kritikpunkte bezüglich der didaktischen Vorgehensweise in einzelnen Vorlesungen und im Verhalten einzelner Lehrpersonen geäußert. Da diese mit Kenntnissen über den Standort oder die Konstellation der Lehrpersonen bzw. Modulfächer ggf. nachvollzogen werden können, können die Kommentare auch anonymisierter Form aus Gründen des Datenschutzes bzw. der Persönlichkeitsrechte nicht weiter ausgeführt werden. Besonders deutlich und differenziert wurde die Kritik von der Person geäußert, die ihr Studium abbrechen musste.

Als ein Punkt, der deutliches Potenzial der Weiterentwicklung beinhaltet, wurde von mehreren Studierenden die Unterstützung durch die Betriebe thematisiert. Demnach gebe es in einem Betrieben eine zuständige Person, die auch inhaltlich unterstützen würde, die also die Funktion eines Lern-Paten einnehmen würde. In diesem Unternehmen wurden auch lernstrategische Beratungen durchgeführt, hier in dem Sinne, dass eine Lern-App (digitales Karteikarten-System) im Rahmen einer Schulung eingeführt und deren Anwendung erklärt wurde. In allen anderen Betrieben war die Unterstützung teilweise jedoch deutlich geringer, teilweise wechselten Zuständigkeiten mehrmals und waren jeweils von einem akuten Zeit- und Betreuungsmangel gegenüber der Studierenden, auch bezüglich der für die Hochschule anzufertigenden praktischen Arbeiten gekennzeichnet.

5.3.4 Diskussion und Reflexion der Vorgehensweise des UT 3

Auch für diesen Untersuchungsteil war die Rücklaufquote hoch, in manchen Jahrgängen betrug sie nahezu 100%, in anderen fiel sie mit ca. 60% des Jahrgangs etwas geringer aus. Ein Grund mag die Vorgehensweise sein, dass in den frühen Befragungen, die mit Hilfe der veränderten Bosse-Trautwein-Kriterien stattfand, noch kein Incentive versprochen wurde. Als ebensolches Incentive wurde in den späteren Kursen ein Betrag von 5 € versprochen, wobei die Studierenden wählen konnten, ob sie diese 5 € im Falle der Auslosung direkt erhalten mochten, sie diesen Betrag lieber in einen „Jackpot" einzahlen wollten, den es dann zu gewinnen gab, oder ob sie den Betrag an eine Einrichtung oder Person ihrer Wahl spenden wollten (wobei in der Empfindung des Verfassers diese Aussicht auf den Jackpot oder der Einfall eines mutmaßlich originellen Empfängers für die Spende positiv auf die Teilnehmerzahl auswirkte).

Die Befragungen wurden mit dem Hinweis versehen, dass alles anonymisiert werden würde und die Antworten nur dem Verfasser dieser Arbeit bekannt sein würden. Es wurde bezüglich der veränderten Bosse-Trautwein-Kriterien verbal formuliert die etwaige Schwierigkeit thematisiert, sich ggf. eigene Schwächen einzugestehen und dennoch an die Ehrlichkeit gegenüber sich selbst appelliert, es wurde zudem appelliert, lieber nicht an der Untersuchung teilzunehmen, als beschönigend zu bewerten.

Auch bezüglich der qualitativen Interviews wurde jeweils an die Ehrlichkeit der Studierenden explizit und insbesondere in der Beurteilung der vom Verfasser dieser Arbeit geleiteten Lehrveranstaltungen, aber auch an die Fairness gegenüber den Dozierenden und Professor appelliert und etwaige Antipathien aber auch Sympathien auszublenden und möglichst objektiv, sachlich und ggf. auch selbstkritisch zu antworten.

Die mehrmalige Hervorhebung der vollständigen Anonymisierung aller Daten und die Tatsache, dass diese Befragung in allen untersuchten Studienjahrgängen nach der letzten Klausur des dritten Semesters (und somit außerhalb jeglicher Einflussmöglichkeit des Verfassers auf den weiteren Verlauf ihres Studiums) erfolgte, wurden bewusst gewählt.

Tabelle 76. Ergebnisse der qualitativen Befragung nach axialer Codierung, zusammenfasssende und vergleichende Darstellung

Phänomene	HH TG, (8|7|4), r_9D = 17	HO BK, (8|6|6), r_9D = 17	HL AG, (7|9|4), r_9D = 18	HM TG, (6|8|5), r_9D = 18	HA BK, (5|4|3), r_9D = 9	HJ TG, (4|2|2), r_9D = 7
Lernverhalten	A/C	A	C	A/C	E	A
Gewichtung	berücksichtigt	berücksichtigt	berücksichtigt	berücksichtigt	berücksichtigt	berücksichtigt
		FL als Puffer zu TM	Effizienzgedanke	Leichtere Fächer bevorzugt	Nach individuellen Lücken	Nutzen-Aufwand-Analyse
Lernbeginn und Verlauf	Woche 6	Woche 5/6	Woche 9 von 12	Woche 5 von 12	Woche 6/7 von 12	Woche 7/8 von 12
	Steigernd	steigernd		steigernd	Steigernd	steigernd
					(vorgenommen: Woche 1)	Diszipliniert & Pausen
Vorgehensweise	ÜA für ÜA durch	Chronologisch Aufgaben	Ausweichen vor schwierigen	Das leichtere Fach	Chronologisch (kein Indiz)	Erst ÜA (sortiert), dann Altklausuren
		Karteikartensyste				
Sozialform	Lerngruppe = Muss, (zu	Lern-Duo, Inhalte erarbeitend	Nur alleine	Meist alleine	Meist alleine, bis es verstanden	Erst alleine,
	Gruppe v.a. gut bei Verständnisproblemen	Abgleich in der Gruppe	(war größter Fehler)	mag generell das Lernen in Gruppe eher nicht	Dann in der Gruppe zur Klärung von Fragen	Dann verschiedene Gruppen
		Beklagt Ego im Kurs, kein Anschluss		Online zu uneffektiv		
		Anfrage bei „Kurs-Streber „vermieden				

Fortsetzung von Tabelle 76, Ergebnisse der qualitativen Befragung nach axialer Codierung, zusammenfasssende Darstellung

Phänomene	HH TG, (8|7|4), r_{9D} = 17	HO BK, (8|6|6), r_{9D} = 17	HL AG, (7|9|4), r_{9D} = 18	HM TG, (6|8|5), r_{9D} = 18	HA BK, (5|4|3), r_{9D} = 9	HJ TG, (4|2|2), r_{9D} = 7
Lernverhalten	A/C	A	C	A/C	E	A
Entwicklung / Regulation		1. Semester: Zusammenfassungen geschrieben, dadurch sehr viel Zeitverlust, dann Lernen mit Karteikarten-System: als positiv empfunden	Sehr oft, leicht und schnell abgeschweift, Zeit verschwendet. Anfangs „Selbstbetrug" (1h effektiv aus 4h nominal), dann gezielte Lernplanung	1. Semester leicht, dann 2. Semester unter-schätzt, zu spät angefangen und gescheitert, 3. Semester: gut „eingegrooved"	1. Semester alleine, Dann: erst alleine, dann Klärung der Lücken in Gruppen	Lediglich noch situationsangemessene / bedarfsgerechte Feinjustierungen
Tricks / Erfolgsrezept	Mehrfach rechnen (nicht auf Zeit gerechnet)			Mehrfachrechnen	Fleißarbeit: Aufgaben Bolzen Schwierige Aufgaben 10-mal rechnen	Durcharbeiten Altklausuren mehrfach und auf Zeit gerechnet Persönliche Aufzeichnungen sehr wichtig das Verständnis

Fortsetzung von Tabelle 76, Ergebnisse der qualitativen Befragung nach axialer Codierung, zusammenfassende Darstellung

Phänomene	HH TG, (8|7|4), $r_{9D} = 17$	HO BK, (8|6|6), $r_{9D} = 17$	HL AG, (7|9|4), $r_{9D} = 18$	HM TG, (6|8|5), $r_{9D} = 18$	HA BK, (5|4|3), $r_{9D} = 9$	HJ TG, (4|2|2), $r_{9D} = 7$
Lernmittel	A/C	A	C	A/C	E	A
Lernmittel Übungsaufgaben	ÜA und Altklausuren als primäres (und effektivstes) Lernmittel	ÜA anhand von Lösungen, sofern Lösung verständlich	ÜA primär verwendet		ÜA sehr wichtig	ÜA wichtig
			Fremdmaterialien bei Blockade		ÜA schwierig aber machbar	
			Sehr fixiert auf Formelsammlung		ÜA auch auf Zeit gerechnet	
			Aufgaben fast nie wiederholt		Teilweise sehr oft wiederholt	
Lernmittel Altklausuren	Altklausuren zeigen, wie der Lehrende tickt			Primär Altklausuren	Altklausuren sehr wichtig	
	Altklausuren im 1. Semester wichtig, als Referenzmarke			„wettkampfnah"	Wettkampfnah, um ein Gefühl für die Aufgabenstellungen und Lösungen zu bekommen	Altklausuren verwendet

Fortsetzung von Tabelle 76, Ergebnisse der qualitativen Befragung nach axialer Codierung, zusammenfasssende Darstellung

Phänomene	HH TG, (8|7|4), r_{9D} = 17	HO BK, (8|6|6), r_{9D} = 17	HL AG, (7|9|4), r_{9D} = 18	HM TG, (6|8|5), r_{9D} = 18	HA BK, (5|4|3), r_{9D} = 9	HJ TG, (4|2|2), r_{9D} = 7
Lernmittel	A/C	A	C	A/C	E	A
Lernmittel Skript	Weniger gewählt, obwohl Skript gut	Nicht verwendet		Verwendet, v.a. in Verbindung mit den persönlichen Aufzeichnungen		Verwendung bei offenen Fragen
		Bücher, Portale, Lern-Pate. Folge: etwas mehr Verständnis, aber immer noch Probleme mit ÜA	YouTube Videos, Kanal andere Uni: war sinnvoll	Videos, Internet	Lerngruppe	Internet, Google, YouTube, Fachbücher andere Fächer: ging gut
Gut-Beispiel im schwierigsten Fach	A/C	A	C	A/C	E	A
Vorlesung/ Explikation	Gut erklärt	Gut erklärt	Erklärungen Vorl. gut	Vorlesung und Skript gut, gut strukturiert		Komplexes gut erklärt
Skript	Sehr gutes Skript	Logischer Aufbau				Skript gut, aber v.a. eigene Aufzeichnungen wichtig
Prüfung	Verknüpfung ÜA und Prüfung gut				Umfang Prüfung gut definiert	

Fortsetzung von Tabelle 76, Ergebnisse der qualitativen Befragung nach axialer Codierung, zusammenfasssende Darstellung

Phänomene	HH TG, (8|7|4), $r_{9D}=17$	HO BK, (8|6|6), $r_{9D}=17$	HL AG, (7|9|4), $r_{9D}=18$	HM TG, (6|8|5), $r_{9D}=18$	HA BK, (5|4|3), $r_{9D}=9$	HJ TG, (4|2|2), $r_{9D}=7$
Gut-Beispiel im schwierigsten Fach	A/C	A	C	A/C	E	A
Übungsaufgaben	gut	Thematisch stimmig, gut strukturiert	Anschluss Prüfung und ÜA	Niveau ÜA steigernd; gut	Anbindung ÜA – Prüfung gut	Hatten „ihr Niveau", waren wichtig, mit guter Struktur
Einstellung	A/C	A	C	A/C	E	A
Stressfaktoren		Mentale Belastung, Druck	Zeitknappheit, permanentes Nacharbeiten			Motivation-Ziel-Optimum
		Auch Verpflichtung Familie	Dichte des Stoffs			
			Insgesamt sehr viel bin nur motiviert, wenn			
Motivation	Stets anfängliche Überwindung, dann aber Motivation gut	Motivation hoch	Ist nur mot viert, wenn es Spaß macht.	Pragmatisch, anfangs wenig, dann Scheitern, danach hoch, engagiert	Engagiert, ausdauernd	Motiviert, ehrgeizig, leistungsorientiert, viel machen, dass zufrieden ist.
						Stets vorbereitet

Fortsetzung von Tabelle 76, Ergebnisse der qualitativen Befragung nach axialer Codierung, zusammenfassende Darstellung

Phänomene	HH, TG, (8|7|4), r_{9D} = 17	HO, BK, (8|6|6), r_{9D} = 17	HL, AG, (7|9|4), r_{9D} = 18	HM, TG, (6|8|5), r_{9D} = 18	HA, BK, (5|4|3), r_{9D} = 9	HJ, TG, (4|2|2), r_{9D} = 7
Einstellung	A/C	A	C	A/C	E	A
Durchhalte-vermögen	Will unbedingt erfolgreich abschließen	Sehr gut: „stundenlang ein Aufgabenblatt gerechnet" — 10h/Tag	Sehr gering. Nur wenn Sinn / er es versteht — Oft inhaltlich frustriert, schnell blockiert (20 Min)		Mit viel Engagement, sehr ausdauernd (ÜA tlw. 10x wiederholt)	Selbstdisziplin (aber nicht verbissen)
Einstellung / Selbst-wirksamkeit	Aktivierungs-probleme (s.o.)	Eher an das Limit gestoßen	Wenn Fach nicht interessant, dann keine Lust		Gefühl des Bezwingen-Könnens — Lange Prüfungs-vorbereitung => gutes Gefühl	Verstehensfächer mit Intelligenz und Fleiß machbar — Selbst rechnen sei immer schwerer als vorgerechnet bekommen
Auswirkung Stress	Frustriert, (je mehr gelernt, desto schlechter die Noten)		„hat mir psychisch und physisch zugesetzt" — Lerndruck nicht gewohnt			Stress gehört nun eben dazu

Fortsetzung von Tabelle 76, Ergebnisse der qualitativen Befragung nach axialer Codierung, zusammenfassende Darstellung

Phänomene	HH TG, (8|7|4), $r_{9D}=17$	HO BK, (8|6|6), $r_{9D}=17$	HL AG, (7|9|4), $r_{9D}=18$	HM TG, (6|8|5), $r_{9D}=18$	HA BK, (5|4|3), $r_{9D}=9$	HJ TG, (4|2|2), $r_{9D}=7$
Lernfortschritt	A/C	A	C	A/C	E	A
Wie lief's?	Viel gestochert	Oft verzweifeltes Srochern	Ständiges hinterherhinken	Ggf. zurückpaddeln Skript	Stark anstrengen, um die Inhalte zu verstehen	Studium auf diese Weise gut machbar
		„Zähes, stundenlanges Kauen"			ÜA mit ausführlichen Lösungen machbar	
Blockaden	A/C	A	C	A/C	E	A
Explikation/ Vorlesung		Verwirrend viele Themen		Themen nicht trennscharf	Zu anspruchs-volle Inhalte	
		Viele unterschiedliche Ansätze			Hoher Abstraktionsgrad	
Skript			Zu viele Formeln, überfordert und verwirrt		Nicht vollständig/ Darstellung nicht zeitgemäß	
			Zu viele Herleitungen		Skript nicht in Vorlesung einbezogen	
			Zu viel unnütze Information		Skript nicht geeignet als Lernmittel (nicht gut erklärt)	

Fortsetzung von Tabelle 76, Ergebnisse der qualitativen Befragung nach axialer Codierung, zusammenfasssende Darstellung

Phänomene	HH TG, (8|7|4), r_{9D} = 17	HO BK, (8|6|6), r_{9D} = 17	HL AG, (7|9|4), r_{9D} = 18	HM TG, (6|8|5), r_{9D} = 18	HA BK, (5|4|3), r_{9D} = 9	HJ TG, (4|2|2), r_{9D} = 7
Blockaden	A/C	A	C	A/C	E	A
Übungs-aufgaben (ÜA)	Oft hängen-geblieben	Deutliche Einstiegs-probleme	Empfundenes Chaos	„saumäßig fies", sehr schwierig		Niveau ÜA anspruchsvoll, aber machbar (durch reinarbeiten, s.u.)
	ÜA z.T. viel zu kompliziert	Hohe Komplexität der Altklausuren	Schwierig, weil nie reingekommen	Sehr herausfordernd, man weiß nicht, was verlangt ist		
	Leichte Änderung Aufgabenstellung, => ganz andere Lösung	Starke Überforderung, ÜA trotzdem das beste Lernmittel				
		Unendliche Anzahl mgl. Aufgaben				
Lösungen	Teilweise nur Zahlenwerte, nicht gut gemacht	Lösungen nicht verstanden		Zu viele Schritte auf einmal		Lösung vereinzelt schwierig, dann Internet
	Lösungswege nicht nachvollziehbar	Zu grobschrittig, zu komplex				Lösbar mit persönlichen Aufzeichnungen

Fortsetzung von Tabelle 76, Ergebnisse der qualitativen Befragung nach axialer Codierung, zusammenfasssende Darstellung

Phänomene	HH TG, (8|7|4), $r_{9D} = 17$	HO BK, (8|6|6), $r_{9D} = 17$	HL AG, (7|9|4), $r_{9D} = 18$	HM TG, (6|8|5), $r_{9D} = 18$	HA BK, (5|4|3), $r_{9D} = 9$	HJ TG, (4|2|2), $r_{9D} = 7$
Blockaden	A/C	A	C	A/C	E	A
Prüfungen	Inhalte nicht absehbar	Hohe Komplexität		Nichts Vertrautes / nicht		Prüfung anspruchsvoll aber ok
	Zu schwere Aufgaben, 2/4 gefordert zum Bestehen	Keine vertrauten Aufgaben in Prüfung				
Passung	Sprung Skript zu ÜA	Sprung zwischen Skript und ÜA		Ohne persönlichen Aufzeichnungen ging es nicht	Skript – Vorlesung nicht gut	Skript zusammen mit persönlichen Auf-zeichnungen zu ÜA ok
		Sprung zwischen ÜA u Prüfungen			ÜA – Vorlesung nicht gut	Anbindung Prüfung ok
Primär schwierigkeits-erzeugendes Merkmal	Unklare Vorgehensweise, (viel gestochert bei den ÜA, s.o.)	Verwirrende Ansätze Wie anfangen? Übungsaufgaben bei 150%, Prüfung teilweise auch Komplexer Stoff	Aufbau auf Vor-semester, zu viele Formeln, chaotisch, un-klar, was wichtig ist, Vorgerech-nete Aufg. Cha-otisch, Multiple Überforderung	ÜA Fach A viel zu schwer, generell komplexer Stoff. FL: weniger Trennung der Themenbereiche in der Vorlesung FL3 im Vergleich zur Vorlesung FL1 (virtuelle LU*)	Abstraktheit, sehr viel Mathematik, nicht nach subjektiver Erwartung	Tiefe des Stoffs, Komplexität, teilweise fehlendes Vorstellungs-vermögen, Mathematischer Anspruch

Fortsetzung von Tabelle 76, Ergebnisse der qualitativen Befragung nach axialer Codierung, zusammenfasssende Darstellung

Phänomene	HH TG, (8|7|4), r_{9D} = 17	HO BK, (8|6|6), r_{9D} = 17	HL AG, (7|9|4), r_{9D} = 18	HM TG, (6|8|5), r_{9D} = 18	HA BK, (5|4|3), r_{9D} = 9	HJ TG, (4|2|2), r_{9D} = 7
Blockaden	A/C	A	C	A/C	E	A
Lernproblem generell	Bei Blockade: Hilfe bei anderen Lerngruppen, Mail Lehrperson	Alle verfügbaren Quellen vergeblich angezapft	Eher passiv: stochern danach, was man tun muss.			
		Ohnmacht: keiner kann helfen				
		Nicht gut angebunden an Kommilitonen				
Generelle Anmerkung		Uferlosigkeit möglicher schwieriger Aufgaben	Nie Zugang gefunden, nie reingearbeitet,		DH wesentlich komplizierter als Schule	
Hilflosigkeit	Lehrperson per Mail penetriert	Mittel-Losigkeit auf-grund Diskre-panz zwischen An-forderung und eigenem Können	Oft: ÜA probiert, dann inhaltlich abgeschweift		Lücke zu ÜA: viel selbst zusammenreimen (ging aber)	
		Viel Zeitver-schwendung wäh-rend des Feststeckens				

Fortsetzung von Tabelle 76, Ergebnisse der qualitativen Befragung nach axialer Codierung, zusammenfassende Darstellung

Phänomene	HH TG, (8|7|4), r_{9D} = 17	HO BK, (8|6|6), r_{9D} = 17	HL AG, (7|9|4), r_{9D} = 18	HM TG, (6|8|5), r_{9D} = 18	HA BK, (5|4|3), r_{9D} = 9	HJ TG, (4|2|2), r_{9D} = 7
Mathe	A/C	A	C	A/C	E	A
Vorlesung		Gut klargekommen	Sehr gut klargekommen			
		Inhalte wurden sehr gut erklärt		Keine gute Anbindung an restliche Vorlesungen	Fehlende Abstimmung zu anderen Kursen	
		Fehlende Anbindung an restliche Vorlesungen				
Vorkurs	Aussagen zensiert	Überfordert, „nicht sinnvoll", weitere Aussagen zensiert	Aussagen zensiert	Aussagen zensiert	Völlig überfordert: „Eine Woche Bahnhof", restl. Aussage zensiert	Aussagen zensiert
Vorbereitung durch Schule	A/C	A	C	A/C	E	A
	TG war gut	Sehr großer Sprung	Inhaltlich gut	Sehr gut vorbereitet, TM/FL	Früher Noten zugeflogen	Gute Vorbereitung, TM/FL und Elektro
			Druck schlecht		Deutlicher Sprung (v.a. in Mathe)	

Fortsetzung von Tabelle 76, Ergebnisse der qualitativen Befragung nach axialer Codierung, zusammenfasssende Darstellung

Phänomene	HH TG, (8|7|4), r_{9D} = 17	HO BK, (8|6|6), r_{9D} = 17	HL AG, (7|9|4), r_{9D} = 18	HM TG, (6|8|5), r_{9D} = 18	HA BK, (5|4|3), r_{9D} = 9	HJ TG, (4|2|2), r_{9D} = 7
Gut Beispiele	A/C	A	C	A/C	E	A
In einem anderen Fach als dem subjektiv Schwierigsten	Fach F: Komplexe Inhalte v.a. durch starke Strukturierung, gut erklärt	Fach G: Schwieriges greifbar gemacht: „ultramäßig genial erklärt"				Fach G: Aufbau, Struktur, Aufgaben, Altklausuren, Vorlesung super
Virtuelle Lernumgebung (LU)	LU sehr gut, leichte Aufgaben zum Anfangen	Überblick über / Trennung der Themen	LU sehr gut	Struktur sehr gut		
		Einschätzung Fähigkeiten und Anforderungen	Struktur, Niveau, Hierarchisierung	Anschaulichkeit / Übersicht		
		Frühes Testat gut als Antrieb, früh zu Lernen	Ermöglichung, eigenständig aktiv zu werden			
		Frühes Testat gut für das Selbstvertrauen				

Fortsetzung von Tabelle 76, Ergebnisse der qualitativen Befragung nach axialer Codierung, zusammenfasssende Darstellung

Phänomene	HH TG, (8|7|4), $r_{9D} = 17$	HO BK, (8|6|6), $r_{9D} = 17$	HL AG, (7|9|4), $r_{9D} = 18$	HM TG, (6|8|5), $r_{9D} = 18$	HA BK, (5|4|3), $r_{9D} = 9$	HJ TG, (4|2|2), $r_{9D} = 7$
Weitere Kritik	A/C	A	C	A/C	E	A
Organisation		Fehlende Abstimm-ung zu Mathe macht es schwierig	Dichte, Fehlender Praxis-Theorie-Bezug	Neue angebotene Fächer des Studien-gangs schwierig		
Didaktik		Nicht eingehaltene Prüfungszusage	Mehr Klarheit	Themen besser abgrenzen	ÜA in Vorlesungen stärker integrieren	
			Teilweise „unwillige" Lehrende	Kleine Aufgaben sind besser	Vorlesung Zu viel Unwichtiges	
Betreuung in den betrieben		Unterstützung Lerntechniken gut	Keine klare Betreuung	Keine Unterstützung		
		„Lern-Pate" war keine Hilfe	Betreuer hatte nie Zeit	Betreuer keine Zeit		

* LU: Lernumgebung

6 Zusammenfassung und Ausblick

Anhand ihres jeweiligen qualifizierenden Schulabschlusses können die Studierenden der Dualen Hochschulen drei Gruppen zugeordnet werden. Diese Gruppen sind an der genannten Bildungseinrichtung zudem jeweils in wesentlicher Anzahl vertreten, sodass bezüglich der Bildungshistorie der Studierenden zum einen von einer deutlichen Heterogenität auszugehen ist, diese Heterogenität zum anderen jedoch auch bezüglich der didaktischen Vorgehensweise zu reflektieren ist, wenn nicht Gruppen in relevanter Größenordnung unbeachtet bleiben sollen. Bezüglich der Reflexion des Umgangs mit dieser Heterogenität von Seiten der Lehrenden stellt sich demnach zunächst die Frage, ob im hier betrachteten Bereich der Bildung für diese drei Gruppen Unterschiede bezüglich ihres Lernverhaltens zu beobachten sind und, sollten Unterschiede beobachtbar sein, welche Rückschlüsse für die Gestaltung von Lernprozessen abgeleitet werden können.

Die Untersuchung des Lernverhaltens erfolgte unter Setzung dreier Foki in drei Untersuchungsteilen. Die in diesen drei Untersuchungsteilen gestellten fünf Forschungsfragen F1 bis F5 sollen zum einen im Folgenden einleitend wiederholt werden, die zusammenfassende Beantwortung dieser fünf Forschungsfragen ist in den Kapiteln 6.1 bis 6.5 dargestellt. Eine Zusammenführung der Ergebnisse aller drei Untersuchungsteile erfolgt in Kapitel 6.6, ein Ausblick in Kapitel 6.7.

Wiederholung der Forschungsfragen:

Im Untersuchungsteil 1 wurde der Zusammenhang zwischen der ‚nominellen' Heterogenität aufgrund der schulischen Vorerfahrung und dem Lernverhalten der Studierende im Umgang mit der gesamten virtuellen Lernumgebung beleuchtet. Die beiden Forschungsfragen lauteten:

F1   Welches Lernverhalten zeigen die Studierenden in ihrem Umgang mit den in der virtuellen Lernumgebung dargebotenen Lernmaterialien unter besonderer Berücksichtigung ihrer nominellen und empfundenen Vorerfahrung?

F2   In welcher Weise sind nach den unten genannten Kriterien konzipierte, virtuelle Lernumgebungen geeignet, den heterogenen Voraussetzungen der Lernenden gerecht zu werden?

Im Untersuchungsteil 2 wurde zunächst das Vorwissen der Studierenden zu Beginn des ersten Semesters anhand eines Vortests erfasst, um den Umgang der Studierenden mit den Lernaufgaben des hybriden Lernarrangements in der Vorbereitung eines Testats exploriert. Die beiden im Untersuchungsteil 2 behandelten Forschungsfragen lauteten:

F3   In welcher Weise unterscheidet sich Vorgehensweise der Studierenden bei der Lösung der an sie gestellten Testat- und Prüfungsaufgaben unter besonderer Berücksichtigung ihres jeweiligen Vorwissens?

F4   In welcher Weise unterscheidet sich Vorgehensweise der Studierenden im Umgang mit den in der virtuellen Lernumgebung zur Verfügung gestellten Lernaufgaben in der Phase der Vorbereitung auf einen Leistungstest?

Der Untersuchungsteil 3 fokussierte auf das Lernverhalten der Studierenden im Umgang mit den Lehrveranstaltungen der gesamten ersten drei Studiensemester, indem nach der empfundenen Belastung der Studierenden differenziert wurde. Die Forschungsfrage des Untersuchungsteils 3 lautete:

F5   Welches Lernverhalten zeigen stark belastete Studierende in dem hier untersuchten Bachelorstudiengang während der ersten drei Studiensemester?

6.1   Lernverhalten im Umgang mit der virtuellen Lernumgebung, Forschungsfrage F1

Im Umgang der Lernenden mit dem hybriden Lernarrangement zeigen die einzelnen Gruppen der Studierenden der Studienjahrgänge TMB2018A und TMB2019A das folgende Lernverhaltensweisen. Die Angabe der Zeilennummer (Z) bezieht sich auf Tabelle 65.

Absolvent*Innen des BK

Die Absolvent*Innen des BK fühlen sich durch ihre Schulbildung am schlechtesten vorbereitet (Z2), sie empfinden (neben der Komplexität der Inhalte und dem Tempo der Vermittlung) v.a. die im Studium gestellten mathematischen Ansprüche als sehr herausfordernd (Z1). Sie sind meist überdurchschnittlich engagiert in dem Sinne, dass sie ausschließlich bereits während des Semesters (nicht erst zur Prüfungsvorbereitung) lernen und Aufgaben berechnen (Z7). Dabei fokussieren sie sich im Vergleich zu den anderen Gruppen insbesondere auf die Übungsaufgaben (90% der Gruppe rechnet 2/3 der Aufgaben oder mehr, Z22), Skripte werden von ihnen, obwohl sie die darin vermittelten Inhalte als „verständlich erklärt" bewerten (Z16, Z28), kaum verwendet. Die Absolvent*Innen des BK zeigen sich gegenüber den Erklärvideos generell offener, sie verwenden diese aber ebenfalls nur in geringem Umfang (Z17, Z18). Die Absolvent*Innen des BK betonen in der gesamten Befragung oft den Aspekt der Verständlichkeit (z.B. in Z10 in Bezug auf die vorgefilterte Frage, aus welchem Grund die untersuchte virtuelle Lernumgebung das Lernen erleichterte). Auch stimmen sie der These, dass durch die Aufgaben die Theorie besser verständlich werde (Z23) am deutlichsten zu. Der Faktor „keine Lust" als Begründung gegen eine intensivere Nutzung der virtuellen Lernumgebung wurde auffallend wenig genannt (Z7), demnach scheint eine gewisse Lernbereitschaft vorhanden zu sein, der Faktor „keine Zeit" wird dagegen häufiger genannt, was auf die Inanspruchnahme durch die anderen Modulfächer hindeuten mag. Die Gruppe scheint bereits im ersten Semester gefordert (und zeitlich ausgelastet) zu sein.

*Absolvent*Innen des AG*

Obwohl 39% der Absolvent*Innen des AG angeben, in Bezug auf das Studium durch ihre jeweilige Schule „eher nicht" gut vorbereitet worden zu sein, lernen sie meist lediglich zur Prüfungsvorbereitung in der Endphase des Semesters (Z5) und nicht bereits während des laufenden Semesters. Sie verwenden in ihrer Prüfungsvorbereitung hierbei aber sowohl die Skripte (Z16) wie auch die Aufgaben (Z22) meist „sehr oft" oder „eher oft", sie scheinen im Gegensatz zu den Absolvent*Innen des BK einen besseren Zugang zu diesem Explikationsmedium zu finden. Die Hälfte der Studierenden dieser Gruppe hatte, obwohl die Übungsaufgaben hierarchisiert angeordnet waren und sie die Schrittweite der Hierarchisierung als angemessen empfanden (Z12), bei bestimmten Aufgaben den Bedarf des noch kleinschrittigeren, wiederholenden Lernens (Z25, die Hälfte der Gruppe nutzte die dafür konzipierten Excel-Vorlagen). Gründe, die dagegensprachen, die virtuelle Lernumgebung intensiver zu nutzen waren meist „keine Zeit" aber auch „keine Lust" (Z7).

*Absolvent*Innen des TG*

Die Absolvent*Innen des TG fühlen sich durch ihre Schulbildung am besten vorbereitet (Z2), lernen trotz dieser Auffassung jedoch auch schon bereits während des Semesters zur Nachbereitung der Vorlesungsstunden wie auch zur Prüfungsvorbereitung (Z5). Sie verwenden hierzu sowohl die Skripte (Z16) wie auch die Aufgaben (Z22) meist „sehr oft" oder „eher oft". Immerhin ein Drittel der Gruppe hatte punktuell Bedarf, Aufgaben zur kleinschrittigeren Exploration wiederholend zu rechnen. Die Absolvent*Innen des TG gaben vorwiegend an, „keinen Bedarf" gehabt zu haben, die virtuelle Lernumgebung intensiver zu nutzen (Z7), sie scheinen mit ihrem subjektiv empfundenen Lernerfolg vor der Prüfung zufrieden gewesen zu sein.

Studierende mit oder ohne Vorkenntnisse

Ein Anteil von ca. 60% der Studierenden ohne nominelle Vorkenntnisse hatten Bedarf, wiederholend zu üben (Z28) und die dafür vorgesehenen Excel-Vorlagen zu verwenden, 100% dieser Gruppe verwendeten die Skripte oder die Übungsaufgaben „sehr oft", 44% verwenden beides „sehr oft", jeweils deutlich im Unterschied zu den Studierenden mit Vorerfahrung.

Studierende mit Zielnote 1,0 und 2.5

Die Studierenden die angaben, eine Note von 1,0 in dem Fach erreichen zu wollen, lernen deutlich höherer Frequenz als die diejenigen mit Zielnote 2,5 (Z5 und Z16), sie nutzen Aufgaben und Skripte teilweise sogar nach jeder Vorlesungsstunde. Im Gegensatz dazu lernen die Studierenden mit Zielnote 2,5 in dem hier betrachteten Fach meist nur in der Prüfungsvorbereitung, indem sie die Aufgaben verwenden (diese wurden dann aber recht intensiv benutzt, Z22). Einer der Studierenden mit Zielnote 2,5 zeigt jedoch ein deutlich anderes Verhalten, er begann früh und lernte häufig wiederholend und auch, indem die Aufgaben wie auch die Skripte verwendet wurden. Möglicherweise war die Zielnote 2,5 bei diesem Studierenden nur mit dem beschriebenen Aufwand zu erreichen.

6.2 Eignung der charakteristischen Elemente der Lernumgebung, Forschungsfrage F2

Anhand der Befragung der in diesem Kapitel 6 einleitend beschriebenen Gruppen können auch Rückschlüsse auf die generelle Eignung einer wie in Kapitel 4.4 näher beschriebenen virtuellen Lernumgebung gezogen werden. Es soll dabei wie erwähnt nicht vorwiegend um die konkrete Umsetzung dieser virtuellen Lernumgebung gehen, sondern eher um die Frage, ob die angewandten Prinzipien für die hier untersuchte Gesamtgruppe geeignet sind, zudem, ob die Lerngruppe, unterteilt nach den beschriebenen Heterogenitätsmerkmalen, in ähnlicher Weise die Eignung bzw. Nichteignung dieser Prinzipien bescheinigen. Erneut beziehen sich alle folgenden Zeilenbezüge aus Tabelle 65.

Nahezu alle Studierenden (87% der Gesamtgruppe, siehe Tabelle 37) empfinden die virtuelle Lernumgebung bezüglich den Aspekten Lernerleichterung und Effizienz als (eher) positiv (dabei 54% eindeutig, 33% tendenziell bejahend). Die deutlichste Zustimmung findet sich in der Gruppe der Absolvent*Innen des BK (ca. 70% eindeutige Zustimmung) sowie der

Gruppe der Novizen (derer ohne Vorkenntnisse, ca. 65% eindeutige Zustimmung, jeweils Z8 und Z9). Dabei konnten die (freien) Antworten der Studierenden vorwiegend den Schlagworten „selbständiges Lernen", „eigenes Tempo", „jederzeit/überall" (letztere drei vorwiegend von den Absolvent*Innen des AG), „Übersichtlichkeit", „Strukturiertheit" (letztere beiden vorwiegend von den Absolvent*Innen des TG), und „leichte Verständlichkeit" (wie erwähnt war dies nahezu der ausschließliche Aspekt, der von den Absolvent*Innen des BK genannt wurde), „Kompaktheit / Themen leicht zu finden" zusammengefasst werden (Z10).

Die Aspekte Strukturierung und Hierarchisierung wurden von 100% der Studierenden als eindeutig (ca. 75%) oder tendenziell (ca. 25%) positiv erachtet, die Korrelation der Verteilung der Antworten zwischen den Gruppen beträgt hierbei nahezu 1,0. Ähnlich hohe Anteile der Bejahung findet die Einteilung in Niveaustufen, um das jeweilige Einstiegs- und Zielniveau zu finden (ca. 56% eindeutige Bejahung, 30% tendenzielle Bejahung, Tabelle 42). Ebenfalls ähnlich waren die Bewertungen hinsichtlich der Möglichkeit der freien, 2-dimensionalen Darstellung (die bspw. im Gegensatz zu den vorwiegend linearen Darstellungsmöglichkeiten der heute üblichen Lernplattformen wie moodle und ilias stehen, siehe jeweils Z12 und Z13 in Tabelle 65). Dies erscheint angesichts der deutlichen Unterschiede bezüglich des Vorwissens und Ambitionen aber auch bezüglich des, wie im letzten Kapitel 6.1 dargestellt, sehr unterschiedlichen Lernverhaltens der Studierenden als erstaunlich.

Die jeweils recht unterschiedliche Nutzung der Übungsaufgaben und Skripte zwischen den einzelnen Gruppierungen zusammen mit der Antwort auf die Frage nach den Gründen, warum die virtuelle Lernumgebung nicht intensiver genutzt wurde (über 70% aller Studierenden haben die (vorgegebene) Antwort „kein Bedarf" tendenziell oder gänzlich bejaht (Z6), lässt darauf schließen, dass die meisten Studierenden ihr jeweiliges Lernziel erreicht haben. (Die Faktoren „keine Zeit" und „keine Lust" wurden nur mit einem Anteil von 45% respektive 50% (tendenziell oder gänzlich) bejaht (der Faktor „keine Lust" spielte vorwiegend bei denjenigen Studierenden eine Rolle, die die Zielnote 2,5 angegeben hatten).

Die Hierarchisierung der Aufgaben bezüglich ihrer Schwierigkeit, mit sehr stark reduzierten und am angenommenen Niveau des schlechtesten Teilnehmenden orientierten Inhalten sowie die dosierte Steigerung bis zum verlangten Prüfungsniveau (die ebenfalls an dem angenommenen maximal möglichen Lernschritts der leistungsschwächsten Vertreter orientiert war) kann, unterstützt durch die Aussage der Studierenden, dass die Schrittweite zwischen den Aufgaben von 95% der Studierenden als angemessen empfunden wurde (Z12), zu der sehr starken Nutzung der Aufgaben durch die Studierenden beigetragen haben.

Weitere Erkenntnisse sind der Tabelle 65 oder der detaillierten Darstellung in Kapitel 5 zu entnehmen und werden in diesem zusammenfassenden Abschnitt nicht weitere kommentiert.

6.3 Vorgehensweise bei Testat- und Übungsaufgaben, Forschungsfrage F3

Lösung der Testataufgaben

Anhand der in Kapitel 5.1.10 dargestellten Kontingenztabellen ist ableitbar, dass die Bearbeitung der Testataufgaben nach einer Explikationsphase von vier Wochen bei den Absolvent*Innen des BK, obwohl sie laut Vortest über ein gewisses Vorwissen verfügen, bereits nahezu ausschließlich schematisch ist. Diese Vorgehensweise entspricht den zu den Aufgaben ausgegebenen Lösungsvorschlägen. Die über ein höheres Vorwissen verfügenden Absolvent*Innen des TG hingegen lösen die gleichen Aufgaben zum genannten Zeitpunkt fast ausschließlich intuitiv, die Absolvent*Innen des AG hingegen, die über wenig fachliches Vorwissen verfügen, lösen die Aufgaben entweder schematisch oder situationsbedingt „sowohl schematisch als auch intuitiv". Die Merkmale Vorgehensweise und Schulart sind mit einer Signifikanz von 99,4% voneinander abhängig, die einzelnen Gruppen handeln unterschiedlich.

Differenziert man die Vorgehensweise der Studierenden bei der Lösung der Testataufgaben nach der Performanz in dem Vortest, lässt sich eine ähnliche Tendenz feststellen. Studierende ohne Vorkenntnisse bevorzugen den schematischen Lösungsansatz, die Studierenden mit Vorkenntnissen den intuitiven Lösungsansatz (wobei die Absolvent*Innen des BK trotz Vorkenntnisse teilweise an ihrem schematischen Lösungsansatz festhalten). Es sei angemerkt, dass bezüglich der Unabhängigkeit dieser beiden Merkmale lediglich eine Signifikanz von 93,5% vorlag und dass bezüglich beider Kontingenztabellen die Anzahl von lediglich 23 untersuchten Fällen eine geringe Anzahl darstellt, sodass zwar gewisse Tendenzen für diesen Studienjahrgang ermittelt werden können, die Allgemeingültigkeit der Rückschlüsse jedoch statistisch angezweifelt werden kann.

Lösung der Prüfungsaufgaben

In der Semesterprüfung zeigen also die Absolvent*Innen aller Schularten eine sehr ähnliche, nahezu ausschließlich schematisch lösende Vorgehensweise (die Merkmale Vorgehensweise und Schulart sind mit einer Signifikanz von lediglich ca. 20% voneinander abhängig, die einzelnen Gruppen handeln also kaum unterschiedlich). In den Prüfungsaufgaben gab es keinen Studierenden mehr, der überwiegend intuitiv vorging. Für die Studierenden des TG bedeutet dies eine Abkehr von ihrem noch im Testat gezeigten Verhalten, was in dem gestiegenen Anspruch der Prüfungsaufgaben begründet sein mag.

6.4   Vorgehensweise bei den Übungsaufgaben, Forschungsfrage F4

Bei der Auswertung der Lern-Logbücher ließen sich drei grundlegende Vorgehensweisen unterscheiden. Bei der hier als chronologisch bezeichneten Vorgehensweise wurden viele oder alle der Aufgaben bearbeitet, wobei jeweils vom als leicht zum als schwierig gekennzeichneten Niveau vorgegangen wurde. Die zweite grundlegende Vorgehensweise war eine eher (mutmaßlich) gezielte, bei der manche Aufgaben übersprungen, andere wiederum zur Berechnung ausgesucht wurden. Eine dritte Variante, die ebenfalls vergleichsweise oft gewählt wurde, war eine zunächst chronologische, dann springende Variante. Von einem von 18 untersuchten Lernenden wurde die Variante gewählt, zunächst themenübergreifend alle einfachen Aufgaben zu berechnen, dann alle Aufgaben mittleren Niveaus und anschließend alle schwierigen Aufgaben, wohlgemerkt themenübergreifend. Die Auswertung dieser 18 ausgefüllten Lerntagebücher ergab jedoch keinen Zusammenhang zwischen den Merkmalen Vorwissen und Vorgehensweise.

Bezüglich des Beginns der Prüfungsvorbereitung lässt sich feststellen, dass die Absolvent*Innen des BK im arithmetischen Mittel am frühsten mit den Aufgaben beginnen (2,3 Wochen), wobei die Varianzanalyse nur ein geringfügig signifikantes Ergebnis zeigt. Werden weitere Parameter berücksichtigt, zeigen sich jedoch nahezu individuelle Vorgehensweisen: Die Vorbereitungszeiten auf das Testat schwankten zwischen maximal 3 Wochen und minimal 3 Tagen, es wurden teilweise alle 22 angebotenen Aufgaben berechnet, das Maximum der nicht berechneten Aufgaben lag bei immerhin 14 von 22. Das Maximum der doppelt berechneten Aufgaben lag bei 8 Aufgaben, wobei die meisten Studierenden für dieses Testat von einer doppelten Berechnung bestimmter Aufgaben absahen.

In Kapitel 5.2.2 sind weitere Fälle individueller Vorgehensweisen dargestellt. Ein Aspekt, der jedoch nahezu alle betrachteten Fälle eint, ist die Tatsache, dass die Studierenden in der Befragung den Lernfortschritt ihrer jeweils gewählten Vorgehensweise überwiegend positiv beurteilten, sodass der Rückschluss naheliegt, dass die jeweils ausgesuchte Strategie wohl subjektiv überwiegend zielführend und sinnvoll gewesen sein mag. Gerade weil die Begründungszusammenhänge für die einzelnen (individuellen) Vorgehensweisen vielfältig sein mögen (in Kapitel 5.2.2.3 sind einige mögliche Einflussfaktoren genannt), so scheint aus der hier dargestellten Individualität der Vorgehensweisen die Maxime ableitbar, dass Lernen geradezu selbstgesteuert vollzogen werden muss. Eine für alle gleiche, wie in Abbildung 38 dargestellte aus Meder (2010) entnommene Vorgehensweise scheint im Lichte dessen geradezu abwegig.

6.5   Lernverhalten der „stark belasteten" Studierenden

Die ihrem subjektiven Empfinden nach stark belasteten Studierenden berichteten von deutlichen Lernproblemen oder gar Lernblockaden, die in überwiegendem Maße nicht auf die mangelnde Motivation oder Ausdauer der Studierenden zurückzuführen waren. Es entstand teilweise sogar eher der gegenteilige Eindruck, dass die stärker belasteten Studierenden überwiegend ein sehr hohes Maß an Motivation und Ausdauer zeigten.

Insbesondere von den stärker belasteten Studierenden wurde mehrfach explizit oder implizit geäußert, dass ihre Lernbemühungen, nachdem ausgiebig und ausdauernd alleine oder in Gruppen gelernt wurde („stundenlanges, zähes Kauen"), von einer gewissen (jeweils im Wortsinn zu verstehenden) Ohnmacht und Hilflosigkeit geprägt war. Diese Ohnmacht und Hilflosigkeit resultierte aus dem wiederholten Steckenbleiben in den jeweiligen Lernbemühungen: Persönliche Aufzeichnungen, Skripte, Lernvideos, Literatur, Online-Portale etc. wurden verwendet, Kommiliton*Innen, „Kursstreber", auch Lern-Paten in den Betrieben und Lehrende wurden konsultiert, oft verbunden mit eher geringfügigem subjektivem Lernerfolg, jedoch jeweils verbunden mit einem erheblichen Zeitverlust in der Phase der Prüfungsvorbereitung. Eine mangelnde soziale Einbindung in die Gruppe verschärfte diese Problematik in einem Fall.

Ursache für diese Blockaden waren meist subjektiv als zu groß empfundene Komplexitätssprünge zwischen einzelnen Aufgaben oder eine mangelnde Anbindung der anwendenden Lernmaterialien (Übungsaufgaben oder Altklausuren) an die vorausgegangenen Explikationen (Skript und/oder Vorlesung).

Die beiden hier interviewten weniger stark belasteten Studierenden konnten diese Komplexitätssprünge lernend überwinden (sich in eine Aufgabe vertiefen und ggf. Zeit „verschwenden" wurde als immanenter Teil des Verstehensprozesses gesehen), dem entsprechend konnte dieser subjektiv empfundene Lernerfolg als Bestätigung des eigenen Fleißes und der eigenen Fähigkeiten wahrgenommen werden. Die stärker belasteten Studierenden, deren deutliche Bemühungen sich oft geringem oder ausbleibendem Lernerfolg zeigten, äußerten hingegen eine gewisse (teilweise starke) Frustration, die sich in einem Fall in Resignation (und der Taktik „wenigstens irgendwie irgendwas hinschreiben") äußerte. Bei allen interviewten Studierenden war der deutliche Wunsch erkennbar, die Inhalte verstehen zu wollen.

Eine weitere Grundkonstante der Interviews war der Wunsch nach einer starken Strukturierung und einer Klarheit bezüglich der jeweiligen Lernmaterialien. Dieser Wunsch wurde sowohl in den Kommentaren zu den als schwierig empfundenen Fächern geäußert, zeigte sich jedoch auch in den Aussagen zu den „Gut-Beispielen". Diese Struktur betraf einerseits die Steigerung/Hierarchisierung von einfachen zu schwierigen Aufgaben in

Übungsaufgaben und auch in den Prüfungen (wie oben dargestellt wurde vor allem die Möglichkeit zum Einstieg vermisst), zudem bezog sich der Wunsch nach Struktur jedoch auch eine klare Abgrenzung der einzelnen Themengebiete und Ansätze untereinander. Auch in Anbetracht der Kürze der einzelnen Semester wurde eine Straffung der Lerninhalte auf das Wesentliche thematisiert.

6.6   Zusammenführung der Ergebnisse und Rückbezug

Aus diesen die fünf Forschungsfragen zusammenfassenden Abschnitt soll im Rahmen dieses Kapitels eine gemeinsame Schlussfolgerung aller drei Untersuchungsteile herausgearbeitet werden. Die Zuweisung der einzelnen Aussagen zu den jeweiligen Untersuchungsteilen (UT) erfolgt dabei durch einen entsprechenden Vermerk, (bspw. „vgl. UT1").

Allgemein

Die hier betrachteten Studierenden zeigen sich überwiegend deutlich motiviert und wollen ihr Studium erfolgreich abschließen (vgl. UT1, UT3). Leicht zu erkennende „Fehler" bezüglich der Anwendung der Lernstrategien sind nur sehr vereinzelt und in geringem Ausmaß zu erkennen, meist werden diese nach dem ersten Auftreten korrigiert. Die Absolvent*Innen der unterschiedlichen Schularten zeigen bezüglich ihres Lernverhaltens teilweise unterschiedliche Verhaltensweisen (vgl. UT1, UT3), die sich z.T. mit hohem Signifikanzniveau unterschieden (vgl. UT1), wobei aber teilweise auch nahezu individuelle Verhaltensweisen zu beobachten sind (vgl. UT2). Die Vorgehensweise bei der Prüfungsvorbereitung, die jeweilige Entscheidung, wann Lernen bspw. alleine oder in der Gruppe zu erfolgen hat, wann welche Aufgaben zu rechnen, zu wiederholen oder auszulassen sind, auf welche Modulfächer unter den gegebenen Umständen zu konzentrieren ist und welche Nachteile dadurch in Kauf genommen werden nehmen, scheint ebenfalls sehr individuell ausgeprägt (vgl. UT2, UT3) und subjektiv jeweils logisch nachvollziehbar.

Trotz dieser individuellen Bedingungen lassen sich aus Sicht des Verfassers zunächst vor allem für die Absolvent*Innen des BK und für stark belastete Studierende (wobei sich diese beiden Gruppen nicht unbedingt decken müssen) die folgenden Aussagen treffen.

Absolvent*Innen des BK

Die Studierenden des BK fühlen sich, im Gegensatz bspw. zu den Absolvent*Innen des TG durch ihre schulische Vorbildung vergleichsweise schlecht vorbereitet (vgl. UT1 und UT3), empfinden neben der Komplexität der Inhalte und dem Tempo der Vermittlung v.a. die im Studium gestellten mathematischen Ansprüche als sehr herausfordernd (vgl. UT1, UT3) und haben teilweise Schwierigkeiten, die vermittelten physikalischen oder mathematischen Konzepte zu verstehen (vgl. UT1, UT3). In Kenntnis dessen beginnen diese Studierenden meist eher früh mit ihren Prüfungsvorbereitungen (vgl. UT1, UT2, UT3). Diese Gruppe der Studierenden bevorzugt hierbei deutlich die Verwendung der Übungs- oder Prüfungsaufgaben (vgl. UT1), sie stoßen hierbei aber teilweise deutlich an gewisse Grenzen, vor allem, wenn die Komplexitätssprünge innerhalb oder zwischen den Lernelementen (Skript, Aufgaben, Altklausuren etc.) zu groß sind (vgl. UT3). Werden eher schematisch abzuarbeitende Lösungsalgorithmen angeboten, neigen die befragten Absolvent*Innen des Berufskollegs sehr früh dazu, diese Vorgehensweise zu adaptieren (vgl. UT2). Die Gruppe der Absolvent*Innen des BK scheint generell spätestens zum zweiten Semester deutlich gefordert und zeitlich ausgelastet zu sein (vgl. UT3).

Stark belastete Studierende

Insbesondere das Lernverhalten der stark belasteten Studierenden ist geprägt von punktuellen oder multiplen Lernblockaden, die auch unter Aufwendung aller ihnen zur Verfügung stehenden Mittel und Lernstrategien nicht überwunden werden können. In diesen Fällen wird subjektiv oftmals sehr viel Lernzeit „verschwendet", ohne dass ein Lernfortschritt erzielt werden kann (vgl. UT1, insbesondere UT3). Manche Studierende scheinen auch größere Komplexitätssprünge ohne größere Zeitverzug „lernend" überwinden zu können, für die Gruppe der stark belasteten Studierenden ergeben sich daraus jedoch teilweise unüberwindbare Lernblockaden.

Rückschlüsse auf eine an den schwierigkeitserzeugenden Merkmalen orientierte Didaktik

Eine starke Fokussierung auf die jeweils schwierigkeitserzeugenden Merkmale der zu vermittelnden Inhalte eines Fachs und die durchdachte Steigerung der Komplexität zur Vermeidung individuell zu groß erscheinender Komplexitätssprünge erscheint dem Verfasser nach Auswertung der im Rahmen dieser Arbeit erhobenen Daten als vorwiegendes Ziel bei der Gestaltung von Lernumgebungen. Eine Orientierung an dem erwarteten Niveau der jeweils eher leistungsschwachen oder mit wenig Vorwissen ausgestatteten Studierenden scheint im Zuge dessen in Explikation und Anwendung als sinnvoll, zumal die Motivation der Studierenden grundsätzlich eher hoch erschien.

Diese Resultate der Befragungen dieser Arbeit stützen aus Sicht des Verfassers die These, dass die Studierenden unter den hier dargestellten Bedingungen in der Lage sind, ihre Lernplanung selbstgesteuert und ihren individuellen Bedürfnissen entsprechend zu verfolgen, sodass eine Steuerung dieses Prozesses von außen obsolet erscheint. Neben der Vermeidung der oben erwähnten Komplexitätssprünge und einer gewissen Abgestimmtheit aller zur Verfügung gestellten Lernmaterialien wird von den Studierenden oftmals das Bedürfnis nach bestimmten, in der Betrachtung der didaktischen Ableitungen in Kapitel 3.5 angedeuteten Aspekten geäußert wie z.B. dem Bedürfnis nach innerer und äußerer Struktur, nach Transparenz bezüglich des erwarteten Niveaus.

6.7   Ausblick

In Ehlers (2020) ist die rasante (digitale) Entwicklung u.a. auch der Medien thematisiert, mit der sich auch das Lernen verändert bzw., wenn Lernen auf die Wirklichkeit in Arbeits- und Alltagswelt reagieren will, verändern muss (a.a.O., S. 186 ff.). Wenn Ehlers a.a.O. die diesbezügliche Entwicklung der letzten 1000 Jahre als einen Tag darstellt, sind von der Entwicklung von Kommunikationsdiensten wie WhatsApp oder Facebook oder der Entwicklung der Learning Management Systeme wie Moodle bis zum „Jetzt" der Anfertigung dieser Zeilen nur wenige Minuten vergangen. Die Entwicklung der Künstlichen Intelligenz und deren aktuell prominentesten Anwendung ChatGPT in der Version 4.0 befindet sich in dieser Zeitskala im Sekunden- oder Millisekunden-Bereich, die Effekte dieser Entwicklung auf das Lernen sind bisher nur sehr vage abzuschätzen.

Die Effekte bezüglich der Kontrolle von Performanz durch die Bildungsorganisationen insbesondere bei Semesterarbeiten o.ä. könnten bspw. jedoch auch zu einem verstärkten Zurück zu dem Modus des ‚hic rhodus, hic salta' führen. Auch die Erstellung von bestimmten Lernmaterialien und die Planung ganzer curriculare Blöcke ist bereits mit Unterstützung von ChatGPT sehr leicht, schnell und (aus Sicht des Verfassers) in erstaunlicher Qualität möglich. Ob und v.a. wie die KI zur Lernhilfe verwendet werden kann, ist bereits Gegenstand einiger Arbeiten, ob dies zu passgenaueren Lernumgebungen oder bspw. zu angemessenerer tutorieller Begleitung führt, wird sich zeigen. Insbesondere die Möglichkeit der iterativen Nachschärfung und der personengetreuen Speicherung der jeweils verwendeten Prompts lässt hier die Hoffnung auf minimale (und individuelle) Passung zwischen den jeweiligen Lernbedürfnissen und den Lernmaterialien aufkeimen.

Zu guter Letzt sei an dieser Stelle die am 21.03.2024 stattgefundene Konversation zwischen dem Verfasser dieser Arbeit und dem Programm ChatGPT 3.5 in wörtlicher Abschrift des Chatprotokolls wiedergegeben:

„You:
Hallo ChatGPT, kannst Du mir bitte bei der folgenden Aufgabe helfen:
Ein Bauteil mit kreisförmiger Querschnittsfläche und einen Durchmesser von 12 mm ist aus einem Werkstoff mit der Streckgrenze 200 Newton pro Quadratmillimeter hergestellt. Es soll die Sicherheit gegen Fließen von 2 gelten, die das Bauteil belastende Zugkraft beträgt 10000 Newton. Hält das Bauteil?

ChatGPT:
Um festzustellen, ob das Bauteil hält, müssen wir die maximale Zugspannung im Bauteil berechnen und sicherstellen, dass sie die Streckgrenze des Materials nicht überschreitet. Die maximale Zugspannung im Bauteil wird erreicht, wenn die Zugkraft die maximale Tragfähigkeit des Bauteils erreicht. Diese Zugspannung wird durch die Zugkraft und die Querschnittsfläche des Bauteils bestimmt: Zugspannung = Zugkraft / Querschnittsfläche.
Die Querschnittsfläche eines kreisförmigen Bauteils kann mit der Formel für die Fläche eines Kreises berechnet werden: Fläche = $\pi \times$ (Radius)^2

Da der Durchmesser gegeben ist, berechnen wir zunächst den Radius:
Radius = Durchmesser / 2 = 12 mm / 2 = 6 mm.

Daraus berechnen wir die Fläche A des Kreises: A = $\pi \times$ (6 mm)^2 = $\pi \times$ 36 mm^2

Nun können wir die maximale Zugspannung berechnen:
Zugspannung = 10000 N / ($\pi \times$ 36 mm^2) = 88,4 N/mm^2.

[…]

Um festzustellen, ob das Bauteil hält, vergleichen wir diese maximale Zugspannung mit der Streckgrenze des Materials. Da die Streckgrenze des Materials 200 N/mm^2 beträgt und die maximale Zugspannung im Bauteil nur 88.4 N / mm^2 beträgt, liegt die maximale Zugspannung unterhalb der Streckgrenze des Materials. Daher hält das Bauteil und erfüllt die Sicherheitsanforderung von 2 gegen Fließen."

Anmerkung des Verfassers: Sowohl das Ergebnis wie auch der Rechenweg der KI war richtig. Auf die weitere Nachfrage wurde von ChatGPT geantwortet:

„You:
Das verstehe ich nicht so ganz, was hat die Zahl zwei denn jetzt damit zu tun?

ChatGPT:
Entschuldigen Sie die Verwirrung. Die Zahl zwei, die ich in meiner vorherigen Antwort erwähnt habe, bezieht sich auf die Sicherheit gegen Fließen, die in der Aufgabenstellung angegeben ist. Wenn die Sicherheit gegen Fließen 2 beträgt, bedeutet dies, dass die maximale Zugspannung im Bauteil das Zweifache der Streckgrenze des Materials nicht überschreiten darf, um sicherzustellen, dass das Bauteil nicht plastisch verformt oder versagt.
Um dies zu überprüfen, müssen wir die maximale Zugspannung im Bauteil berechnen und sicherstellen, dass sie nicht größer ist als das Zweifache der Streckgrenze des Materials."

Es folgte eine erneute, ähnliche und bis dahin richtige Rechnung durch ChatGPT. Dann aber führte die KI aus:

„ChatGPT:
Um festzustellen, ob das Bauteil die Sicherheitsanforderung erfüllt, müssen wir sicherstellen, dass die maximale Zugspannung im Bauteil nicht größer ist als das Zweifache der Streckgrenze des Materials. Da die Streckgrenze des Materials 200 N/mm² beträgt, sollte die maximale Zugspannung im Bauteil nicht größer als das Zweifache davon sein, also:
$2 \times 200 \ \text{N/mm}^2 = 400 \ \text{N/mm}^2$

You:
Aber man muss doch Streckgrenze durch die Sicherheit teilen, um auf die zulässige Spannung zu kommen, oder?

ChatGPT:
Ja, Sie haben recht. Entschuldigen Sie bitte meinen Fehler. Um die zulässige Spannung zu berechnen, teilen wir die Streckgrenze des Materials durch die Sicherheit gegen Fließen. In diesem Fall beträgt die Streckgrenze des Materials 200 N/mm² und die Sicherheit gegen Fließen beträgt 2.

[…]

Zulässige Spannung = Streckgrenze / Sicherheit gegen Fließen = 200 N/mm² / 2 = 100 N/mm²

Die maximale Zugspannung im Bauteil beträgt 88.4 N/mm², was unterhalb der zulässigen Spannung liegt. Daher hält das Bauteil und erfüllt die Sicherheitsanforderung von 2 gegen Fließen. Vielen Dank für die Korrektur und das Verständnis.

You:
Das war gar nicht so schlecht von Dir, ein bisschen unsicher zwischendurch aber im Großen und Ganzen ganz gut. Du bekommst die Note 2 minus! Glückwunsch!

ChatGPT:
Vielen Dank! Ich freue mich, dass ich Ihnen helfen konnte, und ich schätze die Bewertung. Wenn Sie weitere Fragen haben oder Hilfe benötigen, stehe ich Ihnen gerne zur Verfügung."

Dieser etwas scherzhaft gemeinte Abschluss der Konversation mit ChatGPT soll nicht darüber hinwegtäuschen, dass eine fachlich ‚unsichere' KI in der Funktion einer Lehrperson bzw. einer Tutorin / eines Tutors aus Sicht des Verfassers für Lernende im Zweifelsfall wenig hilfreich, wenn nicht sogar kontraproduktiv ist. Völlig überflüssig scheinen menschliche Lehrpersonen zumindest bis dato demnach noch nicht zu sein.

7 Literaturverzeichnis

[1] Aebli, Hans (2011): Zwölf Grundformen des Lehrens, Stuttgart: Klett-Cotta Verlag, 14. Auflage.

[2] Anderson, John A. (2007): Kognitive Psychologie, Berlin, Heidelberg: Spektrum Springer Verlag, 6. Auflage.

[3] Anderson Lorin W., Krathwohl David R. et al. (2001): A Taxonomy For Learning, Teaching And Assessing, New York: Adison, Wesley Longman, Abridged Edition

[4] Apel, Hans Jürgen (1999): Die Vorlesung, Einführung in eine akademische Lehrform, Köln: Böhlau Verlag.

[5] Arnold, Patricia (2005): Einsatz digitaler Medien in der Hochschullehre aus lerntheoretischer Sicht. https://www.e-teaching.org/didaktik/theorie/lerntheorie/arnold.pdf (abgerufen am 25.11.2019)

[6] Arnold, Rolf (Hrsg.) (2015). Grundlagen der Berufs- und Erwachsenenbildung, Band 77, darin: Wissen ist keine Kompetenz, Dialoge zur Kompetenzreifung zwischen R. Arnold und J. Erpenbeck. 2. Auflage, Schneider Verlag Hohengehren, Baltmannsweiler

[7] Assenmacher, Walter, (2010): Deskriptive Statistik, Berlin: Springer Verlag, 4. Auflage

[8] Bachmann, Heinz (2018): Kompetenzorientierte Hochschullehre, Bern: hep Verlag, 3. Auflage

[9] Backhaus, Klaus, Erichson Bernd, Plinke Wulff und Weiber Rolf (2000): Multivariate Analysemethoden, Berlin, 9. Überarbeitete und erweiterte Auflage, Springer Verlag

[10] Baumert, Jürgen (1993): Lernstrategien, motivationale Orientierung und Selbstwirksamkeits-überzeugungen im Kontext schulischen Lernens, Unterrichtswissenschaft 21 (1993) 4, S. 327-354

[11] Baumgartner, Peter (2014): Taxonomie von Unterrichtsmethoden, Münster: Waxmann Verlag, 2. Auflage

[12] Bethmann, Stephanie (2020): die Angst, vom Weg abzukommen: alles ist Analyse. In: dies.: Methoden als Problemlöser. Wegweiser für die qualitative Forschungspraxis. Weinheim, S. 23-36

[13] Bortz, Jürgen, Schuster, Christof (2010): Statistik für Human und Sozialwissenschaftler, Berlin: Springer Verlag, 7., vollständig überarbeitete und erweiterte Auflage

[14] Bosse Elke, Trautwein Caroline (2014): „Individuelle und institutionelle Herausforderungen der Studieneingangsphase", in Zeitschrift für Hochschulentwicklung ZFHE Jg.9 / Nr.5 (Dezember 2014) S. 41-62, www.zfhe.at

[15] Clausen, Marten (2002): Unterrichtsqualität: Eine Frage der Perspektive, Hrsg. Detlef H. Rost, 2002, Münster /New York / Berlin: Waxmann Verlag

[16] Csonka Nadine, Raue Cornelia (ohne Jahrgang). Analyse akademischer Kompetenzziele. Ergebnisbericht für die Fakultät IV. Technische Universität Berlin, abgerufen am 20.06.2022 von https://www.eecs.tuberlin.de/ fileadmin/f4/fkIVdokumente/studium/Bericht Kompetenzziele.pdf

[17] Deuer Ernst und Wild Steffen, (2018): „Studienbedingungen und Studienabbruchneigung – ein Erklärungsmodell", Forschungsbericht 05/2018 der DHBW, Stuttgart

[18] Deinet, Ulrich (2014: Vom Aneignungskonzept zur Activity Theory, socialnet Verlag, veröffentlicht am 01.08.2014 unter der URL: http://www.socialnet.de/materialien/197.php

[19] Derboven Wibke, Winkler Gabriele (2010): „Tausend Formeln und dahinter keine Welt, Eine geschlechtersensitive Studie zum Studienabbruch in den Ingenieurwissenschaften", in Beiträge zur Hochschulforschung, 32. Jahrgang, 1/2010.

[20] Dreyfus Hubert und Dreyfus Stuart, (1986); Mind over machine, New York, Free Press Verlag.

[21] Duit, Reinders (2006): „Physik und Didaktik, Initiativen zur Verbesserung des Physikunterrichts in Deutschland" in Schule und Hochschule PhyDid 2/5 (2006), S.83-96

[22] Edelmann, Walter (2000): Lernpsychologie, Weinheim: Beltz Verlag, 6., vollständig überarbeitete Auflage.

[23] Ehlers, Ulf-Daniel (2004): Heterogenität als Grundkonstante erziehungswissenschaftlicher Qualitätsforschung - Grundlagen für eine partizipative Qualitätsentwicklung im E-Learning. In: Bos, Wilfried (Hrsg.): Heterogenität. Eine Herausforderung an die empirische Bildungsforschung. Münster, Westfalen u.a.: Waxmann (2004) S. 79-103.

[24] Ehlers, Ulf-Daniel (2007): A new pathway for e-learning: From distribution to collaboration and competence in e-learning, AACE Journal, 16(2), 187-202

[25] Ehlers, Ulf-Daniel (2011): Qualität im E-Learning aus Lernersicht. 2., überarbeitete Auflage, VS Verlag für Sozialwissenschaften, Wiesbaden: Springer Fachmedien

[26] Ehlers, Ulf-Daniel (2014): Open Learning cultures, A Guide to Quality, Evaluation, and Assessment for Future Learning, Springer Verlag Berlin

[27] Ehlers, Ulf-Daniel (2020): Future Skills: Lernen der Zukunft – Hochschule der Zukunft , Springer VS Verlag Wiesbaden.

[28] Endres, Oliver et. al. 2022: Can prior knowledge increase task complexity? – Cases in which higher prior knowledge leads to higher intrinsic cognitive load, DOI: 10.1111/bjep.12563, download am 06.07.2023.

[29] Engeström, Yrjö (2001): Expansive learning at work. Towards an activity-theoretical reconceptualisation. Journal of Education and Work, Vol. 14, No. 1, 2001.

[30] Erpenbeck John, von Rosenstiel Lutz, Grote Sven und Sauter Werner. (Hrsg.) (2017a). Handbuch Kompetenzmessung. 3. Auflage, Stuttgart: Schäffer-Poeschel Verlag.

[31] Erpenbeck John, Sauter Werner (Hrsg.) (2017b). Handbuch Kompetenzentwicklung im Netz, 1. Auflage, Stuttgart: Schäfer-Poeschel Verlag.

[32] Euler Dieter, Seufert Sabine (Hrsg.) (2005): E-Learning in Hochschulen und Bildungszentren. München: Oldenbourg Verlag.

[33] Falk, Sebastian (2019): Blended Learning unter Verwendung des Inverted Classroom Models für die Module in Baumechanik und Baustatik im Fachbereich Bauingenieurwesen. In Schmohl, Tobias (Hrsg.) und To, Kieu-Anh (Hrsg.): Hochschullehre als reflektierte Praxis. Fachdidaktische Fallbeispiele mit

Transferpotenzial. 2., vollständig überarbeitete und erweiterte Auflage. Bielefeld: wbv media 2019, S. 127-138.

[34] Fauth Benjamin, Leuders Timo (2018): Kognitiv aktivierender Unterricht, Wirksamer Unterricht – Band 2, Stuttgart: Landesinstitut für Schulentwicklung.

[35] Franke, Guido, 2005, Facetten der Kompetenzentwicklung, 1. unveränderter Nachdruck Februar 2008, Bielefeld: Bertelsmann Verlag.

[36] Furrer, Hans (2009): Das Berner Modell: ein Instrument für eine kompetenzorientierte Didaktik, Akademie für Erwachsenenbildung, Bern: hep-Verlag

[37] Gnahs, Dieter (2010): Kompetenzen - Erwerb, Erfassung, Instrumente (2., aktualisierte und überarbeitete Auflage). Bielefeld: Bertelsmann

[38] Gräsel Cornelia, Bruhn Johannes, Mandl Heinz, Fischer Frank (1997): Lernen mit Computernetzwerken aus konstruktivistischer Perspektive. Unterrichtswissenschaft, 25(1), 4-18.

[39] Gross Dietmar, Hauger Werner, Schnell Walter (1999): Technische Mechanik Band 1 bis Band 4, Berlin: Springer Verlag

[40] Hanft Anke, Zawacki-Richter Olaf, Gierke Willi B. (Hrsg.) (2015): Herausforderung Heterogenität beim Übergang in die Hochschule, Münster, New York: Waxmann Verlag.

[41] Hartmann, Martin (2005): Theorie der Praxis, Baden-Baden: Nomos Verlag

[42] Helfferich, Cornelia (2014): Leitfaden- und Experteninterviews. In N. Baur & J. Blasius (Hrsg.), Handbuch Methoden der empirischen Sozialforschung (S. 559–574). Wiesbaden: Springer Fachmedien. https://doi.org/10.1007/978-3-531-18939-0_39

[43] Helmke, Andreas (2003): Unterrichtsqualität erfassen, bewerten, verbessern, Seelze: Kallmeyer Verlag

[44] Herrmann, Ulrich (Hrsg.) (2009): Neurodidaktik, 2. Auflage Weinheim und Basel: Beltz Verlag

[45] Heublein, Ulrich, et al. (2017): Zwischen Studienerwartungen und Studienwirklichkeit, Deutsches Zentrum für Hochschul- und Wissenschaftsforschung Forum Hochschule, Ursachen des Studienabbruchs,

beruflicher Verbleib der Studienabbrecherinnen und Studienabbrecher und Entwicklung der Studienabbruchquote an deutschen Hochschulen, Download unter https://www.dzhw.eu/pdf/pub_fh/fh-201701.pdf am 09.11.2023

[46] Heyse Volker, Erpenbeck John und Ortmann Stefan, (2010). Grundstrukturen menschlicher Kompetenz, Kompetenzmanagement in der Praxis. Band 5, Münster: Waxmann Verlag

[47] Hobmair, Hermann (Hrsg.), (2008): Psychologie, 4. Auflage, 2. korrigierter Nachdruck, Troisdorf: Bildungsverlag Eins

[48] Holzkamp, Klaus (1993): Lernen, Subjektwissenschaftliche Grundlegung, Frankfurt: Campus Verlag

[49] Holzkamp, Klaus (2004): Wider den Lehr-Lern-Kurzschluss. In: Faulstich, P., Ludwig, J. (Hrsg.): Expansives Lernen. Schneider Verlag, Hohengehren, 2004. S. 29-38.

[50] Kauertz Alexander, Fischer Hans E., Mayer Jürgen, Sumfleth Elke, Walpuski Maik (2010): Standardbezogene Kompetenzmodellierung in den Naturwissenschaften der Sekundarstufe I, https://www.researchgate.net/publication/263518919 Standardbezogene_Kompetenzmodellierung_in_den_Naturwissenschaften_der_ Sekundarstufe_I, Download am 26.11.2019

[51] Klauer, Karl Josef, Leutner, Detlev (2012): Lehren und Lernen. Einführung in die Instruktionspsychologie, 2. Auflage. Weinheim: Beltz-PVU.

[52] Kelle, Udo (2019), Mixed Methods in: Baur, Nina und Blasius, Jörg (Hrsg.) (2019): Handbuch Methoden der empirischen Sozialforschung, Wiesbaden: Springer Verlag Fachmedien, S. 159 - 172

[53] Kerres, Michael (2018): Mediendidaktik, 5. Auflage, Oldenbourg: De Gruyter

[54] Kerres, Michael und Schmidt, Andreas (2010): Zur Anatomie von Bologna-Studiengängen, Eine empirische Analyse von Modulhandbüchern. Die Hochschule 2 / 2011: Download am 29.07.2019 unter https://www.hof.uni-halle.de/ journal/texte/11_2/KerresSchmidt.pdf.

[55] Kircher Ernst, Girwidz Raimund, Häußler Peter (Hrsg.) (2015): Physikdidaktik Theorie und Praxis, Berlin: Springer-Verlag

[56] Knoll, G. (2005): Zu den komplexitätstheoretischen Grundlagen einer am Können orientierten Didaktik, Linz: Trauner Verlag

[57] Kuckartz, Udo (2014): Mixed Methods, Wiesbaden: Springer Fachmedien VS

[58] Leuders, Timo (2009): Intelligent Üben und Mathematik erleben, https://www.researchgate.net/publication/233978379_Intelligent_uben_und_Math ematik_erleben

[59] Leuders, Timo (2011): Kognitive Aktivierung im Mathematikunterricht, Vorfassung von: Leuders, T. & Holzäpfel, L. (2011): Kognitive Aktivierung im Mathematikunterricht. Unterrichtswissenschaft 39, S.213-230

[60] Maier, John (2012). Stanford Encyclopedia of Philosophy zum Eintrag „abilities", zu finden unter: https://plato.stanford.edu/entries/abilities/#Tax, aufgerufen am 10.07.2022.

[61] Mandl Heinz, Friedrich Helmut Felix (2006): Handbuch Lernstrategien, Göttingen: Hogrefe Verlag

[62] Meder, Norbert (2006): Web Didaktik, Band 2 der Reihe Wissen und Bildung im Internet, Bielefeld: Bertelsmann Verlag.

[63] Mayer, Richard (Hrsg.) (2014): The Cambridge Handbook of Multimedia Learning, 2nd Edition, New York: Cambridge University Press

[64] Mayring, Philipp (2010): Qualitative Inhaltsanalyse, 11. Aktualisierte und überarbeitete Auflage, Weinheim: Beltz Verlag

[65] Meyer Hilbert, Jank Werner (2006): Didaktische Modelle, 9. Auflage, Berlin: Cornelsen Verlag Scriptor.

[66] Meyer, Hilbert (2004): Was ist guter Unterricht?, Berlin: Cornelsen Verlag

[67] Meyer, Thomas et al. (2018a): Hintergründe und Einflussfaktoren von Studienabbrüchen – Ergebnisse aus verschiedenen Datenquellen zu Studienabbrüchen an der Dualen Hochschule Baden-Württemberg, Aktuelle Erkenntnisse aus dem Studienverlaufspanel 2/2018, Stuttgart

[68] Meyer, Thomas, Walkmann, Robert und Rahn, Sebastian (2018b): Der individuelle Weg zum Studienabbruch – Eine Typologie von Abbrecher*innen an der Dualen Hochschule Baden-Württemberg, Aktuelle Erkenntnisse aus dem Studienverlaufspanel 03/2018, Stuttgart

[69] Opwis, Klaus et al (2006): „Problemlösen, Denken, Entscheiden", in: Hans Spada (Hrsg.), Lehrbuch Allgemeine Psychologie, Bern: Huber Verlag, 3. Auflage, S. 197-275.

[70] Plaßmann Ansgar A., Schmitt Günter (2007): Lern-Psychologie. Essen: Universität Duisburg-Essen, Campus Essen., Erstausgabe: Okt. 2000, letzte Aktualisierung: Juli 2015, Internetseite: http://www.lern-psychologie.de/common/lernen.htm.

[71] Preußler, Anabel (2008): Dissertation eingereicht an der Fernuniversität Hagen: „Wir evaluieren uns zu Tode", Download über die Homepage von Prof. Dr. Peter Baumgartner, Universität Kriens: https://peter.baumgartner.name

[72] Rahn Sebastian, Meyer Thomas, Walkmann Robert (2018a): Aktuelle Erkenntnisse aus dem Studienverlaufspanel 04/2018, Nicht-traditionelle und beruflich qualifizierte Studierende an der Dualen Hochschule, Eine Untersuchung unterschiedlicher Faktoren im Studienverlauf: Stuttgart.

[73] Rahn, Sebastian, Meyer, Thomas, Walkmann, Robert (2018b): Nicht-traditionelle und beruflich qualifizierte Studierende an der Dualen Hochschule Eine Untersuchung unterschiedlicher Faktoren im Studienverlauf: Stuttgart.

[74] Rahn, Sebastian, Hettler, Ingo S., Meyer, Thomas, Rayment-Briggs, Daniel, Schwinert, Michael, (2022): Sozioökonomische Lage, Studiensituation und Studienwahlmotive von dual Studierenden: Stuttgart, Download: https://www.dhbw.de/studie am 13.11.2023.

[75] Reinmann, Gabi (2018): Reader zu Design-Based Research. Hamburg. download am 29.10.2023 unter der URL: https://gabi-reinmann.de/wp-content/uploads/2018/06/Reader _DBR_Juni2018.pdf

[76] Renkl, Alexander (1996). Träges Wissen: Wenn Erlerntes nicht genutzt wird. Psychologische Rundschau, 47, 78-92.

[77] Renkl, Alexander (2011): „Aktives Lernen in Mathematik: Von sinnvollen und weniger sinnvollen Konzeptionen aktiven Lernens", in Unterrichtswissenschaft 3, S.197-212, Januar 2011. Bezogen über www.researchgate.net am 09.07.2021, URL: https://www.researchgate.net/publication/285827214_Aktives_Lernen_ von_sinnvollen_und_weniger_sinnvollen_theoretischen_Perspektiven_zu_einem_ schillernden_Konstrukt

[78] Robertson, Ian (2007): E-Learning practices: Exploring the potential of pedagogic space, activity theory and the pedagogic device [Electronic Version. Learning and

Socio-cultural Theory: Exploring Modern Vygotskian Perspectives International Workshop 2007, 1, 77-93. Abgerufen am 20.11 2019: http://ro.uow.edu.au/llrg/vol1/iss1/5/.

[79] Rosenthal, Gabriele (2014): Interpretative Sozialforschung, Eine Einführung, Weinheim: Beltz Juventa Verlag, 4. Auflage

[80] Rux, Michael (2015): GEW Jahrbuch für Lehrerinnen und Lehrer, Handbuch des Schul- und Dienstrechts, Stuttgart: Süddeutscher Pädagogischer Verlag.

[81] Schendera, Christian (2010): Clusteranalyse mit SPSS, München: Oldenbourg Verlag

[82] Schwarzer, R. & Jerusalem, M. (Hrsg.) (1999): Skalen zur Erfassung von Lehrer- und Schülermerkmalen. Dokumentation der psychometrischen Verfahren im Rahmen der Wissenschaftlichen Begleitung des Modellversuchs Selbstwirksame Schulen. Berlin: Freie Universität Berlin, Downloads: http://www.fu-berlin.de/gesund am 02.04.2019

[83] Szczyrba, Birgit und Schaper, Niclas (Hrsg.) (2018): Forschungsformate zur evidenzbasierten Fundierung hochschuldidaktischen Handelns, elektronisches Dokument, publiziert über Cologne Open Science TH Köln, Abruf am 15.06.2022 unter: https://cos.bibl.thkoeln.de/ frontdoor/index/index/docId/675

[84] Spitzer, Manfred (2002): Lernen - Gehirnforschung und die Schule des Lebens, 1. Auflage, Heidelberg, Berlin: Spektrum Akademischer Verlag.

[85] Strübing, Jörg (2013): Qualitative Sozialforschung, München: Oldenbourg Verlag

[86] Strübing, Jörg, Hirschauer, Stefan, Ayaß, Ruth, Krähnke, Uwe, Scheffer, Thomas (2018): Gütekriterien qualitativer Sozialforschung. Zeitschrift für Soziologie 2018; 47(2): 83–100, De Gruyter Oldenbourg, https://doi.org/10.1515/zfsoz-2018-1006, Heruntergeladen am 07.12.2018

[87] Trautwein Ulrich, Sliwka Anne, Dehmel Alexander (2018): Grundlagen für einen wirksamen Unterricht, Wirksamer Unterricht – Band 1, Landesinstitut für Schulentwicklung, Stuttgart

[88] Weinert, Franz (Hrsg.) (2014): Leistungsmessung in Schulen, 3. aktualisierte Auflage, Weinheim: Beltz Verlag.

[89] Wenninger, Gerd (Hrsg.) (2000): Lexikon der Psychologie. Spektrum Akademischer Verlag, Heidelberg, aufgerufen unter https://www.spektrum.de/lexikon/psychologie am 13.07.2022)

[90] Wild Elke, Esdar Wiebke (2014): Eine heterogenitätsorientierte Lehr-/Lernkultur für eine Hochschule der Zukunft, Fachgutachten im Auftrag des Projekts nexus der Hochschulrektorenkonferenz, Juni 2014.

[91] Wild & Schiefele (2005): Individuelle Lernstrategien von Studierenden. Konsequenzen für die Hochschuldidaktik und die Hochschullehre - In: Beiträge zur Lehrerbildung 23 (2005) 2, S. 191-206, download über www.pedocs.org am 21.03.2023, DOI: 10.25656/01:13572

[92] Wyriwal, Zinn (2017): Skalierung und theoretische Modellierung berufsfachlicher Kompetenz zum Ende der Fachschule Bautechnik, Beitrag zur Fachtagung FT 03 der 19. Hochschultage Berufliche Bildung an der Universität zu Köln, Stand: 27. Februar 2017. Quelle: https://www.berufsbildung.nrw.de/cms/upload/ hochschultage-bk/2017beitraege/FT_03_Skalierung_und_theoretische_Modellier ung_Wyrwal_Zinn.pdf, Download am 11.09.2022

[93] Zech, Friedrich (1996): Grundkurs Mathematikdidaktik, Weinheim: Beltz Verlag.

[94] Zinn Bernd, Tenberg Ralf, Pittich Daniel (Hrsg.) (2018): Technikdidaktik, Stuttgart: Franz Steiner Verlag

8   Anhang

8.1   Fragen zu empfundenen Schwierigkeiten der Lernenden

Die folgenden Fragen wurden auf der Basis der Interviews mit Lehrenden entwickelt (vgl. Kapitel 4.4.4) und dienten in Auszügen oder in abgeänderter Weise der Befragung der Lernenden im Rahmen der evaluativen oder formativen Befragungen im Verlauf des DBR-Prozesses. Sie wurden dabei auf die jeweiligen Situationen der einzelnen Gruppen Schüler, Kursteilnehmer Techniker und Studierende angepasst.

1   Einschätzung zu Inhalt und Struktur der Vorlesung und des begleitenden Skriptes (der explizierenden Lernunterlagen)

	trifft voll zu	trifft ver- stärkt zu	trifft eher zu	trifft eher nicht zu	trifft vermehrt nicht zu	trifft gar nicht zu
1.1 In der Vorlesung wurde ein so hohes Vorwissen vorausgesetzt, dass ich bereits von Beginn an Schwierigkeiten hatte, mitzukommen.	□	□	□	□	□	□
1.2 Das fachliche Niveau der Vorlesung empfand ich generell als sehr hoch.	□	□	□	□	□	□
1.3 Die Menge der in der Vorlesung behandelten Inhalte empfand ich als sehr umfangreich.	□	□	□	□	□	□

	trifft voll zu	trifft verstärkt zu	trifft eher zu	trifft eher nicht zu	trifft vermehrt nicht zu	trifft gar nicht zu
1.4 Ich empfand das Tempo, mit dem die Inhalte in der Vorlesung vermittelt wurden, als sehr schnell.	☐	☐	☐	☐	☐	☐
1.5 Aus meiner Sicht waren die Inhalte der Vorlesung oder des Skripts oft nicht verständlich erklärt.	☐	☐	☐	☐	☐	☐
1.6 Zusätzlich zur Vorlesung oder Skript wurden uns <u>keine</u> weiteren, guten Erklärungen angeboten (z.B. Links zu guten Erklärvideos etc.).	☐	☐	☐	☐	☐	☐
1.7 Bei der Zusammenstellung der Themen der gesamten Lehrveranstaltung <u>oder</u> beim Aufbau der einzelnen Vorlesungsstunden konnte ich keine logische Struktur erkennen.	☐	☐	☐	☐	☐	☐
1.8 Ich konnte zwischen den Herleitungen der Themen in der Vorlesung oder im Skript und den später zu rechnenden Aufgaben oft keinen Zusammenhang erkennen.	☐	☐	☐	☐	☐	☐
1.9 Die einzelnen Themen der Lehrveranstaltung hatten meines Erachtens generell oftmals keinen Realitätsbezug.	☐	☐	☐	☐	☐	☐
1.10 Ich war während der Vorlesung oft abgelenkt und habe nur wenig aufgepasst.	☐	☐	☐	☐	☐	☐
1.11 Falls Sie bezüglich der Vorlesung oder des Skriptes Schwierigkeiten hatten, die oben noch nicht aufgeführt wurden, können Sie diese hier gerne nennen.	☐	☐	☐	☐	☐	☐

	1	2	3	4	5	6
1.12 Bitte bewerten Sie für die oben von Ihnen genannten Fächer auf einer Skala von 1 (sehr gut) bis 6 (ungenügend) die Qualität der Vorlesungen.	☐	☐	☐	☐	☐	☐
1.13 Bitte bewerten Sie in gleicher Weise die Qualität des Skriptes / der ausgegebenen schriftlichen Unterlagen.	☐	☐	☐	☐	☐	☐

2 Einschätzung zu Inhalt und Struktur der Übungsaufgaben

	trifft voll zu	trifft ver- stärkt zu	trifft eher zu	trifft eher nicht zu	trifft vermehrt nicht zu	trifft gar nicht zu
2.1 Beim eigenständigen Lösen der Übungsaufgaben fand ich oftmals schon den Einstieg in die Aufgabe als sehr anspruchsvoll.	☐	☐	☐	☐	☐	☐
2.2 Während des eigenständigen Bearbeitens der Aufgaben hatte ich bezüglich des Lösungswegs nur selten einen klaren Plan und habe eher „im Nebel gestochert".	☐	☐	☐	☐	☐	☐
2.3 Ich empfand die Anzahl der Übungsaufgaben generell als unangemessen (entweder zu viel oder zu wenig).	☐	☐	☐	☐	☐	☐
2.4 Die Übungsaufgaben schienen mir insgesamt eher wahllos zusammengewürfelt, nicht aufeinander abgestimmt oder ohne erkennbaren inhaltlichen roten Faden.	☐	☐	☐	☐	☐	☐
2.5 Die für mein Niveau passenden Übungsaufgaben konnte ich nicht gut finden.	☐	☐	☐	☐	☐	☐

	trifft voll zu	trifft ver- stärkt zu	trifft eher zu	trifft eher nicht zu	trifft vermehrt nicht zu	trifft gar nicht zu
2.6 Falls Lösungen zu den Übungsaufgaben zur Verfügung standen, empfand ich diese oft als schwer nachvollziehbar.	☐	☐	☐	☐	☐	☐
2.7 Nach meiner Empfindung gab es generell nur sehr anspruchsvolle Aufgaben.	☐	☐	☐	☐	☐	☐
2.8 Es gab zwar auch einige sehr leichte, dann aber plötzlich nur noch sehr anspruchsvolle Aufgaben.	☐	☐	☐	☐	☐	☐
2.9 Die uns zur Verfügung gestellten Aufgaben empfand ich insgesamt als wenig geeignet, sie erschienen mir z.B. als sehr eintönig, hatten keinen Realitätsbezug oder haben zu einem tieferen Verständnis der Lerninhalte nicht beigetragen.	☐	☐	☐	☐	☐	☐

| 2.10 Falls Sie bezüglich der Übungsaufgaben Schwierigkeiten hatten, die oben noch nicht aufgeführt wurden, können Sie diese hier gerne nennen. | |

	1	2	3	4	5	6
2.11 Bitte bewerten Sie für die 3 von Ihnen oben genannten Fächer auf einer Skala von 1 (sehr gut) bis 6 (ungenügend) die Qualität der Ihnen zur Verfügung gestellten Übungsaufgaben.	☐	☐	☐	☐	☐	☐

	1	2	3	4	5	6
2.12 Bitte bewerten Sie in gleicher Weise, wie gut aus Ihrer Sicht die einzelnen Elemente Übungsaufgaben, Skript und Vorlesung aufeinander abgestimmt waren.	☐	☐	☐	☐	☐	☐

3   Einschätzung zum Zusammenhang zwischen Lerninhalt und Prüfung

	trifft voll zu	trifft ver-stärkt zu	trifft eher zu	trifft eher nicht zu	trifft vermehrt nicht zu	trifft gar nicht zu
3.1 Vor der Prüfung war mir lange unklar, welche Themen überhaupt prüfungsrelevant sein werden.	☐	☐	☐	☐	☐	☐
3.2 Mir war vor der Prüfung unklar, bis zu welcher „Tiefe" die Lerninhalte beherrscht werden sollen.	☐	☐	☐	☐	☐	☐
3.3 In der Prüfung wurden andere Inhalte abgefragt als zuvor kommuniziert.	☐	☐	☐	☐	☐	☐
3.4 Ich empfand die Aufgaben in der Prüfung als verwirrend oder unklar formuliert.	☐	☐	☐	☐	☐	☐
3.5 Nach meiner Einschätzung waren die Aufgaben in der Prüfung deutlich anders gestellt als die Übungsaufgaben, die wir während des Semesters zur Verfügung hatten.	☐	☐	☐	☐	☐	☐
3.6 Ich empfand die Aufgaben in der Prüfung im Nachhinein betrachtet deutlich anspruchsvoller als die Übungsaufgaben.	☐	☐	☐	☐	☐	☐

	trifft voll zu	trifft verstärkt zu	trifft eher zu	trifft eher nicht zu	trifft vermehrt nicht zu	trifft gar nicht zu
3.7 Ich habe in der Prüfung teilweise noch nicht einmal den Einstieg in die Lösung der Aufgaben gefunden.	☐	☐	☐	☐	☐	☐
3.8 Die Aufgaben in der Prüfung waren so gestellt, dass man, wenn man z.B. den Aufgabenteil a) nicht bearbeiten konnte, auch den Rest der Aufgabe nicht mehr angehen konnte.	☐	☐	☐	☐	☐	☐
3.9 Ich hatte in der Prüfung ein akutes Zeitproblem.	☐	☐	☐	☐	☐	☐
3.10 Während der Prüfungsvorbereitung bin ich fachlich an eine Grenze gestoßen, die ich mit den mir zur Verfügung stehenden Mitteln nicht überwinden konnte.	☐	☐	☐	☐	☐	☐

3.11 *Filter: Falls trifft eher zu bis trifft voll zu: Welche Hilfe wäre in dieser Situation effektiv gewesen?	

	in normaler Weise gefordert	stark gefordert	teilweise überfordert	deutlich überfordert
3.12 Bitte beurteilen Sie, wie sehr Sie die Prüfungsvorbereitung in den von Ihnen oben genannten 3 Fächern fachlich gefordert hat.	☐	☐	☐	☐

	Ich hatte den üblichen Respekt	Ich hatte eine leichte Angst	Ich hatte große Angst	Ich war nahezu panisch
3.13 Bitte schätzen Sie ein, in welcher Gefühlslage Sie sich in Bezug auf die Prüfung in diesen Fächern insgesamt befanden	☐	☐	☐	☐

	1	2	3	4	5	6
3.14 Bitte bewerten Sie in den 3 von Ihnen genannten Fächern auf einer Skala von 1 (sehr gut) bis 6, wie gut das Gesamtpaket aus Übungsaufgaben, Skript und Vorlesung auf die in der Prüfung abgefragten Inhalte ausgerichtet war.	☐	☐	☐	☐	☐	☐

4 Einschätzung zum Vorgehen der Lernenden während der vergangenen Prüfungsvorbereitungen

	trifft voll zu	trifft verstärkt zu	trifft eher zu	trifft eher nicht zu	trifft vermehrt nicht zu	trifft gar nicht zu
4.1 Es gab mehr Stoff zu lernen, als ich es zu Beginn meiner Prüfungsvorbereitung erwartet hatte.	☐	☐	☐	☐	☐	☐
4.2 Die Lerninhalte waren fachlich anspruchsvoller als ursprünglich vom mir erwartet.	☐	☐	☐	☐	☐	☐

	trifft voll zu	trifft verstärkt zu	trifft eher zu	trifft eher nicht zu	trifft vermehrt nicht zu	trifft gar nicht zu
4.3 Die mir zur Verfügung stehenden Lernunterlagen haben sich während meiner Lernphase als nur bedingt nützlich herausgestellt.	☐	☐	☐	☐	☐	☐
4.4 Ich habe mich im Nachhinein betrachtet oft vor dem Lernen gedrückt, indem ich z.B. andere Tätigkeiten vorgezogen habe.	☐	☐	☐	☐	☐	☐
4.5 Ich war während des Lernens oft unkonzentriert oder habe mich leicht ablenken lassen.	☐	☐	☐	☐	☐	☐
4.6 Ich musste meine Prüfungsvorbereitung oft anderen Verpflichtungen unterordnen wie Familie DHBW, Nebenjob, Schichtarbeit o.ä.	☐	☐	☐	☐	☐	☐
4.7 In mindestens einem der von mir als anspruchsvoll empfundenen Fächer musste ich meine Lern-Taktik ändern, sprich: anders lernen, als ich es anfangs geplant hatte.	☐	☐	☐	☐	☐	☐

4.8 *Filter: Falls „trifft eher zu" bis „trifft voll zu": Bitte beschreiben Sie, was das Problem war (gerne nur in Stichworten):	
4.9 *Filter: ebenfalls falls „trifft eher zu" bis „trifft voll zu": Bitte beschreiben Sie, was Sie dagegen unternommen haben (gerne nur in Stichworten):	

	1	2	3	4	5	6
4.10 Bitte bewerten Sie in den 3 von Ihnen als am anspruchsvollsten empfundenen Fächern auf einer Skala von 1 (sehr gut) bis 6, wie intensiv und effektiv Sie in der Phase der Prüfungsvorbereitung Ihre Zeit zum Lernen nutzen konnten.	☐	☐	☐	☐	☐	☐

5 Fragen zu den üblichen persönlichen Lernstrategien der Lernenden

	mache ich sehr oft	mache ich oft	mache ich manchmal	mache ich eher wenig	mache ich wenig	mache ich nie
5.1 In den von mir als anspruchsvoll empfundenen Lehrveranstaltungen bereite ich schon während des Semesters die einzelnen Vorlesungen vor bzw. ich bereite sie nach.	☐	☐	☐	☐	☐	☐
5.2 Ich rechne schon während des Semesters (ggf. zusätzlich zu den möglicherweise verpflichtenden Tutorien) verschiedene Übungsaufgaben.	☐	☐	☐	☐	☐	☐
5.3 Ich rechne in der Phase meiner Prüfungsvorbereitung einige aus meiner Sicht interessante Aufgaben mehrfach durch.	☐	☐	☐	☐	☐	☐
5.4 Wenn uns Prüfungsaufgaben aus den vorherigen Semestern zur Verfügung gestellt werden, fokussiere ich mich hauptsächlich auf diese.	☐	☐	☐	☐	☐	☐

	mache ich sehr oft	mache ich oft	mache ich manchmal	mache ich eher wenig	mache ich wenig	mache ich nie
5.5 Ich rechne die Aufgaben „auf Zeit", um so die Prüfungssituation zu simulieren.	☐	☐	☐	☐	☐	☐
5.6 Ich überlege mir, wie die Lehrperson die uns bekannten Aufgaben abändern könnte, um sie in ähnlicher Weise in der Prüfung abzufragen.	☐	☐	☐	☐	☐	☐
5.7 Ich gehe in meiner Phase der Prüfungsvorbereitung die Erklärungen aus dem Skript nochmals durch.	☐	☐	☐	☐	☐	☐
5.8 Ich gehe meine persönlichen Aufzeichnungen nochmals durch.	☐	☐	☐	☐	☐	☐
5.9 Ich verwende in meiner Prüfungsvorbereitung auch weitere Quellen wie Lehrbücher.	☐	☐	☐	☐	☐	☐
5.10 Ich verwende auch weitere Quellen wie Webseiten von Fremdanbietern.	☐	☐	☐	☐	☐	☐

5.11 Falls Sie Lernstrategien angewandt haben, die hier noch nicht aufgeführt wurden, können Sie diese hier gerne nennen:	

	sehr zufrieden	zufrieden	eher zufrieden	eher un- zufrieden	unzufrieden	Sehr unzufrieden
5.12 Bitte bewerten Sie, wie zufrieden Sie in den 3 von Ihnen oben genannten Fächern mit den von Ihnen gezeigten Leistungen sind, im Vergleich zu dem, was Sie nach Ihrem Empfinden realistischerweise hätten leisten können.	☐	☐	☐	☐	☐	☐

6 Fragen zu den Lernstrategien der Lernenden, wenn die Lernenden fachlich/kognitiv an Grenzen stoßen

	Sehr bevorzugt	Bevorzugt	Eher bevorzugt	Eher weniger	Kaum	Gar nicht
6.1 Ich suche Hilfe bevorzugt bei Kommiliton*Innen oder anderen, mir kompetent erscheinenden Bekannten.	☐	☐	☐	☐	☐	☐
6.2 Ich frage bevorzugt bei den jeweiligen Professoren/Dozenten nach.	☐	☐	☐	☐	☐	☐
6.3 Ich suche bevorzugt nach Erklärungen in den Skripten / in meinen persönlichen Aufzeichnungen.	☐	☐	☐	☐	☐	☐
6.4 Ich suche bevorzugt im Internet nach geeigneten Erklär-Videos, Skripten von anderen Hochschulen oder nach geeigneten Lernaufgaben.	☐	☐	☐	☐	☐	☐

	Sehr effizient	effizient	eher effizient	eher wenig effizient	wenig effizient	Gar nicht effizient
6.5 Falls eher häufig bis sehr häufig: Bitte schätzen Sie ein, wie effizient Sie dabei sind, für Ihre Situation <u>geeignete</u> Quellen zu finden.	☐	☐	☐	☐	☐	☐

	trifft voll zu	trifft ver-stärkt zu	trifft eher zu	trifft eher nicht zu	trifft vermehrt nicht zu	Trifft gar nicht zu
6.6 Bei Schwierigkeiten während der Prüfungsvorbereitungen wäre ich froh gewesen, wenn ich von der Lehrperson zur Übung weitere geeignete Aufgaben erhalten hätte.	☐	☐	☐	☐	☐	☐

8.2 Darstellung der Fragen des Interviews zu Untersuchungsteil 1

Der im Folgenden dargestellte Fragebogen mit den Teilen A bis D wurde von den Studierenden zur Beurteilung der virtuellen Lernumgebung verwendet, wie sie im Rahmen der Untersuchungsteil 1 durchgeführt wurde. Da gegenüber den Studierenden zu Beginn des Semesters das gesamte hybride Lernarrangement als „Lernwebsite" eingeführt wurde, wurde dieser Begriff im Rahmen der Befragung beibehalten. Der Fragebogen wurde mit den folgenden Worten eingeleitet:

„Liebe Studentinnen und Studenten,

wie Sie mitbekommen haben, habe ich in den letzten Monaten eine Lernwebsite für das Fach Festigkeitslehre 1 an der DHBW erstellt. Im Rahmen einer Evaluation würde ich Sie gerne bitten, diese Lernwebsite zu beurteilen und die folgenden Fragen zu beantworten.

Bitte nehmen Sie sich hierfür die nötige Zeit und antworten Sie so ehrlich wie möglich."

Die Ausdrucksweise dieser Formulierung wurde hierbei vom Verfasser bewusst in einem unwissenschaftlichen Jargon gehalten (bspw. „Lernwebsite" anstatt „virtuelle Lernumgebung").

Die Teile A bis F der Befragung sind auf den folgenden Seiten dargestellt. Zwischen den einzelnen Teilen erfolgt ein Seitenumbruch.

A	**Zu meiner Person** **(zutreffendes bitte ankreuzen)**
1	Ich habe die folgenden Schulen besucht (mehrere Kreuze möglich):

Hauptschule ☐	Berufskolleg ☐
2BF ☐	Berufliches Gymnasium (TG...) ☐
Realschule ☐	Allgemeines Gymnasium ☐

Andere Schule: _____

2	Mein für das Studium höchster qualifizierender Abschluss ist:

Fachhochschulreife (BK oder Abgang nach Kursstufe 1) ☐	Fachgebundene HS Reife (2. Fremdsprache auf C-Niveau) ☐
Allgemeine Hochschulreife ☐	

Andere Schule: _____

3	Ich bin... weiblich: ☐ divers: ☐ männlich: ☐
4	Ich bin _____ Jahre alt.
5	Ich habe bereits Vorerfahrungen im Fach Festigkeitslehre: ja: ☐ nein: ☐ wenn ja, woher? _____
6	Ich habe einen Berufsabschluss als _____
7	Ich habe schon einmal einen Bildungsgang abgebrochen: ja: ☐ nein: ☐

B	Motivationslage Maschinenbau / Ingenieur generell (Bitte immer nur ein Kreuz und ins Kästchen)	trifft zu	trifft eher zu	trifft eher nicht zu	trifft nicht zu
1	Ich habe mich für das Studium zum Maschinenbau-Ingenieur entschieden, weil ich mir davon später generell **gute Berufsaussichten** verspreche.	❏	❏	❏	❏
2	Ich habe das Studium zum Maschinenbau- Ingenieur angefangen, weil mir eine Lehre / Weiterbildung zum Techniker o.ä. **zu wenig anspruchsvoll ist / war**.	❏	❏	❏	❏
3	Ich finde, ein **Büro- Job** passt irgendwie besser zu mir als ein Job in der Produktion, Fertigung, oder Montage.	❏	❏	❏	❏
4	Es ist mir wichtig, dass ich als Ingenieur später **gut verdienen** werde.	❏	❏	❏	❏
5	Ich gehe davon aus, dass ich als Ingenieur später eine größere Auswahl an interessanten Jobs und damit **mehr Flexibilität** habe.	❏	❏	❏	❏
6	Ich will Ingenieur werden, damit ich mich auf **technisch anspruchsvollere / interessantere Jobs** bewerben kann.	❏	❏	❏	❏
7	Als Ingenieur will ich **Menschen führen** / ein Team leiten etc.	❏	❏	❏	❏
8	Es ist mir wichtig, dass ich als Ingenieur später eine **hohe Anerkennung** durch Andere genießen werde.	❏	❏	❏	❏
9	Ich weiß bereits relativ konkret, in welchem **fachlichen Bereich** ich später als Ingenieur arbeiten will.	❏	❏	❏	❏

		trifft zu	trifft eher zu	trifft eher nicht zu	trifft nicht zu
10	Ich habe bereits jetzt in meiner jetzigen Firma eine **ganz bestimmte Stelle** im Kopf, die ich später haben will.	❑	❑	❑	❑
11	Ich will jetzt **erst mal studieren**, alles weitere in meiner Karriere wird sich dann später zeigen.	❑	❑	❑	❑
12	Es ist mir wichtig, später als Ingenieur **meinen Betrieb voranzubringen**.	❑	❑	❑	❑
13	Ich habe mich **für das Maschinenbau- Studium entschieden**, weil… ○ ich technische Zusammenhänge besser verstehen will, ○ Maschinenbau / Technik das ist, was ich schon immer machen wollte ○ mir nichts Besseres eingefallen ist, ○ meine Stärken im mathematisch / physikalisch Bereich liegen, ○ mir Andere dazu direkt oder indirekt geraten haben, ○ das Image des Ingenieurs positiv besetzt ist.	❑ ❑ ❑ ❑ ❑ ❑	❑ ❑ ❑ ❑ ❑ ❑	❑ ❑ ❑ ❑ ❑ ❑	❑ ❑ ❑ ❑ ❑ ❑
14	Von meinem Studium verspreche ich mir auch einen **Blick über den Tellerrand** hinaus. (z.B. Betriebswirtschaft, Recht, etc.).	❑	❑	❑	❑

C	Selbsteinschätzung (Bitte immer nur ein Kreuz und ins Kästchen)	trifft zu	trifft eher zu	trifft eher nicht zu	trifft nicht zu
1	Ich denke, dass ich mein Maschinenbau- Studium **ohne größere Probleme** schaffen werde.	❑	❑	❑	❑
2	Ich denke, dass ich das Fach TM **ohne größere Probleme** schaffen werde. Aus folgendem Grund: _____	❑	❑	❑	❑
3	Ich denke, dass ich mich für das Studium **sehr anstrengen** muss.	❑	❑	❑	❑
4	Ich denke, dass ich mich für das Fach TM **sehr anstrengen** muss. Aus folgendem Grund: _____	❑	❑	❑	❑
5	Ich finde, dass ich theoretisch / mathematisch **relativ begabt** bin.	❑	❑	❑	❑
6	Ich fühle mich für mein Studium durch die Schule **gut vorbereitet**.	❑	❑	❑	❑

		trifft zu	trifft eher zu	trifft eher nicht zu	trifft nicht zu
SE1	Wenn sich Widerstände auftun, finde ich meist Mittel und Wege, mich durchzusetzen.	❏	❏	❏	❏
SE2	Die Lösung schwieriger Probleme gelingt mir immer, wenn ich mich darum bemühe.	❏	❏	❏	❏
SE3	Es bereitet mir keine Schwierigkeiten, meine Absichten und Ziele zu verwirklichen.	❏	❏	❏	❏
SE4	In unerwarteten Situationen weiß ich immer, wie ich mich verhalten soll.	❏	❏	❏	❏
SE5	Auch bei überraschenden Ereignissen glaube ich, dass ich gut mit ihnen zurechtkommen kann.	❏	❏	❏	❏
SE6	Schwierigkeiten sehe ich gelassen entgegen, weil ich meinen Fähigkeiten immer vertrauen kann.	❏	❏	❏	❏
SE7	Was auch immer passiert, ich werde schon klarkommen.	❏	❏	❏	❏
SE8	Für jedes Problem kann ich eine Lösung finden.	❏	❏	❏	❏
SE9	Wenn eine neue Sache auf mich zukommt, weiß ich, wie ich damit umgehen kann.	❏	❏	❏	❏
SE10	Wenn ein Problem auftaucht, kann ich es aus eigener Kraft meistern.	❏	❏	❏	❏

D	Generelle Fragen zur Lernwebsite (Bitte immer nur ein Kreuz und ins Kästchen)	trifft zu	trifft eher zu	trifft eher nicht zu	trifft nicht zu
1	Stehen Sie der Arbeit am Computer **generell kritisch** gegenüber?	☐	☐	☐	☐
2	Für **allgemeine Zwecke** benutze ich den Computer / das Tablet <u>täglich.</u>	☐	☐	☐	☐
	..im Schnitt benutze ich den Computer / das Tablet ...	ca. ___ h/Tag			
3	Ich benutze den Computer / das Tablet <u>täglich</u> für mein **Studium.**	☐	☐	☐	☐
	..in der normalen **Vorlesungszeit** benutze ich **für die Vorlesung** den PC / das Tablet **durchschnittlich**	ca. ___ h/Tag			
	..in der **Prüfungsphase** benutze ich den PC / das Tablet **durchschnittlich**	ca. ___ h/Tag			

		nach <u>jeder</u> Vorlesung	ca nach jeder 2. Vorlesung	nur vor der Prüfung	fast gar nicht
4	**Wie haben** Sie die Lernwebsite Festigkeitslehre **genutzt?**	☐	☐	☐	☐

5	Falls Sie <u>nicht</u> mit „nach jeder Vorlesung" geantwortet haben: Um die Seite **intensiver** zu nutzen hatte ich...	trifft zu	trifft eher zu	trifft eher nicht zu	trifft nicht zu
	...keine Zeit.	❏	❏	❏	❏
	...keine Lust.	❏	❏	❏	❏
	...keinen Bedarf.	❏	❏	❏	❏
	...andere Gründe: _____	❏	❏	❏	❏
		sehr	weni-ger	kaum	gar nicht
6	Wie **intensiv** würden Sie Ihre Nutzung der Lernwebsite in den letzten **Wochen vor der Prüfung** einschätzen?	❏	❏	❏	❏
7	Mit der Lernwebsite Festigkeitslehre habe ich **insgesamt** gearbeitet:	ca. ____ Stunden			

8	**Wozu** haben Sie die Lernwebsite Festigkeitslehre genutzt?	trifft zu	trifft eher zu	trifft eher nicht zu	trifft nicht zu
	...zur Vor-/ bzw. Nachbereitung der Vorlesung	❐	❐	❐	❐
	...aus Interesse am Fachthema	❐	❐	❐	❐
	...zur Prüfungsvorbereitung	❐	❐	❐	❐
	...andere Gründe: _____	❐	❐	❐	❐
9	Ich habe das Gefühl, dass die Lernwebsite mein Lernen generell vereinfacht hat	❐	❐	❐	❐
	Aus folgendem Grund: _____				
10	Ich habe das Gefühl, dass die Lernwebsite mein Lernen generell effizienter gestalten konnte	❐	❐	❐	❐
	Aus folgendem Grund: _____				
11	Die vorgegebene Grob- Struktur der Internetseite (Aufteilung der Beanspruchungsarten etc.) hat mir geholfen, das Gesamtthema gut zu überblicken.	❐	❐	❐	❐
12	Die Hierarchisierung in die Niveaus einfach - mittel - schwierig fand ich generell sinnvoll?	❐	❐	❐	❐
13	Die Hierarchisierung der Aufgaben in die Niveaus einfach - mittel - schwierig hat mir beim Lernen geholfen	❐	❐	❐	❐

		trifft zu	trifft eher zu	trifft eher nicht zu	trifft nicht zu
14	Durch die Hierarchisierung konnte ich mein persönliches Einstiegsniveau in die Aufgaben gut finden	❏	❏	❏	❏
15	Durch die Hierarchisierung konnte ich mein Zielniveau gut festlegen	❏	❏	❏	❏
16	Die Hierarchisierung der Aufgaben in die Niveaus einfach - mittel - schwierig hat mir bisher geholfen, mein persönliches Lernziel zu erreichen.	❏	❏	❏	❏

		eher zu grob-schrittig	ange-messen	eher zu kleinsc hrittig
17	Was denken Sie bezüglich der **Umsetzung** der o.g. **Hierarchisierung der Aufgaben**? Die Einteilung war...	❏	❏	❏

		trifft zu	trifft eher zu	trifft eher nicht zu	trifft nicht zu
18	Die **Hierarchisierung** war gegenüber Darstellung (wie z.B. in moodle) als Liste **untereinander** / nacheinander gleich gut möglich gewesen.	❏	❏	❏	❏
19	Die **2- dimensionale Anordnung**, also dass alle Lerninhalte (Skripte **und** Aufgaben) **nicht „nur"** **untereinander** (linear) angeordnet waren, fand ich **hilfreich**?	❏	❏	❏	❏
	Aus folgendem Grund: _____				
20	Eine ganz „normale", linear gegliederte moodle- Seite hätte es eigentlich auch getan	❏	❏	❏	❏
	Aus folgendem Grund: _____				
21	Mir wäre es eigentlich lieber gewesen, ich hätte <u>alle</u> **Aufgaben und Skripte** einfach **ausschließlich als pdf per E-Mail** versandt bekommen.	❏	❏	❏	❏
	Aus folgendem Grund: _____				

E	Usability (Bitte immer nur ein Kreuz und ins Kästchen)	trifft zu	trifft eher zu	trifft eher nicht zu	trifft nicht zu
1	Die **Navigation** durch die Seite ist mir leicht gefallen	☐	☐	☐	☐
2	Bei **Fragen** oder Problemen wurde mir **schnell** und auf **zufriedenstellende** Weise **weiter geholfen**	☐	☐	☐	☐
3	Ich empfinde die Lernwebsite als **benutzerfreundlich**	☐	☐	☐	☐
		trifft zu	trifft eher zu	trifft eher nicht zu	trifft nicht zu
4	Die Skripte, Aufgaben, Lösungen sind gut **lesbar** (Optik, Schriftgröße etc.)	☐	☐	☐	☐
5	Die Lernwebsite zu nutzen, **passt gut** zu meiner Art und Weise wie ich lernen will	☐	☐	☐	☐
6	Die Inhalte sind **klar strukturiert**	☐	☐	☐	☐
7	Die angebotenen Lerninhalte sind **gut aufeinander abgestimmt**.	☐	☐	☐	☐
8	Die Lernwebsite beinhaltet ausreichend Informationen zum Verständnis der Zusammenhänge	☐	☐	☐	☐
9	Die Lernwebsite beinhaltet Informationen, die ich für meinen Beruf als Ingenieur gut gebrauchen kann	☐	☐	☐	☐
10	Die Lernwebsite beinhaltet Informationen, die gut zu verstehen waren	☐	☐	☐	☐

		trifft zu	trifft eher zu	trifft eher nicht zu	trifft nicht zu
11	Ich wollte in dem Fach Festigkeitslehre möglichst die Note _____ erreichen,	☐	☐	☐	☐
	weil:_____ _____				
12	Folgendes sollte **dringend** an der Seite **verbessert** werden: _____ _____				

F	Elemente der Lernwebsite (Bitte immer nur ein Kreuz und ins Kästchen)				
1	Wie oft haben Sie die einzelnen Elemente der Lernwebsite genutzt?	sehr oft	eher oft	kaum	gar nicht
	Übungsaufgaben mit Lösungen	❏	❏	❏	❏
	Excel- Vorlagen für Lösungen mit eigenen Zahlen	❏	❏	❏	❏
	Vorlesungsskripte	❏	❏	❏	❏
	Erklärvideos	❏	❏	❏	❏
	Übersichtsgraphiken	❏	❏	❏	❏
	Geogebra- tools	❏	❏	❏	❏
2	Die PowerPoint- Präsentationen habe ich mir oft angeschaut.	❏	❏	❏	❏
3	Die eingebundenen PowerPoint- Präsentationen zu den einzelnen Unterthemen waren verständlich dargestellt.	❏	❏	❏	❏
4	Wenn die Präsentationen genutzt haben, wozu haben Sie sie genutzt?				
	Zur Vorbereitung der Vorlesung	❏	❏	❏	❏
	Zur Nachbereitung der Vorlesung	❏	❏	❏	❏
	Aus Interesse am Fachthema	❏	❏	❏	❏
	Zur Prüfungsvorbereitung	❏	❏	❏	❏

		trifft zu	trifft eher zu	trifft eher nicht zu	trifft nicht zu
	Zur Wiederholung bei Unklarheiten beim Rechnen der Aufgaben	☐	☐	☐	☐
	Andere Gründe: _____	☐	☐	☐	☐

		alle	ca. 2/3	ca. 1/3	kaum
5	Von den insgesamt ca. 65 Übungsaufgaben habe ich ca. gerechnet…,	☐	☐	☐	☐

		trifft zu	trifft eher zu	trifft eher nicht zu	trifft nicht zu
	…weil ich…				
	…keine Zeit hatte,	☐	☐	☐	☐
	…keine Lust hatte,	☐	☐	☐	☐
	…keinen Bedarf hatte,	☐	☐	☐	☐
	…aus anderen Gründen: _____				

		trifft zu	trifft eher zu	trifft eher nicht zu	trifft nicht zu
6	Die **Aufgaben** halfen mir, die **Theorie besser zu verstehen**	❐	❐	❐	❐
7	Die **Aufgaben** fand ich **generell** eher verwirrend.	❐	❐	❐	❐
8	Die **Aufgabenstellung** war **verständlich**	❐	❐	❐	❐

		eher zu viel	genau richtig	eher Zu wenig
9	Von den **Aufgaben** gab es...	❐	❐	❐
10	Von den **Sternchenaufgaben** gab es...	❐	❐	❐

		trifft zu	trifft eher zu	trifft eher nicht zu	trifft nicht zu
11	Die **Verteilung** der **Sternchenaufgaben** war angemessen	❐	❐	❐	❐
12	Die **mathematischen** Lösungswege in den **Lösungen** der Aufgaben verständlich erklärt	❐	❐	❐	❐
13	Die dargestellten **Lösungen** waren gut strukturiert.	❐	❐	❐	❐
14	Die dargestellten **Lösungen** haben mir beim Lernen geholfen.	❐	❐	❐	❐

		trifft zu	trifft eher zu	trifft eher nicht zu	trifft nicht zu
15	Die eingebundenen **Excel- Sheets** habe ich genutzt, um die von mir mit anderen Zahlen nochmals berechneten Aufgaben zu überprüfen	❏	❏	❏	❏

16	Ggf.: Die **Excel- Sheets** fand ich hilfreich, aus folgendem Grund: _____	

		trifft zu	trifft eher zu	trifft eher nicht zu	trifft nicht zu
17	Ggf.: Die **Excel- Sheets** habe ich **nicht benutzt**, weil ich...	❏	❏	❏	❏
	...keine Zeit hatte,	❏	❏	❏	❏
	...keine Lust hatte,	❏	❏	❏	❏
	...keinen Bedarf hatte,	❏	❏	❏	❏
	...aus anderen Gründen: _____				

		trifft zu	trifft eher zu	trifft eher nicht zu	trifft nicht zu
18	Die **Geogebra- Links** habe ich zum Lernen genutzt	❏	❏	❏	❏
19	Wenn ja, die **Geogebra- Links** fand ich hilfreich	❏	❏	❏	❏
20	Ggf.: Die **Geogebra- Links** fand ich **nicht** hilfreich, weil ich...	❏	❏	❏	❏
	...nicht wusste, was ich damit machen soll,	❏	❏	❏	❏
	...aus anderen Gründen: _____				
21	Ggf.: Die **Geogebra- Links** habe ich **nicht benutzt**, weil ich...	trifft zu	trifft eher zu	trifft eher nicht zu	trifft nicht zu
	...keine Zeit hatte,	❏	❏	❏	❏
	...keine Lust hatte,	❏	❏	❏	❏
	...keinen Bedarf hatte,	❏	❏	❏	❏
	...sie gar nicht bemerkt hatte,	❏	❏	❏	❏
	...aus anderen Gründen: _____				

		trifft zu	trifft eher zu	trifft eher nicht zu	trifft nicht zu
22	Von den ca. 15 Video- Links habe ich ca. _____ mindestens 1 mal geklickt.				
23	Ich habe mir ca. _____ Videos mehrmals angesehen.				
24	Das **Video**, das ich am häufigsten gesehen habe, habe ich ca. _____ **mal angeschaut.**				
25	Lernen anhand von **Videos** finde ich generell sinnvoll.	❏	❏	❏	❏
26	Ggf.: Die **Video- Links** fand ich hilfreich, weil...	trifft zu	trifft eher zu	trifft eher nicht zu	trifft nicht zu
	...das gleiche nochmal anders erklärt wird,	❏	❏	❏	❏
	...besser erklärt wird als in der Vorlesung,	❏	❏	❏	❏
	...ich sie mehrmals klicken kann, bis ich es verstehe,	❏	❏	❏	❏
	...aus anderen Gründe: _____				
27	Die **Video- Links** fand ich **nicht** hilfreich, weil... _____				

28	Die **Video- Links** habe ich **nicht benutzt**, weil...	trifft zu	trifft eher zu	trifft eher nicht zu	trifft nicht zu
	...keine Zeit	❒	❒	❒	❒
	...keine Lust	❒	❒	❒	❒
	...keinen Bedarf	❒	❒	❒	❒
	...andere Gründe: _____ ___				

8.3 Darstellung des Interviewleitfadens zu Untersuchungsteil 3

In Abbildung 51 ist der für die qualitativen Interviews verwendete Leitfaden dargestellt. Die Abbildung erstreckt sich über mehrere Seiten. Die einzelnen möglichen Aspekte der jeweiligen Leitfragen entstanden nach Befragung des Semesters TMB18A (Brainstorming) bezüglich der Relationen des didaktischen Strukturmodells (vgl. Abbildung 14).

1   Warmwerden

Leitfrage, Stimulus, Erzählaufforderung Nr. 1

Ich habe Ihnen hier die Abfolge der von Ihnen erzielten Ergebnisse im Fach FL vom 1. zum 3. Semester rausgeschrieben. Sie haben die Ergebnisse __%, __% und __% erzielt.

Je nach Ergebnissen:
Fällt Ihnen ein Grund ein, warum die Ergebnisse so geschwankt haben (so konstant waren)?

1
Die Ergebnisse des Fachs FL wurde in den einzelnen Semestern auf unterschiedliche Weise mit den Ergebnissen des Fachs TM verrechnet.
Hat diese unterschiedliche Gewichtung Ihr Lernverhalten beeinflusst?

Teil 1 von Abbildung 51

2   Auswahl: anspruchsvollstes Fach

Leitfrage, Stimulus, Erzählaufforderung Nr. 2
Es soll im Folgenden um die ersten 3 Semester gehen:
Welches Fach haben Sie im Nachhinein als das anspruchsvollste Fach empfunden?
1 Fällt ihnen eine Begründung ein?
1a Falls erforderlich in die Richtung „rechenintensives Fach" lenken.
2 Weitere Begründung / weiterer Aspekt

Teil 2 von Abbildung 51

3   Inhalt und Struktur der Lehrveranstaltung und des Skripts?

Leitfrage, Stimulus, Erzählaufforderung Nr. 3

Wie sind Sie mit der **Vorlesung** zurechtgekommen?

Wie sind Sie mit dem **Skript** zurechtgekommen?

Mögliche Aspekte:

1
Hohes Vorwissen vorausgesetzt

2
Hohes fachliches Niveau / **Komplexität**

3
Viel Stoff / Menge

4
Inhalte **nicht gut erklärt**

5
Keine weiteren **erklärenden** Quellen? (Erklärvideos etc.)

6
Keine logische Struktur (der gesamten **Lehrveranstaltung** oder einzelner Stunden)

7
Kein **Zusammenhang** zwischen den **Herleitungen** und den **Aufgaben**.

8
Kein **Realitätsbezug**

9
Hatte das **Skript** etwas **mit** der **Vorlesung zu tun?**

Teil 3 von Abbildung 51

4   Nutzung der Übungsaufgaben und Altklausuren und ihrer Lösungen

Leitfrage, Stimulus, Erzählaufforderung Nr. 4
Wie sind Sie mit der **Übungsaufgaben** zurechtgekommen?
Wie sind Sie mit der **Aufgaben der Altklausuren** zurechtgekommen?
Wie mit den jeweiligen **Lösungen**?

Mögliche Aspekte
1 **Keinen Einstieg** gefunden / **zu schwierige Aufgaben**.
2 Oft **gestochert** beim Lösen
3 **Anzahl** unangemessen
4 Aufgaben **eher wahllos** / kein **roter Faden** erkennbar **/ realitätsfern**.
5 **Keine / schwer nachvollziehbare** Lösungen.
6 Kompliziert gestellte Aufgaben / Formulierung
7 Zwar auch leichte, aber **dann plötzlich sehr schwierige** Aufgaben
8 **Relation Übungsaufgaben zu Skript zu Altklausuren.**

Teil 4 von Abbildung 51

5   Zusammenhang Lerninhalte und Prüfung

Leitfrage, Stimulus, Erzählaufforderung Nr. 5

Wie haben Sie die Prüfungssituation empfunden?

Mögliche Aspekte:

1
Lange unklar, was **prüfungsrelevant** sein würde.

2
Tiefe unklar

3
Was Anderes abgefragt, als zuvor kommuniziert

4
Aufgaben in Prüfung verwirrend oder **unklar formuliert**

5
Prüfungsaufgaben **anders gestellt**

6
Prüfungsaufgaben **schwieriger**

7
Teilweise **keinen Einstieg** in die Prüfungsaufgaben gefunden

8
Prüfungsaufgaben **nicht mehr lösbar, wenn** Aufgabeteil **a)** nicht gelöst werden konnte.

9
Akutes Zeitproblem

Teil 5 von Abbildung 51

6 Lernverhalten generell

Leitfrage, Stimulus, Erzählaufforderung Nr. 6
Wann haben Sie angefangen, sich auf die Prüfung vorzubereiten?
Mögliche Aspekte:
1 **Bevorzugtes Lernmedium.** (Begründung?)
2 Lernen bevorzugt in der Lerngruppe oder allein?
3 Lernverhalten nochmal **gesteigert** zur Prüfung hin?
4 Haben Sie viel **Zeit verschwendet**, weil Sie nicht weitergekommen sind? Falls ja: was haben Sie gemacht?
5 **Lern-Taktik geändert** (anders gelernt als ursprünglich geplant)?
6 Aufgaben **mehrfach** oder **absichtlich unter Zeitdruck** gerechnet?
7 Oft vor dem Lernen **gedrückt / sich ablenken lassen / abends ausgegangen?**
8 **Andere Verpflichtungen:** Familie etc.?
9 Konnten Sie bei sich eine **Entwicklung Ihres Lernverhaltens** vom 1. zum 3. Semester feststellen?
10 Wie würden Sie Ihre **Motivation** einschätzen?

Teil 6 von Abbildung 51

7   **Lernverhalten bei Überforderung**

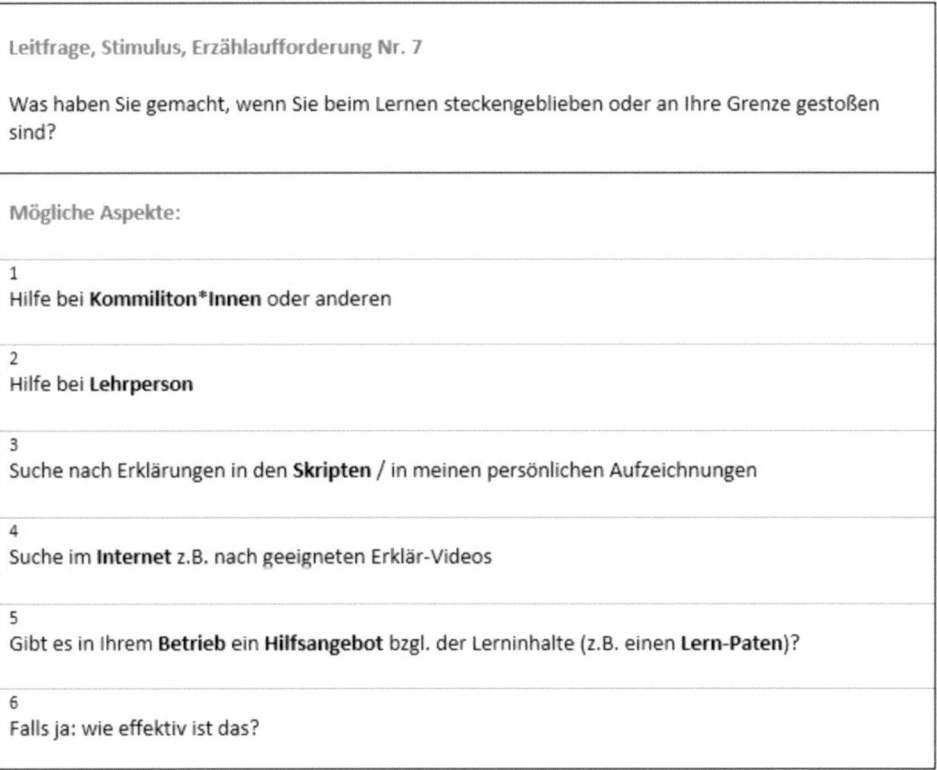

Leitfrage, Stimulus, Erzählaufforderung Nr. 7
Was haben Sie gemacht, wenn Sie beim Lernen steckengeblieben oder an Ihre Grenze gestoßen sind?
Mögliche Aspekte:
1 Hilfe bei **Kommiliton*Innen** oder anderen
2 Hilfe bei **Lehrperson**
3 Suche nach Erklärungen in den **Skripten** / in meinen persönlichen Aufzeichnungen
4 Suche im **Internet** z.B. nach geeigneten Erklär-Videos
5 Gibt es in Ihrem **Betrieb** ein **Hilfsangebot** bzgl. der Lerninhalte (z.B. einen **Lern-Paten**)?
6 Falls ja: wie effektiv ist das?

Teil 7 von Abbildung 51

8   Schule, Vorbereitungskurs und Interaktion mit der Mathevorlesung

---

Leitfrage, Stimulus, Erzählaufforderung Nr. 7

1. Sie waren auf dem AG/TG/BK. Finden Sie, dass Sie durch Ihre Schule gut vorbereitet waren?

2. Haben Sie an dem Mathe-Vorbereitungskurs teilgenommen und wie haben Sie das wahrgenommen?

3. Wie sind Sie in der Mathevorlesung zurechtgekommen?

Mögliche Aspekte:

1
Zu 1. War der Sprung groß?

2
Zu 1. Wie lange hat das Vorwissen getragen?

3
Zu 2. Wie hätte dieser ggf. gestaltet sein müssen, um für Sie sinnvoll zu sein?

4
Zu 3. Abstimmung zwischen den Fächern: Mathe und andere rechenintensive Fächern? Hinkte die Mathematik ggf. hinterher?

Abbildung 51. Gesprächsvorlage der Leitfadeninterviews